Karsten Arvedsen, Frants Mathiesen, Franz Billmayer

Didaktik für das Fach Kunst

Karsten Arvedsen, Frants Mathiesen, Franz Billmayer

Didaktik für das Fach Kunst

Die visuelle Welt erleben, beobachten, denken, verstehen und gestalten

Aus dem Dänischen von Franz Billmayer

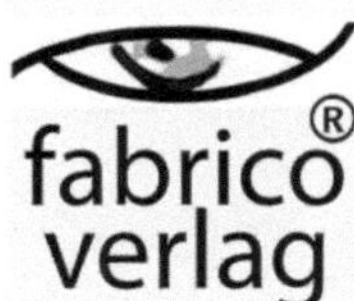

Titel der Originalausgabe:
Billedkunstdidaktik. Mellem fag og didaktik. Kopenhagen: Hans Reitzels Forlag 2018.

www.fabrico-verlag.de
Umschlagentwurf und Gesamtlayout: Franz Billmayer
mit LibreOffice und Scribus
ISBN: 978-3-946320-39-5

Bibliografische Information der Deutschen Nationalbibliothek:
Die Deutsche Nationalbibliothek verzeichnet diese Publikation in der Deutschen Nationalbibliografie; detaillierte bibliografische Daten sind im Internet über http://dnb.d- nb.de abrufbar.

Inhaltsverzeichnis

VORBEMERKUNGEN DES ÜBERSETZERS UND BEARBEITERS

Leseempfehlung

Semiotische Arbeit – das Bemühen um das Verstehen einer Äußerung – ist eine Zumutung für den, der sie leisten muss. Diese Arbeit, geschätzte Leserin und geschätzter Leser, mute ich Ihnen zu, wenn ich von Ihnen erwarte, dass Sie beim Lesen des generischen Maskulinums und Femininums Leute jeglichen Geschlechts oder besser ohne Ansehen des Geschlechts vor Augen haben. Als Gegenleistung bekommen Sie von mir einen lesbaren Text. In der Hoffnung auf Ihr Wohlwollen und in der Überzeugung, dass Sie dieser Zumutung gewachsen sind, wünsche ich Ihnen eine anregende und hoffentlich auch unterhaltsame Lektüre.

Motivation

In den letzten Jahren meiner beruflichen Tätigkeit habe ich mir vorgenommen, eine Alternative zu den gängigen Fachdidaktiken des Faches Kunst im deutschsprachigen Raum zu schreiben. Diese Arbeit ist mir erspart geblieben: das Buch *Billedkunstdidaktik* meiner dänischen Kollegen Karsten Arvedsen und Frants Mathiesen entspricht recht genau meinen Ideen. Ich lege es hier in einer bearbeiteten und teilweise erweiterten Übersetzung vor. Dabei habe ich versucht, möglichst viel von der dänischen Perspektive beizubehalten. Fachdidaktiker europäischer Länder schauen ja kaum über die Grenzen der Zuständigkeiten ihrer Curricula hinaus (vgl. zur Situation in Deutschland Billmayer, 2013b). So wissen wir recht wenig darüber, was bei den Nachbarn gedacht und diskutiert wird. Bei der Lektüre wird der Blick in Richtung Norden möglich. Gleichzeitig ist man überrascht, dass sich hier wie dort die Diskurse durchaus ähneln.

Dank

Ein großer Dank gilt meinen Freunden und Kollegen Hilde Brunner und Uli Schuster für das genaue Lesen und Kommentieren meiner Übersetzung!

VORWORT

Dieses Buch ist eine allgemeine didaktische Einführung in das Fach Kunst. Es ist 2018 in dänischer Sprache für die Lehrerausbildung in Dänemark im Fach Bild/Kunst erschienen. [*Das Fach heißt im dänischen Billedkunst, die Bezeichnung ist ein Kompromiss zwischen der Forderung, das Fach ähnlich wie in Schweden mit Bild zu bezeichnen und der Tradition mit ihrer Orientierung an der Kunst. Wenn es dezidiert um das Fach im Dänischen Kontext geht, wird der Begriff* Bildkunst *verwendet. FB*].

Franz Billmayer, mit dem wir seit vielen Jahren zusammenarbeiten, findet das Buch für eine Übersetzung ins Deutsche geeignet. Darüber freuen wir uns sehr.

Wir waren uns einig, dass es dabei darauf ankommt, dass das Buch mehr oder weniger zu den Verhältnissen im deutschsprachigen Raum passt. Wenn wir »mehr oder weniger« schreiben, dann deshalb, weil es keinen Grund gibt, die dänische Herkunft und den dänischen Touch zu verbergen. Den muss man sehen können. Die Strömungen, die es in der Bilddidaktik gab und gibt, ähneln einander nicht nur in Bezug auf Dänemark und Deutschland, sondern in weiten Teilen der westlichen Welt. Es werden hier überwiegend dieselben Theorien und Paradigmen diskutiert.

Ganz spezifisch Dänisches, z.B. Hinweise auf dänische Lehrpläne, entfällt. Da es im deutschsprachigen Raum, nicht zuletzt wegen der föderalen Struktur in Deutschland, recht viele verschiedene Lehrpläne gibt, bleiben die Hinweise auf Lehrpläne allgemein. Auch werden bestimmte didaktische Modelle, die sich eng an dänische Verhältnisse richten, weggelassen.

Mit Franz Billmayer haben wir uns also darauf geeinigt, dass er nicht nur übersetzen, sondern auch verändern, ergänzen und beitragen soll, was er für wichtig hält. Franz und wir denken grundsätzlich in die gleiche Richtung. Schließlich haben wir großen Respekt vor Franz als einem kompetenten didaktischen versierten Autor. Daher wird er auch als Autor und nicht nur als Übersetzer einbezogen. Die von ihm vorgenommenen Änderungen haben wir so wie unseren dänischen Text gemeinsam besprochen.

Im gesamten Buch gibt es Änderungen und Ergänzungen, die nicht als die von Billmayer identifiziert werden können. An manchen Stellen sind sie durch Hinweise auf deutsche Autoren zu erkennen, die wir nicht gelesen haben.

Franz hat auch eigene neue Kapitel beigesteuert – nämlich die Kapitel 2, 5, 14 und 15. Außerdem stammen die Unterrichtsvorschläge #14-#17 in Kapitel 3von ihm.

EINLEITUNG

In Deutschland, Österreich und Südtirol kommt in den Fachbezeichnungen der Begriff *Kunst* vor. (Nur in der Schweiz heißt das Fach *Bildnerisches Gestalten.*) Die Bezeichnungen erfordern es, von einem erweiterten Kunst- bzw. Bildbegriff auszugehen. Diese »erweiterten Begriffe« sind auch in fachdidaktischen Veröffentlichungen üblich. Sie passen bei vielen Inhalten des Faches aber schlecht oder gar nicht. Fachbezeichnungen sind einerseits Namen, andererseits bezeichnen sie auch die Zuständigkeit für den jeweiligen Bereich. *Bild*unterricht löst beim Hören andere Assoziationen aus als *Kuns*tunterricht oder *Bildnerisches Gestalten*. Wir schlagen daher *Visuelle Kultur* als Bezeichnung für das Fach vor, auch wenn wir wissen, dass sie sich zu unseren Lebzeiten wohl nicht etablieren wird. Visuelle Kultur ist kein Bereich, sondern eine mögliche Art und Weise, die visuelle Welt zu beobachten und sich mit ihr zu beschäftigen. Sie hilft nicht nur beim Verstehen, sondern auch beim Gestalten dieser visuellen Welt. Niklas Luhmann weist darauf hin, »daß Kultur in der Tat nichts anderes ist als das Gedächtnis der Gesellschaft. also der Filter von Vergessen/Erinnern und die Inanspruchnahme von Vergangenheit zur Bestimmung des Variationsrahmens der Zukunft« (Luhmann, 1997: 588).

Wir verwenden die Bezeichnung »Fach Kunst«, wenn das Schulfach gemeint ist, für das dieses Buch geschrieben wurde.

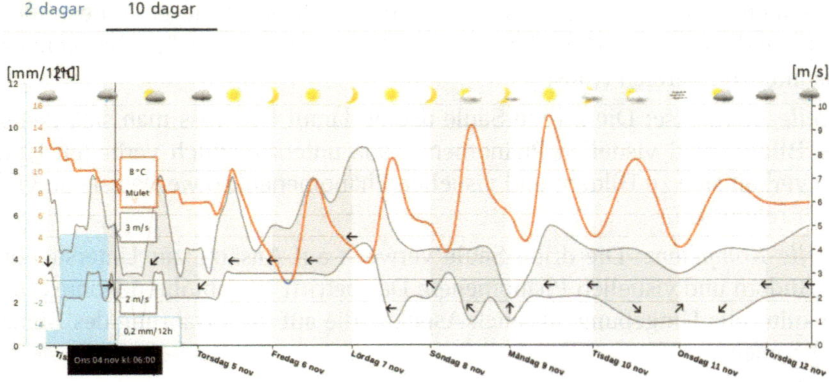

Abb. 1: Diagramm für eine 10-Tages-Wettervorhersage von SMHI.se

Es geht um visuelle Phänomene (Bilder, Gebäude, Produkte …) und Ereignisse (Feste, Spiele …). Und wie sie wahrgenommen, erlebt, verstanden und hergestellt werden, und wie man zu ihnen einen Zugang findet. Das geht über das konventionelle Zeichenverständnis hinaus, das wir etwa von Buchstaben oder Zahlen kennen. In der Regel sind diese Phänomene nicht rein visuell, meist sind mehrere Modalitäten mit im Spiel, im medialen Alltag finden wir oft Kombinationen von Bild, Text und Ton.

Beispiele sind etwa die Ensembles von Anna Opperman, Nachrichtensendungen im Fernsehen, aber auch Geisterbahnen oder ein Diagramm für Wettervorhersagen (Abb. 1)

Kurz gesagt, das Fach steht auf den folgenden drei Säulen:

- Gebäude, Filme, Wahlkämpfe, Plätze, Autos, Fußballspiele, Körper, Geburtstage, Feuerwerk, Kleidung, Unterricht, Diagramme, Spielzeug, Fernsehen, Internet, Shopping, Kunst, Verkehrszeichen, Natur, Mikroskopie, Layout, Diagramme.
- Gestaltung, Beziehungen, Performativität, Inszenierung, Erlebnisse, Diskussion, Argumentation, Dekoration, Analyse, Unterhaltung, Empfindung und Körperlichkeit, Teilnahme, Interaktivität, Beeinflussung.
- Blick (*gaze*), Sichtweise, Macht, Ideologie, Diskurs, Verführung, Bedeutungsbildung in Äußerungen und Interpretation, Intertextualität, visuelle Mittel, Genre, Funktion, Multimodalität, Phänomenologie.

Bilder und visuelle Phänomene: Die erste Säule geht davon aus, dass das Fach *Kunst* alle Arten von Bildern und visuellen Phänomenen zum Gegenstand hat. Dabei muss das Visuelle etwa wie beim Layout eines Textes nicht unbedingt der wichtigste Aspekt sein. Es geht im Fach um das, worauf wir uns durch Anschauen beziehen können. Das heißt, das Fach deckt die gesamte visuelle Kultur und Welt des Menschen ab, nicht nur den in der Fachbezeichnung genannten Teilbereich Kunst.

Visuelle Ereignisse: Die zweite Säule deutet darauf hin, dass man sich gegenüber Bildern und visuellen Phänomene ganz unterschiedlich verhalten kann. Man verhält sich zu Bildern und visuellen Phänomenen, so werden sie zu visuellen Ereignissen.

Visuelle Kompetenz: Die dritte Säule verweist auf Ansätze zur Untersuchung von Bildern und visuellen Phänomenen. Das betrifft sowohl ihren Kontext und ihre kulturelle Umgebung, als auch Aspekte, die auf der Erfahrung des Einzelnen beruhen.

Es geht also um ein breit gefächertes Fach mit vielen möglichen Inhalten und Zugängen.

In der Kunstpädagogik ist es immer um die Frage gegangen, worauf der Schwerpunkt zu legen sei:

- Auf die Bilder in ihrem sozialen und kulturellen Kontext,
- auf das Bild als solches (Werkanalyse) oder

- das bildnerische Gestalten und das, was im bildnerischen Prozess in Form von ästhetischem Lernen und persönlicher und sozialer Entwicklung passiert.

Im Lauf der Geschichte bewegte sich das Pendel zwischen diesen Polen.

Bilder und visuelle Phänomene tragen wesentlich zur Konstruktion der sozialen Wirklichkeit der Gesellschaft bei: Sie helfen, Machtpositionen aufrechtzuerhalten, sie beeinflussen uns, und sie verändern die Gesellschaft. Daran ist jeder Einzelne als kultureller Akteur mehr oder weniger einflussreich beteiligt. Wir gehören alle zu verschiedenen Interpretations-, Geschmacks- und Einstellungsgemeinschaften (Sørensen, 2016: 239-249). Von diesem Blickwinkel aus können wir Bilder und visuelle Phänomene sowie unsere Beteiligung an der gesellschaftlichen Realität untersuchen und analysieren. Wir werden dabei Muster, Strukturen und Zusammenhänge bemerken, die mit Klassenzugehörigkeit, Geschlecht, Alter, Bildungshintergrund usw. zu tun haben.

Man kann den Blick auch darauf richten, was sozial und subjektiv passiert, wenn man alleine oder gemeinsam etwas gestaltet und/oder betrachtet: das Kreative, das Ästhetische, die persönliche Entwicklung und Bildung. Auf das Erfahrbare, das Sinnliche, das Unsichtbare und das Unaussprechliche, das Transzendente, das Affektive, das Körperliche, das Beziehungsmäßige usw.

Beide Positionen, die ›äußere› und die ›innere›, haben ihre Berechtigung und gehören zum Erforschen, praktischen Arbeiten und aktiven Teilnehmen mit und an Bildern und der visuellen Kultur in all ihrer Komplexität.

Das theoretische Rückgrat dieses Buches sind die *Theorie der visuellen Kultur* und der *soziale Konstruktivismus* in einem breiten Verständnis. Dabei richtet sich der Blick vor allem auf die Zusammenhänge, aber das ist nicht allein ausschlaggebend. Wir sind uns der vielen Möglichkeiten bei Bildern und visuellen Phänomenen bewusst und deshalb bemühen wir uns, die vielen Sichtweisen und Perspektiven einzubeziehen, die dem Fach seine Qualität verleihen.

Zu beachten ist aber, dass die Bilder und visuellen Phänomene nicht bloß darauf reduziert werden, als Mittel für andere Zwecke zu dienen. Tut man das, schränkt man viele Möglichkeiten und Aspekte des Faches ein. Wer *nur* die gesellschaftliche Bedeutung von Bildern und visuellen Phänomenen z.B. in ihrer Macht- oder Geschlechterperspektive sehen will, kann genauso gut Soziologie studieren. Interessiert man sich *nur* für das Subjektive oder Soziale und Beziehungsmäßige, kann man stattdessen auch Psychologie studieren.

Wir meinen, dass es für Lehrer im Fach Kunst wichtig ist,

- Bilder und visuelle Phänomene zu »lieben« und ihnen mit Neugierde zu begegnen,
- die Beschäftigung mit ihnen interessant und aufregend zu finden,

- ihre Schülern mit ihrer eigenen Neugierde anzustecken und ihnen die visuelle Welt zu erschließen, indem eine Vielzahl von Sichtweisen eingenommen und aufgezeigt wird.

Wir hoffen, dass dieses Buch dazu beiträgt und sich die Leser für das Thema begeistern.

Der Aufbau des Buches

Teil 1

Im 1. Teil geht es um die konkrete Praxis:

- Ein Leitfaden dazu, was man bedenken sollte, wenn man im Fach Kunst unterrichtet: Visuelle Kompetenzen und Prinzipien für den Unterricht. Das 1. Kapitel ist die Zusammenfassung dessen, was wir im Buch behandeln.
- Allgemeines zum Unterrichten im Fach: Praktische Hinweise dazu, wie man einen Unterricht planen und durchführen kann.
- Eine Katalog von Unterrichtsvorschlägen, die zeigen, wie aus Sicht der Autoren ein Unterricht im Fach Kunst aussehen könnte.

Die Unterrichtsbeispiele sind, für Studierende der Bildenden Kunst in der Lehrerausbildung entwickelt worden. Aus unseren Erfahrungen mit den Fachpraktika von Studierenden wissen wir, dass sich viele der Projekte ohne großen Probleme für den Unterricht in der Schule adaptieren lassen. Dabei geht es oft um eine methodische und pädagogische Neuformulierung, während Thema, Inhalt, Struktur, Werkzeuge, Techniken und Lernziele beibehalten werden können.

Teil 2

Im 2. Teil wird die historische und theoretische Basis des Faches Kunst erörtert. Im Kapitel 4 gibt es einen historischen Rückblick auf die Entwicklung des Faches in Dänemark, im Kapitel 5 einen zur Entwickelung im deutschen Sprachraum. Wir haben uns dafür entschieden, weil wir meinen, dass es interessant ist, die Entwicklung in einem Nachbarland zu verfolgen. Derartige Kenntnisse fehlen europaweit in der kunstpädagogischen Literatur (Zur Situation in Deutschland siehe Billmayer, 2013). In Dänemark hieß das Fach zunächst *Zeichnen* dann *Gestalten* und heute *Bild/Kunst*. Wie sich zeigen wird, hätte das Fach auch andere Namen haben können. Es gab nämlich verschiedene Auffassungen und Diskurse, die auch von verschiedenen gesellschaftlichen, pädagogischen und allgemein-didaktischen Strömungen des Schul- und Bildungsdiskurses der letzten 200 Jahren beeinflusst waren. Die verschiedenen Bildungssysteme im deutschen Sprachraum machen hier eine einfache Aufzählung schwierig. Auch hier hat es mit *Zeichnen* begonnen, heute kommt – wie erwähnt – in der Fachbezeichnung abgesehen von der Schweiz überall ›Kunst‹ vor.

Die weiteren Kapiteln in Teil 2 entwickeln die theoretischen Grundlagen für eine nach unserer Ansicht zeitgemäßen Version des Faches Kunst. Dabei gehen wir – wie erwähnt – von den Theorien der V*isuellen Kultur* und des *sozialen Konstruktivismus* aus.

Teil 3

Teil 3 befasst sich mit den Grundlagen des Faches mit dem Fokus auf Bilder und visuelle Phänomene. Hier werden Theorien und Konzepte besprochen, die für die Wahrnehmung, das Erleben, die Teilnahme, die Diskussion und die Interpretation von Bildern und visuellen Phänomenen wesentlich sind. Es geht um Bilder bzw. visuelle Phänomene im Hinblick auf ihren sozialen und kulturellen Kontext, um Inhalt und visuelle bzw. multimodale Wirkmittel. Dieser Begriff stammt aus dem Buch *Virkemidler - I Reklamer, Film Og Kunstbilleder (Wirkmittel – in Werbung, Film und Bildern der Kunst)*von Jørn Ingemann Knudsen.

Teil 4

In Teil 4 geht es immer noch um fachliche Aspekte, wobei hier der Betrachter/Rezipient im Mittelpunkt steht. Hier werden Konzepte und Theorien des Blicks (gaze), des Körpers, der sozialen Beziehung, der Entwicklung des Verstehens von Bildern und visuellen Phänomenen behandelt, die Bedeutungen als Ergebnis von Verhandlungen oder Diskursen verstehen.

Teil 5

In Teil 5 liegt der Fokus auf dem Lernenden, dem Schüler im Unterricht mit Kapiteln wie bildnerische Entwicklung des Kindes, Lernen und Kompetenzen, Motivation, Differenzierung, Fortschritt, Bildbesprechung als fachliches und pädagogisches Werkzeug usw.

Für den praktischen Unterricht, der in Teil 1 behandelt wird, sind die Teile 2, 3 und 4 ein zusammenhängendes Ganzes, in dem der Schüler sowohl Produzent als auch Rezipient und Lernender ist – fühlend, erlebend, teilnehmend, analysierend, strategisch, absichtsvoll usw. Die Herausforderung für den Lehrer besteht darin, diese verschiedenen Aspekte im Unterricht sinnvoll zu kombinieren. Die drei Teile sind das Ergebnis einer Kategorisierung der wichtigsten Aspekte im Unterricht im Fach Kunst. Jeder Versuch, eine komplexe Realität zu verstehen, erfordert eine Aufteilung der einzelnen Aspekte, um die verschiedenen Facetten sichtbar zu machen.

Weitere ›Leseanleitung‹

Man kann die Begriffe ›-pädagogik‹ und ›-didaktik‹ als Hinterlassenschaft der jeweiligen Fachdiskurse im Laufe der Geschichte verstehen. Die »Kunst- oder Bildpädagogik« lässt sich in verschiedene allgemein-pädagogische Tendenzen wie Reformpädagogik, kritisch-konstruktive Pädagogik und visuelle Kultur einteilen. Der Begriff *Medienpädagogik* betrifft mehrere Fächer. Es liegt eine gewisse Logik darin, dass die fachlichen Diskurse, die in engem Zusammenhang mit allgemeinen pädagogischen Diskursen stehen, die Endung ›-pädagogik‹ haben und dass diejenigen, die spezifischer für das Fach Bild sind und auf Vorstellungen von Zielen und Mitteln im aktuellen Bildunterricht beruhen, mit ›-didaktik‹ enden.

Wir verwenden in diesem Buch den Begriff Didaktik, außer in den Kapiteln 4 und 5, wo es um die Geschichte des Fachs geht und die traditionelle Endung Pädagogik verwendet wird.

Der aufmerksame Leser wird feststellen, dass es bei der Behandlung von Konzepten und Theorien Bereiche gibt, bei denen wir mehr in die Tiefe gehen als bei anderen. Dies liegt daran, dass wir den betreffenden Bereich für die Arbeit von Lehrern im Fach Kunst für besonders wichtig halten: Das gilt z.B. in Teil 2 für die Behandlung der theoretischen Grundlagen und die Kapitel über Semiotik, poststrukturalistische Semiotik und Multimodalität.

In Kapiteln, in denen wir nicht so ausführlich vorgehen, hat dies sowohl mit Überlegungen zum Umfang des Buches zu tun als auch damit, dass der Bereich in anderen Veröffentlichungen sehr gut beschrieben ist. Zum Beispiel ist das Kapitel über Wirkmittel im Großen und Ganzen ein langer Verweis auf andere Quellen. Zum Teil, weil sie dort gut und gründlich behandelt werden, zum Teil, weil eine hinreichend sorgfältige Behandlung den Umfang des Buches sprengen würde. Ein anderes Beispiel ist das Kapitel über sozialen Konstruktivismus (Kap. 8). Hier haben wir uns für eine sehr kurze Einführung in den Theoriekomplex an sich entschieden, um den Zusammenhang mit dem Fach Kunst darzustellen. Einerseits gibt es eine umfangreiche Literatur zum Sozialen Konstruktivismus, andererseits werden die Leser im Laufe des Studiums auf diese Ideen auch in anderen Lehrveranstaltungen stoßen.

Wir versuchen immer wieder und wo es relevant ist, Bezüge zu den verschiedenen bildpädagogischen Diskurse herzustellen, die in Teil 2 behandelt werden. Z.B. im Kapitel zur Motivation, wo gezeigt wird, wie Probleme mit der Motivation mit spezifische Diskursen im Fach zusammenhängen.

TEIL 1 PRAXIS

KAPITEL 1
QUINTESSENZ: VISUELLE KOMPETENZEN UND PRINZIPIEN FÜR DEN UNTERRICHT IM FACH KUNST

In diesem Kapitel werden die wichtigsten Punkte des Buches in zehn visuellen Kompetenzen und einem Modell für Planung, Implementierung und Evaluierung von visueller Bildung zusammengefasst. In den weiteren Kapiteln werden die einzelnen Aspekte ausführlich behandelt und begründet.

Visuelle Kompetenzen

Zu den visuellen Fähigkeiten gehören Kenntnisse (*wissen, dass*), Fertigkeiten (*wissen, wie*) und die Fähigkeit, verschiedene Kategorien von Bildern und visuellen Phänomenen zu verwenden und zu reflektieren. In verschiedenen Kompetenzbeschreibungen (z.B. Wagner & Schönau, 2016) und Lehrplänen werden Lernniveaus angegeben, z.B. von Grundkenntnissen und Grundfertigkeiten bis hin zu einer metareflexiven Ebene. Wir hätten uns für eine Differenzierung der Ebenen entscheiden können, fassen sie aber unter der Bezeichnung *Kompetenzen* zusammen, weil es meist die gleichen Formulierungen sind, nur mit unterschiedlichen vorangestellten Begriffen: Wissen über ..., Fertigkeiten in ..., Kompetenzen für ... .

Kompetenzen werden sowohl durch Produktion wie Rezeption als auch durch die Arbeit mit einer Vielzahl von Bildkategorien und visuellen Phänomenen sowie durch den Einsatz unterschiedlicher Methoden und Strategien entwickelt. Hier sind zehn Schlüsselkompetenzen angeführt, auf die man sich in der visuellen Bildung konzentrieren kann:

1. *Formale und technische Kompetenzen innerhalb verschiedener Modalitäten (Ausdrucksformen)*
   In der Malerei z.B. Farbe, Form, Oberfläche, Linie, Komposition usw. Im Video, z.B. Kamerawinkel, Einstellung, Übergänge, Schnitt und Schnittrhythmus.
2. *Genre- und Stilkompetenzen*
   Codes, Konventionen, Regeln und Stilmerkmale für eine bestimmte Bildkategorie, z.B.: Was unterscheidet den Barock vom Impressionis-

mus? oder: Welche Genre-Anforderungen hat ein Dokumentarvideo im Vergleich zu einem Musikvideo? Was sind die ›Spielregeln‹ für ein digitales Bilderbuch, eine Keramikskulptur in der Tradition der Moderne, ein Passfoto, eine Banknote oder ein Feuerwerk?

3. *Semiotische Kompetenzen*
   Auswahl und Dekodierung. In den meisten bildmäßigen Zusammenhängen geht es heute darum, auszuwählen und zu entschlüsseln. Sich bewusst sein, welche Bilder man im Internet wo postet, und fachkundig und begründet vermuten, wie sie verstanden werden. Im visuellen Alltag geht es hauptsächlich um das Entschlüsseln: Werbung, Geschäfte und Schaufenster, Verkehrszeichen, Gebrauchsanweisungen, Sportveranstaltungen, Kunstinstallationen, Nachrichten usw.
4. *Sensorische und phänomenologische Fähigkeiten*
   Ein aufmerksamer Einsatz von Sinnen, Emotionen und Körperempfindungen in Bezug auf visuelle Phänomene und Ereignisse. Wie werde ich verführt, fasziniert, überwältigt, überredet? Welche Eigenschaft des Bildes bewirkt, dass man aufmerksam wird und bleibt?
5. *Multimodale Kompetenzen*
   Nahezu alle Bilder und visuellen Phänomene treten in Verbindung mit anderen Ausdrucksformen (Modalitäten) auf: Text, Ton, Sprache, Musik, Gesten / Mimik in Theater, Filmen, Werbung, Zeitung, Cartoons usw.
6. *Narrative Fähigkeiten*
   Bewegt-Bilder und visuell geprägte Erzählformen bestimmen einen großen Teil unseres Lebens: Fernsehen (alle Genres und Programmtypen), Filme, Bilderbücher, Comics, Animationsfilme, viele Computerspiele usw. Geschichten bestehen aus Handlungen und Ereignissen in der Zeit. Das Bewusstsein für narrative Strukturen ist in der visuellen Welt eine wesentliche Kompetenz.
7. *Thematische Kompetenzen*
   Diese können eng mit Erzählfähigkeiten zusammenhängen. Die Fähigkeit, ein Problem in einer visuellen und multimodalen Form zu behandeln.
8. *Blick- und Perspektivenkompetenzen*
   Sich bewusst zu sein, dass jemandes ›natürlicher‹ Blick nicht neutral ist. Deshalb: die Fähigkeit zu reflektieren und verschiedene Sichtweisen zu verwenden und zu wählen. Das Bewusstsein, dass es keine objektiven Qualitätskriterien gibt, dass es nicht nur einen richtigen Weg zum Machen von Bildern und nicht nur einen richtigen guten Geschmack gibt, sondern dass es historisch und aktuell verschiedene

kulturelle und soziale Geschmacksmilieus gibt, zu denen man gehören kann. Sich bewusst sein, dass man Bilder aus vielen verschiedenen Perspektiven betrachten und produzieren kann, und dass Entscheidungen zu treffen sind, vgl. die Überlegungen zu Genres und semiotischen Kompetenzen.

9. *Historische und kulturelle Kompetenzen in Bezug auf visuelle Kultur*
   Wissen und Bewusstsein um und für die Geschichte der visuellen Kultur. Wissen und Bewusstsein davon und darüber, dass sich die visuelle Kultur im Laufe der Zeit ändert, von Kultur zu Kultur und innerhalb derselben Kultur oder desselben Landes unterschiedlich sein kann, zu welchem Geschmacksmilieu man jeweils in Bezug auf eine soziale Gruppe, auf Geschlecht und Alter gehört (vgl. Blickkompetenzen).
10. *Methodenkompetenzen*
   Verschiedene Bildanalyse- und Besprechungsmethoden. Darüber hinaus: soziologische, semiotische, phänomenologische, kommunikative und anthropologische Zugänge zu Bildern, visuellen Phänomenen und visuellen Umgebungen.

Diese Kompetenzen können mit den Kompetenzmodellen von ENViL kombiniert werden, auf die in Kapitel 6, Modell 4, eingegangen wird.

Prinzipien für den Unterricht im Fach Kunst

Im Hinblick auf drei zentrale Vorstellungen in der Kunstpädagogik erhalten wir ein aussagekräftiges und aktuelles Angebot für das Bildungspotential des Faches:

- Der Unterricht muss wichtige und relevante Inhalte betreffen und mit wichtigen und relevanten Themen arbeiten.
- Der Unterricht muss mit den Kategorien von Bildern und visuellen Phänomenen arbeiten, die unsere visuelle Kultur ausmachen.
- Der Unterricht muss mit den Genres, Stilen und Ausdrucksformen arbeiten, die unsere visuelle Kultur ausmachen.

Die erste Vorstellung basiert auf Ideen, die auf die kritisch-konstruktive Erlebnispädagogik der 1980er Jahre zurückgeht. Inspiriert von der kritischen Theorie, Wolfgang Klafkis Bildungstheorie und der Kritik an der Reform- und Kunstpädagogik wurde die Auffassung entwickelt, dass es bei Arbeit mit Bildern um etwas Wichtiges bzw. Relevantes gehen muss. In Klafkis kategorialem Bildungsgedanken heißt es in der kürzest möglichen Formulierung, *das Kind für die Welt und die Welt für das Kind zu öffnen*. Im Bereich der visuellen Bildung bedeutet dies, dass sich die Arbeit mit Bildern inhaltlich auf etwas

Relevantes und Wichtiges beziehen muss, und zwar sowohl in Bezug auf den Erfahrungshorizont des Schülers als auch in Bezug auf lebensbezogene, gesellschaftliche und pädagogische Fragen. Dadurch wird der Unterricht für die Schüler interessant.

Im Zusammenhang mit einer konkreten Unterrichtseinheit werden geeignete Bildkategorien, Gattungen und Ausdrucksformen ausgewählt, und dabei die relevanten technischen, methodischen und handwerklichen Fähigkeiten entwickelt. Dabei geht es darum, dass Genrekenntnisse, Handwerk, Techniken usw. im Rahmen der praktischen Arbeit mit und an Bildern entwickelt werden, sowohl rezeptiv wie produktiv. Diese Aspekte werden bei der Arbeit an der konkreten Aufgabe erworben. Das bedeutet nicht, dass immer alle Aspekte einer Aufgabe im Unterricht zur Sprache gebracht werden können. Den Schülern gegenüber muss zu einer Aufgabe stets ein klarer Erwartungshorizont abgesteckt werden. Bei der Betrachtung oder Untersuchung von Bildern oder anderen visuellen Phänomenen kann der Reflexionsrahmen dagegen eher nach allen Richtungen offen gehalten werden. Techniken und handwerkliche Fähigkeiten sollten nie für sich, sondern immer konkret in ihren jeweiligen Funktionen gesehen werden.

Gleichzeitig ist es wichtig, die Schüler zu begeistern und ihnen die Welt zu öffnen, indem man ihnen eine große Auswahl an verschiedenen Bildern und Phänomenen aus der gesamten visuellen Kultur präsentiert. So erfahren die Schüler, wie die Kultur mit den Themen umgeht und umgegangen ist, die im Unterricht behandelt werden. So wird die bildnerische Arbeit weder zu einem gleichgültigen privaten Projekt noch zu einer Reihe von Technikübungen.

Die Kategorien von Bildern und visuellen Phänomenen, die Medien, Gattungen, Stile in der visuellen Welt und Kultur, in denen das Kind aufwächst, sind für die Arbeit im Bildunterricht von zentraler Bedeutung. Das schließt Kunst im Unterricht nicht aus, versteht sie jedoch als eine Kategorie von Bildern unter anderen.

Unsere Erfahrung aus der Zusammenarbeit mit Studierenden zeigt, dass die bildnerische Arbeit wirklich gut läuft, wenn mit Bildkategorien und Genres gearbeitet wird, mit denen sie selbst Erfahrungen im Alltag gemacht haben, z.B. Musikvideo, Shopping, Design von Motorrädern, Fußball, Mode, visuelle Kultur des Tourismus, visuelle Umgebungen verschiedener Art … . Sie verfügen über einen großen Fundus an ›stillem Wissen‹, das praktisch entfaltet, angesprochen und durch die Arbeit mit dem jeweiligen Bereich reflektiert wird. Sie kennen die Genre-Codes und die ästhetischen Konventionen implizit, haben aber Schwierigkeiten diese explizit zu benennen. Sie explizit zu machen, ist eine der verschiedenen Aufgaben des Unterrichts in Visueller Kultur.

Klarheit, Transparenz und Intentionalität

Abschließend werden die obigen Überlegungen stichwortartig unter der Rubrik *Klarheit, Transparenz und Intentionalität* zusammengefasst. Wenn der Lehrer folgende Punkte bei der Vorbereitung des Unterrichts berücksichtigt, wird dieser auch für die Schüler klar und transparent. Damit sind sie besser dafür gerüstet, zielgerichtet, d.h. mit einer reflektierten Absicht, zu arbeiten. Wenn im Unterricht die folgenden Empfehlungen zum Tragen kommen, führt dies normalerweise zu einem guten Arbeitsklima, unterstützt die Kompetenzentwicklung und das Reflexionsvermögen, motiviert und fördert die Qualität der Arbeit.

Der Unterricht hat:

- klare und explizite Ziele
- eine klare und deutliche Aufgabenformulierung
- eine klare und deutlich Anleitung während der bildnerischen Arbeit (sowohl rezeptiv wie produktiv)
- eine klare und deutliche Evaluierung und Besprechung der Arbeitsergebnisse mit den Schülerinnen und Schülern
- eine klare und kohärente Linie in den einzelnen Phasen.

Auf einer konkreteren Ebene werden bei der Planung eines Unterrichtsprogramms die folgenden Punkte hervorgehoben (wissend, dass Anderes und mehr als das hier Beschriebene den Unterricht ausmacht):

Inhalt des Unterrichts

Bildkategorie: An welcher Art von Bildern wird gearbeitet, welche Bedeutung hat diese jeweils?

Kontext und Funktion:

- Wo begegnen wir Bildern und anderen visuellen Phänomen, und welche Funktion haben sie?
- Welche Arten von Beziehungen zwischen Bild und Betrachter sind im Spiel?
- Womit sollten die Bilder der Schüler zu tun haben?

Thema / Motive / Gegenstand: Worum geht es, warum und wie?

Genre und Stil: Welche besonderen Genre- und Stilmerkmale sollten im Mittelpunkt stehen?

Faszination / Verführung: Welche besonderen bildsprachlichen und inhaltlichen Verhältnisse spielen eine Rolle?

Medien, Ausdruck und Modalität hängen mit den Bildkategorien und Genre / Stil zusammen und sollten diese Beziehung widerspiegeln:

- Welche Medien sollten einbezogen werden: Video, Foto, Grafikdesign, Malerei usw.?
- Welche Ausdrucksformen / Genres sollten einbezogen werden: Musikvideo, Touristenbroschüre, visuelle Lernmittel, Wahlplakat usw.?
- Wenn es sich um Multimodalität handelt: Wie spielt das Visuelle mit anderen Modalitäten wie Text, Sound, Körpergesten usw. zusammen?

Einstieg und Anregung

Welches visuelle und andere Material wird zur Inspiration und zur Erweiterung des visuellen Erfahrungshorizonts der Schüler ausgewählt? Wie hängen die Erfahrungen der Schüler mit den Bildern der Aufgabe bzw. des Themas zusammen? Wie können den Schülern Vorgaben und Ziele im Inhaltsbereich sowie die Auswahl von Bildern und / oder visuellen Phänomenen, die den Schülern präsentiert werden, schlüssig erklärt werden?

Laufende Beratungs- und Bewertungsgespräche

Grundsätzliches Festhalten an den Vorgaben und Grundlagen für die bildnerische Arbeit bei der Besprechung der Arbeiten. Es ist wichtig, dass der Lehrer bei der laufenden Anleitung und in der Evaluierungsphase nicht in ›professionellen Jubel‹ darüber ausbricht, dass es sich bei einer Arbeit um einen besonderen persönlichen Ausdruck des Schülers handelt, weil man es nicht ertragen kann, das Bild eines Schülers zu kritisieren. Wenn die Vorgaben für die bildnerische Arbeit von Anfang an klar sind und der Lehrer an ihnen festhalten kann, kommt es zu keiner Kritik im negativen Sinne, sondern zu fachlich hilfreichen und bewertenden Gesprächen darüber, was Inhalt und Ausdruck im Bild im Zusammenspiel zwischen den Absichten des Schülers und der Aufgabe fördert und nicht fördert. Dies sollte ein konstruktiver und wegweisender Dialog sein und keine autoritären Anweisungen.

Studienfragen

- Wählen Sie einen Unterricht aus Ihrem Praktikum oder aus dem Seminar, an dem Sie teilnehmen, und versuchen Sie, die obigen Fragen aus dem Inhaltsbereich des Kurses zu stellen.
- Können Sie alle Fragen beantworten? Was würden Sie ändern oder erweitern?

KAPITEL 2
UNTERRICHTEN

Varianten und Variationen

Die Tradition der Kunstpädagogik »Eine Aufgabe ergibt eine Lösung« erscheint im Hinblick auf die visuelle Kultur und auch das professionelle Verhalten in der Welt der Gestaltung überholt. Künstler arbeiten oft ein Leben lang an einem Thema, Architekten und Designer bieten ihren Kunden in der Regel verschiedene Varianten an und Leute, die etwa ihre Wohnung oder ihren Garten gestalten probieren verschiedene Möglichkeiten aus. Beim Einkaufen wie beim Mediengebrauch erleben wir täglich, das breite Angebot des Marktes. Die Idee »eine Aufgabe – eine Lösung« passt auch nicht zu einer anderen kunstpädagogischen Tradition, der Arbeit an offenen Themen und komplexen Aufgaben. »Eine Aufgabe – eine Lösung« führt zwangsläufig dazu, dass bei praktischen bildnerischen Arbeiten manche Schüler früher fertig sind als andere. Praktiker wissen, dass die so genannten Zwischenthemen nicht wirklich eine Lösung sind. Statt »eine Aufgabe – eine Lösung« heißt unser Vorschlag daher »eine Aufgabe – mehrere Lösungen«. Niemand gibt nur eine Lösung ab. Wer schnell arbeitet gibt mehr, wer langsamer arbeitet weniger Arbeiten ab. Die letzte Arbeit wird in aller Regel nicht fertig.

Mit dem Situationenkreis (Vgl. Abb. S.211) werden je nach Aufgabe die verschiedenen Varianten entwickelt. Anregungen für die Variationen können aus allen Bereichen geholt werden, wobei »Kontext« wohl eher selten eine Rolle spielen wird.

Allgemeines zum Unterrichten im Fach Kunst

Dieser Abschnitt stammt von Ulrich Schuster und wurde überarbeitet von Billmayer.

Das Unterrichtskonzept

Der routinierte Lehrer plant nicht mehr jede Stunde ausführlich, weil ihm viele Lehrschritte und Aktionen in Fleisch und Blut übergegangen sind – weil er sich zunehmend auf eingespielte Verfahrensweisen und spontane Entscheidungen verlassen kann. Einem Anfänger ist diese Vorgangsweise nur begrenzt anzuraten. Planung soll Spontaneität nicht unterbinden und soll auch nicht zu einem leblosen Schematismus und zum Abspulen von Unterricht führen. Genau genommen ist es deshalb besser von Unterrichtsvorbereitung als von Planung zu sprechen. Vorbereitung beinhaltet auch die Idee, dass man auf unvorhergesehene Entwicklungen im Unterricht angemessen reagieren kann. Einen geplanten Unterricht stur durchzuziehen, kann oft bedeuten, an den Schüler vorbei zu unterrichten. Letztlich muss man selbst herausfinden, welche Aspekte des Unterrichts sinnvollerweise detailliert vorzubereiten sind.

Wir unterscheiden das *kurzfristige Konzept* zur Vorbereitung einer einzelnen Unterrichtsstunde von einem *mittelfristigen Konzept* zur Vorbereitung einer Unterrichtssequenz oder Unterrichtseinheit über mehrere Stunden hinweg, und einem *langfristigen Konzept* etwa im Sinn einer Halbjahresplanung.

- Entwicklung der Arbeitssituation
- Thematik der übergeordneten Unterrichtseinheit; Aufgabenstellung; Anknüpfung an die letzte Stunde – Ausblick; Anbindung an den Lehrplan.
- Zieldiskussion - Sachanalyse
- Was kann am Gegenstand gelernt werden?
- Bildungsziele - Lernziele (des Unterrichts, der Stunde); welche Kompetenzen werden angesprochen bzw. gefördert?
- Fachliche und übergreifende Ziele;
- Aufbau der Stunde
- Zeitliche Gliederung (z.B. Verlaufsmatrix);
- Logische Entwicklung der einzelnen Abschnitte - Lehrgang;
- methodische Elemente: Anbindung, Lehrvortrag, Unterrichtsgespräch, Lehrerdemonstration, Tafel- Heftarbeit, Medieneinsatz, Zusammenfassung, Gruppenarbeit, Individualarbeit, Partnerarbeit, Recherche, Dokumentation, Schülerreferat, Lernzielkontrolle, u.v.a.m.) .
- Verwendete Materialien
- Vorbereitetes Tafelbild, Präsentation, Bildmaterial, Zitate, Arbeitsblätter ...

Der Aufwand wird geringer, wenn man sich ein entsprechendes Formular macht. Dieses hilft auch, nichts zu übersehen. Gleichzeitig entsteht so eine Dokumentation des Unterrichts.

Der Sinn des Unterrichtskonzepts liegt für den Anfänger darin, die vielfältigen didaktischen Aspekte seines pädagogischen Handelns im Auge zu behalten. Unterricht ist interaktiv, deshalb stellen sich Fragen:

- Wie werden die Schüler in die Unterrichtsgestaltung einbezogen?
- Welche Lernmittel werden wann ins Spiel gebracht?
- Welche Aktionen erfolgen von Seiten des Lehrers, welche will man die Schüler ausführen lassen?

- Welche Formalitäten habe ich vor dem Unterricht zu erledigen?
- Was halte ich in Reserve, falls mir der Stoff zu früh ausgeht? (Hier hilft der Situationenkreis)

Die Schriftform schafft zu den eigenen Gedanken eine fruchtbare Distanz und nimmt einen in die Disziplin gedanklicher Formulierung. Die Schriftform soll dazu führen, dass der Anfänger rechtzeitig plant, dass er sich an vorausschauendes Arbeiten gewöhnt und eine Form für die Kommunikation mit Kollegen findet.

Die Unterrichtsstunde

Es zeigt sich immer wieder, dass einzelne Lehrer im Unterricht recht verschieden vorgehen. Solche persönlichen Eigenarten werden in der Didaktik gerne als *Stil* diskutiert. Sofern es sich aber um Strategien handelt, den Lernprozess in Erkenntnisschritten auf ein Ziel hinzuführen und dabei vom persönlichen Stil ablösbare Verfahren, Medien, Materialien, Werkzeuge zum Einsatz kommen, spricht man von *Methode*. Unabhängig von stilistischen oder methodischen Überlegungen lassen sich darüber hinaus noch *Elemente des Stundenverlaufs* beobachten.

Begriffe wie Unterrichts*stunde* oder Unterrichts*einheit* implizieren eine Sicht auf Unterricht als ein geschlossenes *zeitliches System*, eine *Form schulischer Unterweisung*, eine *Form* als raum/zeitlich organisierter Handlungs- oder Arbeitsablauf. Betrachtet man eine Stunde unter ›physiognomischen‹ Gesichtspunkten, dann kommt zunächst der zeitliche Faktor in den Blick: Die Stunde hat einen Anfang und ein Ende, die Zeitspanne dazwischen lässt sich mit rhythmischen oder dramaturgischen Überlegungen überziehen.

Überlegungen zum *Rhythmus* führen zu der Frage, ob zeitliche Abschnitte einer Stunde in ihren Längen aufeinander zu beziehen sind, ob einzelne Teile sich wiederholen oder eine Reihenfolge bilden. Überlegungen zur *Dramaturgie* führen zur Frage, ob in der Reihenfolge der Abschnitte eine inhaltliche Verkettung, Einstieg, Steigerung, Höhepunkt, Ausklang stattfinden soll.

Sieht man die Stunde als *Arbeitsablauf*, dann spielt der Einsatz von Materialien und Werkzeugen eine Rolle. Der Ablauf orientiert sich hier an Gesichtspunkten wie Planung, Ausführung und Präsentation oder im Sinn einer Werkstattordnung als Vorbereitung, Ausarbeitung und Nachbereitung. Wie bei einem Eisberg besteht die Unterrichtsstunde somit aus Elementen, die nicht unmittelbar in Erscheinung treten, sondern im *Vorher* oder als *Nachher* des Ereignisses nur vermittelt in Erscheinung treten. Dabei nimmt der Schüler vielleicht nur das wahr, was unmittelbar vor seinen Augen passiert, die nachfolgenden Kollegen interessiert mehr das, was nach dem Unterricht z.B. als Schrott oder Mief zurückbleibt. Der Lehrer selbst sieht vielleicht vordringlich die Mühe, die er sich mit der Vorbereitung der Stunde gemacht hat. Wir halten es für sinnvoll, dem Schüler auch den Vor- und Nachlauf zu einer Stunde immer wieder deutlich zu machen.

Unabhängig von Inhalten ist die Form einer Stunde nur schwer zu diskutieren, allerdings erscheint es uns doch wichtig darauf hinzuweisen, dass bei der Planung und Beurteilung von Stunden formale Überlegungen angestellt werden. Dabei fallen an dieser Stelle Fragen leichter als Antworten.

Vorbereiten

Was ist vor der Stunde herzurichten? Werkzeuge, Blöcke, Hefte, Material, Tafel, Projektor, Verlängerungskabel...

Unterrichtsbeginn

Wie sichtbar soll der Unterrichtsbeginn für die Schüler sein? *Eintreffen* der Schüler, des Lehrers; Einlass in den Unterrichtsraum; kommen die Schüler zum Lehrer oder der Lehrer zu den Schülern; Mitbringen von Taschen, Mänteln, Arbeitsmaterial; Begrüßung und Platz nehmen; Ausgabe von Materialien, Blöcke, Arbeitsmitteln etc.

Anknüpfung an die letzte Stunde, Erinnerung an eine gestellte Aufgabe, Wiederholen von Vereinbarungen, Kriterien, Besprechung einzelner Arbeiten, Korrektur von Zwischenergebnissen;

Anstoßen neuer Entwicklungen, Klären von Anforderungen, Erläuterung anhand von Beispielen, Erarbeiten von Kriterien, Veranschaulichen von Prozessen, Vormachen von Handgriffen, Sicherheitshinweise;

Unterrichtsgespräch, Lehrvortrag, Diskussion;

Zeitliches Verhältnis von Einführung und Wiederholung zu Arbeitsphase, zu Ergebnissicherung und zum Aufräumen;

Braucht die Stunde einen dramaturgischen *Höhepunkt*?

Aufbau von Spannung, Konzentration von Energien. Wann ist der Höhepunkt erreicht? Wie werden die Energien abgeleitet? Wie lange hält die Spannung an?

Ausklang

Wie weit sollen die Schüler in ihrer Arbeit sein? Hat die Klasse bzw. der Lehrer das Stoffpensum erfüllt? Gab es Gründe für ein längeres Verweilen bei bestimmten Inhalten? Bewusstmachen, Bekanntgeben des allgemeinen Standes der Arbeit an der Aufgabe; Abrunden eines Gedankengangs – Feststellen von offenen Fragen, ungelösten Problemen. Ausblick auf die nächste Stunde. Formulieren von Aufgaben für die nächste Stunde. Was ist für die nächste Stunde mitzubringen? Sind Namen und Klasse auf den Arbeiten vermerkt?

Organisation des *Stundenendes*, Abgabe der Arbeiten Aufräumen des eigenen Platzes, Aufräumen im Arbeitsraum, Einteilen von Räumdiensten, Kontrollieren der Werkzeuge, Zählen oder namentliche Kontrolle der abgegebenen Arbeiten, liegengebliebene Arbeiten, Absentenheft;

Verabschieden der Schüler; Wegräumen von Werkzeugen, Arbeiten, Lüften des Raumes, Absperren.

Aufräumen

Schwierig ist es, die Zeit abzuschätzen, die es für das Aufräumen braucht. Berechnet man zu wenig, muss man als Lehrer nacharbeiten. Berechnet man zu viel, verschwendet man wertvolle Zeit und die Schüler werden unruhig. Es hat sich bewährt, immer 10 Minuten vor Schluss der Stunde mit dem Aufräumen zu beginnen. In den verbleibenden Minuten – mal sind es mehr mal weniger – wird ein Bild oder Objekt gezeigt und angesprochen. Das Bild kann jeweils von einem Schüler am Anfang der Stunde ausgewählt werden. Als Lehrer lässt man sich eine oder zwei Fragen zum Bild oder Objekt einfallen, diese müssen nicht beantwortet werden. Es geht im Unterricht nicht darum, Fragen abschließend zu beantworten. Gelungen sind Antworten auf Fragen dann, wenn die Schüler mit weiteren und größeren Fragen den Unterrichtsraum verlassen. Und: die kurze Zeit verhindert, dass man das Bild ›zu Tode redet‹.

Das Stundenende ist nicht das *Ende des Prozesses*. Vielmehr beginnt mit dem Einsammeln der Arbeiten wiederum der Prozess der Vorbereitung. Wer vorbereitet in der nächsten Stunde erscheinen will, muss die Arbeitsergebnisse sichten, auftauchende Probleme herausziehen, zu besprechende Arbeiten auswählen, eventuell Arbeiten mit Kommentaren versehen. Man notiert sich, wie es beim nächsten Mal weitergeht.

Die Unterrichtssequenz

Eine Unterrichtssequenz ist eine Folge von Unterrichtseinheiten zu einem thematischen Komplex, einem Themenbereich des Lehrplans oder eine zeitliche Folge von Unterrichtsstunden, die mehrere Themenbereiche oder Teilaufgaben zu einer Lerneinheit zusammenfassen. Pädagogisches Denken und Arbeiten in Sequenzen zielt darauf ab, den Stoff in größeren Zusammenhängen zu sehen, früher erworbene Kenntnisse und Qualifikationen in neuen Kontexten zu erproben und dadurch anzureichern und zu verdichten.

Unterrichtssequenzen verknüpfen mehrere Aufgaben bzw. Teilaufgaben zu einer Lerneinheit oder einem Lehrgang und verflechten theoretische Aspekte, Betrachtungen und Reflexionen mit praktischen Übungen.

Eine Unterrichtssequenz kann einem Unterrichtsprojekt ähneln, wenn die Teilergebnisse der Aufgaben ab einem gewissen Zeitpunkt ein gemeinsames Produkt erkennen lassen, sich zu einem gemeinschaftlichen Resultat zusammenfügen.

Die Arbeit mit dem Situationenkreis geht davon aus, dass es zu einer Aufgabe immer mehrere verschiedene Lösungen gibt. So gesehen sind derartige Aufgaben immer eine Sequenz im obigen Sinn.

KAPITEL 3
UNTERRICHTSVORSCHLÄGE

Die folgenden Unterrichtsvorschläge basieren auf themenorientierter Bildpädagogik und visueller Kultur und weisen auf Themen von allgemeinem gesellschaftlichem Interesse hin, die auch das besondere Interesse von Schülern wecken können. Bei der Behandlung von Themen von sozialem Interesse lassen wir uns von der visuellen Kultur inspirieren, d.h. wir wählen verschiedene visuelle Phänomenen, die Kinder und Jugendliche heute umgeben. In einigen Aufgaben bewegen wir uns vom *Werk* zum *Ereignis*, sodass die Schüler nicht nur in der Lage sind, Werke zur Darstellung von Phänomenen oder Ideen zu produzieren, sondern auch visuelle Ausdrucksformen in ihren bewussten Selbstdarstellungen und in der Gestaltung ihrer Beziehungen zur Außenwelt zu verwenden.

Beachten Sie, dass ein Unterricht zum Thema *Einkaufen* in Kapitel 17 und einer zum Thema *Fußball* in Kapitel 22 beschrieben wird.

Die Unterrichtseinheiten sind für Studenten geschrieben, aber teilweise an die Voraussetzungen für Kinder angepasst, d.h. der Lehrer muss die Themen jeweils für die entsprechende Klassenstufe umschreiben. Die didaktische Aufgabe richtet sich also an die Lehramtsstudenten. Wir glauben jedoch, dass die Themen sowohl für Kinder als auch für Erwachsene relevant sind, und es sinnvoll ist, die Vorhaben selbst auf Erwachsenenebene auszuprobieren, um Potenziale und Herausforderungen zu entdecken.

Jeder Vorschlag für eine Unterrichtseinheit enthält die folgenden Punkte:

- Überschrift
- Intro
- Inhalt
- Aufgaben
- Mögliche Erklärungen
- Didaktisches

#1 Die visuelle Welt der Kinder und Jugendlichen

Ziel ist es, mit der visuellen Welt von Kindern und Jugendlichen zu arbeiten und mehr über sie zu erfahren. Womit umgeben sich Kinder? Was sehen sie an? Wie sehen sie und wie verstehen Kinder, was sie sehen? Wie verstehen sie Worte bzw. Bilder und wie setzen sie diese zusammen? Was mögen sie und was mögen sie nicht? Warum?

Inhalt

Im Folgenden wird versucht, einen Überblick über die visuelle Kultur zu geben, an der Kinder und Jugendliche teilhaben. Weitere Bereiche können hinzugefügt werden:

- Fernsehen für Kinder und Jugendliche
- Filme für Kinder und Jugendliche
- Bildbände, Bilderbücher, Comics
- Visuelles Lehrmaterial (Schulbücher usw.)
- Werbung
- Musikvideo
- Kleidung
- Spielzeug
- Ihr Zimmer dekorieren
- Elektronische Geräte: Computer/Telefone/PCs/iPads
- Computerspiele
- Das Internet: soziale Netzwerke, YouTube, Websites
- Idole
- Karte austauschen
- Pokemons auf dem Handy
- Nichtelektronische Gadgets/Nebel
-

Aufgabe

Die Studie umfasst so weit wie möglich Folgendes:

Machen Sie sich mit Literatur zum Thema vertraut. Zu welchen Aspekten gibt es Literatur, zu welchen nichts oder kaum etwas? Die Bandbreite der Literatur reicht von überwältigenden Mengen (z.B. die Mediennutzung von Kindern) bis fast gar nichts (z.B. Spielzeug).

- Ein Überblick über aktuelle Trends
- Befragen Sie Mitschülerinnen und Mitschüler oder andere Kinder und Jugendliche über das betreffende Gebiet. Machen Sie Fotos, Notizen, zeichnen Sie Interviews auf. Bitten Sie Kinder/Jugendliche, ihre Lieblingssache/ihr Lieblingsphänomen zu fotografieren, oder lassen Sie Kinder auf dem Schulweg oder im Spielzeugladen Fotos machen (falls erlaubt).
- Präsentation der Ergebnisse der Studie in kurzen Vorträgen.
- Didaktik: Erstellen Sie einen Unterrichtsplan für eine Klassenstufe Ihrer Wahl. Wählen Sie Kompetenzen und/oder Themen aus einem aktuellen Lehrplan. Wie lautet der Titel Ihres Unterrichts, wie machen Sie die Einführung und wie werden Sie bewerten?

#2 Erinnerungen

Die meisten Leute haben Erinnerungen an ihr Leben in Fotoalben und Klassenfotos, in Zeitungen und Büchern oder auf Handys oder anderen digitalen Speichern oder als Souvenirs auf Regalen und in Schränken gespeichert. Eine Erinnerung, die nicht aktiviert wird, wird vergessen. Kinder werden mit einem guten Gedächtnis geboren, aber vieles wird früh aussortiert. An ihre Stelle sind Fotos und Familiengeschichten getreten, die zeigen, wann die kleine Anna etwas getan hat, das der ganzen Familie aufgefallen ist. Auch die Zeichnungen von Kindern sind mit vielen Erinnerungen verbunden. So tragen Fotos und Familiengeschichten dazu bei, die Erzählungen zu schaffen, die die eigene Identität formen und Teil davon werden.

Bei diesem Projekt suchen Sie nach Bildern und visuellem Material, das auf Ihr eigenes Leben verweist, und sortieren dieses Material, um ein kleines Erinnerungsstück über Ihr eigenes Leben oder über etwas, das zu Ihren Lebzeiten passiert ist, zu erstellen.

Dieses Thema eignet sich gut für eine interdisziplinäre Zusammenarbeit mit Geschichte oder Deutsch, aber auch eine Fremdsprache ist geeignet.

Aufgaben

Vorbemerkung (FB): Infolge der Reformpädagogik und der Kunsterziehungsbewegung sind und waren biografieorientierte, subjektive Themen im Unterricht verbreitet wie »Mein Lieblings…, mein schönstes …, mein Traum von ...«. Der Hintergrund ist zum einen die Idee vom Kind als Künstler, das sich sich ausdrücken will und etwas echtes statt etwas nachgemachtem gestalten soll, zum anderen erwartet man sich von solchen Themen automatisch eine intrinsische Motivation. Diese persönlichen Aufgaben sind in der Öffentlichkeit der Schule problematisch, erstens weil persönliche Angelegenheit andere grundsätzlich nichts angehen und zweitens weil viele Schüler sich dazu nicht äußern wollen. Helga Kämpf-Jansen, die viel mit Biografien gearbeitet hat, bietet als Ausweg immer »fiktive« Biografien, Erinnerungen oder Lebensläufe an.

Bringen Sie zunächst einige Ihrer eigenen Kinderzeichnungen (falls Sie welche haben) und einen Gegenstand mit, der für Sie einen sentimentalen Wert hat oder hatte.

Erstellen Sie eine visuelle Darstellung Ihrer Wahl, basierend auf einem oder mehreren Bildern aus Ihrem Leben, mit einem Design, für das Sie sich entschieden haben und das Sie rechtfertigen können. Führen Sie eine oder mehrere der folgenden Aufgaben aus:

1. Mehrschichtige Malerei
    1. Erste Schicht: Malen Sie den Untergrund mit einer Farbe, Textur und Geste, die der Stimmung Ihrer Erinnerung entspricht,
    2. eine zweite Schicht mit (eventuell fotokopierten) symbolischen Elementen, Textfragmenten, Karten, Zeichenbüchern usw. und schließlich
    3. eine Ebene mit ikonischen Elementen, Fotos oder Zeichnungen.

Finden Sie ein Gleichgewicht zwischen den verschiedenen Ebenen. Denken Sie daran, dass der Betrachter nicht alles mit der gleichschnell wahrnimmt und versteht.

- Wörter, Buchstaben, geometrische Formen und Zahlen erregen oft schneller Aufmerksamkeit als
- erkennbare Elemente, die sich oft schneller durchsetzen als
- Farbe, die schneller fängt als
- Textur, Gestik und Struktur.

Beginnen Sie die Gestaltung mit Textur und Struktur und beenden Sie ihn mit Wörtern, Buchstaben, Flaggen, Logos und Zahlen, wobei Sie letztere durch Unschärfe oder Spiegelung, Verringerung des Licht- und Farbkontrasts oder durch Entfernen von Teilen davon abmildern.

2. Suchen Sie ein oder mehrere Fotos aus dem Haus Ihrer Kindheit oder aus Ihrer alten Nachbarschaft. Machen Sie ein neues Foto mit genau demselben Motiv. Kombinieren Sie die beiden Fotos.
3. Sammeln Sie Klassenfotos aus verschiedenen Zeiten und analysieren Sie die Unterschiede zwischen ihnen. Worin spiegeln sich diese Unterschiede Ihrer Meinung nach wider? Machen Sie eine Visualisierung Ihres Materials.
4. Erstellen Sie eine ›Markierung‹ in PowerPoint, so dass die Namen erscheinen, wenn Sie mit dem Cursor über die Gesichter fahren, und lassen Sie die Leute in einem kleinen Film erzählen, woran sie denken.
5. Erstellen Sie eine grafische Darstellung Ihrer Familie (einen Stammbaum) und kombinieren Sie diese mit einer *Collage aus* Fotos aus dem Familienalbum und/oder aus der Geschichte der umliegenden

Gemeinde. Stellen Sie gegebenenfalls eine *Zusammenstellung von* Gegenständen her, die eine Verbindung zu früheren Zeiten herstellen.

Didaktisches

Erstellen Sie einen Unterrichtsplan für eine Klassenstufe Ihrer Wahl. Wählen Sie ein Kompetenzen / Ziele aus aus einem aktuellen Lehrplan aus. Wie lautet der Titel des Unterrichts, wie geht die Einführung und wie werden Sie bewerten?

#3 Märchen/ Nordische Mythen/ die Unterirdischen – Skulptur, Tableau, Erzählung

Bei diesem Thema geht es um die Visualisierung einer Geschichte, zum Teil in räumliche Form (Puppen, Tableaus) und zum Teil als digitale Erzählung. Ziel ist die Entwicklung von Fähigkeiten im Bereich der Bildhauerei, der räumlichen Form und des Erzählens.

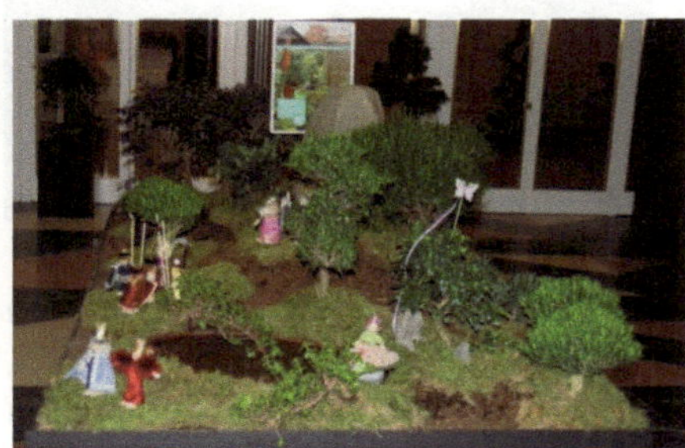

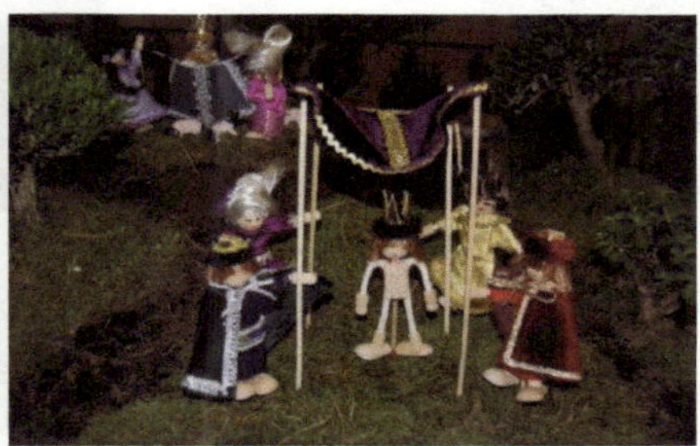

Aufgabe

Beginnen Sie mit einem Märchen, einem nordischen Mythos, einer Geschichte über die Unterirdischen, einer Fantasiegeschichte oder einer Geschichte, die Sie selbst schreiben.

Es sollen Tableaus und Figuren gemacht werden:

- *Tableaus*: Es werden zwei bis vier Tableaus angefertigt, in denen sich die Handlung abspielt. Das bedeutet, dass die Geschichte in zwei bis vier Szenen unterteilt werden muss. Dabei kann es sich um Landschaften, Gegenden in der Stadt, Innenräume (eine Innenszene) und Außenbereiche (nur eine der Szenen) handeln. Die Tableaus werden auf einer Unterlage aus z.B. weichen Masonitplatten oder großen Kartons aufgebaut. Sie können aus jedem Material hergestellt werden: Karton, Pappmaché, Zellstoff, Stoff, Holz, Metall usw.
- Denken Sie daran, dass die Geschichte fotografiert und zu einem digitalen Bilderbuch verarbeitet wird. Denken Sie daher an Seitenwände und Kamerawinkel, damit der Raum, in dem es stattfindet, auf den Fotos nicht zu sehen ist. Und überlegen Sie, wie Sie die Beleuchtung der Szenen machen werden.
- *Figuren*: die Menschen/Tiere, die in der Geschichte vorkommen. *Materialien*: Plastilin, Wachs und andere geeignete Materialien. Der

Vorteil von Plastilin ist, dass die Figuren biegsam werden und für kleine Kinder leicht zu bearbeiten sind. Gut geeignet ist auch Salzteig.

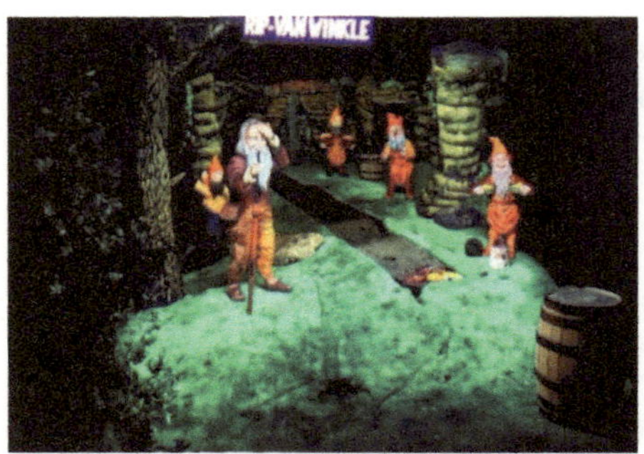

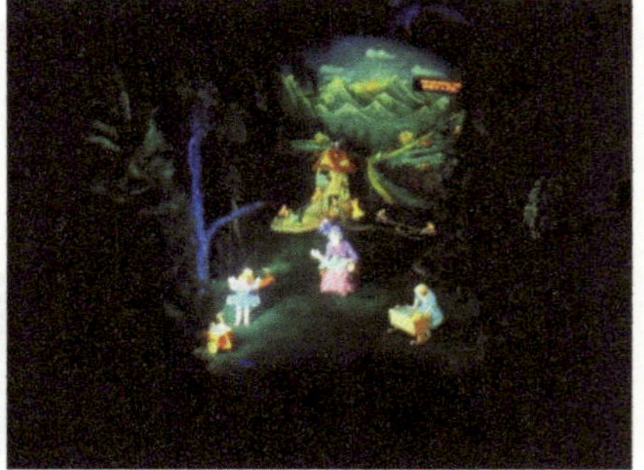

- *Geschichte*: Die Geschichte wird in einer angemessenen Anzahl von Bildern fotografiert. Ein digitales Bilderbuch wird mit Bildern, (Effekt-)Ton, Text, Sprache und Musik erstellt. Die Arbeit kann in Photo Story (siehe unten und beigefügte Anleitung) oder in Book Creator oder einem ähnlichen Programm ausgeführt werden.

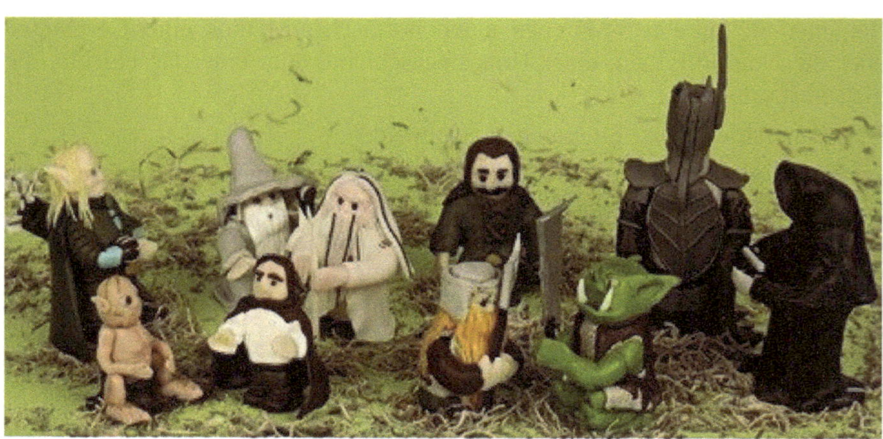

#4 Werte visualisieren – Dankbarkeit

Wie kann man einen abstrakten Werte wie *Dankbarkeit* darstellen?

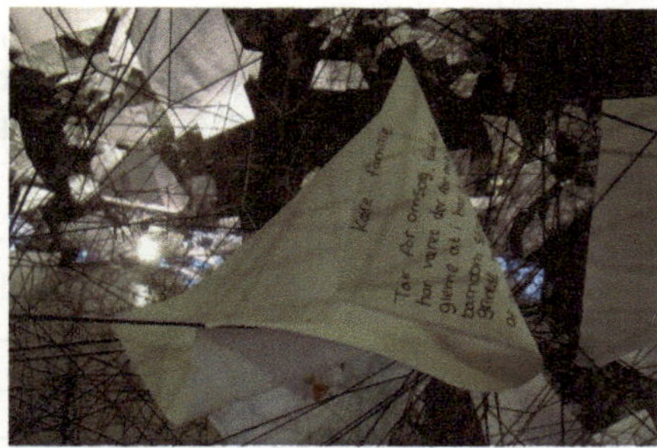
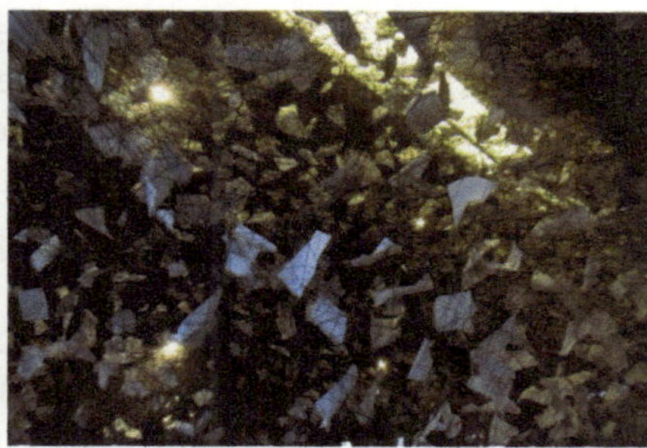

Chiharu Shiota: „Danke 1“ und „Danke 2“. Ausstellung KØS März 2016 (eigene Fotos).

Im Herbst 2015 hatte die japanische Künstlerin Chiharu Shiota die Menschen in Køge und Umgebung, z. B. in Kopenhagen, gebeten, Dankesbriefe für eine große Installation im KØS, Museum für Kunst im öffentlichen Raum, zu schicken. Das Werk trug den Titel „Dankesbriefe“. Studenten, die bereits in Grundschulen arbeiteten, nahm daran teil. Viele ließen ihre Schüler Dankesbriefe an das Museum schreiben und zeichnen. Es handelte sich also um eine geglückte Zusammenarbeit zwischen dem Museum, der Lehrerausbildung und der Grundschule. Aber wie kann man mit dem Begriff *Dankbarkeit* mit anderen Mitteln weiterarbeiten? Dankbarkeit ist eine Haltung gegenüber den Mitmenschen, die in der heutigen Gesellschaft vielleicht zu wenig Beachtung findet. Als wir die Diskussion im Team führten, stellte sich heraus, dass jeder Beispiele dafür nennen konnte und diese wichtige und tiefgehende zwischenmenschliche Beziehungen betrafen. Also haben wir es als Thema für eine bildnerische Arbeit für Erwachsene ausprobiert. Parallel dazu arbeiteten mehrere Studenten in der Schule an ähnlichen Themen.

Wie kann man Dankbarkeit ausdrücken?

Man kann ikonische Zeichen (Bilder, die aussehen wie) nicht direkt verwenden, da Dankbarkeit kein Aussehen hat. Stattdessen können Sie den symbolischen oder beispielhaften Weg gehen.

Der symbolische Weg sucht konventionelle Symbole wie das Wort *Dankbarkeit* als konventionelles Symbol (Wort, Schrift), oder man kann eine Geste mit gefalteten Händen und gesenktem Kopf zeigen, die ebenfalls Dankbarkeit bedeuten kann. (Suchen Sie in Stockfotos mit dem Suchbegriff Dankbarkeit).

Der Beispielpfad zeigt Situationen, in denen normalerweise Dankbarkeit auftritt, zum Beispiel, wenn jemand ein Geschenk erhält.

Auf einer inhaltlichen Ebene können Sie eine Geschichte über eine Situation erzählen, in der Sie oder andere Menschen Dankbarkeit gefühlt und vielleicht anschließend eine Handlung der Dankbarkeit vollzogen haben.

Man kann das Gefühl der Dankbarkeit auch in seinem Kontext darstellen, indem man sich eine Situation ins Gedächtnis ruft, in der man Dankbarkeit empfunden hat, und sich daran erinnert, welche Gefühle diese Dankbarkeit begleitet haben.

Auf formaler Ebene können wir überlegen, ob bestimmte Farben oder Kompositionen ein Gefühl der Dankbarkeit hervorrufen, welche Beleuchtung und welche Töne, welche Musik und welche Stimmung? Soll es ein Gegenlichtfoto sein, wie soll der Blickwinkel sein, und nicht zuletzt, welches Motiv können wir wählen? Sind Pastellfarben, sehr helle und schwache Kontraste geeignet, oder sollte man zu dunklen Farben und dicken Farbschichten übergehen, was man als Pastellmaltechnik bezeichnet? Sind Dankbarkeitsbekundungen mit Gefahr, Verlust, Macht und Ohnmacht verbunden? Oder mit Vergnügen?

Vielleicht sollten Rituale in performanceähnliche Ansätze einbezogen werden? Kennen wir Rituale der Dankbarkeit in religiösen oder sportlichen Kontexten? Gibt es eine allgemein bekannte Art, Dankbarkeit zu zeigen (eine übliche Geste der Dankbarkeit)?

Wir können Phänomene auch von ihren Gegensätzen her verstehen, was ist also das Gegenteil von Dankbarkeit?

Aufgaben

Schreiben Sie einen Brief an jemanden, der Ihre Dankbarkeit verdient. Das Schreiben sollte kurz sein (etwa eine halbe A4-Seite) und öffentlichkeitstauglich sein.

Erledigen Sie mindestens eine der folgenden drei Aufgaben:

Malen Sie ein etwa 70x100 cm großes Bild, das die Situation zeigt, die zu Ihrem Gefühl der Dankbarkeit geführt hat. Verwenden Sie das Genre *Historienmalerei.*

Erstellen Sie eine Installation, die den Teilnehmern ein Gefühl der Dankbarkeit vermittelt.

Skizzieren Sie ein Ereignis, bei dem viele Menschen ihre Dankbarkeit zum Ausdruck bringen können.

Erstellen Sie eine Performance, die in stilisierter Form etwas über das Gefühl der Dankbarkeit gegenüber einem anderen Gefühl zeigt. Eine Aufführung hat nicht unbedingt eine Handlung und der Darsteller spielt keine Theaterrolle. Rituale sind hier eine Option, vorzugsweise ohne direkten Bezug zu bekannten Ritualen. Dokumentieren Sie die Performance.

#5 Weihnachten im Fach Kunst

Die meisten Lehrerinnen und Lehrer werden im November/Dezember einige Zeit mit der Arbeit an Weihnachten verbringen. Oftmals handelt es sich dabei um unterhaltsame Lektionen zur Herstellung klassischer Weihnachtsdekorationen. Diese sieben Lektionen zielen darauf ab, Weihnachten als ein thematisches visuelles Werk zu behandeln, in dem Weihnachten als ein Stück visueller Kultur betrachtet wird.

Weihnachten ist für viele immer noch ein wichtiges religiöses Fest. Andererseits ist es als Familienfest und Fest des Schenkens seit langem profanisiert worden. Diese Profanisierung, also die Loslösung vom Christentum, hat den Siegeszug von Weihnachten in Form von Xmas als globales Fest ermöglicht. Man schaue sich etwa die Xmas-Dekorationen der Shopping Malls in Dubai oder Tokio an.

Weihnachtskarten im Posterformat

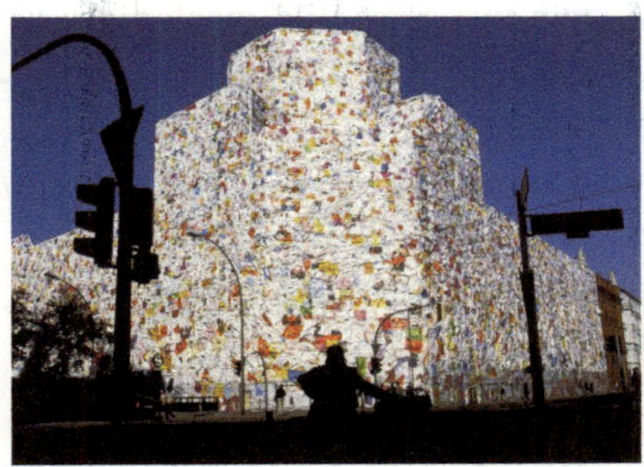

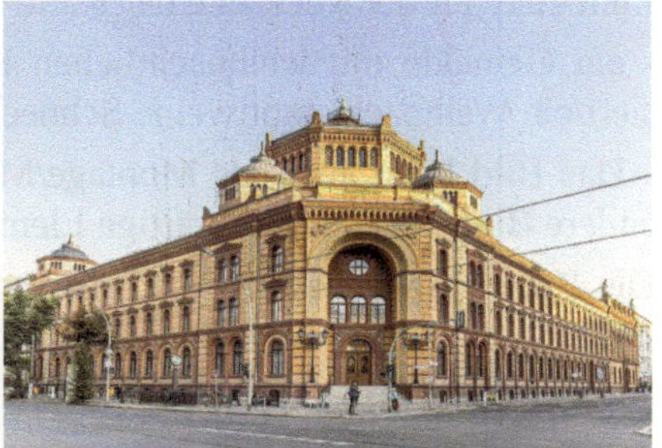

H.A. Schult: Liebesbriefe, 2001 (eigenes Foto). Gebäude ohne Kunstwerk (wikipedia).

In Berlin am und im Postfuhramt an der Ecke Oranienburger Straße/Tucholskystraße fand die oben genannte Ausstellung/Veranstaltung statt. Der Künstler Schult hatte um Liebesbriefe gebeten und dafür geworben. Das können Liebhaber, Freunde, Familie, Tiere sein. An wen auch immer man einen Liebesbrief schreiben wollte. Insgesamt wurden etwa 80.000 Briefe verschickt. Diese oder einige von ihnen wurden auf etwa Plakatgröße vergrößert und sowohl außen am Gebäude, wie man sehen kann, als auch innen in allen Ausstellungsräumen vom Boden bis zur Decke angebracht. Das Gebäude ist 80x30 m groß und hat drei große Etagen, wie auf dem Foto zu sehen ist.

Aufgabe

Jeder Schüler fertigt eine Weihnachtskarte in Postergröße (70x100 cm) an, die aus zwei Stücken Faltkarton besteht: eines mit einem Bild und eines mit Text, so dass man beide Seiten sehen kann, wenn sie aufgehängt werden.

Es soll eine Weihnachtskarte angefertigt werden:

- die herzlicher Gruß an jemanden ist, den man mag

oder

- mit Weihnachtswünschen in Form von Werten, Wünsche für eine bessere Welt: Frieden, Sicherheit, Demokratie, Antirassismus, Gleichheit, Umwelt usw.

Auf der Rückseite der Weihnachtskarte, d. h. auf dem zweiten Stück Faltkarton, steht ein Text, der man wie folgt herstellt, Der Text wird auf eine einfache Karte geschrieben, auf eine Folie kopiert und mit Farbe oder Markern auf der Karte vergrößert. Wenn dies nicht möglich ist, muss der Text direkt auf die Karte geschrieben/gemalt werden.

Zum Text auf der Rückseite der Karte wird ein passendes Bild angefertigt:

- ein Gemälde mit weihnachtlichen Farben/etwas, das Weihnachten signalisiert/ein Weihnachtsmotiv/eine Schneelandschaft

- Das Bild kann auch als Montage/Mischform erstellt werden, wobei Fotos/andere Bilder als aussagekräftige Elemente in das Bild integriert werden.

Die Klasse stellt diese Riesenkarten an einem möglichen/geeigneten Ort aus, z.B. in der Aula am Ende der Weihnachtszeit.

Weihnachtsdekoration 1

Ein Thema darüber, was die Weihnachtsdekoration in der Stadt/Landschaft gemütlich erscheinen lässt und wie man verschiedene Ansichten von Weihnachtsdekoration konstruieren kann.

Aufgaben

Nach einer Einführung bringen die Schüler zur nächsten Stunde Fotografien von Weihnachtsdekorationen in der Stadt, dem Dorf mit. Das können Lichter und Dekorationen auf Straßen und Plätzen, in Geschäften und Schaufenstern sein. Sie arbeiten dann in Gruppen und zeigen sich ihre Bilder. Sie werden aufgefordert, sich mit den Dekorationen zu beschäftigen und sich zu diesen eine Meinung zu bilden: Was macht eine Weihnachtsdekoration schön/hässlich, interessant/uninteressant, vermittelt sie das, was wir unter Weihnachtsstimmung verstehen? Beispiele für die reflektierende Bewertung der Schüler: gelungene und misslungene Weihnachtsdekorationen.

Ein weiterer Aspekt oder Teil des Projekts könnte der fotografische Aspekt selbst sein: Kannst du Fotos von der gleichen Dekoration machen, die die Weihnachtsstimmung unterstreicht? Kann man andere Bilder machen, die das Gemütliche aufheben/entgegenwirken?

Die Bilder werden auf die entsprechende Plattform hochgeladen und im Unterricht besprochen.

- Mögliche Entwicklungen des Prozesses:
- Eine (PowerPoint)-Präsentation, die die Freude an der Weihnachtsdekoration zeigt (und möglicherweise das Gegenteil)
- Inszenierte Fotografie: eine Inszenierung von Weihnachtsstimmung
- Das Klassenzimmer wird in eine tolle Weihnachtsdekoration verwandelt

Dieses Thema kann auch die Kulturgeschichte betreffen: Wie hat sich der Weihnachtsschmuck im Laufe der Zeit entwickelt? Zusammenhänge zur Ladendekoration im Allgemeinen und zu den Möglichkeiten der Werbung/Warenpräsentation.

In einem langfristigen Projekt, das schon im Herbst startet, wird im Lauf der Zeit das Auftauchen von Weihnachten im öffentlichen Raum dokumentiert; es beginnt mit den Lebkuchen im September und wird nach Allerheiligen (Halloween) immer dichter. Wo tauchen die ersten Dekos auf? Welche Einrichtungen und Geschäfte haben wenig oder keine Dekorationen?

Diskussion darüber, warum öffentliche Gebäude wie Schule weniger Dekorationen aufweisen als Gaststätten, Läden und Dienstleistungseinrichtungen.

Weihnachtsdekoration 2

Kulturell, regional und historisch: Wie hat sich der Weihnachtsschmuck historisch entwickelt? Wie sieht die Weihnachtsdekoration in den verschiedenen Teilen der Welt aus? Die Suche Xmas-trees bringt verschiedene Weihnachtsbäume aus der ganzen Welt.

Wir machen Weihnachtsschmuck:

- Wir versuchen, Dekorationen aus anderen Regionen und Kulturen herzustellen und/oder
- wir machen Weihnachtsschmuck, wie er im Jahr 2050 aussehen wird.

Weihnachtskatalog

Auf Papier und/oder am Computer wird ein alternativer Weihnachtskatalog erstellt, der unter dem Motto steht: Wünsche für das gute Leben. Man verwenden die Katalogform als Genre, fügt aber Bilder/Texte/Preise ein, die

Angebote für das gute Leben sind. Kann einen Wunschzettel enthalten, wie in vielen Weihnachtskatalogen.

Was ist Weihnachten?

Ein Bilderbuch/eine Mappe mit Bildern (und Text), das/die einem anderen Kind im gleichen Alter, das noch nie Weihnachten erlebt hat, zeigt, was es bedeutet, Weihnachten in Deutschland zu feiern. Das Bildmaterial kann eine Mischung aus vorhandenem Bildmaterial, eigenen Bildern usw. sein.

Adventskalender

Adventskalender als Tableau:

Es werden 24 gleich große Pappkartons verwendet. Die Postschließfächer für Pakete haben Türen, die sich öffnen und schließen lassen. Je nachdem, wie viele Kinder in der Klasse sind oder ob sie einzeln oder zu zweit arbeiten, machen sie jeweils einen oder zwei.

Die Schachteln sind dekoriert. Es gibt unzählige Möglichkeiten, dies zu tun. Auf Wunsch kann ein weihnachtliches Thema hinzugefügt werden. Zum Beispiel können Fragmente einer Geschichte/eines Abenteuers über Weihnachten in der Box illustriert/visualisiert werden. Es könnte auch heißen: Die Schachtel soll eine Überraschung enthalten, usw.

Jeden Tag wird eine Schachtel geöffnet und die letzten bis zu den Weihnachtsferien.

Weihnachtsmann und Weihnachtsmädchen

Ein Thema für die älteren Klassen. Beschäftigt sich mit unseren visuellen Geschlechterdarstellungen im Weihnachtskontext: Der Weihnachtsmann (als Mann) – der dicke Bärtige usw. So etwas wie einen weiblichen Weihnachtsmann gibt es nicht. In der Regel handelt es sich um leicht bekleidete und unbekleidete Pinup-Modelle in verschiedenen Zusammenhängen: Werbung für Unterwäsche, Shows, Filme, Pornos usw. Dies könnte durch Bildersammlung, Diskussion und möglicherweise Inszenierung (Fotografie/Tableau vivant/Performance/Video) geschehen. Die Geschlechterrollen könnten verändert und auf unterschiedliche Weise ins Spiel gebracht werden.

Weihnachtskarte

Die Weihnachtskarte ist ein wichtiges Genre innerhalb von Grußkarten. Sie sind durch typische Texte wie *Frohes Fest,* etc. charakteristische Motive und Gestaltungsweisen bestimmt.

Die Schüler sichten verschiedene Weihnachtskarten und untersuchen sie im Hinblick auf die Genreregeln Motiv, Text, Schrift, Farben und weitere Gestaltungsmittel.

- *Motive* sind etwa: Kerze, Tannenzweig, elektrische Christbaumbeleuchtung, Tannenbaum, Lametta, Räuchermännchen, Christbaumkugel, Lebkuchen, Plätzchen, Strohstern, Wunderkerzen, Weihnachtsmann, Nikolaus, Engel, Christbaum, Sternenhimmel, Adventskalender, rote Socken, Sterne, bemaltes Ei, Weihnachtsstern (Blume), Glühwein, Walnuss, rote Tischdecke, Rentier, Schlitten, Schlittschuhe, Geschenkpakete, Winterlandschaften, Schneekristalle Weihnachtskrippe, rote Schleife, Gold- und Silberfolien, Glocken, Christstollen, Schneemann, Schneekristall …
- Texte: Frohe Weihnachten, Schöne Weihnachten Merry Christmas, Frohes Fest, Frohe Festtage, Merry Xmas
- Schriftarten: häufig sind dekorative und kursive Schriften
- Farben: warme Farben, Dunkel-Hell-Kontraste, Silber, Gold, Glanzlichter
- Dekorationen: Glitter, Spiegelungen, Relief …

Mögliche Aufgaben

Gestalte eine Weihnachtskarte für ein unterschiedliches Zielpublikum (Familie, Geschäftskunden, Vereine, Freunde, Vorgesetzte …)

- mit drei, fünf oder acht Motiven. Achte dabei darauf, dass durch Überschneidungen ein Raum entsteht;
- mit einem Foto von einem Motiv wähle dabei den Ausschnitt so, dass das Motiv gerade noch als weihnachtlich erkannt wird;
- mit einem Motiv, das eigentlich mit Weihnachten nicht assoziiert wird, so, dass die Karte dennoch als Weihnachtskarte verstanden wird;
- …

Versuche verschiedene Rhetoriken deiner Weihnachtskarten so zu verändern, dass sie lustig, künstlerisch, kritisch, ironisch, altmodisch wirken. Gehe dabei die einzelnen Genreregeln durch und überschreite sie. Verzichte z.B. auf Überschneidungen, schmuggle ein fremdes Motiv in die Karte, experimentiere mit unüblichen Farben oder Schriften oder vielleicht mit Rechtschreibfehlern. Achtung nicht mehr als einen Aspekt verändern, sonst verliert die Karte das Weihnachtliche.

#6 Körper und Kleidung

Menschen bilden Gemeinschaften auf der Grundlage von Gemeinsamkeiten und Unterschieden. Diese Gemeinschaften sind die Grundlage für Kultur und Lernen. Der erste Eindruck, den wir von einem anderen Menschen haben, ist oft der Körper: Aussehen, Haltung, Gestik und Mimik. Das Äußere ist formbar. Man kann seinen Körper trainieren und seine Ernährung kontrollieren, aber die formbarsten Elemente sind Frisur, Kleidung und Körperhaltung. Man kann sich auch tätowieren oder seinen Körper durch eine Operation formen lassen. Zu Beginn des 21. Jahrhunderts muss sich jeder Einzelne entscheiden, wo er hingehört, indem er sein Erscheinungsbild mitgestaltet. Eine solche Entscheidung beruht auf der Kenntnis der verschiedenen Optionen und ihrer möglichen Bedeutung sowie auf einer persönlichen Entscheidung. Vor fünfzig Jahren hatte man die Wahl zwischen »angezogen sein« und »chic gekleidet sein«. Wenn man nur angezogen war, war man genau wie alle anderen. Heute (2018) ist *Normcore* ziemlich angesagt, weil man zeigt, dass man nicht von der Mode abhängig ist. Damit wird man sehr modern, während man sich in Wirklichkeit kleidungs- und stiltechnisch in einem sehr engen Feld bewegt, um dem *Normcore-Stil* gerecht zu werden. Der Punkt ist, dass es heute eine Freiheit von der Wahl nur noch in einem geringen Grad gibt. Das Angebot der Konsumgesellschaft zwingt zur Wahl, das zeigt ein scheinbar nebensächliches Produkt. Große Drogeriemärkte zwingen einen Anfang des 21. Jahrhundert unter ca. 100 verschiedenen Zahnpasten zu wählen.

In Rahmen der Sozialisation entwickelt jeder ein intuitives Verständnis für die Bedeutung unseres Aussehens, dafür wie andere unsere Erscheinung interpretieren. Wenn man über diese Auffassungen spricht und sie in einem kollektiven Prozess erprobt, fällt es dem Einzelnen leichter, zu seinen subjektiven Entscheidungen zu stehen. Dabei ist neu dabei im Rahmen des Unterrichts, dass die Schülerinnen sowohl mit bekannten als auch mit neuen Möglichkeiten der Gestaltung ihres Aussehens experimentieren können und darüber sprechen, was unterschiedliche Körper- und Kleidungseffekte dafür bedeuten, wie es uns in einer Gruppe geht.

Inhalt

- Wissen und verstehen, wie Menschen durch Körperschmuck, Eingriffe in den Körper und Kleidung kommunizieren
- Innovative Arbeit am Erscheinungsbild des Körpers und der Kleidung
- Arbeiten mit Skizzen
- Experimentieren mit Farben und Formen
- Präsentation der Experimente

- Die Arbeit an der Kleidung erfordert eine Zusammenarbeit mit dem Fach Textiles Gestalten.

Aufgaben

- Fertige einen Torso aus Papierstreifen an.
- Tragen Sie ein eng anliegendes T-Shirt
- Lass dich von einem Mitschüler in Frischhaltefolie einwickeln
- Ihr Helfer wickelt Sie in Papierklebeband ein, das gerade in einer Schale mit Wasser angefeuchtet wurde.
- Wenn der gewünschte Torso fertig ist, warten Sie 15 Minuten, bis das Klebeband ein wenig getrocknet ist.
- Der Torso wird am Rücken vorsichtig aufgeschnitten und zum Trocknen auf einen Bügel gehängt. Dies dauert etwa 24 Stunden, je nach Dicke des Klebebandes, Feuchtigkeit und Raumtemperatur.
- Anschließend können Sie mit dem Torso arbeiten.

Verwenden Sie den Torso als Ausgangspunkt für die Erprobung von Körpereingriffen und Tätowierungen und darüber hinaus als ›Ankleidepuppe‹, an der sich verschiedene ›Kleidungsentwürfe‹ ausprobieren lassen.

Bei der Gestaltung von Kleidung kommen oft recht unprofessionell aussehende Arbeiten zustande, die anschließend mit Recht im Müll landen. Alternativ zur Schneiderei kann man Moodboards für verschiedene Kleidungsstile und -anlässe zusammenstellen, indem man Bilder aus Werbeanzeigen und Prospekten entsprechend auf ein Blatt klebt. Im Netz gibt es verschiedene Seiten, mit denen sich einfach Moodboards zusammenstellen lassen. Für die Varianten bietet sich der Situationenkreis (vgl. Abb. S.211) an.

#7 Lebensmittel – in Kunst und visueller Kommunikation

Essen geht alle an. Aber Essen ist nicht gleich Essen! Wir essen auch mit den Augen. Was wir essen und was uns schmeckt, ist historisch, sozial und kulturell unterschiedlich. Warum essen wir gerne Käse mit grün-blauen Bakterien darin (Gorgonzola), aber nicht Hunde? Warum haben Lebensmittel nie eine rein blaue Farbe? Warum essen Menschen aus der Arbeiterklasse mehr Schweinefleisch als Menschen aus der Mittelschicht? Warum sind einige Lebensmittel tabu, andere nicht? Wir werden nicht auf alle diese Fragen eingehen, aber wir werden daran arbeiten, uns der visuellen Seite, die mit der Präsentation von Lebensmitteln zu tun hat, bewusster zu werden. Die Kunst und die visuelle Kultur im Allgemeinen, insbesondere die Lebensmittelwerbung, ist ein großer Bereich, mit dem wir uns täglich beschäftigen. Wir beschäftigen uns mit dem Thema *Essen* und benutzen dazu einige der Strategien zeitgenössischer Kunst.

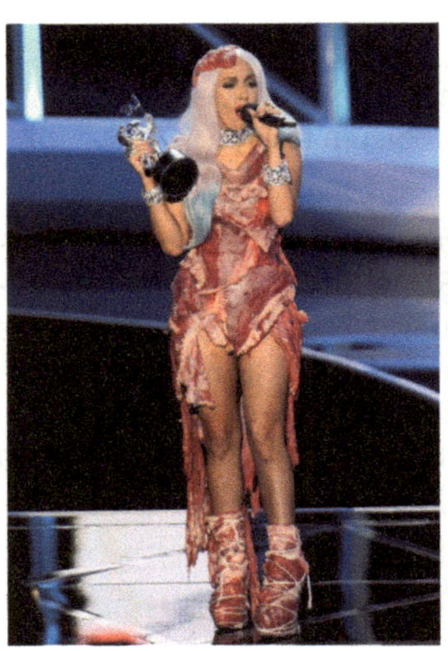

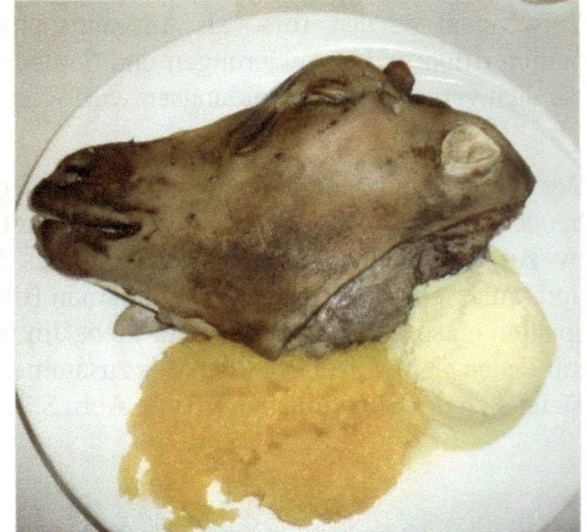

Aufgaben

Beispiele aus der Kunstgeschichte

Stellen Sie eine kleine Auswahl von Bildern aus der Kunstgeschichte zusammen, in denen Lebensmittel ein Thema und/oder Motiv sind. Stellen Sie sie in einer PowerPoint-Präsentation zusammen.

Beispiele für schmackhaft/ungenießbar

Finden Sie fünf Beispiele für Lebensmittel, die Sie schmackhaft und appetitlich, und fünf, die Sie eklig und unappetitlich finden. Beschreiben Sie in Worten, warum. Fügen Sie sie in die PowerPoint-Präsentation ein.

Aufzeichnungen/Dokumentation

Eine Gattung/Arbeitsform in der zeitgenössischen Kunst befasst sich mit der Aufzeichnung und Dokumentation.

- Schreiben Sie auf, was Sie im Laufe einer Woche essen: Von allem, was Sie essen oder trinken, machen Sie ein Foto, bevor Sie es in den Mund nehmen.
- Oder machen Sie eine Woche lang täglich ein Foto von Ihrem Tisch oder dem Ort, an dem Sie zu Abend essen. Nehmen Sie das Bild von oben (aus der Vogelperspektive) und aus dem Winkel auf, der die Szenerie am besten wiedergibt. Fotografieren Sie den gesamten Tisch (oder den Teil, der gedeckt ist) oder den Ort, an dem Sie essen. Wie wollen Sie es präsentieren?
- Sammeln Sie die Quittungen für alle Lebensmittel, die Sie in einer Woche gekauft haben. Wie wollen Sie diese präsentieren?

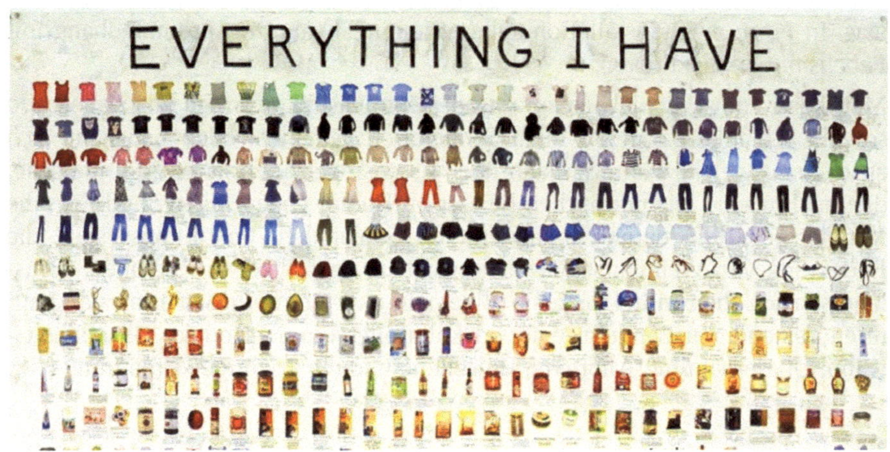

Simon Evans (2008)

Ein Teller

Dekorieren Sie einen Papp- oder Plastikteller so, wie er aussieht, nachdem Sie Ihr Abendessen gegessen haben. Sie können zeichnen, malen, modellieren, …

Untersuchen Sie, wie Teller in verschiedenen Arten von Gaststätten angerichtet werden. Wie unterscheiden sich die Speiseaufbauten auf Tellern in einem

Gourmetrestaurant von denen in einer Schnitzelgaststätte und diese wiederum von solchen in Fastfood-Restaurants?

Kochbücher

Vergleichen Sie Abbildungen von Gerichten in verschiedenen Kochbüchern hinsichtlich der Telleraufbauten, aber auch der Accessoires und des Kontextes. Wie unterscheiden sich die Abbildungen in Kochbüchern, die sich ausdrücklich an Männer wenden, von solchen, die Frauen ansprechen wollen. Wie werden in Kochbüchern oder Zeitschriften Kinderteller angerichtet und präsentiert? Wie werden Gerichte in Kochbüchern zu verschiedenen Länderküchen abgebildet? Interessant sind hier aus historische Vergleiche von Kochbüchern aus verschiedenen Jahrzehnten.

Serviervorschläge

Ähnlich wie Abbildungen in Kochbüchern lassen sich solche auf Lebensmittelverpackungen, die so genannten Serviervorschläge untersuchen. Wie werden etwa Herkunft oder Preisgruppe in verschiedenen Produktgruppen kommuniziert?

Installation

Sie sollen sich mit Hilfe einer Installation mit sozialen Aspekten von Lebensmitteln beschäftigen, mit ihrer Bedeutung für Identität, Religion, Ethnizität usw. In Form einer Installation sollen Sie ein Thema im Zusammenhang mit *Lebensmitteln* diskutieren.

Man kann zum Beispiel Instagram oder ähnliche Plattformen anschauen, wo sowohl schlanke Salate als auch Sahnetorten gedeihen, oder man kann sich anschauen, welche Kulturen sich über Essensregeln definieren: die jüdische, die muslimische, die nordischen Länder im Kampf gegen Zucker und Fett, die Mittelschicht und deren Signalwert von Schlankheit und Fitness sein, die Bedeutung von Weißwurst oder Bratwurst für verschiedene Regionen. »Ausländische« Lebensmittel als erste allgemein akzeptierte Präsentation von Kulturen aus anderen Ländern, eine Art kulturelles Pionierprodukt. Gesundheitswahn, Überernährung/Anorexie, Bewegung und die »richtige« Ernährung usw.

#8 Manga

Manga ist ein japanischer Comic-Stil mit einer Reihe von Untergenres, die sich an Kinder, Erwachsene und beide Geschlechter richten. Es gibt verschiedene Manga-Traditionen mit unterschiedlichen stilistischen Merkmalen. Im Internet und in Bibliotheken gibt Anleitungen, Tipps und Inspirationen für das Zeichnen im Manga-Stil. In didaktischer Hinsicht lohnt sich ein Vergleich zwischen der reformpädagogischen Tradition, bei der der Ausdruck von innen kommen muss, und der Manga-Tradition, die einen ziemlich festen Rahmen hat. Mit dem Lehrmaterial kann jeder in wenigen Stunden lernen, einen Menschen zu zeichnen.

Inhaltliche Bereiche

- Kenntnis eines Genres der Kinder- und Jugendkultur (Bildwissen)
- Der Begriff des Genres (Bildwissen)
- Produktion eines Manga-Comics (praktisch)
- Digitale Bildbearbeitung: Bildbearbeitung und Geschichtenerzählen mit Photo Story (praktisch)
- Multimodalität (visuelle Kompetenz)
- Untersuchung von Lehrmaterial über Manga (Bücher/Web) (visuelle Erziehung)
- Entwicklung eines Manga-Lehrprogramms für die Grundschule (visuelle Erziehung)
- Lernen Sie andere Möglichkeiten kennen, Menschen zu zeichnen

Aufgaben

1. Studieren Sie Lernmaterial über Manga: In Ihrer örtlichen Bibliothek finden Sie Manga-Comics und Bücher über Manga. Fragen Sie die Bibliothekarin, wer Mangas ausleiht und welche die beliebtesten sind. Internet: Seiten über Manga, sowohl Hintergründe als auch Zeichentechniken.
2. Machen Sie sich mit dem Manga-Genre und dem Manga-Stil gut vertraut: Was sind die Merkmale und Anforderungen eines Manga-Comics? Erstellen Sie eine Liste mit Genre- und Stilmerkmalen, damit Sie wissen, wann Sie innerhalb des Genres/Stils arbeiten und wann Sie ihn brechen.
3. Entwerfen Sie eine Manga-Figur, die sich auf den Heldentyp oder andere Typen aus dem Manga-Genre bezieht.Beschreiben Sie kurz, was ein Held ist und warum Ihr Held ein Held ist:

- Geschlecht, Alter, Größe, Gewicht/Körperbau und Proportionen
- Zivilberuf
  - Besondere Eigenschaften oder Merkmale
  - Wie schaut die Hintergrundgeschichte der Figur aus?

Machen Sie mehrere Zeichnungen dieser Figur aus verschiedenen Blickwinkeln an. Die Figur ist der Ausgangspunkt für die beiden folgenden Aufgaben.

4. Gestalten Sie das Cover für Ihr Manga-Magazin/Ihre Manga-Story im Format A1 (70x100 cm).
5. Erstellen Sie einen Manga-Comic mit mindestens 12 Frames/Bildern mit folgenden Vorgaben:
   a. Jedes Bild/jeder Frame wird so erstellt: Die Manga-Figuren, die in das Bild eingefügt werden sollen, werden von Hand auf Papier gezeichnet. Die Hintergründe/Orte können entweder von Hand gezeichnet oder selbst fotografiert oder heruntergeladen werden. Arbeit kann auf einem PC oder Tablet erfolgen.
   b. Handzeichnungen werden gescannt/abfotografiert und Fotos werden geladen/heruntergeladen. In einem Bildbearbeitungsprogramm werden die Figuren und der Hintergrund zusammengesetzt.Sprechblasen können z.B. mit PowerPoint oder Comic Life hinzugefügt werden.
   c. In Photo Story oder einem digitalen Zeichnungsprogramm, z.B. Comic Life, wird der Comic erstellt.In Photo Story können Text/Musik/Sprache usw. hinzugefügt werden. Auf dem IPad kann z.B. die App Puppet Pals verwendet werden.
6. Entwerfen Sie eine Unterrichtseinheit für eine Klasse Ihrer Wahl bis zu Jahrgangsstufe 8.

#9 Musikvideo

Bewegte Bilder (TV, Film) sind ein riesiges Feld und vielleicht das größte Bildmedium unserer Zeit, seine Möglichkeiten sind vielfältig und unendlich. Das Musikvideo ist ein Genre, mit dem alle Kinder/Jugendlichen heute aufwachsen und zu dem sie eine lebendige Beziehung haben. Unter pädagogischen Gesichtspunkten hat sie mehrere Vorteile:

- Sie haben eine begrenzte/definierte Dauer basierend auf der Länge der Musik
- Es ist ein offenes Genre, das von dokumentarischen und klassischen Erzählungen bis hin zu experimentellen, evokativen, bildhaften und ästhetisch anspruchsvollen Arbeiten reichen kann.
- Eigene Darbietungen und Aufnahmen können mit vorhandenen Filmausschnitten kombiniert werden (Sampling/Bearbeitung)
- Man braucht nicht mit O-Ton arbeiten, was bei billigen Kameras oft ein Problem ist, und Sie können die Aufgabe erweitern, indem Sie lernen, den Ton zu bearbeiten.

Aufgaben

Sie werden ein Musikvideo produzieren und in Gruppen von zwei bis vier Personen arbeiten.

Vorgehensweise:

- Anregung und Inspiration: Präsentation von Musikvideos (professionell und von Kommilitonen). Wenn Sie ein Video zeigen möchten, bringen Sie es auf einem USB-Stick oder als YouTube-Adresse mit.
- Gruppenbildung
- Einführung in iMovie auf dem iPad
- Produktion eines eigenen Musikvideos: Auswahl des Songs, Planung, Drehbuch, Aufnahme
- Schneiden in iMovie

Didaktisches

- In welchen Klassenstufen ist es sinnvoll, mit Musikvideos zu arbeiten?
- Welche Ausrüstung ist dafür erforderlich?
- Wie werden Sie die Arbeit organisieren? Wie groß sollten die Gruppen sein, damit es Aufgaben für alle gibt, und welche Arten von Aufgaben würden Sie vorschlagen?

- Wie werden Sie mit dem Urheberrecht umgehen?
- Wem kannst du das Musikvideo zeigen und kannst du es auf YouTube oder SkoleTube veröffentlichen?
- Wie passen die im Lehrplan formulierten Kompetenzen zu einem Projekt wie einem Musikvideo?

#10 Plätze / Stadträume – Thema Architektur

Eine Stadt besteht aus privaten und öffentlichen Räumen. Die Unterrichtseinheit befasst sich mit öffentlichen Räume zwischen den Häusern – die Räume, die wir als Plätze bezeichnen. Plätze sind eine Art Bühne für die Interaktion zwischen Menschen, zwischen Bürgern und Behörden sowie zwischen Geschäften und Cafés und ihren Kunden. Auf diese Weise trägt jeder, der den Platz betritt und sich dort aufhält, zur Gestaltung der Stadt bei.

Der Vorschlag ist als Beispiel für die Arbeit mit Architektur, visueller Kultur und unserer physischen Umwelt gedacht. .

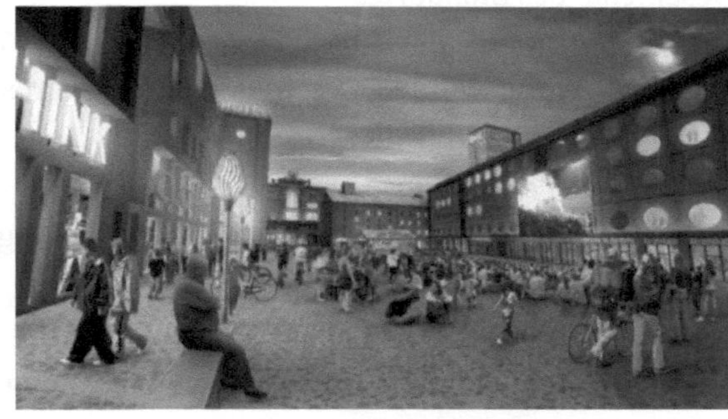

Zukunftsvision für Carlsberg-byen (Visualisierung von Utopian City_Scape.)

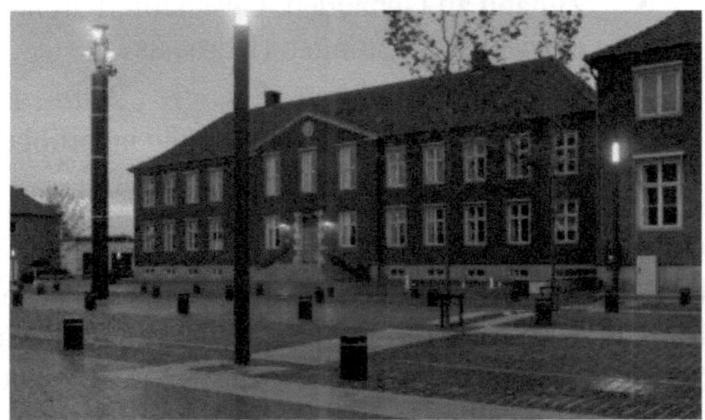

Klassischer Stadtplatz (eigenes Foto).

Aufgaben

Abschließende Präsentation

Die Untersuchung und Ihre Vorschläge für Änderungen/Interventionen werden am Ende präsentiert, z.B. als Powerpoint, Poster oder kleine Ausstellung. Nachstehend finden Sie Fragen/Punkte, die in der Untersuchung berücksichtigt werden sollen.

Untersuchung des Platzes

Platz auswählen

Suchen Sie einen Platz für Ihre Untersuchung aus. Verwenden Sie Grundrisse, Videos, Fotos oder Skizzen, um Ihre Beschreibungen und Analysen zu untermauern und zu belegen.

Vermessung/Grundriss

Messen Sie den Platz aus und erstellen Sie einen großen Grundriss im richtigen Maßstab. Fügen Sie Raumnotizen ein und sprechen Sie miteinander darüber, welchen besonderen Eindruck der Raum auf Sie macht (siehe Kapitel 20).

Geschichte des Standortes

Recherchieren Sie die Geschichte des Platzes. Wann und warum wurde er angelegt? Wofür wurde er verwendet? Inwiefern schlägt sich seine Geschichte in seinem Aussehen nieder?

Funktionen Platzes

Beschreiben Sie seine Funktionen. Welche Möglichkeiten bietet der Platz? Eine objektive Beschreibung:

- Durchgang, Eingänge/Ausgänge
- Aufenthalt: Spiel/Erholung/Veranstaltung/soziale Aktivitäten
- Zugang zu Gebäuden: Geschäfte, Kirche, Wohnungen, öffentliche und private Einrichtungen (Büros usw.)
- Transport/Verkehr: Fußgänger-, Auto-, Fahrrad-, Zug/Metro-, Buszugang. Verkehrselemente: Fußgängerüberwege, Ampeln, Fahrradständer, Parkplätze, Bushaltestellen ... ?

Bewegungsmuster

Untersuchen Sie, wie sich Menschen auf dem Gelände bewegen – Fußgänger, Radfahrer, Autofahrer. Bewegen sich die Menschen z.B. in der Mitte, an den Seiten, auf Umwegen, direkt zwischen zwei Punkten, allein oder mit anderen? Geben Sie die Bewegungsrichtungen auf dem Grundriss an. Diskutieren Sie, sich die Leute so bewegen, wie sie sich bewegen. Gibt es irgendetwas in der Gestaltung des Raums, das die Bewegung in bestimmte Richtungen lenkt? Warum eilen die Leute über den Platz, anstatt langsam zu gehen – oder umgekehrt?

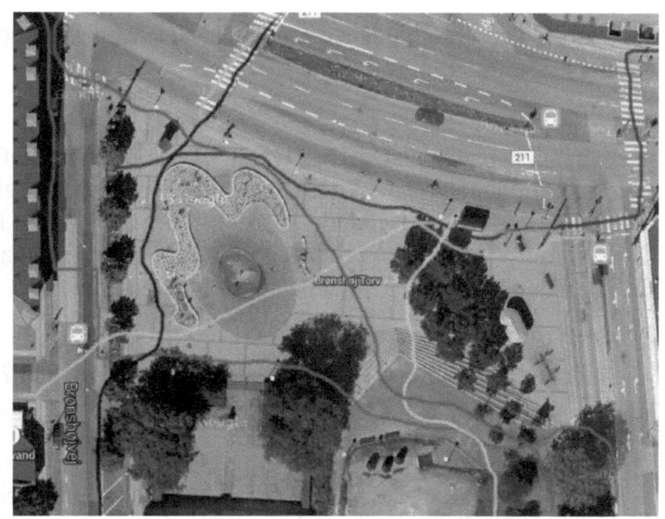

Bewegungsmuster

Nutzung

Untersuchen Sie, wie die Menschen den Raum nutzen. Wo sitzen sie, wie lange sitzen sie dort, sitzen sie allein oder mit anderen, eilen sie über den Platz oder lassen sie sich Zeit? Halten Sie auf dem Grundriss fest, wo die Leute sitzen.

Fragen Sie ein paar Leute, die den Raum nutzen, wie sie den Raum erleben, was einen besonderen Eindruck hinterlässt und was als physische und psychische Herausforderung empfunden wird.

Diskutieren Sie, warum der Raum auf diese Weise genutzt wird. Hängt es mit der Gestaltung des Raums, den Materialien, den Farben, der Beleuchtung, der Atmosphäre usw. zusammen? Oder hängt die Art und Weise, wie die Menschen den Raum nutzen, eher davon ab, was sonst noch im Raum passiert – zum Beispiel, ob es etwas zu sehen gibt? Vielleicht haben beide Aspekte etwas miteinander zu tun.

Erscheinungsbild

Welche Gebäude begrenzen den Platz? Wie ist der Belag? Wie sehen die Dekoration, die Beleuchtung und die Bepflanzung aus? Tageslicht und Klima: Wie ist das Licht zu verschiedenen Tageszeiten, die Lufttemperatur, die Windverhältnisse, die Vorstellung von verschiedenen Jahreszeiten. Gibt es Sitzgelegenheiten, damit sich die Menschen auf dem Platz niederlassen können? Machen Sie eine Farbpalette. Notieren Sie mit Buntstiften oder Wasserfarben die Farben der verschiedenen Gebäude, der Straßenmöbel und der sonstigen Straßenausstattung.

Signale

Was signalisiert der Platz? Und wie? Gibt es historische Gebäude mit wichtigen Institutionen? Welche Größenordnung (Proportion) haben die Gebäude für Sie? Beeinflussen die Gebäude und der Raum als Ganzes Ihre Empfindungen? Dabei kann es sich um Gefühle von Macht oder Ohnmacht, von Ruhe oder Hektik, von Genießen, Erforschen oder Spielen handeln.

Bewertung

Wie erfüllt der Raum die Funktionen, die er erfüllen kann?

- Nutzung
- Verkehr
- Aufenthalt. Ist der Aufenthalt angenehm/unangenehm zu sein. Würden Sie lieber vorbeigehen als sitzen und warum?
- Erscheinungsbild (visuelle Qualitäten): Farben, Maßstab, Vielfalt, Gebäudetypen und -stile, die zur visuellen Erfahrung eines Ortes beitragen.

Interventionen/Änderungen

Diskutieren Sie mögliche Änderungen oder Eingriffe auf dem Platz. Die Änderungen beruhen auf Ihrer Beschreibung und Bewertung. Was ist der Zweck, welche Mittel werden eingesetzt und was bedeutet das für die Nutzer des Platzes?

Visualisieren Sie das so:

- eine Skizze, in der Sie die geplanten Änderungen darstellen oder auf andere Weise veranschaulichen
- Fotos/Videos von anderen Orten, die als Beispiele/Vorbilder für das dienen können, was Sie ändern möchten
- eventuell Bildbearbeitung von Fotos Ihres Platzes, wo Sie löschen, einfügen, ändern, so dass die Änderungen klar sind
- ein Modell des Platzes machen, das die Veränderungen zeigt.

Didaktisches

Wie können Sie ein ähnliches Projekt in einer bestimmten Klassenstufe durchführen? Welche Ziele werden damit verfolgt? Im Internet gibt es verschiedene Initiativen zur Architekturvermittlung, die brauchbare Vorschläge zur Verfügung stellen.

#11 Schaufenster

Die visuelle Kultur, in der wir leben, umgibt uns mit Ausstellungen hinter Glas, mit Schaufenstern – sie sind Kommunikations-Plattformen. Geschäfte, Museen, öffentliche Räume, Schulen usw. sind wichtige Orte, an denen so kommuniziert wird. Schaufenster, Aufsteller, Arrangements, Schaukästen und Panoramen sind Inszenierungen von Informationen, um zu verkaufen, zu sensibilisieren, Wissen zu vermitteln, zu unterhaltsame usw. Wir haben es mit Ziechenprozessen zu tun, die verführen, überzeugen und vermitteln sollen.

Inhalt

- Semiotik: Zeichen und ihre Bedeutung:
- Sensorische Modalitäten (Geruch, Klang, Geschmack, Tastsinn, Sehen) und Phänomenologie (Körpererfahrung)
- Genre/Stil
- Faszination/Verführung

Berücksichtigen Sie Inhalt, Inszenierung und Effekte in Bezug auf die oben genannten Punkte. Auswahl und Inszenierung der Objekte, Texte, Filme, Fotos, Töne/Musik/Sprache usw., die verwendet werden, um die beabsichtigte Botschaft zu vermitteln.

Zum Beispiel:

- Soll die Vitrine aus einem oder mehreren Blickwinkeln betrachtet werden?
- Farben
- Hell und dunkel
- Taktile und assoziative Natur der Materialien
- Düfte
- Ton
- Bewegung

Aufgaben

- Beginnen Sie mit drei Geschäften der gleichen Kategorie (eine Kategorie kann durch das Zielpublikum, die ausgestellten Waren oder die angebotene Dienstleistung bestimmt werden). Erläutern Sie, welche Absichten verfolgt werden, welche Zielgruppe mit dem Inhalt angesprochen werden soll, wie die Ausstellungsstücke visuelle inszeniert werden.

- Entwerfen Sie eine Schaufensterdekoration, die von den untersuchten Geschäfte ausgeht, aber deren Art der Präsentation bricht. Das bedeutet, dass Sie mit den Genreerwartungen des Publikums arbeiten müssen. Auch hier sollen Sie die Absichten, die Zielgruppe in Bezug auf den Inhalt, die Inszenierung und den Einsatz von Effekten darlegen.
- Realisieren Sie Ihr Schaufenster in einem Modell aus Pappe oder ähnlichem.

#12 Visuelle Konstruktion einer Person – inszenierte Foto- und Bildbearbeitung

1. Installation

In diesem Unterrichtsvorschlag geht es darum, eine Person visuell darzustellen – mit gewissen Einschränkungen. Wir entscheiden uns gegen die häufigste Form, die Porträtfotografie. Stattdessen werden andere Möglichkeiten der visuellen Darstellung einer Person beachtet. Im Kapitel 13 zur Bedeutungsbildung, werden verschiedene semiotische Dekodierungsstrategien erörtert, und nachdem Sie diese gelesen haben, werden Sie sehen, dass wir mit Index, Symbol und vor allem mit Icon arbeiten werden!

Mit ähnlichen Methoden arbeitet übrigens die Archäologie, wenn aus Fundstücken auf die Lebensumstände einer bestimmten Zeit, einer bestimmten Region oder eines bestimmten Haushalts geschlossen wird. Ähnliche Ideen finden sich im Rahmen der Ästhetischen Forschung nach Helga Kämpf-Jansen, wo immer wieder anhand von Gegenständen die Biografien fiktiver oder realer Personen Personen erforscht und dargestellt werden (Blohm & Kämpf-Jansen, 2006; Kämpf-Jansen, 2001).

Aufgabe

Präsentation/Konstruktion einer oder mehrere fiktiver Personen durch Berücksichtigung von Informationen aus dem Leben der Person. Wenn es mehrere Personen geht, dann sich natürlich auch Hinweise auf deren Beziehungen wichtig.

Es soll mit Tableaus bzw. einer Installation gearbeitet werden. Mit Gegenständen. Ein Tableau unterscheidet sich von einer Installation darin, dass das Publikum in eine Installation hineingehen kann, während es Tableaus von außen betrachtet.

Ideen

Es gibt mehrere Möglichkeiten, an das Problem heranzugehen, und unzählige Möglichkeiten der Auswahl und Kombination. Hier sind einige Optionen:

- Gegenstände aus der Wohnung der Person, z.B. Spielzeug, Kleidung, Möbel, Nippes, Küchenutensilien, Inhalt des Kühlschranks, des Nachttisches, der Speisekammer, des Flurs, Inhalt der Tasche/Toilettenbeutel/Reisekoffer
- Inhalt eines Einkaufswagens im Supermarkt
- Der Haushaltsabfall einer Woche
- Vorstellung von Familie, Freunden, Hintergrund

- Darstellung der Interessen. Kleidung und entsprechende Ausrüstung, Reisen, Bücher, Kunst, Musik-CDs, Videofilme, PC-Programme und Spiele
- Arbeitsplatz
- Texte über/von Personen
- Haltungen und Ansichten: Poster, Artikel, politische, philosophische, religiöse usw.
- Geschmäcker und Gerüche, die mit der Person verbunden sind. Sie können in konkreten Begriffen wie Aromen, Gewürzen, Düften usw. ausgedrückt werden.
- Episoden, Schnappschüsse, Markierungen
- Aufzeichnungen über Aktivitäten innerhalb eines bestimmten Zeitraums, z. B:
- Einholung von Aufträgen
- Sammlung von Verpackungen, mit denen die Person in Kontakt gekommen ist
- Aufzeichnung von realen Bildern, Fotos oder Videos, die zu bestimmten Zeiten oder an bestimmten Orten (zu Hause, am Arbeitsplatz, in der Nähe usw.) aufgenommen werden.
- Kennzeichnung der TV-Sendungen, die die Person gesehen hat
- Musik, Literatur, bildende Kunst, die Person ist in Kontakt gewesen mit
- Speisen und Getränke, die die Person zu sich genommen hat
- Aufzeichnung der von der Person über einen bestimmten Zeitraum zurückgelegten Wege auf einer Karte
- Menschen, die die Person getroffen hat
- Eingekaufte Geschäfte
- Alle Arten von Aktionen/Aktivitäten

Die Installation/Präsentation

Ein wichtiger Aspekt dieser Aufgabe ist die Darstellung der Informationen, die Sie ausgewählt haben. Wie kann man die Sinnbildung organisieren und kontrollieren bzw. nicht kontrollieren? Mit welchen narrativen Strukturen arbeiten Sie?

Beschränken Sie die Menge an Informationen auf ein Minimum, aber achten Sie darauf, dass der Eindruck reichhaltig ist (mehrere verschiedene Arten von Zeichen und die Möglichkeit, verschiedene Sinne zu aktivieren) und dass er ansprechend ist. Wie können Sie Neugierde und Aufmerksamkeit des Empfängers zu wecken?

Welche Organisationsprinzipien werden in Bezug auf Raum und Zeit angestrebt: sollen die Informationen/Gegenstände/Zeichen stehen, liegen, hängen, was soll nach vorne/hinten, oben/unten gehen, Abstände, Prioritäten, Farb- oder Formprinzipien, Untergrund, Hintergrund, Raumnutzung, Größe, Form, Grenzen. Soll alles gleichzeitig präsentiert werden, oder gibt es eine eingebaute räumliche und zeitliche Abfolge, so dass man sich in einer kontrollierten Reihenfolge durch die Präsentation bewegt? Sollen die verschiedenen Sinneserfahrungen (Klang, Musik, Geschmack, Geruch, Berührung, Video, Fotos usw.) synchron präsentiert werden, oder soll es eine Steuerung geben, damit sie nacheinander oder in kohärenten Bündeln erscheinen? Auch eine kontrollierte Beleuchtung kann ein wichtiger Aspekt sein.

2. Inszenierte Fotografie

Es geht darum, dass das Motiv zunächst arrangiert wird – wie eine organisierte Szene. Mit anderen Worten, inszenierte Fotografie steht im Kontrast zur Fotografie, bei der man sein Motiv in der Umgebung findet und/oder es digital bearbeitet.

Verschiedene Formen der Inszenierung:

- *Selbstinszenierung*: in verschiedene Rollen schlüpfen und verschiedene Identitäten ausprobieren
- *Erzählende Tableaus*: mehrere menschliche Akteure stellen Ereignisse aus dem Alltag, aus der Geschichte, aus Mythen, aus der Fantasie usw. dar.
- *Miniatur-Szenen*: Wie 2, aber im Miniaturformat mit Puppen, Spielzeug usw.
- *Stillleben*: Arrangements, in denen Gegenstände unterschiedlicher Herkunft und Bedeutung die Hauptrolle spielen; d.h. eine Anordnung/ Komposition von Gegenständen
- *Fotoskulpturen und Installationen*: Inszenierung von Objekten aller Art, die den gesamten Raum nutzen.

Und dann Kombinationen davon.

Aufgabe

Ausgehend von der visuellen Charakterisierung (der Installation) wird eine Serie von inszenierten Fotos gemacht, die auf einem selbst inszenierten/ erzählerischen Tableau basieren. Die in der Installation dargestellte Person ist nun Teil des inszenierten Fotos. Die Person kann im Raum oder mit einigen der in der Installation verwendeten Objekte erscheinen. Die Person kann auch in andere Räume oder an andere Orte gebracht werden, aber es ist dieselbe Person, die in diesem Fotoauftrag mehrere/verschiedene Schichten über sich hat.

Dabei sollten Sie auf Folgendes achten und es untersuchen:

- *Die inhaltliche Seite*: Was sollte man aufnehmen/nicht aufnehmen? Bedeutungen/ semiotische Überlegungen.
- In diesem Zusammenhang wird auch die expressive Seite betrachtet. Wie kann der Inhalt visuell vermittelt werden, d.h. wie wird er aufgebaut *(Bühnenbild)*: Wie werden die visuellen Informationen organisiert?
  Berücksichtigen Sie in diesem Zusammenhang die folgenden Punkte, soweit sie für Ihr Foto relevant sind:
- Blickwinkel: normale, Vogel- und Froschperspektive
- Schärfentiefe: Blende/Zeit
- Ausschnitt: des Motivs: Wie viel soll aufgenommen werden und im Verhältnis zur Verwendung des Objektivs (normal, Weitwinkel, Tele, Makro)
- Beleuchtung: Tageslicht, Kunstlicht, Eichenschatten, Schlagschatten, Winkel (Seitenlicht, Vorder- und Rückseite)
- Farbiges Licht: Verwendung von farbigem Papier, Zellophan, Diapositiven, Filtern usw.
- Diaprojektion: Vorder- und Rückseite
- Andere Effekte: Spiegel, Zellophan, Aluminiumfolie, reflektierende Materialien usw.

3. Bearbeitetes Foto

Anhand der inszenierten Fotos wird eine digitale Bearbeitung ausgewählter Fotos vorgenommen. Ziel ist es, Bedeutungen/Stimmungen/Erfahrungen hinzuzufügen oder zu verändern, z.B. durch:

- Elemente beschneiden/ausschneiden/retuschieren/ändern/hinzufügen
- Farbeinstellung/Licht/Dunkelheit/Kontrast usw. ändern.
- verschiedene Arten von Filtern verwenden.

#13 Ich und die sozialen Medien

Wie möchte ich mich darstellen? Wie sehe ich andere? Wie sind die sozialen Medien organisiert (geschriebene und ungeschriebene Regeln)? Wissen und Zugehörigkeit in den sozialen Medien.

Soziale Medien und das Fach Kunst

Soziale Medien sind eine Reihe von internetbasierten Plattformen, auf denen Nutzer Inhalte bereitstellen und teilen. Oft verlangt das Medium das Eigentumsrecht an den geposteten Inhalten. Die Plattformen finanzieren sich durch Werbung und durch den Verkauf von Wissen über die Vorlieben der Nutzer, das auf den Aufzeichnungen ihrer Bewegungen im Internet beruht. Es bilden sich Konventionen heraus, wie die Medien zu nutzen sind und welche Inhalte wo, wann und wie zu vermitteln sind. Einige nutzen Facebook als Werbefläche, andere posten lustige Katzenvideos, wieder andere führen politische Kampagnen durch oder präsentieren mit Bildern ihre Kinder und Enkelkinder.

Die sozialen Medien sind benutzerfreundlich und funktionieren gut. Sie ermöglichen den Nutzern – zumindest theoretisch – mit der ganzen Welt der Internetnutzer zu kommunizieren. Sie haben das Monopol von klassischen Massenmedien wie Bücher, Zeitschriften, Hörfunk oder Fernsehen gebrochen. Was bedeutet, dass sie als scheinbar kostenlose Kommunikationsplattformen für verschiedene Gruppen an Bedeutung gewinnen, Gruppen, die überhaupt erst durch diese Medien entstehen (können). Die Inhalte bestehen aus multimodalen Äußerungen – verbalen Mitteilungen, Fotos und anderen Bildern, Videos und Musik.

Inhalt

In dieser Aufgabe beschäftigen Sie sich mit den Möglichkeiten, soziale Medien im und für den Unterricht zu nutzen und deren Qualität und Bedeutung zu bewerten.

Sie sollten in der Lage sein:

- soziale Medien wie Twitter, Instagram, Facebook und Pinterest zu nutzen, um Arbeitsprozesse sozial zu verankern
- einen individuellen als auch einen gemeinsamen Nutzer einzurichten
- soziale Medien für den Wissensaustausch unter Kollegen und für den Unterricht zu nutzen
- altersgerechte Aufgabe für Bildproduktion und Bildanalyse zu formulieren
- Überlegungen zu ethischen, sozialen und rechtlichen Aspekten der Nutzung sozialer Medien in der Bildung anzustellen

- Erkenntnisse aus einem Studienprojekt in die pädagogische Praxis in Schulen umzusetzen

Kenntnisse:

Sie

- kennen wenigstens drei verschiedene soziale Medien
- wissen, wie man soziale Medien für verschiedene Zwecke nutzt
- kennen und berücksichtigen ethische, soziale und rechtliche Fragen im Zusammenhang mit sozialen Medien.

Aufgaben

Allgemein

- Beschreiben Sie die möglichen Kommunikationsformen in drei verschiedenen sozialen Medien, die Ihrer Meinung nach für den Unterricht in Visueller Kultur relevant sein könnten, recherchieren Sie eines davon genauer und entwerfen Sie einen Plan, wie Sie das Medium als Lehrkraft oder als SchülerIn nutzen können. Wie erstellt man eine Gruppe oder einen Hashtag und wie kann man seine Absicht erklären?
- Finden Sie Beispiele für visuelle Inhalte in den sozialen Medien, die die Schülerinnen und Schüler selbst in Ihrem Unterricht verwenden können.
- Nennen Sie ein Beispiel für den Einsatz eines sozialen Mediums im Fachunterricht, teils als Plattform für produktive und rezeptive Arbeit, teils als Plattform für digitale Gruppenarbeit
- Laden Sie Ihre Kommilitonen zu einer Diskussion über ein soziales Medium ein und nehmen Sie selbst an drei verschiedenen Diskussionen teil.

Speziell: Lernplattformen

- Untersuchen Sie verschiedene Lernplattform, die an Schulen verwendet wird
- Untersuchung einer Lernplattform, die die Arbeit eines oder mehrerer Museen vermittelt, wie z.B. KulturMix oder Learning Museum
- Wie werden sich die verschiedenen Lernplattformen Ihrer Meinung nach auf die Arbeit der KunstlehrerInnen auswirken?
- Planen Sie ein Unterrichtsprojekt, indem Sie einige Plattformen nutzen, um Wissen zu sammeln, andere, um Ideen für Ihren Unterricht zu erhalten, und eine, um Ihren Unterrichtsplan den Schülern und Eltern

zu präsentieren. Beschreiben und dokumentieren Sie Ihren Prozess mit Bildschirmfotos.

Zusammenfassung und Checkliste

- Suchen Sie nach den Kommunikationsformen in drei verschiedenen sozialen Medien und beschreiben sie diese.
- Untersuchen Sie soziales Medium ausführlicher.
- Skizzieren Sie, wie man soziale Medien als Lehrer oder als Schüler verwenden kann.
- Suchen Sie Beispiele für visuelle Inhalte in den sozialen Medien, die die Schüler selbst im Unterricht verwenden können.
- Nennen Sie ein Beispiel dafür, wie Sie ein soziales Medium in Ihrem Unterricht im Fach Kunst einsetzen können.
- Laden Sie Ihre Mitstudierenden zu einer Diskussion über ein soziales Medium ein.
- Nehmen Sie selbst an fünf verschiedenen Diskussionen teil.
- Wählen Sie selbst eine geeignete Form für die Präsentation, die soll allerdings sowohl visuell als auch verbal sein.

#14 Büros einrichten

Im Fach Kunst geht es bei Architektur in erster Linie um deren semiotische Aspekte. Architektur im weitesten Sinn lässt sich als Zeichen nutzen, wenn man davon ausgeht, dass sie auf Entscheidungen basiert. Die Entscheidungen betreffen Formen, Materialien, Herstellungsverfahren, Orte usw. Entscheiden bedeutet, dass es Wahlmöglichkeiten gibt und damit etwas immer auch anders

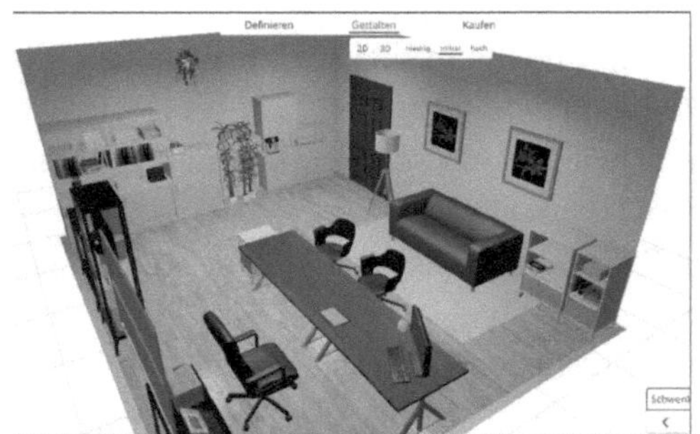

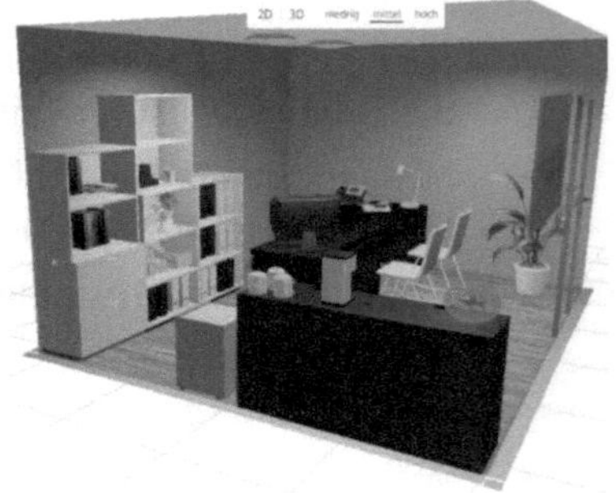

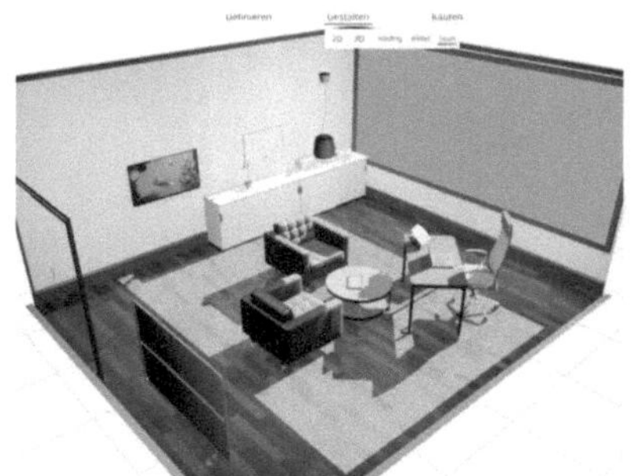

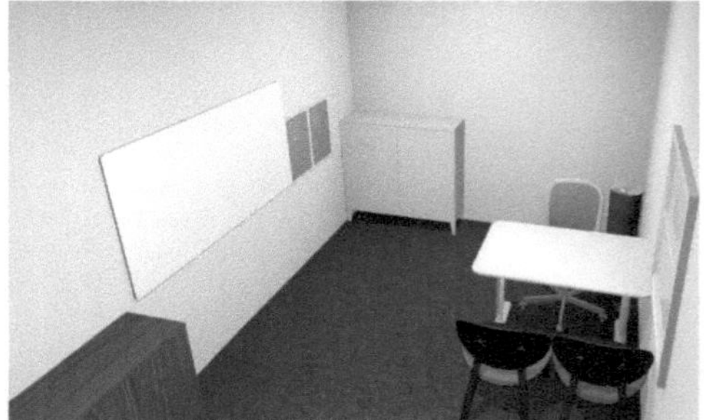

Beispiele: links Anlage-, rechts Schuldenberatung.

sein könnten. Architektur lässt sich so für Kommunikation einsetzen. Architektur kann Angst einflößen oder andere beeindrucken, kann Macht und Reichtum oder Bescheidenheit und ökologisches Bewusstsein repräsentieren.

Rhetorik ist eine Form der Kommunikation, die ihr Publikum überzeugen will. Dienstleister müssen ihre Kunden von der Qualität ihres Angebots überzeugen. Die Gestaltung der Räume, in denen sie ihre Dienst anbieten, sind ein Aspekt dieser Strategie. Dienstleitungen richten sich jeweils an Zielgruppen, also spezifische Kunden. Dies erfordert, dass sie entsprechend angesprochen werden.

Entwerfen

Entwerfen Sie Büroeinrichtungen für verschiedene Dienstleistungen bzw. Betriebe ein. Verwenden Sie dazu den digitalen Arbeitsplatzplaner von IKEA (https://www.ikea.com/de/de/planners/#1b3317f0-3e28-11ec-b5eb-a76b-b531cb70).

Entwerfen Sie wenigstens je ein Büro für Finanzdienstleistungen (Anlageberatung) mit einer Raumgröße von 30m² und für eine Schuldenberatungsstelle mit Raumgröße von 15m². Darüber hinaus können Sie weitere Büros entwerfen, z.B. für KFZ-Mechaniker, ein Finanzamt, eine Schulverwaltung, …

Für die Einrichtung wählen Sie Produkte aus dem Angebot von IKEA.

Dokumentieren Sie Ihre Arbeit mit 6 bis 8 aussagekräftigen Screenshots.

Argumentieren

Begründen Sie Ihre Entscheidungen im Hinblick auf die visuelle Rhetorik der gewählten Möbel, der Raumaufteilung, der Accessoires (Bilder, Pflanzen, Leuchten &c.), des Bodenbelags, der Farbe der Wände … Beziehen Sie sich in Ihrer Argumentation auf mögliche Alternativen. Argumentieren Sie eventuell mit alternativen Gestaltungen.

Didaktisches

Architektur als semiotische und damit auch als rhetorische Ressource zu verstehen, ist eine relevante Kompetenz im Hinblick auf das private wie das berufliche Leben. Sie sollte damit die Basis und Ziel der Beschäftigung mit Architektur in der allgemein bildenden Schule sein.

#15 Teeverpackungen

Produktverpackungen sind eine Grundvoraussetzung für den modernen Supermarkt mit seinem ausdifferenzierten Produktangebot. Dieses macht es möglich, Produkte als Zeichen in Botschaften zu verwenden (Karmasin, 2001). Konsumprodukte sind zentrale Elemente bei der Konstitution der Konsumkultur. Produktverpackungen sind Medien, die die verschiedenen Aufgaben erledigen, für die früher Verkäufer zuständig waren: Beratung, Empfehlung, Preishinweise. Tee wird im Supermarkt in unterschiedlichen Sorten und Qualitäten angeboten. Er gilt gleichermaßen als Genuss- wie als Heilmittel gegen die verschiedensten Beschwerden – physischer und psychischer Art. Je nach Sorte und Mischung verspricht er Linderung bei Erkältungen ebenso wie bei Stress, verspricht er Erfrischung ebenso wie Entspannung. Diese Vielfalt erfordert entsprechende Produktverpackungen.

In diesem Unterrichtsvorschlag werden zunächst Teeverpackungen als Quellen für kulturelle Vorstellungen, Hoffnungen und Ängste analysiert. In einem zweiten Teil gibt es Anregungen, wie Teeverpackungen entworfen werden können.

Analysieren

Sammeln und Ordnen: Sammeln Sie möglichst viele unterschiedliche Teeverpackungen bzw. Abbildungen von solchen. Ordnen Sie diese gemeinsam mit einer kleinen Gruppe nach unterschiedlichen Kategorien, z.B. : Preisgruppen, Zielpublikum, Produktversprechen. Finden Sie weitere mögliche Kategorien.

Analysieren: Entscheiden Sie sich für eine der Kategorien und analysieren Sie diese genauer. Welche verschiedenen Informationen und Zeichen kommen auf den Verpackungen vor? Welche visuellen Wirkmittel bestimmen die Ordnungen? Woran erkennt man die Zugehörigkeit zu entsprechenden Gruppen? Welche formalen Mittel – Schriften, Farben, Motive – werden für die jeweilige Botschaft verwendet? Wie spielen Texte, Farben, Schriften und Bildmotive zusammen? Woran erkennt man, dass es sich bei den Beispielen um Teeverpackungen handelt?

Gestalten

1. Redesign: Wählen Sie eine Teeverpackung aus und entwickeln Sie verschiedene Ideen für eine Umgestaltung. Der angebotene Tee soll z.B. für eine bisher nicht berücksichtigte Zielgruppe interessant werden, z.B. Motorradfahrer, Bergsteiger, Gamer, Verliebte …, soll billiger oder teurer ausschauen … Führen Sie wenigstens zwei der Vorschläge konkret aus. Verwenden Sie dafür die Abwicklung einer konkreten Teeverpackung.

2. Design: Entwerfen Sie eine neue Verpackung, die sich in ihrer drei-dimensionalen Form von üblichen Teeverpackungen unterscheidet. Berücksichtigen Sie dabei, dass die Verpackung im Teeregal ihren Platz unterkommen kann.

Didaktisches

In dieser Aufgabe geht es nicht darum, wie Konsumenten mit Hilfe visueller Gestaltung manipuliert oder verführt werden. Der Supermarkt wird mit seinem Angebot vielmehr als Beobachter der aktuellen Kultur verstanden. Das Angebot wird bestimmt von der Nachfrage der Konsumenten. Die Regale in Supermärkten sind ›umkämpft‹, was sich nicht (gut) verkauft wird ausgelistet. So gesehen, lässt sich das Angebot im Supermarkt als das Ergebnis einer geldbasierten Umfrage verstehen – zumal so gut wie alle sozialen Schichten und Milieus dort einkaufen.

Das Umgestalten von Produkten ist eine übliche Aufgabe für Designer, entspricht also der professionellen Realität. Schüler müssen dabei nicht bei Null anfangen.

#16 Schreiende Zeichen. Preise in Reklameblättern

Der Einzelhandel wirbt regelmäßig mit Anzeigenblättern für Sonderangebote, die Preise werden auffällig neben die Bilder der beworbenen Produkte gedruckt. In der Regel wird die Gestaltung dieser Preisbilder wenig beachtet. Diese Preisschilder haben eine ähnliche Funktion, wie die Marktschreier auf traditionellen Märkten.

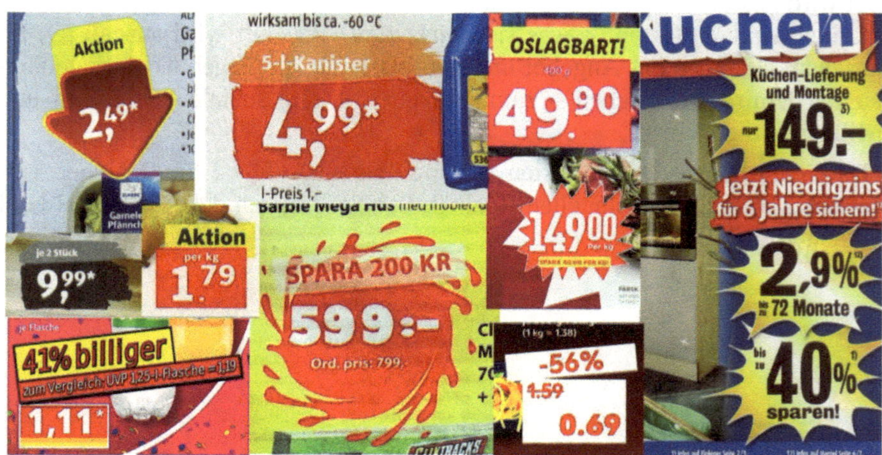

Untersuchen

Besorgen Sie sich möglichst viele Prospekte unterschiedlicher Anbieter. Beschreiben Sie die verschiedenen visuellen Mittel, mit denen die Preise als solche gekennzeichnet werden. Welche Formen, Schriftarten, Schriftauszeichnungen, Farben und Größen werden verwendet? Welche Namen werden verwendet?

Neue Medien ersetzen oder erweitern oft ältere. Die Werbeblätter ersetzen den Marktschreier und den Hausierer, der seine Waren lautstark anpreist. Suchen Sie nach Analogien zwischen den visuellen Wirkmitteln der Sonderpreise und den Methoden von Marktschreiern: Lautstärke, Intonation, Gesten, Körpersprache, „billiger Jakob – seriöser Händler“, – Formen, Farben, Schriftarten. Machen Sie zu verschiedenen Preisschilder als „Marktschreier“ eine auditive oder auch stumme Performance. Überlegen Sie eventuell in Zusammenarbeit mit dem Fach Musik, welche Jingles zu den verschiedenen Preishinweisen passen.

Stellen Sie auf einer Tafel die visuellen Codes zusammen und suchen Sie analoge Beispiele aus anderen Bereichen der visuellen Rhetorik. Wo werden ähnliche visuelle Mittel verwendet? Welche Bedeutung haben sie in den jeweiligen Zusammenhängen?

Beispiel: Wählen Sie Beispiele aus, auf denen die Preisschilder schräg auf dem Blatt stehen und bestimmen Sie jeweils den Winkel, der Abweichung von der Horizontalen. Die lässt sich mit einem Geodreieck oder bei eingescannten Bildern mit der Funktion Winkelmessen machen. Überlegen Sie, was dieses Schrägstellen bedeutet. Welche Zusammenhänge bestehen zwischen der Größe der Winkel und dem Image des Handelsunternehmens (billig – preiswert – Qualität)?

Wie wird ansonsten auf Preise und Produkte aufmerksam gemacht? Untersuchen Sie Internetshops und Einzelhandelsgeschäfte.

Gestalten

Machen Sie selbst praktische Versuche. Stellen Sie Preisschilder mit Hilfe der Bildbearbeitung unterschiedlich schräg. Wann kippt die Botschaft? Ab welchem Winkel wird das Schild unglaubwürdig?

Wählen Sie einen ›lauten‹ und einen ›leisen‹ Preis aus und machen Sie ihn jeweils leiser oder lauter. Machen Sie jeweils wenigstens drei Beispiele unterschiedliche ›Lautstärken‹.

Imaginieren

Fantasieren Sie gemeinsam, wie sich Medien zur Preisankündigung in Zukunft entwickeln werden. Alle Ideen sind erlaubt.

Didaktisches

Preisschilder sind Beispiele für multimodale Zeichen, die kaum beachtet werden und gerade deshalb im Unterricht interessant sein können. An ihnen lässt sich zeigen, was Multimodalität bedeuten kann.

#17 Visuelle Rhetorik von Schulhausarchitektur

Die Wirkung und Erfahrung von Architektur lässt sich auch mit Begriffen der klassischen Rhetorik untersuchen. Hier dient die architektonische Gestaltung von Schulen als Beispiel.

Die klassische Rhetorik als Lehre von der überzeugenden Rede hat sich in den Demokratien des antiken Griechenlands entwickelt. Die drei Überzeugungsarten Logos, Pathos und Ethos, die auf Aristoteles zurückgehen, lassen sich auch als Mittel der Analyse von Raumwirkungen verwenden. Logos meint die Verwendung von sachlichen Argumenten, beim Pathos werden die Gefühle des Publikums angesprochen und Ethos meint den Charakter des Redners.

Logos: Sind die Räume übersichtlich angeordnet? Ist die Orientierung einfach und verständlich?

Pathos: Fühlt man sich wohl und sicher oder unwohl und kontrolliert? Ist die Atmosphäre gemütlich oder einschüchternd, persönlich oder unpersönlich? Ist der Raum und seine Einrichtung unübersichtlich oder verführerisch?

Ethos: Lässt die Architektur die Räume und die Einrichtung eher seriös und wichtig oder eher spielerisch und irrelevant erscheinen? Fühlt man sich willkommen und ernst genommen oder eher unwillkommen und störend?

Wenn wir Architektur als visuelle Rhetorik im multimodalen Kommunizieren der Einrichtung Schule betrachten, dann können wir viel darüber erfahren, wie Schularchitektur auf uns wirkt. Die Schule ist eine seriöse Einrichtung. Schulanfänger werden oft am ersten Schultag darauf hingewiesen, dass jetzt der ›Ernst des Lebens‹ beginne. Die Idee, dass Schule eine wichtige und ernste Angelegenheit bzw. Einrichtung ist, zeigt sich meist bis in die kleinsten Details der Gestaltung.

Klassenzimmer

- Anordnung der Tische und Stühle
- Beleuchtung (Lichttemperatur, Lampen)
- Farbe der Wände und Decken
- Vorhänge
- Ordnung
- Bilder an den Wänden
- Bodenbeläge
- …

Gänge

- Bodenbeläge

- Zimmertüren
- Übersichtlichkeit
- Dekoration (Pflanzen, Kunst, Bilder …)
- Sitzmöglichkeiten

Materialien

- Pflegeaufwand
- Sauberkeit
- hochwertig oder billig.

Man kann auch Aspekte von Macht und Freiheit oder Intimität und Sichtbarkeit als Mittel zur Beobachtung von Raumwirkungen verwenden. Welches Verhalten bieten Räume und Verkehrsbauten an, welches Verhalten drängen sie den Leuten auf? Welche Bevölkerungsgruppen sollen angesprochen werden, welche sollen abgeschreckt werden? Welches Verhalten wird vorgeschrieben?

Man kann auch etwas über die Wirkung von Räumen erfahren, indem man die Leute beobachtet, wie sie sich verhalten. Foto – und Videokameras können hier Medien der Dokumentation sein.

Vergleiche

Eine bewährte Methode, unterschiedliche Wirkungen von Räumen zu bemerken und zu verstehen, ist der Vergleich mit mehr oder weniger ähnlichen Räumen. Für Schulräume bieten sich an: Kindergarten, Universität, Kaserne, Erlebnispark, Gaststätte, Kinderzimmer, Gerichtssaal … Was macht den Unterschied zwischen einer Treppe und einer Rampe aus?

- Fotografieren Sie unterschiedliche Eingänge in Wohnhäuser, Geschäfte, Behörden etc. Ordnen Sie diese gemeinsam mit zwei oder drei Kommilitonen von »wirkt einladend« bis »wirkt abweisend«.
- Wem gehört die Stadt? Suchen Sie in Ihrer Umgebung nach Gestaltungen, die den Aufenthalt unerwünschter Personen oder unerwünschtes Verhalten auf öffentlichen Plätzen verhindern sollen.
- Überlegen Sie, wie Sie Ihre Schule umgestalten müssten, so dass sie ihre Glaubwürdigkeit verliert.

TEIL 2
DIE GRUNDLAGEN DES FACHES

Im diesem Teil werden die historischen und theoretischen Grundlagen des Faches Kunst behandelt. Die Kapitel 4 und 5 geben einen historischen Rückblick auf die Entwicklung des Faches vom *Zeichnen* (*tegning*) über das *Gestalten (formning)* bis zur *Bild/Kunst (billedkunst)*. Dies sind die drei Namen, die das Fach im Lauf der Geschichte in Dänemark hatte. Wie sich zeigen wird, hätte das Fach dabei auch andere Namen haben können. Es hat nämlich verschiedene Auffassungen und Diskurse gegeben hat, die auch von verschiedenen gesellschaftlichen, pädagogischen und allgemeindidaktischen Strömungen des Schul- und Bildungsdiskurses der letzten 200 Jahren beeinflusst waren.

Die weiteren Kapitel in Teil 2 entwickeln die theoretischen Grundlagen für eine nach unserer Ansicht zeitgemäßen Version des Faches Kunst. Dabei gehen wir von den Theorien der *visuellen Kultur* und des *sozialen Konstruktivismus* aus.

KAPITEL 4
DIE GESCHICHTE DES BILDFACHES IN DÄNEMARK

Wie in vielen anderen pädagogischen Zusammenhängen gibt es keine genaue Unterscheidung zwischen Pädagogik und Didaktik. Bei der historischen Behandlung der verschiedenen Richtungen des Faches bleiben wir beim traditionell verwendeten Begriff, nämlich -pädagogik. Dabei ist ebenso von didaktischen Sachverhalten die Rede, wie von Fragen nach Inhalten, Vorstellungen von Gesellschaft, Werten und Erziehung, Zwecken, dem guten Kind usw.

In diesem Kapitel wird die Bezeichnung ›Bildfach‹ für das Fach verwendet. Das Fach hatte drei verschiedene Namen, die recht unterschiedliche Auffassungen zu Inhalt, Arbeitsweise und Ausbildungspotential widerspiegeln. ›Bildfach‹ wird hier als der ›neutralste‹ Sammelbegriff sowohl in der Lehrerausbildung als auch in der Schule verwendet, da sich die Fachbezeichnungen in diesen Einrichtungen jeweils zur gleichen Zeit geändert haben.

Die geschichtliche Entwicklung des Bildfachs folgt teils den allgemeinen Mustern in der Entwicklung von Gesellschaftstheorien, Pädagogik und Psychologie, und teils den Entwicklungen der Bereiche, die näher am Fach liegen, z.B. Kunst, Kunstgeschichte, Bild- und Kunsttheorie, Medientheorie, visuelle Kommunikation etc.

Mit Hilfe einer historischen Darstellung der Fachentwicklung lassen sich der Zusammenhang zwischen den verschiedenen Diskursen und jene Diskussionen erkennen, die die Grundlage für die jeweils ziemlich radikalen Veränderungen im Fach bilden.

Das Fach fußt im Gegensatz zu vielen anderen Schulfächer nicht auf *einem* einzigen wissenschaftlichen Fach, wo das Schul- und Lehramtsstudienfach zu einer Miniausgabe des wissenschaftlichen Fachs wird, in die dann didaktische und pädagogische Überlegungen und Praktiken integriert werden. Das folgende Modell (Abb. 1) gibt einen Überblick über die Bereiche, die das Bildfach beeinflusst haben (Illeris, 2002: 46)

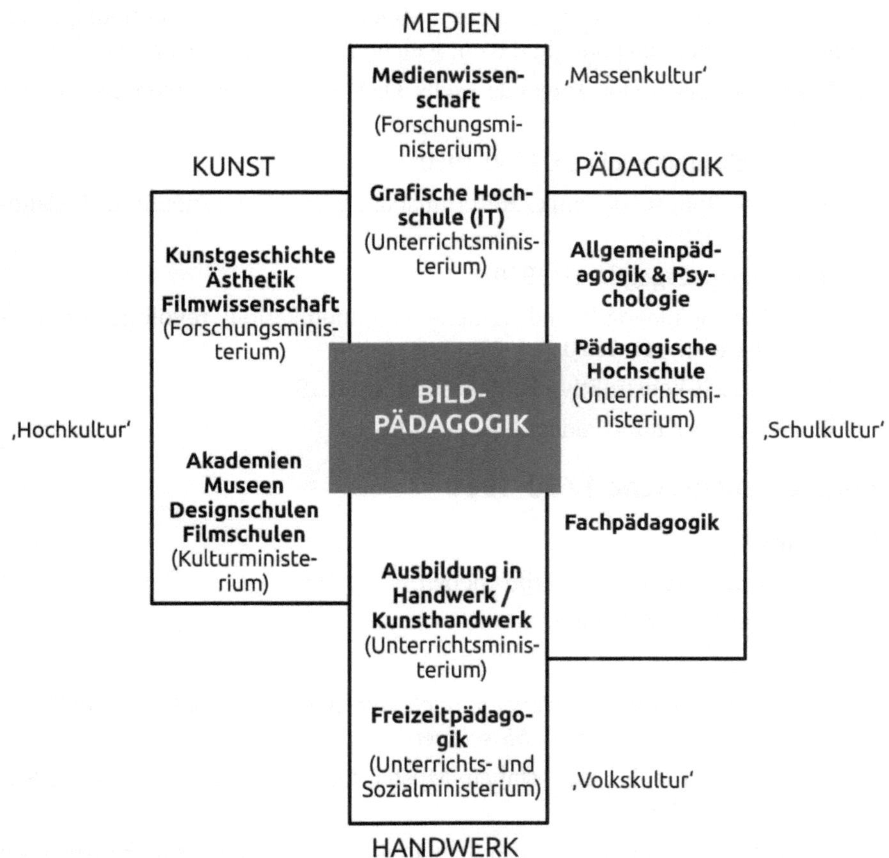

Abb. 1: Feldmodell von Helene Illeris (2002).

Es lassen sich sechs verschiedene fachspezifische Diskurse unterscheiden, die im Folgenden behandelt werden. Diese sechs Richtungen wiederum werden in drei Diskursordnungen zusammenfasst (Illeris, 2002: Kap 1&3, / 2003: 24): *Zeichenunterricht, Reformpädagogik* und *bildende Kunst*.

Ein Diskurs bezeichnet die Art und Weise, wie man über einen Sachverhalt z.B. das Bildfach spricht und was für diesen Sachverhalt als relevant gilt. Das betrifft Paradigmen, Theorien und Texte ebenso wie Praktiken, die sich in Unterricht und Ausbildung, Diskussionen, Konferenzen, Kursen und Seminaren usw. zeigen. Die einzelnen Diskurse haben ihre Blütezeit jeweils in verschiedenen Perioden, aber zumindest seit den 1950er-Jahren lassen sich Spuren der verschiedenen Diskurse unterscheiden, die bis heute mehr oder weniger großen Einfluss haben. Beispielsweise wurde in den Handreichungen zu den dänischen Lehrplänen bis vor kurzem Zeichnen immer als Grundlage des Faches bezeichnet, unabhängig davon, welche Ziele sonst genannt wurden.

In Dänemark lassen sich folgende sechs Diskurse bzw. Fachkonzepte unterscheiden:

1. Zeichenunterricht ca. 1750-1960
2. Gestaltungspädagogik: Reformpädagogik / kinderorientierte Pädagogik seit 1960
3. Kunstpädagogik seit 1950
4. Medienpädagogik und visuelle Kommunikation: revolutionäre Perspektiven, seit 1970
5. Kritisch-konstruktive Bildpädagogik seit 1980
6. Visuelle-Kultur-Pädagogik seit 2000

Zeichenunterricht 1750-1960

Überblick

Ausgangspunkt: im Arbeitsleben.

Schulfach: Zeichnen.

Inhalt:

- *Männer: Zeichnen nach der Natur, Perspektive, geometrische Formen, Maschinen*
- Frauen: Buchstaben, Muster, Ornamente zum Nähen und Sticken.

Methoden: gründliches und methodisches Training mit Korrekturen von Auge und Hand.

Die Zeit von ca. 1750 bis 1960 kann in Dänemark in Bezug auf Bildungsziele, Methoden, Materialwahl, Stoffgebiete und Themenwahl als zusammenhängende Periode gesehen werden.

Das Fach war ein Zeichenunterricht, bei dem die Mimesis-Anforderung, d.h. die Forderung, dass die Darstellung der Vorlage so genau wie möglich ähneln soll, eine durchgehende Richtschnur bildete. Das gilt gleichermaßen für eine der ersten bekannten Ausgaben von Unterrichtsmaterialien, Jacob Fosies *Zeichen-ABC oder etliche Striche, um das Sehen junger Menschen beiderlei Geschlechts zu üben* [*Tegne-ABC eller adskillige Streger at øve Synet for unge Mennesker af begge Kiøn*] von 1753 und bis hin zu *Das blaue Bedenken* [*Den blå betænkning*] von 1960. Das Fach war im Grunde gleichbedeutend mit

Zeichnen nach der Natur, d. h. man gibt ein Motiv, das man betrachtet, so präzise und ähnlich wie möglich wieder.

> »Die Idee, dass es bei dem, was im schulischen Unterricht passiert, darum geht, dass die Kinder ›Zeichnen lernen‹, hängt oft mit der Idee zusammen, dass Zeichnen das erste ist, was man lernen muss, um Bilder machen zu können, und dass ›die gute Zeichnung‹ eine Zeichnung ist, die eine präzise und neutrale Wiedergabe einer Vorlage oder eines Gegenstandes in der äußeren Welt schafft. Die Vorstellung des Zeichnens als grundlegende Fertigkeit für das Bildermachen beruht auf zwei eng miteinander verbundenen diskursiven Konstruktionen, die die zeichenpädagogischen Diskurse des 19. und 20. Jahrhundert beherrschten:
>
> - Zeichnen ist eine nützliche handwerkliche Fertigkeit, die man trainieren kann, sodass man richtig zeichnet.
> - Durch Zeichnen kann eine abstrakte und logische Erkenntnis der objektiven Erscheinungsformen der Umwelt erreicht werden – man kann ein ›sehender und denkender Mensch‹ werden.« (Illeris, 2003: 25).

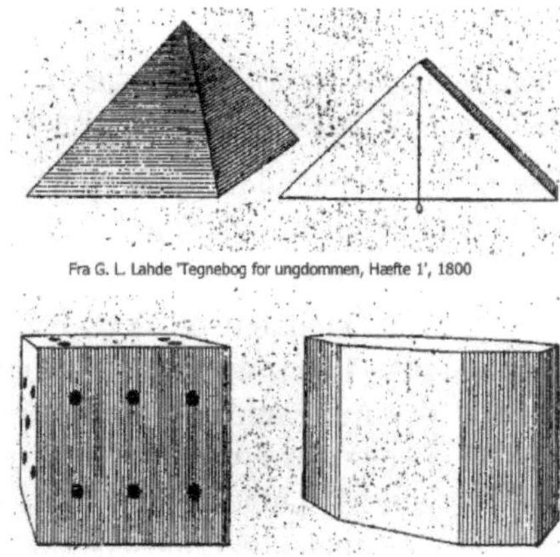

Abb. 2: Aus G.L. Lahde: Tegnebog for ungdommen, Haefte 1, 1800 (Zeichenbuch für die Jugend).

Stoffbereiche und Motivwahl stammen aus dem praktischen weiblichen Alltag als Hausfrau und dem praktischen Berufsleben der Männer, also dem Handwerk, und werden mit deren Erfordernissen begründet:

> *Für Buben*: Modellzeichnen, zwei- und dreidimensionale Geometrie, Perspektivlehre, Übungen in technischem Zeichnen. Die Motive sind

geometrische Figuren (Kegel, Würfel, Pyramiden usw.), Tiere, Pflanzen, Maschinen, Werkzeuge, Gebäude, Möbel, Hausrat usw.

Für Mädchen: Buchstaben, Dekorationen und Muster als Vorlagen für Stickereien, u.a Kreuzstichstickerei (Monogramme, Blätterranken usw.).

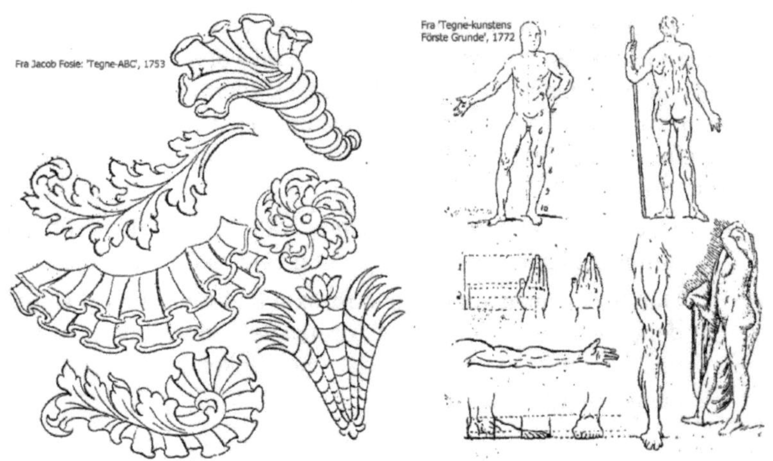

Abb. 3: Aus Jacob Fosie: Tegne-ABC, 1753 sowie aus Tegnekunstens förste Grunde, 1772 (Zeichen-ABC und Grundlagen der Zeichenkunst).

Dieses Fachverständnis gilt weitgehend in der Zeit von 1814 bis einschließlich 1941. In der *Verordnung für Schulen in den Provinzstädten vom 29. Juli 1814* heißt es:

> »In Zeichnen soll der Lehrer für seinen Unterricht insbesondere das auswählen, was für die Kinder von erheblichem Nutzen ist, teils um das Auge und die Hand üben zu können, teils um es im bürgerlichen Leben anwenden zu können; deshalb wird das Zeichnen von wichtigen Maschinen und von Architektur als nützlicher angesehen als das Zeichnen von Landschaften oder des menschlichen Körpers.«

In den *Regeln für Schulen in Kopenhagen vom 29. Juli 1814* heißt es:

> »Zeichnen zur Übung von Auge und Hand wird vor allem im Hinblick auf die Anwendung im Alltag betrieben, d. h. zur Abbildung nützlicher Geräte und Maschinen.«

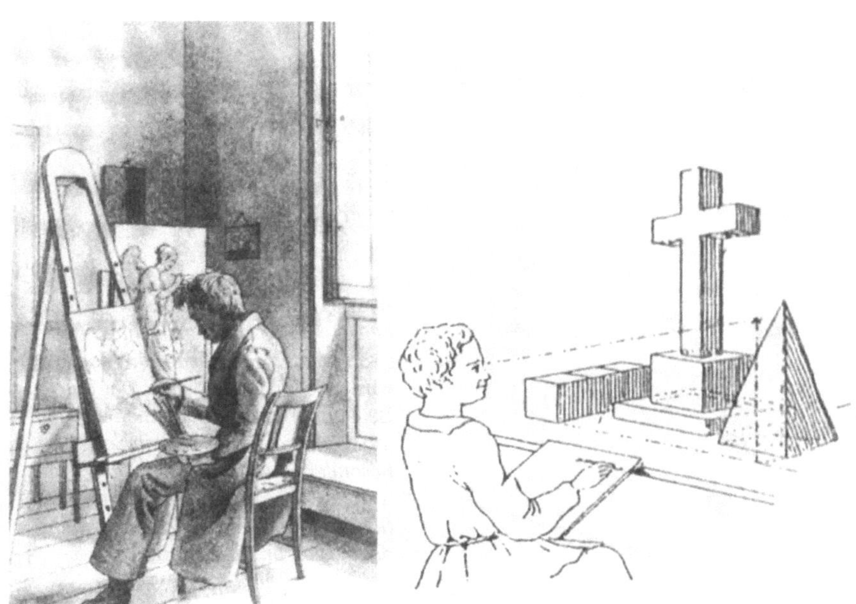

Abb. 4: Aus Ch. V. Nielsen: Om Vigtigheden af en grundig elementær Tegenundervisning i Skolerne, især for den vordende Haandværker, (Über die Bedeutung eines gründlichen elementaren Zeichenunterrichts in Schulen, besonders für den angehenden Handwerker) 1872 (hier aus: Kalejdoskop – tidsskrift for pædagogik og læreruddannelsen, nr.26, 2000:56)

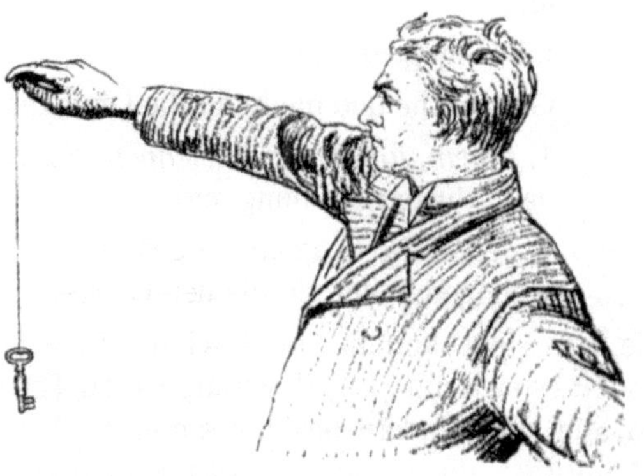

Abb. 5: Aus Oscar Mathiesen: Praktisk Tegnekursus (Praktischer Zeichenkurs). 1900. (hier aus: Kalejdoskop – tidsskrift for pædagogik og læreruddannelsen, nr.26, 2000:58)

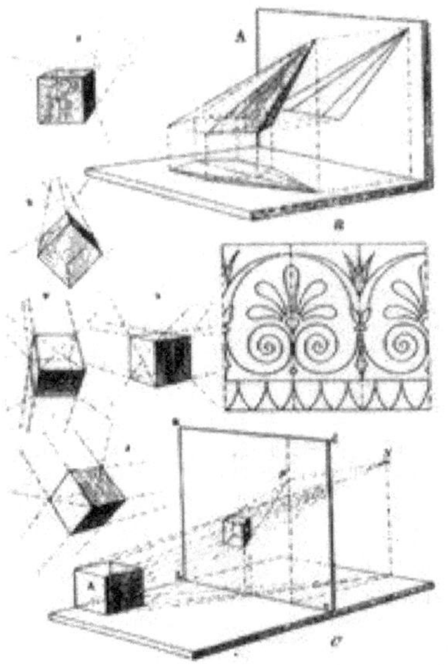

Abb. 6: Aus Ch. V. Nielsen: Om Vigtigheden af en grundig elementær Tegenundervisning i Skolerne, især for den vordende Haandværker, (Über die Bedeutung eines gründlichen elementaren Zeichenunterrichts in Schulen, besonders für den angehenden Handwerker) 1872 (hier aus: Kalejdoskop – tidsskrift for pædagogik og læreruddannelsen, nr.26, 2000:56)

Im *Unterrichtsleitfaden für die prüfungsfreie Mittelschule* vom 27. Juni 1941 werden im Kapitel zum Fach Zeichnen die zart beginnenden Konturen einer formpädagogischen Auffassung sichtbar. Das Fach wird so beschrieben:

> »Sein Ziel ist die Ertüchtigung von Auge und Hand, die Entwicklung des Schönheitssinns und der Erwerb von grafischen Ausdrucksmitteln.
>
> I. Fachgegenstand
>
> Gründliche und methodische Übungen in
>
> 1. *freiem, formendem Zeichnen*: Kinderzeichnung, dekoratives Zeichnen, Musterzeichnung und
>
> 2. *gebundenem, genauen Zeichnen*: Planzeichnung, Modellzeichnung, Übungen in der räumlichen Darstellung, Buchstabenzeichnung.«

Wie man sieht, kommt hier 1941 der Begriff »Kinderzeichnung« vor, dabei handelt es sich um »[...] Illustrationen zu Themen, ausgewählt aus Umgebungen, die den Kindern bekannt sind« (S. 81). Diese Erweiterung des Unterrichtsstoffes, die jedoch nur das 4. und 5. Schuljahr betrifft, kündigt wie erwähnt die Formpädagogik und das Zeichnen aus der Vorstellung an. Typisch waren Themen wie »ein schönes Erlebnis aus meinen Sommerferien« oder eine Illustration zu einem Märchen. Auch der Schönheitssinn schleicht sich in die Formulierungen ein. Daran zeigt sich der beginnende Einfluss aus der Kunstpädagogik.

Die *pädagogischen und methodischen* Prinzipien, die im Fach *Zeichnen* und auf der Kunstakademie praktiziert werden, waren lange Zeit ziemlich gleich. Das ist zum Teil darauf zurückzuführen, dass ein Teil der Zeichenlehrer an der Akademie ausgebildet wurde, und zum Teil darauf, dass das Fach- und Kindesverständnis generell auf dem Nachahmungs- und Kopierprinzip aufbaute.

Bis ca. Mitte/Ende des 19. Jahrhunderts war die akademische Ausbildung nach folgendem Prinzip organisiert:

- Im 1. Jahr zeichneten die Studenten Vorzeichnungen der Professoren ab.
- Im 2. Jahr zeichneten sie nach Gipsmodellen und
- im 3. Jahr nach dem lebenden Modell.

Das war eine Abendschule. Es gab weder Malerei noch Skulptur; tagsüber gingen sie den Professoren in deren eigenen Werkstätten zur Hand und lernten dort Malen oder Bildhauern (Bramsen, 1994: 12-13 und Colding et al., 1979: 11-21).

Der Unterricht in der Schule war entsprechend aufgebaut: erst Vorzeichnungen aus Heften oder an der Tafel, die die Schüler kopierten, dann Modelle und schließlich reale Gegenstände (Lundgaard, 1978: 8-9, 17, 26, 37). Die Segnungen des Kopierens wurde allerdings immer wieder diskutiert: Bereits 1834 schreibt T.F. Ketsch in seinem Buch *Om Tegneundervisning* (*Über den Zeichenunterricht)* unter anderem:

> »Nur nach Vorzeichnungen kann man Zeichnen in des Wortes eigentlichem Sinne niemals lernen [...] Doppelt schädlich sind diese Vorzeichnungen, wenn sie so schlecht sind wie viele der sogenannten Originale« (hier zitiert nach Lundgaard, 1978: 21).

Diese Kritik an der Nutzlosigkeit des Kopierens nimmt immer mehr zu und im *Rundschreiben an alle Schuldirektionen außerhalb Kopenhagens* vom 22. November 1901 wurde es ausdrücklich gestrichen:

> »Der Zweck des Zeichenunterrichts in der Kinderschule besteht hauptsächlich darin, durch Beobachtungsübungen und Wiedergabe (sowohl mündlich als auch zeichnerisch) die natürlichen Fähigkeiten der Kinder zur Wahrnehmung der Formenwelt zu entwickeln und zu schärfen.
>
> Der Unterricht muss daher stets unmittelbar auf ein solches Ziel gerichtet sein; man darf sich nie mit dem rein äußerlichen Ergebnis zufrieden geben, das durch einfaches Kopieren der Vorzeichnungen erreicht werden kann.«

Eine ähnliche Entwicklung gibt es an der Akademie, ausgelöst u.a. dadurch, dass Eckersberg als Professor die Studenten in die Natur hinaus führte und »Freiluftmalerei« betrieb. 1885 übernahm Zahrtmann die private »Studienschule der Künstler«, die 1880 aus Protest gegen den konservativen Unterricht an der Akademie gegründet worden war. Hier lässt man das Zeichnen nach Vorlagen und Gipsmodellen aus und geht direkt zur Beobachtung des Aktmodells über. Das ist wohl die wirkliche Innovation in der Pädagogik. Die folgende Aussage des jütländischen Malers Johannes Larsen weist darauf hin, dass Zahrtmann ein Pionier der Reform- und Entwicklungspädagogik ist: »Er hat uns alle durch seine brennende Vitalität und sein enthusiastisches Wesen beeinflusst und angespornt, ohne dass seine Schüler so malten wie der MALER Kr. Zahrtmann. Es ist großartig, dass jeder von uns sein wahres Wesen von ihm als Geschenk erhalten hat« (zitiert bei Nørregård-Nielsen, 1988: 310-311).

Ein weiterer Trend in der *Zeichenpädagogik* weist auf die *Reformpädagogik* hin. 1913 plädiert die norwegische Zeichenlehrerin Anna Holck in ihrem Buch *Tegning efter Gjenstande (Zeichen nach Gegenständen)* dafür, dass der Hauptzweck des Zeichenunterrichts nicht länger darin bestehen soll, qualifizierte Handwerker auszubilden, sondern vor allem darin, »jeden zum sehenden und denkenden Menschen zu machen« – und sie fährt fort:

> »Nicht nur in den Zeichenstunden sollen sie gezwungen werden, zu schauen und zu denken, sondern sie sollen diese nützlichen Eigenschaften ins Leben hinaus mitnehmen – wo immer sie auch hingehen. Sie sollen immer ihre Augen dabei haben und darüber nachdenken, was sie sehen, und daraus ihren Nutzen ziehen« (Holck, 1913: 4).

Studienfragen

- Kommt die Zeichenpädagogik im aktuellen Lehrplan vor? Und wenn ja, wie?
- Welche Rolle sollte das Zeichnen nach der Beobachtung, also das Naturstudium in der heutigen Schule spielen?
- Welche Qualifikationen und/oder Kompetenzen entwickeln sich durch das zeichnerische Naturstudium?
- Hat die Beobachtungszeichnung Auswirkungen auf Ihre eigene Bildproduktion in anderen Bereichen?

Reformpädagogik / Kinderpädagogik seit 1960

Überblick

Ausgangspunkt: das Kind.

Dominierender Diskurs: Psychologie.

20. Jahrhundert - »Das Jahrhundert des Kindes«.

Das Erstellen von Bildern ist ein persönlicher und therapeutischer Entwicklungsprozess. Die Bilder kommen von innen. Die natürliche bildsprachliche Entwicklung: Lowenfeld & Brittain.

Schlüsselbegriffe: Kreativität und persönlicher Ausdruck.

Schulfach: Formen (formning).

Inhalt: freie, persönliche, oft expressive Bildproduktion auf Basis der Methoden der Kunst (Zeichnen, Malen, Skulptur).

Unterrichtsmethoden: freier, persönlicher Ausdruck ohne Anleitung und Bewertung.

Mit dem Leitfaden von 1960 ändert sich der Name des Faches in *Formning (Gestalten).* Mit dieser Namensänderung wird auf politischer Ebene eine außerordentlich deutliche Änderung des Diskurses bewirkt, die sich in fast allen Bereichen zeigt: Es ändern sich die Methoden, es werden andere Inhalte und Materialien verwendet und man konzentriert sich auf den freien Ausdruck des Kindes.

Wie sich im Abschnitt über die Zeichenpädagogik gezeigt hat, gibt es eine kontinuierliche Diskussion über das Fach und seine Methoden. Das 20. Jahrhundert wird im pädagogischen und psychologischen Kontext als das Jahrhundert des Kindes bezeichnet. Kinder-, Jugend- und Entwicklungspsychologie werden zu eigenständigen Theoriefeldern. Das Kind wird zunehmend als ein eigenes Wesen mit einem spezifischem Verstand, spezifischen Eigenschaften und einem spezifischen Entwicklungspotential angesehen, das sich von dem des Erwachsenen unterscheidet. Das Kind ist kein ›unfertiger‹ Erwachsener mehr, sondern etwas Eigenes. Das Kind besitzt eine besondere Phantasie und Kreativität, die vom Erwachsenen nicht behindert und verdorben werden darf. Dieser selbst hat diese Eigenschaften verloren, er hat gelernt konform und angepasst zu denken. Kinderzeichnungen werden sowohl in Bezug auf die Bildsprache als auch in Bezug auf die Auswahl des Inhalts als *persönlicher* Ausdruck angesehen. Kinderbilder werden als Manifestation innerer Bedürfnisse und Zustände gesehen, in die man nicht eingreifen kann bzw. sollte. Darin besteht die große Abrechnung mit dem Zeichenunterricht.

Im 20. Jahrhundert werden große Studien zu den Bildern und der Bildentwicklung von Kindern durchgeführt. 1947 erscheint das Buch »*Creative and mental growth*« von Viktor Lowenfeld & W. Lambert Brittain, 1974 in dänischer Sprache veröffentlicht, (auf Deutsch 1960 unter dem Titel »Vom Wesen schöpferischen Gestaltens«). Auf der Grundlage dieser Studien beschreiben die Autoren u.a. die visuelle Entwicklung von Kindern als eine Reihe von Phasen, die das Kind durchmacht. Sie beginnen mit dem Kritzeln des kleinen Kindes und enden mit einer naturalistischen Wiedergabe eines Motivs der 14- bis 15-Jährigen. Die Phasen gelten als natürlich, an ihnen führt kein Weg vorbei. Die Aufgabe des Lehrers ist es folglich, ›phasengerecht‹ zu unterrichten, d.h. Materialien und Bildideen anzubieten, die der jeweiligen Phase entsprechen. Der Lehrer darf nicht fordernd oder störend und damit behindernd eingreifen. Er soll das Kind nur sensibel ermutigen, inspirieren und seiner gegenwärtigen und zukünftigen Entwicklungsstufe entsprechend anregen (Pedersen 1997a & b; Flensborg & Sørensen, 2005: 10-11):

> »Das Hauptaugenmerk sollte darauf gelegt werden, die angeborene Fähigkeit der Kinder zu fördern, spontane Ausdrucksformen in Bildern zu entwickeln. Daher muss es den Kindern gestattet sein, die Themen der Arbeit weitgehend selbst auszuwählen. Der Lehrer darf zudem niemals die eigentliche Zeichensprache des Kindes kritisieren, da der weitere Zeichenunterricht darauf aufbaut, dass der bildnerische Ausdruck des Kindes seine natürlichen Entwicklungsstadien durchlaufen darf« (*Undervisningsvejledning for folkeskolen*. 1960. Lehrplan für die Volksschule).

Freies Zeichnen und Gestalten sowie Zeichnen aus der Vorstellung sind neue und zentrale Begriffe im Leitfaden. Hier gibt es deutliche Parallelen zum humanistischen und sozialen Menschenbild der Nachkriegszeit. Der Mensch, nicht Systeme und Ideologien sollten im Mittelpunkt stehen. In der Kunstszene zeigt sich das unter anderem im Expressionismus und in Teilen der abstrakten Kunst. Hier geht es um Spontanität, um Befreiung der Gefühle. Es geht darum, das Kind und das Ursprüngliche in sich zu finden, auch inspiriert von ethnischer Kunst, die man für aufrichtig, originell und unverdorben hielt. Das Zeichnen nach der Natur kommt zwar in den höheren Klassen immer wieder vor, aber nur als ein Aspekt unter mehreren. Die Begründungen stammen nun aus den Phasentheorien, die Zeichnen nach der Natur als natürlichen Endpunkt der Entwicklung betrachten (Pedersen, 1997a&b; Lowenfeld & Brittain, 1979: Kap. 10-12).

Im Hinblick auf Materialien und Themenfelder gab es im Vergleich zu der Verordnung von 1941 eine kleine Revolution. Im Leitfaden von 1960 ist der Einfluss der bildenden Kunst deutlich zu erkennen. Wo früher nur Bleistift, Packpapier, eventuell Farbkreide zum Zeichnen und Ausmalen vorkamen, herrscht jetzt ein wahres Eldorado: Zunächst wird jetzt auch dreidimensional (der räumliche Aspekt ist dazu gekommen) mit wertlosem Material (Gestalten mit Gerümpel), Pappmaché und Ton gearbeitet; es wird ausgerissen, ausgeschnitten und geklebt (u.a. Collage); es werden Bilder mit Pinsel und Leimfarbe gemalt; es werden einfache bis komplizierte grafische Verfahren eingesetzt. Zum ersten Mal wird in den 4. - 6. Klassen Erwachsenenkunst behandelt und in den 7. - 9. Klassen bei Ausstellungsbesuchen oder mit Reproduktionen oder Dias gezeigt. (*Undervisningsvejledning for folkeskolen*, 1960: 160). Und der vierte Bereich im Fach fordert: » … eine natürliche Grundlage für eine fundierte Beurteilung und ein Verständnis der Kunst zu entwickeln» (*Undervisningsvejledning for folkeskolen*, 1960: 157).

Die Verordnung von 1960 verschiebt den Ausgangspunkt des Faches vom *handwerklichen* in den *pädagogischen / psychologischen Bereich* mit einem gewissen Einfluss aus der *Kunst*.

Studienfragen

- Zeigt sich die Reformpädagogik im aktuellen Lehrplan? Wenn ja, wie?
- Ist es in manchen Situationen angebracht, die Schüler selbstständig arbeiten zu lassen? Wenn ja, in welchen?
- Worin besteht der Unterschied zwischen einem experimentellen und einem analytischen Ansatz?
- Wie reagieren Sie auf eine Situation, in der Sie selbst Ziele, Rahmenbedingungen und Inhalte für eine bildnerische Arbeit bestimmen müssen?

Kunstpädagogik sei 1950

Überblick

Ausgangspunkt: Kunst – Kunst der Moderne

1. Kunsterziehung: Klassische Bildung (deutsche Tradition). Englische / Amerikanische Version: Discipline Based Art Education (DBAE). Formalismus.

2. Erziehung durch Kunst: Herbert Read. Kunst als besonderer Erkenntnisbereich.

Schulfach: Formning / Formen. Die Kunstpädagogik gibt dem Fach keinen neuen Namen. Dieser Diskurs wird im Fach zu unterschiedlichen Zeiten unterschiedlich intensiv geführt.

Inhalte: Arbeiten mit und Ausgangspunkt in künstlerischen Traditionen: Zeichnung, Malerei, Skulptur, Grafik, Kunstgeschichte, Formalismus (Farbe, Form, Linie, etc.).

Pädagogische Methoden: Arbeiten wie Künstler ausgehend von und mit künstlerischen Methoden. Bildanalyse.

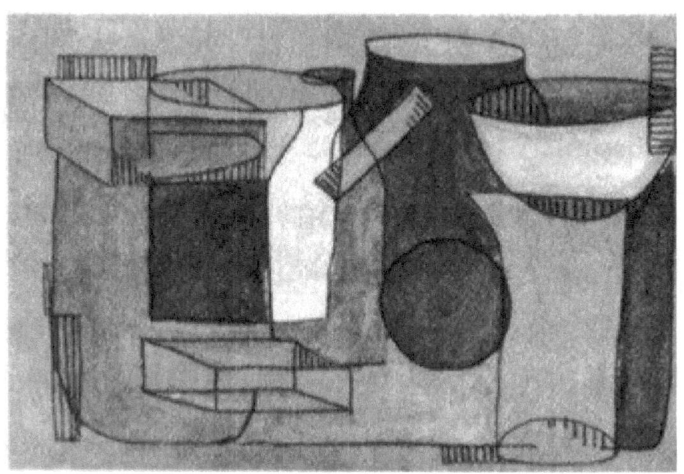

Abb. 7: Aus Markan Christensen: Kunstorientering i skolen. formning og moderne kunst, 1962. ©Markan Christensen/VSDA.dk

In der Kunstpädagogik geht man davon aus, dass die Kunst die Basis des Faches ist. Auf den besonderen ästhetischen Qualitäten der Kunst beruht sein Bildungs- und Erkenntnispotential. Die anderen Bilder und visuellen Phänomene der Kultur besitzen demzufolge nicht die gleichen Potenziale. Im Gegenteil, sie können verdummend und manipulativ wirken, insbesondere wenn es sich um Bilder der Medien und der kommerziellen Welt handelt. Dies wird besonders in der Phase der *Visuellen Kommunikation und Medienpädagogik* deutlich.

Die Kunstpädagogik hat zwei recht unterschiedliche Ansatzpunkte und Bildungsideale: In der *Kunsterziehung* geht es um die klassische Bildung: *Erziehung zur Kunst*. Um gebildet zu sein, muss man Kunst und Kultur kennen, z.B. die Werke der bekanntesten Künstler, und diese im kunsthistorischen Sinne verstehen. Man muss auch lernen, dass solche Werke besondere Gefühle, Empfindungen und Erfahrungen auslösen bzw. auslösen sollten. Im Bereich der bildnerischen Praxis lernt man die klassischen Methoden und Prinzipien der Kunst, z.B. Komposition, Farblehre, formale Bildanalyse, wenn es um zweidimensionale Bilder geht. Markan Christensens Buch *Kunstorientering i skolen* (Kunstorientierung in der Schule) von 1962 ist ein klassisches Beispiel für diese Auffassung. Ein jüngeres Beispiel ist u.a. Brian Mikkelsens Kulturkanon von 2006. In Kunstmuseen verfolgt die Museumspädagogik oft kunstpädagogische Ziele.

Die Kunstpädagogik in dieser Form hat das Fach nicht definiert, war aber dennoch ein Dreh- und Angelpunkt. Seit den 1970er Jahren teilen die Verordnungen die Arbeitsbereiche in zweidimensionale, dreidimensionale und bewegte /

digitale Bilder ein. D.h. sie orientieren sich an den Gattungen und Sparten der traditionellen Kunst.

Die andere Bewegung, *Erziehung durch Kunst*, geht davon aus, dass Kunst spezielle Erkenntnis- und Bildungspotentiale enthalten kann, die für die Entwicklung und Bildung der Persönlichkeit von Nutzen sein können. Herbert Reads Buch *Education through Art* von 1943 (Read, 1956; dtsch. 1962) ist eine wichtige Inspirationsquelle für diese Auffassung. Der Bezug zur Reformpädagogik ist eng und in der Praxis schwer von dieser zu unterscheiden. Während die Reformpädagogik ihren primären Ausgangspunkt im pädagogisch-psychologischen Bereich hat, sieht diese Art der Kunstpädagogik Kunst als einen speziellen Bereich, der die natürliche Entwicklung des Kindes zu einem guten und harmonischen Menschen anregen kann (Illeris, 2003: 27).

Studienfragen

- Zeigt sich die Kunstdidaktik in den aktuellen Lehrplänen? Wenn ja, wie?
- Untersuchen Sie einen aktuellen deutschsprachigen Lehrplan im Hinblick darauf, inwiefern Kunstdidaktik im obigen Sinne vorkommt.
- Kann man generell etwas über das pädagogische Potential der Arbeit mit Kunstbildern sagen?
- Welche Erkenntnis- und Bildungspotenziale stecken heute in der traditionellen bzw. aktuellen Kunst?
- Nennen und diskutieren Sie verschiedene Quellen, aus denen Sie visuelle Inspirationen für Ihre Bilder gewinnen.
- Welche anderen Gründe (außer Kunst) kann es geben, sich allgemein mit visuellen Äußerungen zu befassen?

Medienpädagogik und visuelle Kommunikation: revolutionäre Perspektiven seit 1970

Überblick

Ausgangspunkt: Gesellschaft / Kultur / Medien.

Inspiriert von Soziologie / Sozialwissenschaft / Kommunikations- und Medienkultur und -theorie / Marxismus / Strukturalismus / Semiotik.

Fokus auf Massenmedien. Werbung und (Massen-)Medien sind gefährlich.

Das Kind ist ein passiver Empfänger und Verbraucher, aber ein potenziell aktiver und kritischer Produzent. Kunst als ›verunreinigungsfreie‹ Zone.

Schulfach: (immer noch) Formning »Gestalten«.

Inhalt: Werbung, Medienbilder, Propaganda. Kunstbasierte Massenproduktionstechniken: Grafiken (Linolschnitt), Plakate, Collagen, Montagen usw.

Methoden: Kritische Bildanalyse / Visuelle Kommunikation, Polarisierende Bildpädagogik.

Die Massenmedien gewinnen in der Nachkriegszeit enorm an Umfang und Bedeutung: Fernsehen, Werbung, Comics usw. Dänisch war das erste Fach, das diese Entwicklung in Form *des erweiterten Textbegriffs* thematisierte, wobei ausgerechnet Bilder der Massenmedien und insbesondere die Werbung beachtet und analysiert wurden. Im Bildfach wurde man auch darauf aufmerksam und begann damit, Medienbilder und Populärkultur in den Unterricht einzubeziehen.

Im Leitfaden von 1976 setzt die Medienpädagogik neben der dominierenden reformpädagogischen Gestaltungsdidaktik ein (*Undervisningsvejledning for folkeskolen, nr. 6, Formning,* 1976). Hier taucht als ein neuer Inhalt der bewusste Umgang mit den massenmedialen Bildern auf. Zum Ziel des Faches heißt es: »Der Unterricht soll dazu beitragen, dass die Schüler ihr Verständnis für bildmäßige Ausdrucksmittel und damit ihre Fähigkeit zu einer selbstständigen Beurteilung derselben erweitern.« Als Begründung folgt: »Die gesellschaftliche Entwicklung hat zu einer zunehmenden Produktion und Verwendung von Bildern in kommerzieller, kultureller sowie politischer Hinsicht geführt. Das macht es notwendig, die Aufmerksamkeit auf die Verwendung des Bildes 1. als Ausdrucks-, 2. als Kommunikations- und 3. als Manipulationsmittel zu richten« (S. 8). Bei den weiteren Ausführungen des Leitfadens und in den *Empfehlungen zum Lehrplan* dominiert jedoch nach wie vor die ausdrucksmäßige Seite im Sinne des reformpädagogischen Ansatzes (ebd.).

War das Bild in der Reformpädagogik und der Kunsterziehung vor allem Ausdrucksmittel, wird jetzt auch der Mitteilungs- und Beeinflussungsaspekt von Bildern berücksichtigt. Mit *Mitteilungsmitteln* meinte man, dass der Schüler mit seinem Bild einen besonderen Kommunikationszweck verfolgte, im Gegensatz zu *Ausdrucksmitteln,* bei denen es um persönliche Gefühle und Bedürfnisse ging, die im Bild einen persönlichen Ausdruck fanden. Die Kategorie Mitteilungsmittel konnte darin bestehen, mit Bildern Einstellungen zu einem Thema auszudrücken oder kommunikativ zu agieren, etwa mit einer Ausstellung der Bilder der Klasse oder mit einem Plakat für ein Fest oder eine andere Veranstaltung in der Schule. Bei den *Beeinflussungsmitteln* ging es um Analyse, um das manipulative Geschäft der Massenmedien zu durchschauen und aktiv zu handeln und dazu selbst Bilder zu einem bestimmten Zweck machen zu können.

So wurden also unterschiedliche Sichtweisen und Theorien auf unterschiedliche Bildformen angewendet: Kunst und persönlicher Ausdruck waren im Hinblick auf Erkenntnis und Persönlichkeitsentwicklung zu interpretieren. Sie wurden mit einem hermeneutisch, entwicklungspsychologisch und ästhetisch formal interpretierenden Blick betrachtet. Die Massenmedien wurden mit einem kritischen Blick, ausgehend einerseits von aktueller Kommunikations- und Medientheorie und andererseits von der Tiefenpsychologie (›Hier werden Unbewusstes, Triebe und Träume manipuliert.‹) behandelt, die das verdummende und manipulative Geschäft der Medien offenlegen sollten. Die Antworten auf die Möglichkeiten der Bilder waren also im Vorfeld vorgegeben. Die Kunst war vom Rest der visuellen Kultur getrennt, als eine spezielle ›verschmutzungsfreie‹ Zone, die von der Gesellschaft nicht beeinflusst wurde. Die Medienbilder waren dabei das Gegenteil dazu. Diese Unterscheidung zeigt sich auch heute noch deutlich in der Bildpädagogik.

Gleichzeitig ermöglichten die Kommunikations- und Medientheorien neue interessante Weisen, Bilder anzuschauen und sich mit ihnen zu beschäftigen. Nicht zuletzt die Semiotik, die Inhalt und Ausdruck im Bild als eine Kombination von Zeichen (Signalen, Symbolen usw.) ansah, die als Code gelesen werden konnten. Marxismus, Soziologie und Strukturalismus waren wesentliche theoretische Inspirationsquellen.

In Schweden (Abb. 8) wurde diese Auffassung in der sogenannten polarisierenden Bildpädagogik besonders deutlich:

> »Den schwedischen Diskursen zufolge bestand die wichtigste Aufgabe des Bildunterrichts in der *Bewusstmachung* gegenüber der kulturellen Indoktrination. Der expressive Kunstdiskurs der Moderne, den die reformpädagogisch-orientierten Lehrer als natürlichen Ausgangspunkt des Unterrichts betrachteten, wurde von Romilson und Nordström als eine elitäre Angelegenheit bezeichnet, die nur einen geringen Teil der Bevölkerung interessierte und betraf. [...] Die *Bildanalyse* wurde dazu entwickelt, um kommerziellen Bildern ihre versteckten ideologischen Botschaften zu entwinden. Die polarisierende Methode wurde dazu verwendet, Bilder und konzeptuelle Inhalte verschiedener Kulturen und historischer Perioden einander gegenüberzustellen. ›Das gute Bild‹ wurde in den schwedischen Diskursen als das Bild konstruiert, das imstande war, eine Botschaft klar und ohne die Verwendung der falschen visuellen Mythen des Kapitalismus zu vermitteln. Man fand Bilder gut, die zur Distribution geeignet waren, z.B. Folder, Plakate und Informationstafeln, und man verwendete einfache Reproduktionstechniken wie Spiritusdruck (Hektografie), Linol- und Siebdruck« (Illeris, 2003: 29).

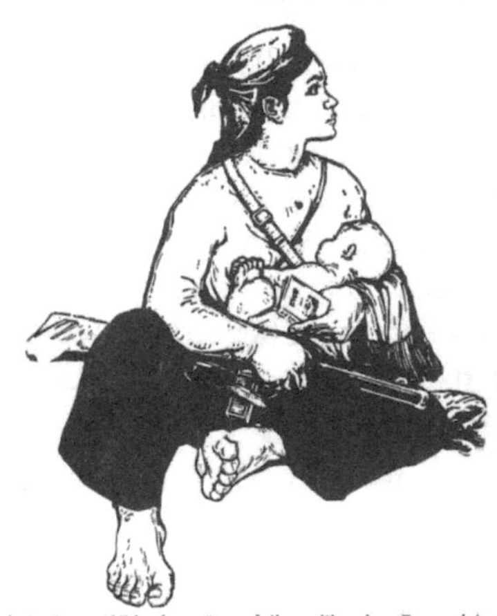

Polarisering av bilder kan göras på flera olika plan. Exempelvis på det formala planet (ljusa bilder spelas ut mot mörka, statiska mot dynamiska etc.). Men det kan även göras på det tekniska planet (hantverksbilden spelas ut mot celluloidbilden eller elektronbilden) och på det distributionstekniska planet (bilden på konstgalleriet sätts i kontrast till tidningsbilden). Slutligen kan bilder polariseras på det litterära planet. Vidstående två bilder är i första hand exempel på det. De inbjuder dessutom till både yttre och inre polarisering.

88

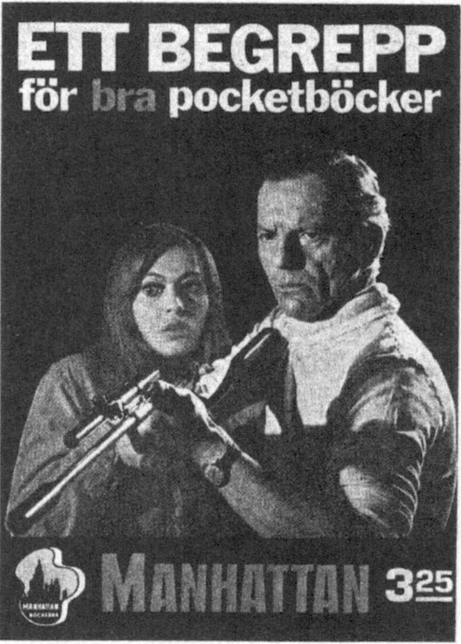

Yttre polarisering. Gemensam nämnare: våldet som är skildrat på diametralt olika sätt.

Inre polarisering. Bild 1 (vietnambilden) Våld i motsats till ömhet. Bild 2 (manhattanbilden) Manligt i motsats till kvinnligt.

Distributionstekniskt sett är dessa bilder också intressanta. Den ena är omslagsbild till tidskriften Clarté som görs och distribueras på frivilligt initiativ. Den når en relativt liten publik. Den andra är en affisch (70 × 100) som varit uppsatt i Stockholms tunnelbanetåg.

89

Abb. 8: Doppelseite aus Christer Romilson & Gert Z. Nordström. Bilden, skolan och samhället, 1973: 88-89 (1. Auflage 1970). Das Buch beruht auf der polarisierenden Bildpädagogik. Auf der rechten Seite wird der Umschlag eines aus ihrer Sicht billigen und minderwertigen Krimis mit dem aktiven und beschützenden Mann und der schwachen Frau gezeigt. Links sieht man, wie die selbstständige vietnamesische Frau, die sich selbst beschützen kann, einen Freiheitskampf führen und dabei Mutter sein kann. Ausgeführt als Linolschnitt, der reproduziert werden kann und damit als demokratischer und politisch korrekter angesehen wird als ein unikes Kunstwerk.

Studienfragen

- Sehen Sie im aktuellen Lehrplan eine Unterscheidung zwischen Kunst und Nichtkunst? Wenn ja, welche?
- Wie würden Sie im Unterricht mit kommerziellen Bildern umgehen? Was bedeutet es, kritisch zu forschen? Würden Sie sich ein interessantes Bildprojekt, das sich die Schule nicht leisten kann, von lokalen Unternehmen sponsern lassen?

Kritisch-konstruktive Bildpädagogik seit 1980

Überblick

Ausgangspunkt: Kind und Kultur.

Theoretische Ausgangspunkte: Materialismus (Marx), Semiotik (de Saussure und Pierce usw.), Kritische Theorie (Habermas), Soziokulturelle Theorie (Leontjev).

Das Kind ist kultureller Rezipient und Produzent in einer interaktiven Sozialisation.

Ästhetische Lernprozesse (Kristian Pedersen).

Thematische Bildgestaltung.

Schulfach: Bildkunst.

Inhalt: Ausgangspunkt sind kunstbasierte Arbeitsformen. Medienbilder als visuelle Kommunikation.

Das Fach wird 1991 in »Bildkunst« (billedkunst) umbenannt und im neuen Leitfaden von 1991 so begründet:

> »Die Namensänderung von Gestalten (Formning) in Bildkunst hat folgende Gründe: Es gibt den Wunsch, der Entwicklung zu folgen, die das Fach als ein modernes bildnerisches Fach versteht, das sich mit zwei- und dreidimensionalen und bewegten Bildern befasst – als ein Fach, das sich einerseits mit älteren Bildmedien beschäftigt, die in der Bildkultur immer noch aktuell sind, und andererseits den neueren elektronischen Bildmedien ein größeres Gewicht schenkt [...] Es gibt auch den Wunsch, das Fach, das sich sowohl mit der Gestaltung von Bildern in verschiedenen Medien als auch mit heutigen und früheren Bildkulturen auseinandersetzt, mehr Zeit und Raum zu verschaffen. Dies hat zu einer stärkeren Betonung eines zusammenhängenden produktiven und analytischen Bildunterrichts geführt. Die frühere Bezeichnung Formnning / Gestaltung betont in stärkerem Maße das Produktive, was heute für das Fach nicht mehr allein wesentlich ist« (Undervisningsvejledning for folkeskolen, Billedkunst, 1991: 13-14).

Die kritisch-konstruktive Bilddidaktik hatte einen Schwerpunkt und ein bedeutendes Entwicklungszentrum bei den bildpädagogischen Forschern Ingelise Flensborg, Kristian Pedersen und Birgitte Holm Sørensen an der Dänischen Pädagogischen Universität (ehemals Dänische Lehrerhochschule). Eine wesentliche Grundlage war die Kritik an der Zeichen- und Kunstdidaktik in ihrer klassischen Form und nicht zuletzt an der Reformpädagogik. Die Zeichen- und Kunstdidaktik wurde kritisiert wegen des trockenen Unterrichts im Erlernen von Techniken, der die inhaltliche Seite des Bildes vernachlässigte.

Die Reformpädagogik wurde kritisiert, weil sie die Bildsprache und die Bildkompetenzen der Kinder nicht entwickelt hätte, da die Lehrkraft nicht aktiv und steuernd unterrichten durfte. Die Kinder bekamen deshalb keine neuen Werkzeuge, so konnten sie nur die Bilderlebnisse wiederholen, die sie von außerhalb der Schule hatten. Gleichzeitig galten diese bildnerischen Äußerungen als klischeehaft und verdummend. Man untersuchte z.B. die Kinderzeichnungen, die auf der Rückseite des Kindermagazins der Landmandsbank (*Pondusposten*) veröffentlicht wurden:

> »Hier kauft man schnell die billigsten Lösungen im nächsten Bilderladen. Hier erwirbt das Kind die Sprache [...] Hier wächst die Nachahmung wie ein wild wachsender Teppich [...] Hier schießen die klischeehaften Bilder wie Pilze neben dem Idyll und dem Idol in die Höhe. Hier gedeihen Faszinationsformen des Kinderbildes. Hier sind sie geschlechtsspezifisch. Hier kommt man nicht weit mit dem Ursprünglichen. Hier treiben sich die Codes herum und werden nutzbar gemacht. Hier wird die Bildsprache zur seriellen Produktion. Todsicher« (Köhler, 1986: 33; zit. in Illeris, 2003: 29).

Wie in der *Medienpädagogik* gelten Bilder außerhalb der Kunstwelt als gefährlich, manipulativ, klischeehaft und von geringer Qualität. In den künstlerischen Arbeitsformen und in der Kunst, also der *Kunstpädagogik* im Sinne von Herbert Read, findet sich dagegen die besondere Erkenntnis und die bildsprachliche Qualität.

Es wurde wichtig, sich mit den Bildern der allgemeinen Kultur auseinanderzusetzen, nicht zuletzt mit den Bildern, Bilderformen und visuellen Kulturen, mit denen sich Kinder beschäftigten und die Teil ihres Alltags waren. Unter dem Einfluss von u.a. der Frankfurter Schule und dem vom Marxismus inspirierten dialektischen Materialismus wurde besonderer Wert auf die interaktive Sozialisation gelegt (Pedersen, 1997a: 72-101). Das Kind bzw. der Bürger ist ein Produkt der gesellschaftlichen Bedingungen, aber es/er kann mit Hilfe von Kenntnissen über und Bewusstsein von z.B. Bildern in der Arbeit mit Bildern zu einem aktiv handelnden Bürger werden. Es ist daher wichtig, bei den Erfahrungen der Kinder anzusetzen, d.h. im

> » […] eigenen Verständnis der Kinder für ihre Beziehungen zu anderen Menschen und ihrer Umwelt. […] die Erfahrungen der Kinder werden unter kulturellen und gesellschaftlichen Perspektiven betrachtet. Darüber hinaus stehen die Erfahrungen im Vordergrund, die den gegenwärtigen Zustand kritisieren und den Traum von etwas Besserem enthalten« (Flensborg & Sørensen, 2005: 11)

Insbesondere Kristian Pedersen arbeitete an der Entwicklung von Theorien *ästhetischer Lernprozesse* im bildpädagogischen Kontext:

»Die ästhetische Bildung ist ein Lernprozess des qualitativen Verhältnisses zwischen Mensch und Welt, durch den der Mensch Erkenntnisse über die sensorischen, emotionalen, imaginären und imaginativen Eigenschaften des Menschen – und gleichzeitig solche über die kollektiven ästhetischen Formen der Kultur erlangt« (Pedersen, 1993: 30).

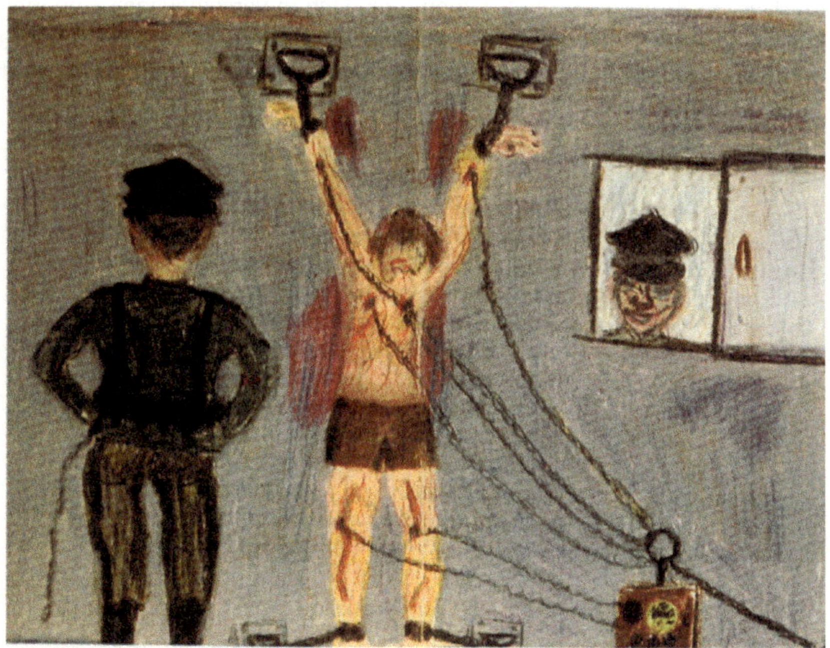

Abb. 9: Aus Undervisningsvejledning for folkeskolen, Billedkunst, 1991/4

Der ästhetische Lernprozess findet in der Mediatisierung statt, also dadurch, dass die ›Welt‹ durch Gestaltung in einem künstlerischen Genre neu interpretiert und bearbeitet wird. Dies kann durch produktive Bildarbeit und durch die Erfahrung der Arbeit anderer Künstler erreicht werden.

Die kritisch konstruktive Bildpädagogik basiert auf einer themenorientierten Bildarbeit / Bildgestaltung (z.B. Abb. 9):

»Die praktische bildnerische Arbeit geht vor allem davon aus, worum es in den Bildern gehen soll […] Der Unterricht im Gebrauch von Materialien und Techniken sowie die Lösung formaler Probleme erfolgt in Bezug auf das, wofür Bilder gemacht werden, und wird mit dem in Beziehung gesetzt, was die Schüler ausdrücken wollen« (*Undervisningsvejledning for folkeskolen, Billedkunst,* 1991: 119).

Das Buch *Temaer in billedpædagogik* (*Themen in der Bildpädagogik)* von Flensborg und Holm Sørensen war eine bedeutende Veröffentlichung, weil es eine zusammenhängende kritische Bilddidaktik bot. Die erste Ausgabe stammt aus dem Jahr 1983. Sie wurde bis 2005 regelmäßig überarbeitet und neu aufgelegt.

Im *Undervisningsvejledning for folkeskolen, Billedkunst, 1995* (Abb. 10) heißt es, dass »es im Fach Bildkunst zentral ist, sich in verschiedenen Bildarten auszudrücken und mitzuteilen« und »in engem Zusammenhang damit gesellschaftlich relevante Bilder aufzugreifen, um sie zu erleben, zu analysieren und zu bewerten.« (S. 10).

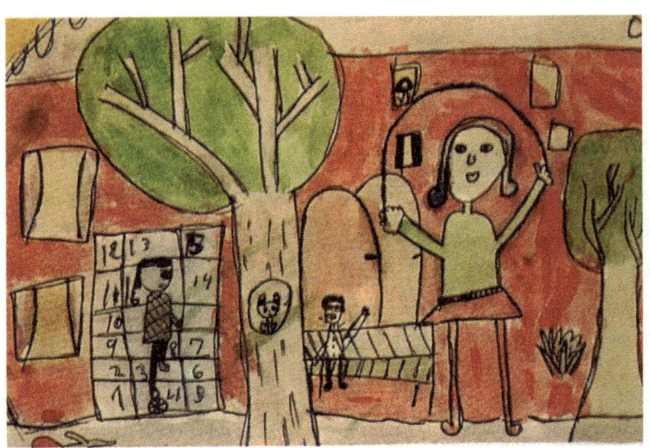

Abb. 10: Aus Undervisningsvejledning for folkeskolen, Billedkunst, Faghæfte 8, 1995

Es wird auch betont, dass sich das Fach mit den Bildformen der Kultur befasst: Bildende Kunst, Volkskunst und Bildkommunikation. (*Undervisningsvejledning ..., Billedkunst, 1995: 16 & 1991: 20-21 & 25*). Es wurde – wie aus den obigen Zitaten hervorgeht – besonderer Wert auf die Rezeption gelegt: das Erleben, Analysieren und Bewerten (*Undervisningsvejledning, 1991*: 18-20).

Die Empfehlungen von 1991 und 1995, die im Sinne der kritisch konstruktiven pädagogischen Pädagogik (und mit den genannten Forschern als Co-Autoren) verfasst worden sind, ergeben somit:

- der *Inhalt* bestimmt die bildnerische Gestaltung und die Techniken
- stärkere Berücksichtigen der *kulturellen Bilder* (einschließlich bildender Kunst)
- stärkere Betonung der *Rezeptionsseite*
- stärkere Betonung der *Mitteilungsfunktion* des Bildes

- Einbeziehung der neuen *elektronischen Medien.*

Bei der Präzisierung dieser Ziele (insbesondere in der Ausgabe von 1995) dominiert jedoch nach wie vor das Ausdrucksmäßige im Umgang mit Motiven, Themen und Aufgaben, genauso wie die klassischen Gattungen der Moderne (Zeichnung, Malerei, Collage, Grafik, Foto, Skulptur, Video, Computer usw.) (*Undervisningsvejledning ..., 1995*: 23-35 & 38-66). Der kommunikative, mitteilende Aspekt kommt dabei in den Arbeitsbereichen nicht vor, er wird den Bereichen wie Theater, Ausstellung, Plakat, Katalog und interdisziplinären, projektorientierten Vorhaben zugewiesen, d.h. den traditionellen Bereichen der Massenkommunikation (ibid.: 41). Diese Zweiteilung zwischen *persönlichem Ausdruck* und *visueller Kommunikation* besteht bis heute und wird in der neuesten Ausgabe des Lehrplans noch deutlicher. Das heißt, es wird deutlich unterschieden zwischen bildender Kunst im Sinne der klassischen Moderne – verstanden als persönlicher Ausdruck, formalistischer Kodex und formale Möglichkeiten der Materialien und Techniken – und der kommunikativen Seite des Bildes als ein massenmediales Phänomen, das mehr oder weniger nach deren eigenen Bedingungen existiert.

Studienfragen

- Suchen Sie in Lehrplänen nach Formulierungen, bei denen es um kommunikative Zugänge, und solche, bei denen es um persönlichen Ausdruck geht.
- Suchen Sie in Lehrplänen nach Formulierungen, die eine Arbeit an thematischen Bildern ermöglichen oder unterstützen.
- In welchen Situationen ist es relevant, mit einem persönlichen Ausdruck kommunikativ zu arbeiten? Wie sieht das Gegenteil zum persönlichen Ausdruck aus? Können Sie einen visuellen Ausdruck machen, der nicht kommuniziert? Können Sie sich ausdrücken, ohne an Kommunikation zu denken? In welchen Situationen?
- Diskutieren Sie die pädagogischen Möglichkeiten und die Relevanz der oben genannten Situationen.

Visuelle Kulturpädagogik seit 2000

Überblick

Ausgangspunkt: Kultur / Gesellschaft.

Theoretische Perspektiven aus Poststrukturalismus, Sozialer Konstruktivismus, Anthropologie, Postkolonialismus, Feminismus usw.

Schulfach: Bildkunst.

Inhalt: Alle Arten von Bildern und visuellen Phänomenen. Das Kunstbild dominiert nicht.

Fokus auf den Blick (gaze) und visuelle Phänomene als soziale und kulturelle Konstruktionen

Unterrichtsmethoden: thematische Bildarbeit, Anthropologie, Semiotik, relationale Ästhetik.

Ab den späten 1990er Jahren wurde die Bildpädagogik in Dänemark aus der Perspektive der Visuellen Kultur betrachtet.

Die *Theorie der Visuellen Kultur* ist keine eindeutige Größe. Sie entstand aus mehreren Disziplinen und Theoriekomplexen. Der Begriff *Visuelle Kultur* stammt aus den anglo-amerikanischen *Visual Culture Studies*, die in den 1990er Jahren den Gegenstand der Bild- und Kunststudien auf die gesamte vom Menschen geschaffene visuelle Kultur ausdehnten. Es ist ein interdisziplinäres Forschungsfeld, das sich auf Fächer stützt wie Anthropologie, Soziologie, politische Wissenschaften, Wahrnehmungstheorie, Semiotik, Ästhetik-, Bild- und Kunsttheorie, Poststrukturalismus, Systemtheorie, Postkolonialismus und Feminismus.

Der Ansatz der Visuellen Kultur basiert auch auf einer Kritik der Reformprojekte der Moderne. Stattdessen schaut er mit der Absicht, viele verschiedene kulturelle Ausdrucksformen als gleichwertig anzusehen, neugierig und offen auf visuelle Phänomene aller Zeiten und Kulturen, ohne sie in eine Entwicklungshierarchie einzufügen.

Im Blick auf die kritisch konstruktive Bildpädagogik wird bei diesem fachdidaktischen Ansatz darauf hingewiesen:

- die gesamte visuelle Welt einzubeziehen, ohne grundsätzlich einen Unterschied zu machen, ob man die visuellen Phänomene der Kunst oder die der übrigen Kultur im Unterricht thematisiert.
- Visuelles als ein Ereignis zu verstehen: Die Begegnung mit Bildern und visuellen Phänomenen zu einem offenen und relationalen Ereignis zu machen, das in verschiedene Richtungen weist, sodass es sich nicht immer um *eine* traditionelle Analyse/Interpretation handelt.
- den *Blick (gaze)* zu berücksichtigen: Aufmerksamkeit für den sozial und kulturell konstruierenden Blick, den wir bei der Schaffung visueller Ereignisse innerhalb und außerhalb des Klassenzimmers verwenden, und Aufmerksamkeit dafür zu entwickeln, wie unterschiedliche Blicke bei Produktionen und Inszenierungen verwendet und stimuliert werden.

Der Denkansatz *Visuelle Kultur* bildet das Rückgrat des vorliegenden Buches. In den folgenden Kapiteln wird diese Sicht auf das Fach weiter ausgeführt. Deshalb hier nur diese relativ kurze Einführung.

Studienfragen

- Wird der Ansatz der visuellen Kultur im aktuellen Lehrplan berücksichtigt? Wenn ja, wie?
- Welche Bedeutung hat der Ansatz *Visuelle Kultur* für die Auswahl von Themen und Inspirationsquellen?
- Führt der Ansatz *Visuelle Kultur* zu anderen Arbeitsformen als der der bildenden Kunst?
- Welche Relevanz hat der Ansatz *Visuelle Kultur* außerhalb des Lehr- und Forschungsbereichs?

Bedeutung der Diskurse für die aktuelle Fachdidaktik

Die verschiedenen Diskurse betonen – wie gesagt – unterschiedliche Aspekte des Faches: Was es beinhalten soll, um welche Prozesse es bei der bildnerischen Arbeit geht und welche pädagogischen Methoden die bildspezifische und persönliche Entwicklung fördern. Wir arbeiten Aspekte aus den verschiedenen Diskursen heraus, von denen wir meinen, dass sie für die Entwicklung einer Fachdidaktik immer noch aktuell sind.

Zeichenunterricht

Handwerk, Technik und Disziplin sind nach wie vor wichtige Bestandteile des Fachs. Je besser man eine Disziplin oder ein Genre beherrscht, desto qualifizierter kann man sich ausdrücken. Diese ›Tugenden‹ müssen jedoch in einer breiten Perspektive gesehen werden. Sie dürfen nicht auf die Fähigkeit reduziert werden, nach der Natur zu zeichnen. Heute muss die Fähigkeit, aus verschiedenen semiotischen Ressourcen die angemessene Wahl zu treffen, als Handwerk verstanden werden.

Beispiel: Wenn ich Bilder von meiner Wohnung mache, weil ich sie verkaufen will, ist es natürlich notwendig, die Kamera, ihre Einstellungen und einige fotografische Tricks zu kennen wie z.B. Gegenlichtaufnahmen vermeiden, Blickwinkel und Abstände berücksichtigen usw., also das Handwerk, aber genauso wichtig ist die Überlegung, welche Bilder ich auf die Homepage hochlade, in welcher Reihenfolge usw.

Disziplin kann bedeuten, dass man auch dann übt und Bilder macht, wenn man gerade nicht unbedingt inspiriert ist, dass man fleißig und ausdauernd ist – dass Übung (fast) den Meister macht.

Reformpädagogik

Zu verstehen und zu nutzen, dass Bilder auch einen persönlichen Ausdruck haben können, der etwas über die Gefühle, Gemütszustände und Einstellungen der Person mitteilt. Dass man Kreativität entwickeln soll und dass alle Arten von Materialien und Techniken im Fach verwendet werden können. *Allerdings sollte man dabei beachten, dass in der digitalen Welt nichts vergessen wird und man deshalb mit den Äußerungen von Gefühlen und Einstellungen vorsichtig und sparsam umgehen sollte.*

Beispiel: Wenn die Wohnung fotografiert werden soll, andere Ansätze auszuprobieren als die, die das ABC der Fotografie fordert. Spielen mit verschiedenen Möglichkeiten.

Kunstpädagogik

Kunst (aus unserer Sicht alle Bilder und visuellen Phänomene) kann eine bestimmte Form des Erkennens beinhalten, oder mit anderen Worten: Bilder und visuelle Phänomene können durch das Visuelle und Multimodale auf eine spezifische Weise etwas vermitteln. Andere Kunstformen haben jeweils ihre eigenen Erkenntnisweisen. Verstehen und akzeptieren, dass Formales und Ästhetisches für den Inhalt wesentlich sind.

Beispiel: Beachtung der formalen Qualitäten der Bilder bei der Präsentation der Wohnung. Sind sie ansprechend oder faszinierend, um durch ihren visuellen Eindruck zu fesseln? Passt die Ästhetik für das Zielpublikum? Muss das Aussehen des Raumes geändert werden (Gegenstände entfernen, einen speziellen Farbeindruck mit Teppichen, Kissen, Blumen usw. erzeugen)?

Medienpädagogik / Visuelle Kommunikation

Beachtung der gesamten Kommunikationssituation. Wie wird das Bild gesehen und verstanden? Das heißt, Beachtung der beabsichtigten Bildaussage und des Habitus des Empfängers im Hinblick auf den beabsichtigten (oder nicht beabsichtigten) Eindruck. Eine kritische Betrachtung insbesondere der Medienbilder im kommerziellen Kontext, um den verführerischen und manipulativen Inhalt zu erkennen, u.a. mit einem semiotischen Ansatz.

Beispiel: Kann ich mich qualifiziert in die Sichtweise des möglichen Käufers versetzen? Kann ich meine Botschaft (die Wohnung) so formulieren, dass sie sich verkauft?

Kritisch-konstruktive Bildpädagogik

Die interkulturelle Sozialisation: Aufmerksamkeit für das Kind, nicht nur als passiver Rezipient von Bildkultur, sondern auch als aktiv produzierender Mitwirkender. Bildnerische Arbeit an und über Themen als Angelpunkt des Unterrichts. Klafkis kategoriale Bildung.

Beispiel: Wie verwende ich das Genre Hausverkauf? Wie verhalte ich mich ihm gegenüber? Wie schauen Online-Verkaufsanzeigen aus? Wie verhalte ich mich gegenüber den dort geltenden Konventionen: Einhalten oder überschreiten etc.?

Visuelle Kultur

Das Fach umfasst alle Bilder, Bildarten und visuellen Phänomene und gesteht der Kunst keinen privilegierten Status zu. Aufmerksamkeit für die reflektierte Anwendung von unterschiedlichen Blicken und Perspektiven. Verstehen, dass die Betrachtung und Nutzung eines visuellen Phänomens ein visuelles Ereignis ist bzw. sein kann.

Beispiel: Der Verkauf der Wohnung kann über das hochgeladene Bildmaterial hinaus unter weiteren Aspekten untersucht werden. Er kann als zusammengesetztes Ereignis angesehen werden, das über eine bestimmte Zeit mit verschiedenen Akteuren in verschiedenen Phasen abläuft: Verkäufer, Immobilienmakler, potenzielle Käufer, Stimmungen, Wetter, Anzeige usw.

Ausgangspunkt und Basis dieser Fachdidaktik ist vor allem, Kultur im weitesten Sinne visuell zu denken, zu beobachten und zu unterrichten unter Berücksichtigung der angeführten Aspekte aus den verschiedenen Diskursen des Faches. Diese und die damit verbundene Fachgeschichte im Unterricht immer wieder zu erwähnen bzw. zu thematisieren, fördert die Entwicklung eines visuell-kulturellen Blicks auf die Welt.

Studienfragen

- Auf welches Fachverständnis sind Sie im Praktikum gestoßen? Von welchem Fachverständnis war der Unterricht geprägt, den Sie in ihrer eigenen Schulzeit erlebt haben?
- Sollte man sich für *ein* Fachverständnis entscheiden, oder kann man mehrere mischen?
- Wie kann man Kollegen, Eltern und Schüler über die Bedeutung der verschiedenen Fachauffassungen informieren?

KAPITEL 5
DIE GESCHICHTE DES FACHES KUNST AUS DEUTSCHSPRACHIGER SICHT

Vorbemerkung: Es gibt nicht *die* Geschichte der Bildpädagogik im deutschen Sprachraum. Das hängt mit den mehr oder weniger unterschiedlichen Schulsystemen der einzelnen Staaten sowie der Schweizer Kantone und der deutschen Bundesländer zusammen, zudem von den unterschieden zwischen BRD und DDR.

Geschichte ähnelt in vieler Beziehung der persönlichen Erinnerung. Erinnerungen sind kein Archiv. Das erleben wir immer wieder, wenn wir mit jemand anderem über das gleiche Ereignis reden und dabei zu unterschiedlichen Interpretationen kommen. Erinnerung sind Konstruktionen, die uns helfen, in der jeweiligen Situation (angemessen) zu handeln, also die Frage zu beantworten »Was ist als nächstes zu tun?«. Dazu ist es gut zu verstehen, wie es zur jeweiligen Situation gekommen ist. Die Einschätzung einer Situation ist einerseits abhängig von früheren Erfahrungen, andererseits von Interessen. Wer eine Geschichte verfasst, geht von einer bestimmten Einschätzung der Situation aus und hat meist auch Vorstellungen davon, wie es in der Zukunft weitergehen wird bzw. weitergehen soll. Der Historiker trifft die Entscheidungen darüber, was er wie interpretiert, aus seiner Einschätzung der jeweiligen Gegenwart heraus. Zum Beispiel geht es Georg Peez in seiner *Einführung in die Kunstpädagogik* darum, »das Verhältnis zwischen Pädagogik und Kunst darzustellen und zu erörtern sowie einen Überblick über das Studienfach Kunstpädagogik zu vermitteln« (Peez, 2005:9). Im historischen Überblick erwähnt er folgerichtig Randzeichnungen in Lateinbüchern aus dem 16. Jahrhundert und interpretiert sie »als autonome Zeichnungen« und als »früheste authentische noch erhaltene Zeugnisse der Zeichentätigkeit Heranwachsender« (Peez, 2005: 64).

Uns geht es um die Visuelle Kultur als Ganzes und nicht nur um den kleinen Ausschnitt der bildenden Kunst. Wir interessieren uns für Bilder und visuelle Phänomene aller Arten im Zusammenhang mit privatem und öffentlichem Handeln, Verhalten und Kommunizieren. Deshalb fokussieren wir eher Funktionen und Zwecke, weniger Autonomie und Authentizität, eher das Normale weniger das Außergewöhnliche, eher das Verbreitete weniger das Einzigartige. Unser Interesse gilt dem schulischen Unterricht. Dazu und zum Lernen des Bildermachens generell gibt es umfangreiches Material im Buch »Wie Bilder Schule mach(t)en« von Uli Schuster, das im Netz zu finden ist.

Es empfiehlt sich daher, die Erzählungen von verschiedenen Autoren zu lesen und zu vergleichen (Eid, Langer, & Ruprecht, 2002; Otto, Staudte, & Wienecke, 1974; Peez, 2005a; Richter, 2003; Stumbauer, n.d., 1985; Weber, 1964). Wie schätzen sie die Probleme der Gegenwart und deren wünschenswerte Lösung in der Zukunft ein? Welche Erscheinungen werden erwähnt, welche nicht? Wie werden diese jeweils dargestellt und damit interpretiert? Welches Bildmaterial wird verwendet?

Die Vorgeschichte. Ein Abriss zur Geschichte der Kunstlehre

Bevor Kunsterziehung bzw. Zeichenunterricht Teil der schulischen allgemeinen Bildung war, gab es ›künstlerische‹ Ausbildung nur als Berufsausbildung für den künstlerisch-handwerklichen Nachwuchs oder, wie vielfach etwa seit der Romantik, als Privatunterricht.

Für diese Art der Ausbildung/ Bildung existieren seit alters her drei unterschiedliche Modelle:

- Handwerkslehre
- Individuelle Selbstbildung (Dilettantismus)
- Kunst-Akademie

Die Handwerkslehre

Ob in Klosterwerkstätte oder bürgerlicher Meisterwerkstatt, die Ausbildung zum Kunsthandwerker vom Mittelalter bis ins 19. Jahrhundert, als sich mit den Zünften auch die traditionelle Handwerksordnung auflöste, kann auf einen einfachen Kern zurückgeführt werden. Wer sich zum Handwerker ausbilden lassen wollte, musste sich einen Meister suchen und für seine mehrjährige Ausbildung bis zum Gesellen entsprechend bezahlen. Der Meister nahm seine Lehrbuben dafür in seine Familie auf, stellte Unterkunft und Verpflegung und ließ sie in Familie und Werkstatt am Leben im Handwerksbetrieb teilhaben. Der Lehrling half beim Zubereiten der Werkstoffe, bei der Pflege der Werkzeuge und durfte sich meist mit Abfällen selbst in einfachen Verrichtungen üben. Gelernt wurde vor allem auch von den Gesellen und den anderen Lehrlingen.

Erwies sich der Lehrlinge als geschickt und hatte er ein entsprechendes Alter erreicht, konnte er seine erworbenen Fähigkeiten mit einem Gesellenstück nachweisen. Dieses war in der Regel eine komplexe Aufgabe, nämlich ein Werkstück aus dem jeweiligen Handwerk, aber ohne Kundenauftrag. Als Geselle konnte er sich nun Arbeit gegen Bezahlung suchen. Dazu musste er in der Regel auf Wanderschaft gehen, sich je nach Arbeit und Auftragslage an unterschiedlichsten Projekten beteiligen und bewähren. Entsprechende Referenzen halfen, anderswo neue Arbeit zu finden. Meister konnte er nur dann werden, wenn er genug Vermögen zur Gründung einer eigenen Existenz nachweisen konnte, wenn die örtliche Zunft für einen neuen Betrieb genug Arbeit sah und wenn er seine Meisterschaft in einem Meisterstück nachweisen konnte. Die Anerkennung des Meisterstücks und damit auch der Meisterschaft lag in den Händen der örtlichen Zunft. Die Zulassung zum Meister galt immer nur in der jeweiligen Zunft.

Wenn im Zusammenhang mit großen Meistern wie Raffael, Rubens oder Rembrandt von einer Schule oder Schülern gesprochen wird, dann kann man sich darunter einen Meisterbetrieb mit zahlreichen Gesellen vorstellen. Entscheidend für solch einen Betrieb war die Auftragslage. War die gut, dann konnte der Meister viele ›Schüler‹ beschäftigen, war sie schlecht, dann liefen auch die Schüler weg.

Die Akademie

Die Zunft war ein örtlicher Zusammenschluss der Meister eines Handwerks. Neben ihren Standesinteressen, der fachlichen Aufsicht im Hinblick auf die gelieferte Qualität und der Gerichtsbarkeit regelte sie auch den Ausbildungsbetrieb am Ort. In den Fürstenhöfen der Renaissance stieg das Bedürfnis nach visueller und materieller Repräsentation. Damit wuchsen auch die Ansprüche an die Komplexität von Bildern und Skulpturen und von Raumprogrammen der Paläste und Gärten. In größeren Städten entstand ein Bedürfnis nach Informationsaustausch und Weiterbildung auf der Ebene der Hofkünstler. Das betraf die Kenntnis philosophischer, wissenschaftlicher und religiöser Schriften, aus denen die Bildthemen der humanistisch gebildeten Auftraggeber stammten. Insbesondere Verteidigungsaufgaben, größere Bauvorhaben, Entwässerungsprojekte, Feste und Umzüge machten erforderlich, dass die Meister voneinander lernten, bzw. sich von Experten belehren oder unterrichten ließen. Aus solchen Zusammenhängen heraus entstanden die ersten Akademien.

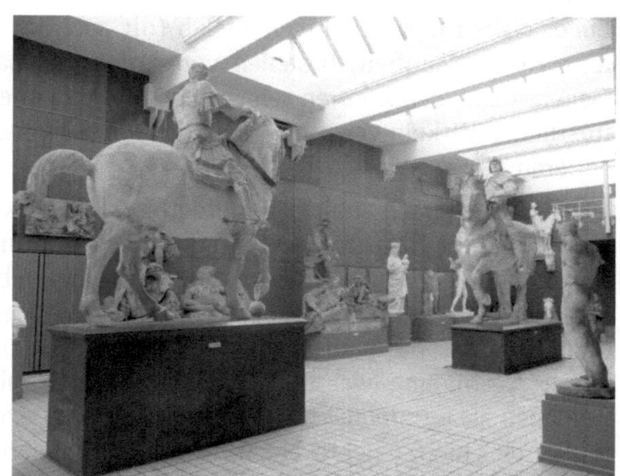

Abb. 1: Die »Gipssammlung« in der kaiserlichen Kunstakademie Ueno in Tokio. Nach solchen Vorbildern wurde an den Akademien gezeichnet.

Als Hofkünstler war man nicht (mehr) dem Reglement und den Abgaben der Zünfte unterstellt. So entstand das Klassifikationssystem der ›hohen‹ und der ›angewandten‹ Kunst. Stefan Heidenreich beobachtet dabei im Diskurs eine zunehmende Abkehr vom Handwerk und vom handwerklichen Können (Heidenreich, 2009: 17ff). An deren Stelle treten nun Begabung und Berufung. Handwerklich perfekte Kunst ist folglich bis heute im Kunstsystem suspekt. Jeff Koons betont etwa bei jeder Gelegenheit, dass die Werke, die unter seinem Namen verkauft werden, nicht von ihm selbst sondern von seinen Angestellten hergestellt werden. Der dänische Bildhauer und Münchner Kunstprofessor Robert Jacobsen betonte immer wieder, dass man Kunst nicht lehren und deshalb auch nicht wirklich lernen kann.

> »Um 1490 gründete Lorenzo (Medici) in Florenz die erste Schule für Maler und Bildhauer, in der mit modernen Methoden nach Originalen der mediceischen Sammlung gearbeitet wurde. Die antike Kunst, später das Rückgrat des offiziellen Akademismus, stand hier im Mittelpunkt. Zur ›Akademie‹ fehlte dieser Schule – die u.a. der junge Michelangelo besuchte – die institutionelle Ordnung. Sie war ein lockerer Künstlerkreis [...]. Man pflegt nach Humanistenbrauch die Diskussion und das Lehrgespräch – in den ›Conferences‹ der Pariser Akademie erhält sich diese Gelehrsamkeit bis ins 17. Jahrhundert« (Hofmann, Bildende Kunst 2).

Mitte des 16. Jahrhunderts gründete Vasari in Florenz die *Accademia del Disegno*. Die Mitglieder dieser Gelehrtenvereinigung wurden von Cosimo Medici ausgewählt. Wenige Jahre später gründete Zuccari in Rom die *Accademia di S. Luca*. Neben repräsentativen Zielen (oft auch im Gegensatz und in Konkurrenz zu den Zünften) bestehen von Anfang an pädagogische Interessen. Im Gegensatz zu den Zünften sehen sich die Akademien mehr den geistlichen und fürstlichen Zirkeln verpflichtet, an deren Geschmack und Bildung sie sich orientieren.

Das Zeichnen nach antiken Vorbildern und die Lektüre der antiken Schriftsteller schufen die Basis für die Formensprache und Inhalte der Kunst des Manierismus und des Barock. Bald gab es Lehrpläne, über den eigentlichen schulischen Betrieb ist wenig bekannt, vermutlich war es eine Art Erwachsenenbildung, wie das die Kunstakademien heute auch sind. Wesentliches Merkmal dieser Ausbildung war und blieb bis ins 18. Jahrhundert hinein, dass das Zeichnen als Grundlage für jegliche Kunst angesehen wurde. Farbe und Malerei wurden nicht gelehrt. Noch im 19. Jahrhundert zeigen sich im Akademismus diese Traditionen.

Unter Ludwig XIV. wird der Akademismus zur Staatskunst. Lebrun gründet 1648 die *Academie Royale* als Vereinigung von Malern und Bildhauern und setzt sie gegen Widerstände von Seiten der Zünfte durch. Zu Beginn des 18. Jahrhunderts gab es in Europa 19 Akademien, die allesamt am Modell der Pariser Akademie orientiert waren. Es war eine Versammlung von göttlich und fürstlich begnadeten oder berufenen Meistern. Sie sammelten eine Klasse um sich und arbeiteten mit ihnen an den fürstlichen oder kirchlichen Aufträgen. Normale Meisterbetriebe konnten diese wegen Umfang und intellektuellem Anspruch nicht bewältigen. Neben diesen Meisterschulen unterhielt die Akademie einen fundamentalen Ausbildungsbetrieb im Zeichnen und Kopieren, stellte Bibliotheken und Sammlungen (Abb. Fehler: Verweis nicht gefunden) zur Verfügung und veranstaltete jährliche Salons, d.h. Ausstellungen.

Die individuelle Selbstbildung

Mit dem Ausdünnen, bzw. Wegfall der höfischen und kirchlichen Auftraggeber in Folge der französischen Revolution, geht auch die große Zeit der Akademien zu Ende. Schiller beschimpft sie als Siechenanstalten, Overbeck, Pforr, Cornelius u.a. lassen an den Akademien kein gutes Haar. Die Zeit der Bünde, Gruppen und Sezessionen bricht an. Das bedeutet nicht, dass sich die Akademien ganz überlebt hätten. Eine Generation später räkeln sich die Revoluzzer von einst in den Talaren von gestern.

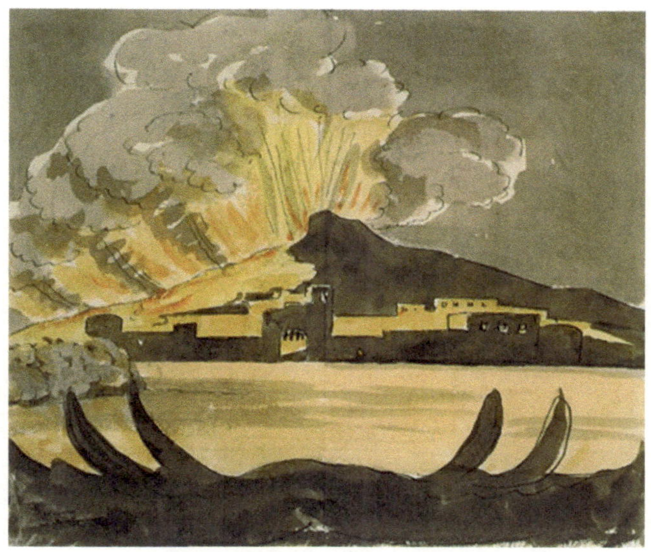

Abb. 2: Goethe: Vesuvausbruch. Feder in Schwarz über Bleistiftspuren. Aquarell. Sommer 1787. Kunstsammlungen in Weimar. Aus: Petra Maisak: Johann Wolfgang Goethe. Zeichnungen. Durchgesehene, verbesserte u. bibliographisch ergänzte Auflage. Stuttgart: Reclam 2001, Nr. 105. Mit Beschreibung und Würdigung S. 146f.

Als Alternative zur gemeinschaftlichen Werkstattpraxis, zur Abhängigkeit vom meisterlichen Vorbild, greift die Romantik die Idee individueller Selbstbildung auf. Dilettantismus war dabei als Begriff durchaus positiv besetzt, als Liebhaberei, als Streben nach Universalität ohne berufliche und finanzielle Interessen. Zu solcher Bildung konnte man gelangen durch Selbststudium, einen Hauslehrer, durch Lektüre oder durch Reisen. Schillers Vorstellungen von ästhetischer Bildung haben solche Gedanken zur Grundlage. Voraussetzung dafür waren natürlich finanzielle Unabhängigkeit und existentielle Sicherung. Der Dilettant malt nicht, um zu verkaufen. Er ist daher von jeder Fremdbestimmung in Form und Inhalt frei. Zeichnen und Malen als Muße, als intelligenter Zeitvertreib bis hin zu forscherischen Ansprüchen haben hier ihre Wurzeln. Wer wie Goethe auf seiner Italienreise (Abb. 9) zeichnet, kann damit verschiedene Ziele verfolgen. Ähnlich wie heutzutage dienen die Zeichnungen der eigenen Erinnerung und unterstützen Reiseerzählungen. Aber man steigert beim Zeichnen auch unmittelbar die ästhetische Wahrnehmung an Ort und Stelle, Zeichnen unterstützt auch das Verständnis der Natur, wenn Goethe etwa Knochen zeichnet. (vgl. Abb. 3).

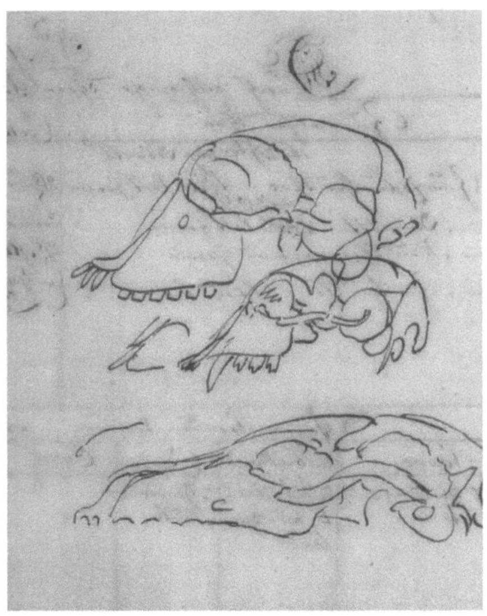

Abb. 3: Skizzen Goethes zum Zwischenkieferknochen. Hans Wahl, Anton Kippenberg: Goethe und seine Welt, Insel-Verlag, Leipzig 1932 S.143

Unversehens nähert sich der Dilettant dabei einem Typ des bürgerlichen Künstlers an, der jenseits von Handwerk und Akademie entsteht. Henry Rousseau, Carl Spitzweg, van Gogh, Gauguin oder Cézanne gehören zu einer ganzen Generation von Künstlern als Dilettanten und weitgehend ohne akademische Ausbildung.

Es liegt in der Natur der Sache, dass der Dilettant als sein eigener Auftraggeber zunächst auch kein Publikum hat. Er findet sein Publikum, wenn er es überhaupt erreicht, nur auf dem Weg der Vermarktung seiner Kunst. Da er wenig Möglichkeiten hat, zum akademischen Maler aufzusteigen, muss er einen Weg suchen über den Verleger, Galeristen und etwa auch über den Zusammenschluss Gleichgesinnter zu Vereinigungen. Abseits vom offiziellen Salon der Akademien organisieren so verschiedene Gruppen und einzelne Künstler Gegenausstellungen, z.B. Courbet, Impressionisten, Sezessionsbewegungen oder auch Künstlervereinigungen wie ›Brücke‹ oder ›Blauer Reiter‹, ›Dada‹ oder auch die Futuristen und Surrealisten.

Das Modell individueller Selbstbildung steht in mehrfacher Hinsicht einer institutionellen Form der Bildung in Form von Unterweisung und Unterrichtung fremd gegenüber. Daher vielleicht auch heute noch das feindschaftliche bis ignorante Verhalten von Akademiestudenten gegenüber der Schule. Den

Mittelweg stellt die häuslich-familiäre und handwerkliche Bildung dar, zu der es über lange Zeiträume hinweg auch Hauslehrer gibt.

Studienfragen

- Akademische Traditionen: Diskutieren Sie in der Gruppe, welche Aspekte der akademischen Ausbildung in Ihrem Studium vorkommen und wie im Bereich der bildnerischen Praxis theoretische Fragen angesprochen und vermittelt werden. Welche Rolle spielt in Ihrem Studium die Zeichnung?
- Tauschen Sie sich gegenseitig darüber aus, wie Sie selbst Zeichnen gelernt haben.
- Dilettanten: Vergleichen Sie das private Fotografieren Ihrer Freunde und Bekannten mit dem Zeichnen und Malen von Goethe. Wo gibt es Gemeinsamkeiten? Wo Unterschiede?

Bildpädagogik in der Schule

In den Akademien wurde das Zeichnen zur methodischen Grundlage der ›theoretischen‹ Beschäftigung mit dem Metier. Die Unterscheidung von Theorie und Praxis in Malerei und Bildhauerei bildet gewissermaßen die Grundlage dafür, dass dann im Laufe des 19. Jahrhunderts Zeichnen ein Teil der Allgemeinbildung wird.

Während des 19. Jahrhunderts vollzieht sich die Ablösung der Bildung aus dem unmittelbar kirchlichen in den staatlichen Verantwortungsbereich. Bildung wird zum Bürgerrecht, einerseits bezogen auf eine grundlegende Volksbildung als Basis für jegliche realistische und handwerkliche Berufsausbildung, andererseits bezogen auf eine am Leitbild der Rationalität orientierte höhere Bildung in (neu-)humanistischer Tradition. So bemüht sich Wilhelm von Humboldt zu Beginn des 19. Jahrhunderts um die Einführung des Fachs Zeichnen als obligatorischer Lehrgegenstand in allen Schulen Preußens.

- Berufliche Bildung für Handwerk und Bürgertum orientiert sich an den Realien.
- Berufliche Bildung für den Stand der Geistesarbeiter orientiert sich an Religion, Philosophie und Wissenschaft.
- Berufliche Bildung für den Adel orientiert sich am Bild des Ritters und Offiziers.

Von der Forderung zur Verwirklichung vergeht stets eine gute Weile, zumal Deutschland noch in recht unterschiedliche Bildungslandschaften zerfiel.

Im Verlauf des 19. Jahrhunderts fasst das Fach Zeichnen an öffentlichen Schulen in Deutschland zaghaft Fuß. Es sind mehrere Gründe unterscheidbar, die dazu führen:

1. Die Brauchbarkeit zeichnerischer Fertigkeiten als Kommunikations- und Konstruktionsmittel für nahezu jeglichen handwerklichen oder ingenieurmäßigen Beruf. Ziel war hier die Verbesserung der beruflichen Qualifikationen und damit der Wirtschaftskraft des Staates im internationalen Vergleich.
2. Zeichnen als Methode, sich mit der realen, sichtbaren Welt zu beschäftigen und sie besser zu verstehen (Pestalozzi).
3. Die Vorstellung, dass der Auseinandersetzung mit herausragenden Werken bildender Kunst ein allgemeinbildender Wert zukommt, weil die in dieser Kunst repräsentierten ethischen, moralischen und didaktischen Werte eine zeitlose Orientierung innerhalb einer christlich-abendländischen Wertordnung (das Wahre-Gute-Schöne) vermitteln.
4. Der (romantisch-materialistisch-sozialistische) Gedanke an einen allgemeinbildenden Wert, der der Entfaltung des menschlichen Spieltriebs (Schiller), der nicht entfremdeten Arbeit als menschlicher Gattungstätigkeit (Marx) und der bildnerischen Tätigkeit als besonderer Form von Welterkenntnis zukommt.

Aus der englischsprachigen Kunstpädagogik stammt die Unterscheidung zwischen *Education to Art* (Gegenstand und Ziel des Unterrichts sind bildnerische Verfahren, Techniken. Kenntnisse und Fähigkeiten und das Verständnis für/ von Kunst) und *Education through Art* (Bildnerische Praxis und Beschäftigung mit Kunst dienen dem Lernen, der Bildung und der Entwicklung der Persönlichkeit). Diese zwei Konzepte eignen sich zur grundsätzlichen Unterscheidung von kunstpädagogischen Auffassungen. Punkt 1 der obigen Liste entspricht *Education to Art*, die Punkte 2-4 entsprechen *Education through Art*.

Seine Nützlichkeit hat dem Zeichnen vor allem in solchen schulischen Unternehmungen Eingang verschafft, in denen die berufliche Ausrichtung Vorrang vor dem Gedanken einer Allgemeinbildung hatte. Das war der Fall im Feld einer spezialisierten beruflichen Bildung (Gewerbeschulen, später Realschulen) und einer Allgemeinbildung, die stark ausgerichtet war auf ein ingenieurhaft-naturwissenschaftliches Berufsfeld, z.B. das Realgymnasium (später Oberrealschule). Hier war der Zeichenunterricht stark einbezogen in den Unterricht der naturwissenschaftlichen Fächer. Die Zeichenlehrer selbst wurden an der Technischen Hochschule ausgebildet – in München bis zum 2. Weltkrieg.

Der Unterricht war geprägt vom Abzeichnen von Musterblättern und Übungen zum Umgang mit Zirkel, Lineal, Feder und Pinsel, dem Zeichnen nach der Natur und gelegentlich dem Zeichnen nach Kunstblättern oder Gipsabgüssen. (Autoren: Stuhlmann, Basedow, Schmid, Domschke …)

Die Vorstellung vom bildenden Wert der Kunst hat ihr als didaktisches Prinzip in erster Linie Eingang in vorwiegend sprachlich geprägte Fächer verschafft. So kennt das Fach Religion die Bildbetrachtung zum Zweck der Erschließung mythologischer und symbolischer Gehalte über den Weg der Versprachlichung von Bildern oder auch zum Zweck der Meditation und Versenkung. So kennt das Fach Geschichte die Bildbetrachtung zum Zweck der Erschließung historischer Ereignisse, Lokalitäten und Persönlichkeiten. Die Alten Sprachen versuchen gelegentlich durch anschauliche Elemente – Rekonstruktionen, archäologische Exponate – den kulturellen Charakter grammatikalischer und sprachkonstruktiver Unternehmungen anzureichern. Während in Preußen der Zeichenunterricht am humanistischen Gymnasium mit unterschiedlichen Schwerpunktsetzungen im Verlauf des 19. Jahrhunderts Fuß fassen konnte, galt etwa in Bayern das Argument von Friedrich Thiersch, nach dem wegen fachlicher Überfrachtung der Lehrgegenstände der Zeichenunterricht am Nachmittag oder Abend wahlfrei gegeben wurde.

Die ›höheren Mädchenschulen‹ waren einem Unterricht im Zeichnen und in Kunst- und Kulturgeschichte aufgeschlossener als das humanistische Gymnasium.

Das Angebot variierte in Deutschland in Abhängigkeit einerseits vom Schultyp und andererseits vom jeweiligen Land. In Preußen gehörte z.B. der Zeichenunterricht bereits 1859 zu den Prüfungsfächern. Vor allem in den ›realistischen‹ Schulen wurde Zeichnen mit bis zu sechs Wochenstunden angeboten. An Gymnasien – also den humanistischen oder altsprachlichen Varianten – waren es meist nur zwei Wochenstunden und zwar in den unteren drei Klassen.

So gab es im 19. Jahrhundert zwei unterschiedliche Auffassungen, die sprachlich-archäologisch-kulturhistorischen Interessen am Gymnasium und die sinnlich-handwerklich-geschmacksbildenden Absichten in einer realistischen Ausbildung. In diesen Ausrichtungen verbergen sich die Gegensätze der jeweiligen Bildungsideologien. Dem Interesse an der hohen Kunst und ihren zeitlosen Werten widerstrebt die Akzeptanz von Alltagsästhetik; dem Interesse an belehrender, analytischer Versprachlichung steht das Bedürfnis nach dem Selbermachen, die Vorstellung von einem bildenden Wert bildnerischen Tuns gegenüber.

Betrachtet man die heutige Situation, so muss man erkennen, dass von den ursprünglichen Gründen für die Existenz eines Fachs Kunst an allgemeinbildenden Schulen nicht mehr viel übrig geblieben ist.

Im Bereich einer beruflichen Orientierung hat der Wert des Zeichnens stark an Bedeutung eingebüßt durch technische Bildmedien wie Fotografie, Film, Druckgrafik, Reprotechnik, Video, CAD, Bildbearbeitung usw., digitale Apparate und Programme. Das hat andererseits dazu geführt, dass die visuelle Seite der medialen Kommunikation zu einer Kulturtechnik geworden ist. Im privaten wie beruflichen Bereich wird erwartet, dass man diese Kulturtechnik (Textverarbeitung und Bildbearbeitung) zumindest in Grundzügen beherrscht. Hier stellt sich die Frage, ob in der derzeitigen Ausbildung an Kunsthochschulen auch Kunstpädagogen die hierfür notwendigen Qualifikationen erwerben.

Der bildende Wert Bildender Kunst wurde durch die Entwicklung der Kunst selber stark in Mitleidenschaft gezogen. So hat sich die Avantgarde des beginnenden 20. Jahrhundert von der Basis der traditionellen Kunst lautstark losgesagt, das Hässliche zum Schönen erklärt, das Wahre zum bloßen und trügerischen Schein und das Gute in Zerstörung, Vernichtung und Erniedrigung gesucht. So hat die Kunst streckenweise jede Transportfunktion für eine allgemeine Weltdeutung und Wertorientierung aufgegeben oder verloren. Die künstlerischen Avantgarden haben ihre Rolle immer wieder im Entwerten überkommener Wertvorstellungen gesehen (Kubisten, Dadaisten, Futuristen, bis zur Popart). In den 1970er Jahren entstand aus dieser Einsicht heraus der Versuch, die Beschäftigung mit den unterschiedlichen kulturellen und ethischen Wertvorstellungen und den individuell geprägten Modellen von Weltdeutung in der Kunst als Exerzierplatz für die Ausbildung von Toleranz zu sehen.

Mit der Postmoderne, den Studien zur visuellen Kultur und zum Postkolonialismus sowie zum Feminismus hat sich gezeigt, dass dem (westlichen) Kunstsystem kein höherer Anspruch für die Vermittlung ästhetischer Erlebnisse oder das Verständnis der Welt zukommt als anderen Subkulturen. Die neue Kulturtechnik der visuellen Kommunikation wird vermutlich dazu führen, dass der allgemeinbildende Aspekt des Fache zugunsten pragmatischer Ansprüche zurückgehen wird.

Studienfragen

- Vergleichen Sie verschiedene Darstellungen der Fachgeschichte miteinander. Wie schätzen die Autoren die Probleme der Gegenwart und deren wünschenswerte Lösung in der Zukunft ein? Welche Erscheinungen werden erwähnt, welche nicht? Wie werden diese jeweils dargestellt und interpretiert? Welches Bildmaterial wird verwendet?

Zeichenunterricht – Kunsterziehung – Kunstunterricht

Kunsterziehung

Im 19. Jahrhundert werden immer mehr öffentliche Schulen gegründet, schon 1802 wurde etwa in Bayern eine sechsjährige gesetzliche Unterrichtspflicht durchgesetzt. In den meisten dieser Schulen war das Fach Zeichnen Teil des Fächerkanons. Ende des 19. Jahrhunderts begann eine Umorientierung vom Zeichnen hin zur Bildenden Kunst. Im Zuge dieser Entwicklung änderte sich auch der Name des Faches. In Deutschland waren oder sind Bezeichnungen wie Kunsterziehung, Kunst, Bildende Kunst gängig. In der deutschsprachigen Schweiz heißt das Fach Bildnerisches Gestalten, in Österreich wird mit dem neuen Lehrplan *Bildnerische Erziehung* in *Kunst und Gestaltung* umbenannt. Zu dieser Um- bzw. Neuorientierung haben verschiedene Faktoren beigetragen.

Kinderzeichnung

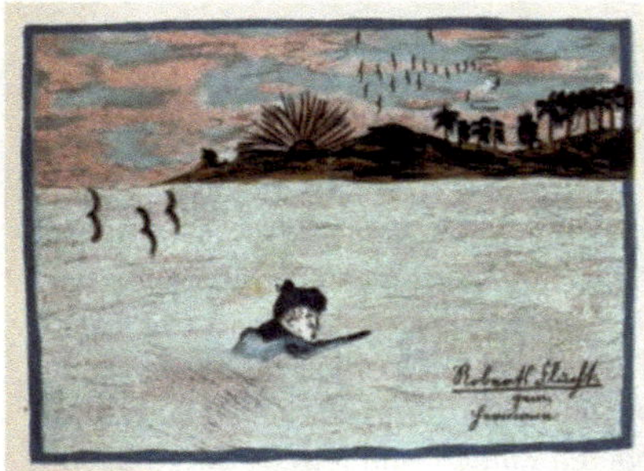

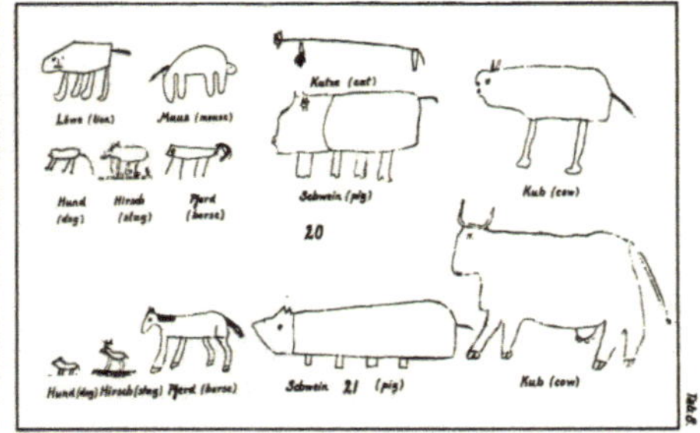

Abb. 4: Aus Siegfried Levinstein »Das Kind als Künstler«, Leipzig 1905, S. 79 und Tafel 8.

Um die Wende zum 20. Jahrhundert kommt es zu einer besonderen Hinwendung zum Kind. Am 1. Januar 1900 erscheint das Buch *Barnets århundrade* der schwedischen Reformpädagogin Ellen Key (dtsch. Das Jahrhundert des Kindes, 1902). Mit der Reformpädagogik entwickelt sich ein neuer Blick auf das kindliche Zeichnen. Man interessiert sich für Bilder, die Kinder aus eigenem Antrieb ohne Anleitung herstellen. Zeichnungen von Kindern werden gesammelt und erforscht. Der erste ist der italienische Kunsthistoriker Corrado Ricci (*L'arte die bambini*, 1887), auch der Franzose Bernard Pérez (*L'art et la poèsie chez l'enfant*, 1888) und der Engländer James Sully (*Studies in Childhood*, 1895) interessieren sich für das Thema. In Hamburg organisieren Carl Götze und Alfred Lichtwark in der dortigen Kunsthalle eine Ausstellung mit freien Kinderzeichnungen unter dem Titel *Das Kind als Künstler*. Siegfried Levinstein veröffentlicht unter dem gleichen Titel (Levinstein, 1905) seine

Untersuchungen zu »Kinderzeichnungen bis zum 14. Lebensjahr« (Abb. 4); ebenfalls 1905 erscheint das umfangreiche Buch *Die Entwicklung der zeichnerischen Begabung* (Abb. 5) von Georg Kerschensteiner (Kerschensteiner, 1905). Beide untersuchten Kinderzeichnung mit quantitativen Methoden (Abb. 6) und entdeckten dabei Gesetzmäßigkeiten in der Entwicklung.

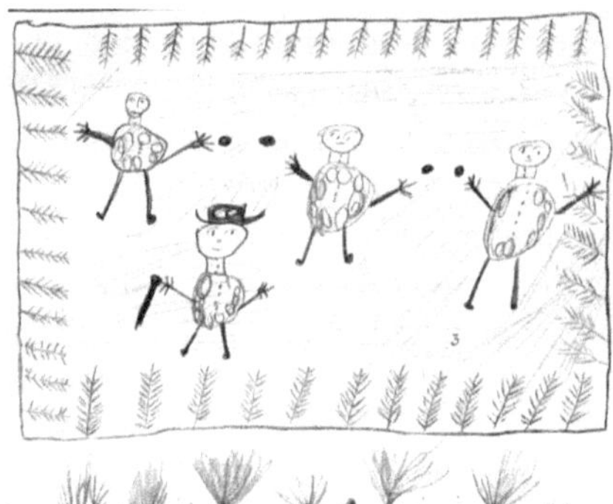

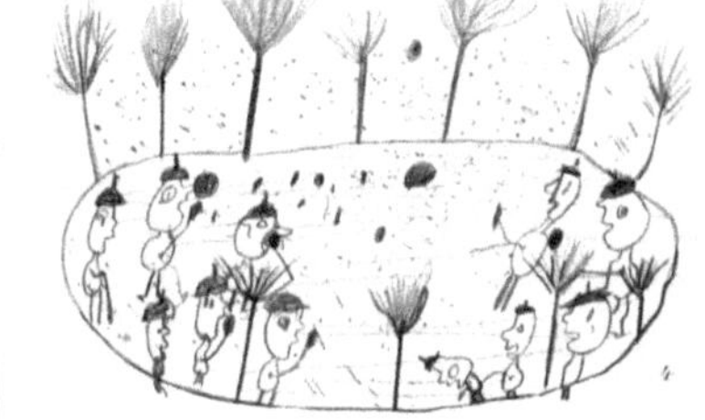

Abb. 5: Aus G. Kerschensteiner. Entwicklung der zeichnerischen Begabung. Tafel 103, S 337 »Darstellung eines Schneeballgefechtes«.

Tabelle 6. Häufigkeit der verschiedenen Szenen in Prozenten.

Alter	6	7	8	9	10	11	12	13	14	15	16
Geht zur Schule	8	12	9	8	17	11	17	17	15	12	17
	15	17	16	22	17	17	17	21	19	20	11
Trifft Hund . .	34	36	59	67	59	65	67	67	73	66	70
	38	51	43	61	50	58	59	33	67	70	59
Fällt über Hund	10	15	17	17	23	35	36	41	42	49	50
	8	10	13	23	18	24	27	31	33	41	41
Geht zum Fluß	21	24	26	27	32	33	35	37	45	39	45
	13	18	21	36	26	37	38	41	46	52	41
Fällt ins Wasser	9	4	9	14	13	15	20	22	15	18	25
	2	6	5	11	13	16	14	19	14	20	9
Schwimmt . . .	23	22	22	19	22	23	26	19	30	26	27
	18	24	18	29	15	20	16	22	27	28	38
Wird gerettet . .	34	35	42	39	43	49	53	51	52	52	50
	22	27	30	38	30	33	39	40	36	41	39
Triefend naß . .	5	7	12	20	18	19	27	29	28	33	31
	13	14	9	20	13	17	19	27	18	27	34
Geht nach Haus	0,7	0,4	0,6	1	2,5	1	1	0,5	0,8	0,7	2,1
	0,6	2	0,6	0,8	0,8	4	1	1,3	0,3	0,5	0,9
Übrige Momente	14	8	4	6	8	6	4	1	1	0,7	4
	16	11	15	4	10	8	5	2	3	4	2

Abb. 6: Aus Levinstein S. 39. Hier zitiert der Autor eine Untersuchung von Carl Barnes aus Kalifornien zur Szenenwahl bei der Illustration eines Gedichtes. Die oberen Zahlen sind jeweils die Knaben, die unteren die Mädchen.

Das Interesse an der freien Kinderzeichnung kann in einem größeren Zusammenhang gesehen werden. Gegen Ende des 19. Jahrhunderts geraten wegen einer grundlegenden Kulturkritik visuelle Äußerungen in den Fokus, die möglichst wenig von der (europäischen) Kultur beeinflusst sind. Der Psychiater und Kunsthistoriker Hans Prinzhorn beschäftigt sich wissenschaftlich mit Bildwerken psychisch Kranker. Kunsthistoriker untersuchen Artefakte längst vergangener Kulturen, die von der Archäologie zugänglich gemacht werden. Ethnologen entdecken Zusammenhänge zwischen diesen alten Kulturen und den Bildern und Skulpturen, die aus den Kolonien nach Europa kommen. Mit der Entwicklung der Volkskunde gewinnt auch die einheimische (›primitive‹ oder ›naive‹) Volkskunst Aufmerksamkeit.

Viele Künstler waren damals von diesen ›primitiven‹ bildnerischen Äußerungen fasziniert. Von den Kinderzeichnungen erhofften sie sich, den Ursprüngen des bildnerischen Gestaltens näher zu kommen und das Eigentliche zu entdecken, das ansonsten vom kulturellen Überbau verdrängt oder verdeckt wurde. Der Wiener Künstler und Leiter der von ihm gegründeten ›Jugendkunstklasse‹ Franz Cizek träumte davon, dass ›seine‹ Kinder auf einer Insel geschützt von der als schädlich erachteten Kultur leben und Bilder machen könnten. Cizek verstand sich dabei nicht als Lehrer, sondern als Ermöglicher einer eigenständigen *Kinderkunst*. Diese sollte wie die Kunst der Künstler einen spezifischen Beitrag zur Erschließung der Welt leisten. Er forderte, dass die Lehrer der Kinder auch Künstler sein müssen. Vor allem in der englischsprachigen Kunstpädagogik ist sein Einfluss nach wie vor groß (Wilson, 2009).

Aus den Untersuchungen der freien Kinderzeichnungen und der Vorstellung, Kinder seien Künstler, hat sich im Laufe des 20. Jahrhunderts die Idee entwickelt, Lehrer sollten sich möglichst wenig in die bildnerische Gestaltung ihrer Schüler einmischen.

Kunst und Kunstgenuss

Die Beschäftigung mit Kunst wird als Grundlage einer deutschen Erziehung beschrieben. Der Schriftsteller, Kulturkritiker und Philosoph Julius Langbehn veröffentlichte zunächst anonym 1890 sein Buch *Rembrandt als Erzieher*. Das Buch war mit 39 Auflagen ein großer Erfolg. »Als mystisch-romantischen Gegenpol zur verhassten Moderne setzte Langbehn den Typus des ›Niederdeutschen‹, verkörpert durch den Maler Rembrandt. Aus seinem Geist sollte eine völkische Wiedergeburt durch Kunst erfolgen« (wikipedia). Von Auflage zu Auflage nahmen die antisemitischen Tendenzen zu. Der Erfolg dieser Schrift zeigt, dass die Vorstellung vom besonderen Bildungswert der Kunst im lesenden Bürgertum viele Anhänger fand.

Die Idee der freien Kinderzeichnung und der damit verbundenen kindlichen Künstlerschaft findet Widerhall in der Forderung nach der künstlerischen Erziehung der Kinder und Jugendlichen. Der Kunsthistoriker Konrad Lange fordert etwa in seinem Buch *Die künstlerische Erziehung der deutschen Jugend* die Entwicklung der Fähigkeit zum Kunstgenuss. Dabei kommt guten Bilderbüchern eine wichtige Rolle zu. Er schlägt z.B. auch vor, das Form- und Farbgedächtnis sowie die Phantasie zu fördern. Er kritisiert das Zeichnen geometrischer Formen und fordert, stattdessen Vorbilder aus dem alltäglichen Leben zu nehmen, für das Rechteck etwa Tür oder Schiefertafel, für das Dreieck Zelt oder Dach und für den Kreis Ball oder Teller (Lange 1893: 132). Ausflüge in Museen und zu Baudenkmälern sollten den Kunstsinn anregen. Damit das gelingt, sollen die Lehrer eine künstlerische Ausbildung durchlaufen.

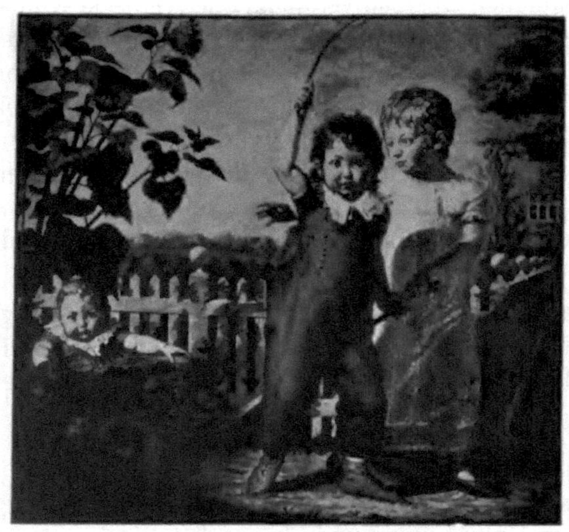

Abb. 7: Aus Übungen in der Betrachtung von Kunstwerken. Nach Versuchen mit einer Schulclasse herausgegeben von der Lehrervereinigung zur Pflege der künstlerischen Bildung *(Lichtwark, 1922) o.S. (S.43).*

Der Direktor der Hamburger Kunsthalle Alfred Lichtwark hat seit Ende der 1880er Jahre jeden Winter in der Kunsthalle Kunstbetrachtungen mit Schülern durchgeführt. 1897 veröffentlicht er seine Erfahrungen im Buch *Übungen in der Betrachtung von Kunstwerken. Nach Versuchen mit einer Schulclasse herausgegeben von der Lehrervereinigung zur Pflege der künstlerischen Bildung* (Lichtwark, 1922). Das Buch protokolliert Betrachtungen verschiedener Kunstwerke (z.B. Abb. 7). Mit Lichtwark werden im Lauf der Zeit die Kunstrezeption zum Gegenstand und Kunsterlebnis und -genuss zu einem wichtigen Inhalt und Ziel des Faches Zeichnen:

> »Den Ausgangspunkt der Anleitung zum Genuß der Kunstwerke hat nicht der Unterricht in der Kunstgeschichte zu bilden, sondern in der Kunstanschauung.
>
> Das Ziel ist nicht in erster Linie die Erweiterung des Wissens, sondern die Erweckung und Stärkung der Beobachtungskraft und des Empfindungsvermögens als Grundlage der Geschmacksbildung und der Empfindung für Werte.

Soweit irgend thunlich hat die Erziehung durch mündliche Unterweisung zu geschehen. Alle schriftliche Mitteilung bleibt der Kunst gegenüber unzulänglich.

Die Übungen haben in erster Linie vor Originalen stattzufinden, einerlei, ob es sich um Malerei, Bildhauerei oder Baukunst handelt. Abbildungen sind ein Notbehelf, der erst bei Vorgerückteren benutzt werden darf« Lichtwark (Kunsterziehung 1902: 183).

Mit der Kunsterziehung hat sich – zumindest im fachdidaktischen Diskurs – die *Education through Art* durchgesetzt. Man übt nicht die Wahrnehmung, um das möglichst beobachtungsgetreue Zeichnen zu erlernen oder Kunstwerke zu verstehen. Vielmehr zeichnen die Schüler, um die Wahrnehmung zu üben und zu verbessern. Sie betrachten Kunst nicht, um sie zu verstehen, sondern um ihren Geschmack und ihre Wertvorstellungen zu bilden.

Damit sind die drei Grundlagen der Kunsterziehung gegeben:

1. Die Kunst bietet ein spezifisches erzieherisches Potential.
2. Der kindliche Gestaltungsdrang gleicht dem von professionellen Künstlern.
3. Kunstbetrachtung und Kunstgenuss sind wesentlich für die Allgemeinbildung.

Am 28. und 29. September 1901 treffen sich verschiedene Akteure aus den deutschen Ländern zum Kunsterziehertag in Dresden. Die dazu 1902 erschienene Publikation wird so eingeleitet:

»Die Frage der künstlerischen Erziehung der deutschen Jugend in Schule und Haus bewegt immer weitere Kreise. Künstler und Kunstförderer, Schulverwaltungen und Museen, die Lehrer und die Freunde des Volkswohls empfinden, daß der Kunstsinn und die Kunstkraft unseres Volkes nur erblühen können, wenn wir die künstlerischen Anlagen der kommenden Geschlechter wecken und innerhalb möglicher Grenzen entwickeln. Es ist an der Zeit, daß die Freunde der Sache zu gemeinsamer Aussprache und Verabredung zusammentreten, zunächst für das Gebiet der bildenden Kunst« (Kunsterziehung 1902: 7).

[1903 fand der zweite Kunsterziehertag zum Thema ›Sprache und Dichtung‹ in Weimar statt. Der dritte Kunsterziehertag widmete sich 1905 in Hamburg ›Musik und Gymnastik‹.]

Carl Götze fordert 1901 in Dresden:

»1. Der Zeichenunterricht gehört zu den Hauptunterrichtsfächer in jeder Schule.

2. Der Schüler muß lernen, selbständig die Natur und die Gegenstände seiner Umgebung nach Form und Farbe zu beobachten und das Beobachtete einfach und klar darzustellen.

3. Jeder Lehrer muss zeichnen können und außer einer gebildeten Anschauung kräftige künstlerische Interessen besitzen« (Kunsterziehung 1902: 141).

Der Zeichenunterricht wird damit nicht mehr in erster Linie pragmatisch im Rahmen der Ausbildung in den Realien gesehen. Zeichnen soll unabhängig von der Ausrichtung der Schule zu einem Hauptfach werden, ähnlich wie etwa Rechnen, Lesen und Schreiben.

In der zweiten Forderung sind die zentralen Säulen der Kunsterziehung genannt. Wahrnehmung, Beobachtung und Darstellung sind auch noch hundert Jahre später jene Begriffe, um die herum Curricula und Lehrpläne verfasst werden.

Die Ideen und Forderungen des Kunsterziehertages setzten sich nach dem Ersten Weltkrieg in den Schulen durch. Die Idee vom Kind als Künstler begründet die Forderung: »Die Kinder sollen frei gestalten, d.h. sie sollen ihre Vorstellungen zeichnen« (Rothe – Frühling S. 13). Das bedeutet, dass nicht mehr einfach nachgezeichnet wird, was der Lehrer vorzeichnet. Es geht auch nicht mehr in erster Linie darum, dass Gegenstände abgezeichnet werden. Die Zeichnungen, die im Unterricht entstehen, werden als Ausdruck verstanden, also als Mitteilungen, die aus dem Inneren des Kindes kommen. Dazu braucht es andere Themen und Aufgaben. Diese müssen folgerichtig einerseits aus der Lebens- und Vorstellungswelt der Schüler stammen, andererseits muss die Aufgabe für alle passen. Sie müssen also gewisse Gemeinsamkeiten haben. Es bieten sich Erfahrungen an, die für alle Schüler ähnlich sind. Um die innere Motivation anzuregen, gibt es Themen wie »Mein Lieblings (…-tier, -platz, -ort)« oder »Mein schönstes Erlebnis«, auch Themen, die mit den Bestimmungsworten »Traum-« oder »Phantasie-« beginnen und mit Grundworten wie Haus, Baumhaus, Zimmer, Fahrzeug, Beruf, Blume, Tier … enden. Es gibt auch Themen, die mit dem Jahreslauf oder beliebten Spielen zusammenhängen. Gemeinsame Erfahrungen bieten auch Medienprodukte wie Märchen und andere Geschichten, die illustriert werden.

Der Wiener Zeichenlehrer Richard Rothe ist der erste, der Unterrichtsideen veröffentlicht, die auf Abzeichnen bzw. naturgetreues Wiedergeben verzichten. Er ist in den 1920er- und 1930er-Jahren wohl der erfolgreichste Publizist in der Kunstpädagogik zumindest im deutschsprachigen Raum. Besonders erfolgreich ist sein vierteiliges *Methodisches Skizzenbuch. Die Jahreszeiten* (Abb. 8 u. 9). Die Hefte bestehen vor allem aus Zeichnungen und Skizzen. Diese stellen verschiedene Aspekte der Jahreszeiten wie Pflanzen, Tätigkeiten,

Tiere oder Umgebungen als Anregungen für Themen im Unterricht vor. Die Art der Skizzen orientiert sich an der Kinderzeichnung. Sie führen verschiedene Stufen der Durcharbeitung vor und zeigen Lehrern, die im Zeichnen keine Vorbildung haben, wie sich einfache oder komplexe Zeichnungen erstellen lassen. Das Buch soll ihnen als Anregung dienen und ihnen helfen, sich selbständig fortzubilden. Ausdrücklich versteht Rothe seine Zeichnungen nicht als Vorlagen. Im Sinne der Kunsterziehung ist ihm wichtig, dass die Schüler nicht mit fremden Gestaltungsideen verbildet werden.

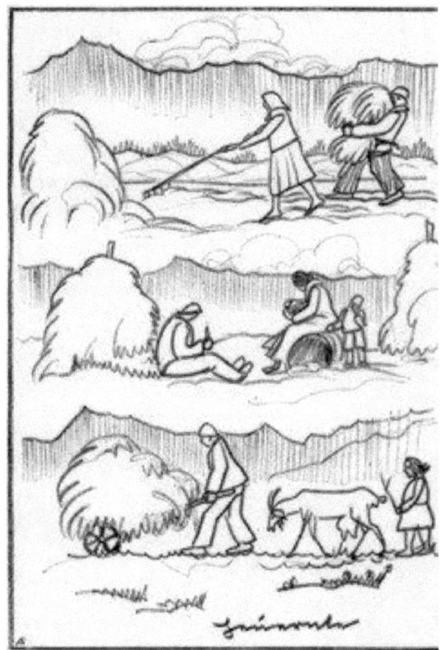

Abb. 8: Rothe. Methodisches Skizzenbuch. II. Teil, *S. 63*

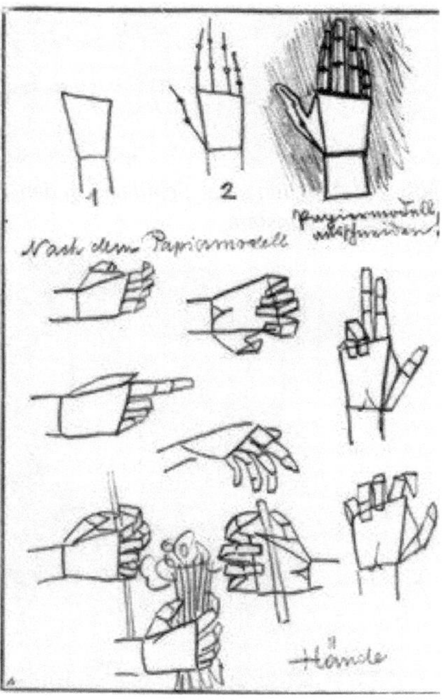

Abb. 9: Rothe. Methodisches Skizzenbuch. II. Teil, *S. 62*

Mit der Kunsterziehung setzt sich allgemein im Unterricht die Forderung durch, dass die Schüler formatfüllend gestalten. Darauf achten Kinder außerhalb des Unterrichts erfahrungsgemäß kaum.

Im Lauf der 1920er-Jahre gewinnen dann Ideen aus der Vorlehre des Bauhauses (Abb. 10) einen gewissen Einfluss auf den Unterricht.

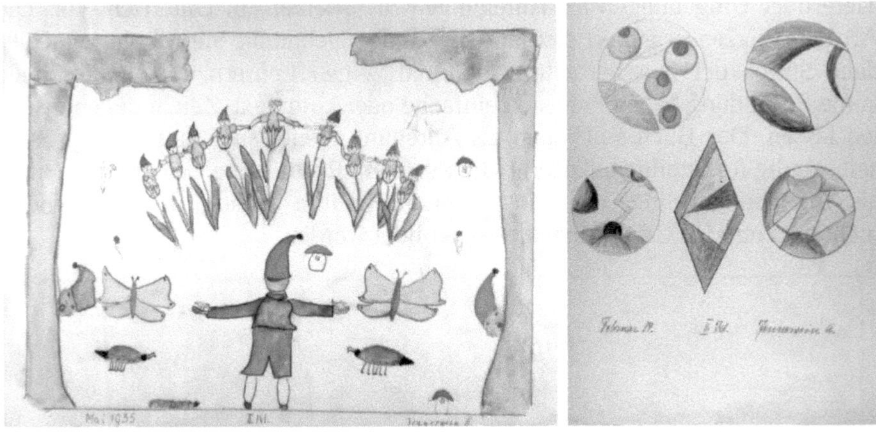

Abb. 10: Arbeiten einer Schülerin in den 1930er Jahren im Institut Sparz der Englischen Fräulein, Traunstein

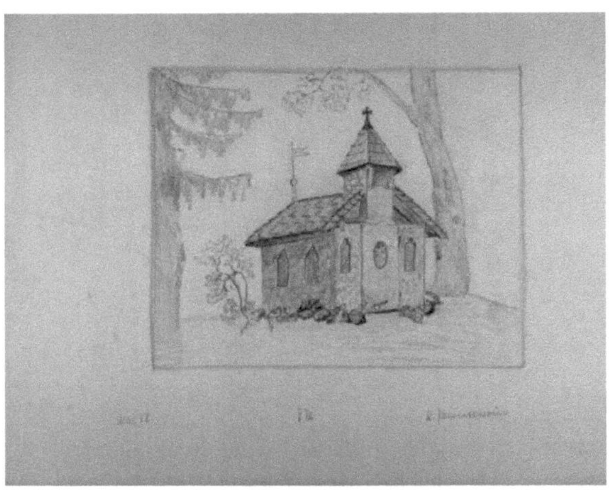

Abb. 11: Zeichnung einer 15jährigen Schülerin in den 1930er Jahren im Institut Sparz der Englischen Fräulein, Traunstein

Die neue Vorstellung vom idealen Kunsterzieher zeigt sich im Foto mit Hans-Friedrich Geist aus dem Jahr 1930 (Abb. 12). Der Kopf des Lehrers ist auf der gleichen Höhe wie der der neunjährigen Schülerin. Er beobachtet ihre Arbeit intensiv. Er ist Ratgeber bei dieser Bastelarbeit. Kastanien und Stäbchen werden als Material gewählt, weil die Arbeit mit ihnen geringe technische und handwerkliche Fähigkeiten voraussetzt. So wird der Gestaltungsdrang der

Schüler nicht durch Ungeschicklichkeit behindert. Es geht nicht wie im Zeichenunterricht darum, technische oder handwerkliche Mängel zu beseitigen.

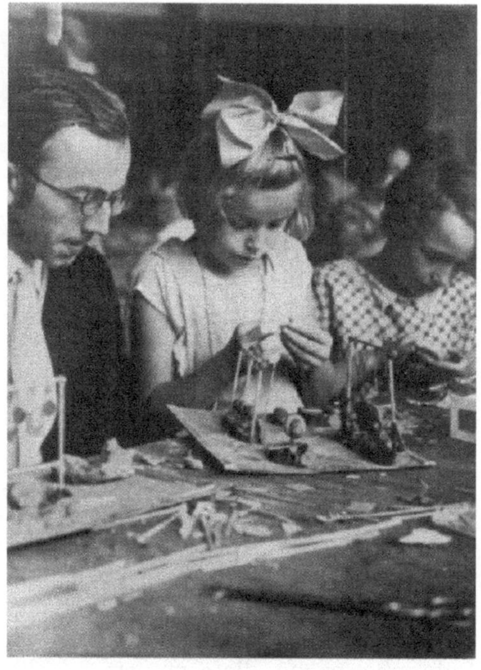

staltungs-Unterricht bei H.F. Geist, Halle 1930
oto Ullstein-Archiv 23755j)

Abb. 12: Der Kunsterzieher als Begleiter und Ermöglicher. H.F. Geist im Unterricht 1930.

In der NS-Zeit ändert sich an den Methoden wenig. Es ändern sich – teilweise – die Themen. In der Mappe der erwähnten Schülerin findet sich eine Skizze für einen Soldaten auf der Wacht. Auf einem Bild zum *1. Mai* hält eine Erwachsene eine kleine Hakenkreuzfahne in der Hand (Abb. 13).

Die national beeinflusste Argumentation der Kunsterziehung passt gut zum Nationalsozialismus. In der Kunstbetrachtung folgt der Unterricht der offiziellen Kunst- und Kulturpolitik. Die Schüler lernen etwas über die anerkannte Kunst, in der sich angeblich die nordische Rasse manifestiert.

Ab 1938 heißt das Fach in den Höheren Schulen dann nicht mehr Zeichenunterricht sondern Kunsterziehung.

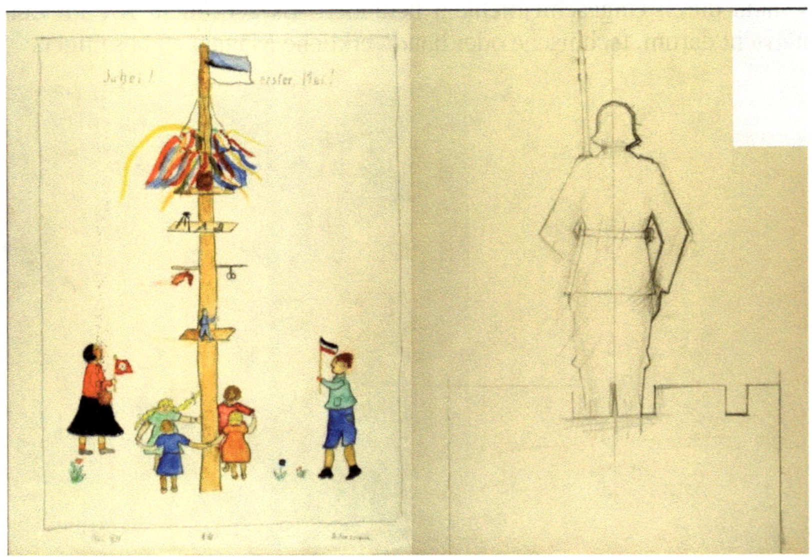

Abb. 13: In der Mappe der Schülerin weisen genau zwei von ca. 50 Zeichnungen Motive auf, die mit dem NS-Regime in Verbindung stehen.

Musische (Kunst-)Erziehung

Musische Bildung ist ein programmatisches Schlagwort für eine pädagogische Reformbewegung, die nach dem 2.Weltkrieg weite Teile der Kunsterziehung erfasste. Vom Anspruch her wollte Musische Bildung mehr sein als eine Reform des Unterrichtsfachs Zeichnen oder Kunsterziehung. Sie wollte alle musischen Fächer erfassen: Zeichnen, Modellieren, Aufsatz, Rede, Dichtung, Gesang, Spiel und körperliche Ertüchtigung. Das erinnert an die Ideen der drei Kunsterziehertage vom Anfang des Jahrhunderts. Musische Erziehung verstand sich als Reformbewegung gegen ein »verkopftes« (Meyers 1953) und verwissenschaftlichtes Schulwesen. Vom Musischen erhoffte man sich eine heilende Kraft, die über die Schule hinaus in die Gesellschaft ausstrahlen sollte.

Die Musische Bewegung wurde so zu einer Sammelbewegung unterschiedlicher reformerischer Ansätze in einer Zeit ideologischer Verunsicherung und kulturellen Aufbruchs aus den Ruinen des 3. Reichs und des verlorenen Krieges. Völkisch geprägte Ideen und nationalistischer Sprachgebrauch verknüpften sich mit Ansätzen, die auf Bauhausideen oder Ideen von Hartlaub zurückgreifen.

Der Reformpädagoge Otto Haase etwa sieht die Wirkung des Musischen in drei Besonderheiten:

- Dem Elementaren, Bodenständigen im Gegensatz zum Begrifflichen, Verkopften, Technischen,
- dem Zyklischen, Unplanbaren, Gefühlsgesteuerten, Schöpferischen im Gegensatz zum Linearen, Analytischen, Rationalen, Wissenschaftlichen,
- dem Kathartischen, Reinigenden, Heilenden und Befreienden. (Haase, 1951)

Die Feindbilder sind damit hinreichend klar bezeichnet, während die Quellen solcher Behauptungen eher vernebelt als klar ausgesprochen werden.

Bei dem Salzburger Pädagogen und Kunsthistoriker Ludwig Praehauser klingt das in seinem Buch *Erfassen und Gestalten. Die Kunsterziehung als Pflege formender Kräfte* 1950 so:

> »Erziehung in ihrem eigentlichen und alleingültigen Sinne ist immer auf die gesamte Bewegung der menschlichen Innenkräfte gerichtet und muß auch, wenn sie dieser Bewegung guten Weg weisen soll von der gesamten Bewegung der Innenkräfte ausgehen. Wenn sie auch meist mit Unterricht verbunden ist, so will sie doch anderes als dieser: sie will seelisch-geistigen Bestand von innen her zur Entfaltung fördern, geleitet von überzeitlichen, höchsten Werten aus, will Herausblühendes, Herauswachsendes in lichte Bereiche führen; Unterricht aber gibt äußeren Wissensbestand nach innen, damit er von dort aus neue, wieder bewegende Werte empfange. Erziehung ist dem Unterricht übergeordnet.
>
> Ein Schulwesen mißartet, wenn über Wissensvermittlung Erziehung verkümmert. Erzieherisches Wirken muß immer ein Wirken von Mensch zu Mensch sein, ein wechselseitiges Erfühlen guten Wollens. Innerhalb dieses Empfindens erst gedeiht Unterricht. …« (Praehauser, 1950: 481)

Der Münchner Richard Ott setzt bei der Tradition der Wesensgleichheit von Künstler und Kind an. Er folgert ähnlich wie schon Cizek aus dieser Gleichsetzung, dass der Künstler selbst der beste Erzieher für das Kind sei. Das strahlt in die Ausbildung der Kunsterzieher aus und wird auch fünfzig Jahre später noch gefordert (Buschkühle, 2004).

Diese Idee beeinflusst auch die Didaktik. »Jede Kunststunde ein Kunstwerk« war eine lang wirkende Forderung der Fachdidaktik. Dabei geht es im Unterricht nicht um Weitergabe von fachlichem Wissen und Kenntnissen etwa aus dem Bereich der Gestaltungslehren, sondern um ein »Anregen der Phantasietätigkeit«. Mit der Pubertät wenden sich die Heranwachsenden der Realität zu und misstrauen der kindlichen Phantasie. Es kommt zu Verunsicherungen im

Ausdrucksvermögen. Gegen diese Entwicklung hat die Kunsterziehung anzukämpfen, indem sie das Kind fernhält von Einflüssen, die diesen Prozess bewirken oder beschleunigen. Eine Verlängerung der Kindheit sei anzustreben. In vielen Schulsystemen hat auch heute noch das Fach Kunst in den unteren Klassen, in denen die Schüler noch Kinder sind, mehr Wochenstunden als in den höheren.

Emil Betzler (Betzler, 1949) bringt einen weiteren Aspekt in die Musische Bewegung ein, die geistige Krise eines Volkes nach dem Zusammenbruch des 3.Reiches und nach zwei verlorenen Kriegen. Der Gegensatz von begrifflichem Denken und bildhaftem Schauen spielt eine große Rolle, aber auch die Sehnsucht nach ganzheitlicher Welterfassung und einer Erneuerung der Volkskultur. Neben bereits bekannten musischen Zielvorgaben zeigt sich bei ihm der Ansatz eines soziologischen Interesses an der Erziehung. »Verantwortung für die gesellschaftliche Wirklichkeit« und »Mündigkeit« tauchen als Erziehungsziele auf.

Der Bauhausschüler Kurt Schwerdtfeger gilt als Bindeglied zwischen Musischer Erziehung und Kunstunterricht. In Fragen der Lehrbarkeit von Kunst, im Verständnis des Zwiespalts zwischen begrifflichem Denken und anschaulicher Erkenntnis bezieht er musische Positionen. Dem entwicklungspsychologischen Bruch zwischen kindlicher Phantasiewelt und jugendlichem Realismus, den man damals etwa im 14./15. Lebensjahr ansetzt, will er jedoch mit anderen pädagogischen Mitteln begegnen. Er sieht den Ausweg in einer spielerisch verstandenen Gestaltungslehre, die sich an Klee, Itten und Kandinsky anlehnt und die Formel »Spiel mit Bildnerischen Mitteln« verwendet. Aus der Kompositionslehre werden Probleme herausgegriffen und in Themen eingekleidet, wobei Inhalte wie ›Segelschiffe›, ›Feuer›, etc... allerdings nur Aufhänger sind für die Darstellung von Kompositionsprinzipien oder Farbkontrasten.

Die Musische Erziehung beeinflusst auch das Fach Werken. Dieses war im Zusammenhang mit der Forderung nach technischer Bildung spätestens seit Kerschensteiner ein Teil der Allgemeinbildung gewesen. Die Musische Erziehung versteht es, dieses Fach unter ihre Fittiche zu nehmen, und löst es von technischen und handwerklichen Überlegungen. Übrig bleibt ein Spiel mit ›phantasieanregenden Materialien‹ oder wie es bei Schwerdtfeger heißt ›Formendes Werken‹, wobei sich die Form aus den Eigenschaften des Materials ergibt.

Kunstunterricht

Kunstunterricht steht als fachdidaktischer Begriff für ein Unterrichtskonzept, das in den 1960er Jahren von Reinhard Pfennig (Pfennig 1959 & 1964) und Gunter Otto (*Kunst als Prozeß im Unterricht*,1964 & 1969) entwickelt wurde.

Im Kontrast zur Musische Kunsterziehung legt der *Kunstunterricht* Wert auf die Entwicklung eines Unterrichtskonzepts, das sich durch Rationalität und Lehrbarkeit auszeichnet. Die Basis dafür ist einerseits ein aus der Analyse von alter und moderner Kunst gewonnenes Verständnis von grundlegenden Gestaltungsprinzipien, das in eine am Bauhaus orientierte Gestaltungslehre einfließt, und andererseits ein zunehmender Einfluss amerikanischer Lerntheorien, die vom Behaviorismus und der Informationstheorie geprägt sind, und die sich allmählich gegen normative bildungstheoretische Modelle durchsetzen.

Pfennig geht von einem kulturkritischen Reformansatz aus. Er diagnostiziert eine Kommunikationsstörung zwischen Kunst und Gesellschaft, die zu Voreingenommenheit und Unverständnis führt. In seinen Augen liegt dies nicht an der Kunst, sondern am Publikum. Dieses hat sein bildnerisches Bewusstsein, Vorstellungsvermögen und aktives Sehen nicht mit der Kunst entwickelt. Deshalb ist es auf Information und Erziehung angewiesen. Saul B. Robinsohn, dessen Konzept der Curriculumrevision in den 1960er Jahren tonangebend war, brachte diesen Gedanken auf die Formel vom *Visuellen Analphabetismus*. *Sehen lehren* wird so zur neuen Zielbestimmung des Kunstunterrichts, die psychische Instanz, der die Ausbildung und Schulung dient, nennt Pfennig das »Bildnerische Denken«.

Bildnerische Denkvorgänge sind: Artikulieren, Formen einer Bedeutung zuführen, Finden, Auswählen, Verwenden, Verformen, Verwandeln, Entdecken, Enthüllen, Ordnen, Darstellen, Mitteilen, Sichtbarmachen, Integrieren.

Diese Fähigkeiten entsprechen der Beschreibung des Schöpferischen bei Viktor Lowenfeld (Lowenfeld, 1960). Er unterscheidet acht Kriterien: Sensitivität, Aufnahmebereitschaft, Beweglichkeit, Originalität, Umgestaltungsfähigkeit, Analyse und Abstraktion, Synthese, Ästhetische Organisation.

Pfennig geht von einer scharfen Trennung zwischen Kunst und Nichtkunst aus, wobei der Kunst eine geradezu magische Kraft zugemessen wird. Unterricht bedeutet einen Zusammenhang aus Machen, Sehen und Sagen. Nicht Kunst soll gelehrt werden, sondern Wege zur Kunst. Gegenstand des Unterrichts ist die bildnerische Ordnung; Ausgangs- und Mittelpunkt aller Lernvorgänge ist die Kunst der Gegenwart. Das ist eine deutliche Akzentverschiebung gegenüber der musischen Maxime, nach der das Kind als Künstler der Ausgangspunkt und Mittelpunkt aller Erziehung war. Hier geht also der Fokus vom Schüler weg hin zum Gegenstand, zum Fach.

Pfennig setzt sich ausführlich und intensiv mit der »bildnerischen Aufgabe« auseinander und grenzt sie ab vom musischen »Thema«. Ausgangspunkt der Aufgabe ist das bildnerische Problem. Ein eindeutiges Ziel, eine richtige Lösung gibt es hier nicht. Sieht man sich die Resultate seines Unterrichts an, dann fällt die Prägung und Anlehnung an einen abstrakten Expressionismus und an Kompositionsübungen auf, wie sie aus den Bauhauslehren bekannt sind. Gegenständliche Darstellungen, Naturstudien kommen etwa als Ausgangspunkte für Abstraktionsreihen vor.

Aufgaben heißen bei Pfennig z.B.: *drei bewegte Formen sind durch den Wechsel zwischen hell und dunkel, innen und außen zu bestimmen*. Oder: *bewegte Linien schweben frei im Raum, durch sie hindurch und um sie herum fließen Strichgruppen*. Oder: *progressive Verschachtelung von Linienbündeln ...*

Die von Pfennig postulierten Gestaltungsprinzipien basieren auf dem ästhetischen Paradigma der Kunst der Moderne, d.h. der Kunstcharakter zeigt sich in der Form. Er gewinnt die Gestaltungsprinzipien einerseits aus einer Gesamtschau der Kunst andererseits aus dem bildnerischen Gestalten des Kindes. In den letzten Jahrzehnten ist das ästhetische Paradigma durch das institutionelle abgelöst worden (Vilks, 1987 & 2001). Dabei zeigt sich, dass die Gestaltungsprinzipien nicht für jede Kunst passen. Weder die historische noch die zeitgenössische Kunst lässt sich einfach auf eine bildnerische Grammatik reduzieren.

Otto markiert die Entwicklungslinie klarer, um die es auch bei Pfennig geht, wenn von ›moderner Kunst‹ gesprochen wird:

> »Vom Kubismus über Klee, Kandinsky, Mondrian, Picasso, Matisse, Baumeister, Miró usf. haben wir es mit einer mehr und mehr aus der *Subjektivität erwachsenden, eigengesetzlichen, theoriebezogenen, abstrakten Kunst* zu tun. Dies hat Folgen für jeden Menschen, der mit dieser Kunst umgeht, insbesondere aber für den, der sie lehrt« (Otto, 1969: 71).

Ottos Konzept des Kunstunterrichts, insbesondere in seiner reiferen Gestalt, erscheint 1969 in der 2. Auflage von *Kunst als Prozeß im Unterricht*. Auf der pädagogischen Seite und im wissenschaftlichen Jargon ist es stark geprägt von der Berliner Schule der Didaktik mit deren Lerntheorie und der Maxime: Alle im Unterricht auftretenden Erscheinungen und Bedingungen sind einer wissenschaftlichen Kontrolle zu unterwerfen. Wissenschaftliche Kontrolle meint die Anwendung von Methoden der empirischen Sozialforschung. Unterrichten setzt nach lerntheoretischer Auffassung Entscheidungen in vier Feldern voraus: Ziele, Inhalte, Methoden und Medien.

- *Ziel des Kunstunterrichts* ist es, »Strukturieren und Kommunizieren zu lehren«, was auf drei Ebenen stattfinden kann. Auf einer *kognitiven*, einer *emotionalen* und einer *pragmatischen* Ebene.
- *Inhalt* des Kunstunterrichts sind bildnerische Prozesse und ästhetische Objekte.
- *Methoden* sind im wesentlichen Produktion und Reflexion.

- *Medien* unterscheidet Otto in Realisations- und Präsentationsmedien.

Über die curricularen Lehrpläne der 1970er Jahre hat die lerntheoretische Didaktik und ihr am weitesten vorangetriebenes fachdidaktisches Konzept Eingang in den Unterricht im Fach Kunst und große Verbreitung gefunden, wurde es doch auch in der Lehrerausbildung als rationales Konzept begrüßt, in zahllosen Unterrichtsversuchen eingeübt und in endlosen Unterrichtseinheiten variiert.

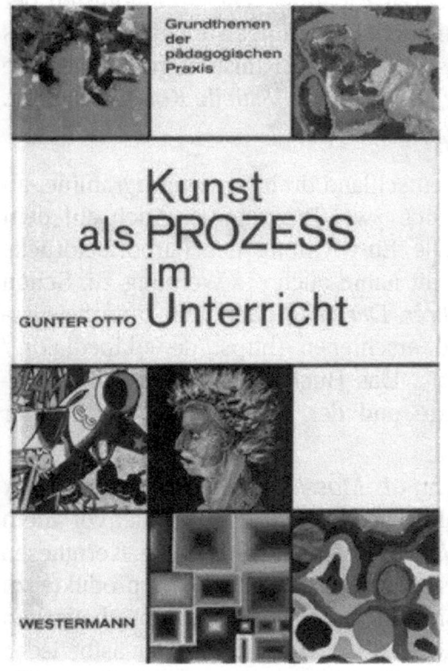

...Demokratisch ist es, den „kleinen Kreis der Kenner" zu einem **großen** Kreis der Kenner zu machen.

Denn die Kunst braucht Kenntnisse.

Die Betrachtung der Kunst kann nur dann zu wirklichem Genuß führen, wenn es eine Kunst der Betrachtung gibt.

So richtig es ist, daß in jedem Menschen ein Künstler steckt, daß der Mensch das künstlerischste unter allen Tieren ist, so sicher ist es auch, daß diese Anlage entwickelt werden kann und daß sie auch verkümmern kann. Der Kunst liegt ein Können zugrunde, und es ist ein Arbeitenkönnen. Wer Kunst bewundert, bewundert eine Arbeit, eine sehr geschickte und gelungene Arbeit. Und es ist nötig, etwas von dieser Arbeit zu wissen, damit man sie bewundern und ihr Ergebnis, das Kunstwerk, genießen kann.

Bertolt Brecht

WESTERMANN 160162

Abb. 14: G. Otto. Kunst als Prozeß im Unterricht. *Vorder- und Rückseite des Umschlags.*

Studienfragen

- Diskutieren, inwiefern das Cover des Buches *Kunst als Prozeß im Unterricht* von G. Otto (Abb. 14) die Konzepte des formalen Kunstunterrichts erkennen lassen.

Visuelle Kommunikation und Ästhetische Erziehung

»Der Kunstunterricht muß in seiner bisherigen Form abgeschafft werden. An seine Stelle tritt nicht ein technokratisch reformiertes Unterrichtsfach, sondern ein gesellschaftskritisches Fach Visuelle Kommu-

> nikation, das sich zu legitimieren hat an seinem Beitrag für gesamtgesellschaftliche Veränderungen« (Adhoc-Gruppe Visuelle Kommunikation, 1971: 368).

Ottos *Kunst als Prozess im Unterricht* ist – wie erwähnt – 1969 in einer erweiterten Neuauflage erschienen. Der »Formale Kunstunterricht« wurde vor dem Hintergrund der musischen Erziehung immer noch heftig diskutiert. Da kam es ab 1970 zu einer erneuten Diskussion über Sinn und Zweck des Unterrichts im Fach, allerdings aus einer ganz anderen Richtung. Die Protagonisten der neuen Bewegung gaben sich nicht mit den Forderungen einer Reform des Faches zufrieden. Sie forderten die Abschaffung des Kunstunterrichts und die Einrichtung eines neuen Faches mit der Bezeichnung *Visuelle Kommunikation.*

Die Situation in den 1960er-Jahren

Ende der 1960er-Jahre gab es in Westdeutschland drei Fernsehprogramme, ab September 1970 sendete der ORF täglich zwei Programme. Auch auf dem Illustriertenmarkt gab es Zuwächse. Die Entwicklung des Farboffsetdrucks führte zu immer mehr Farbbildern. Damit nahm auch die Werbung zu. Schon 1958 ist das Buch *Die geheimen Verführer. Der Griff nach dem Unterbewussten in jedermann* von Vance Packard erschienen (https://de.wikipedia.org/wiki/Die_geheimen_Verf%C3%BChrer) . Das Buch befasst sich mit Strategien der Werbung für Konsumprodukte und der Manipulation der Bürger durch politische Werbung.

Das Kapitel *Kulturindustrie – Aufklärung als Massenbetrug* aus der *Dialektik der Aufklärung* von Max Horkheimer und Theodor W. Adorno findet vor allem unter Studenten viele Leser (Adorno & Horkheimer, 1969). Die Kernthesen sind, dass unter den Bedingungen des Kapitalismus alle Kulturprodukte zu Waren werden. Die Kunst definiert sich nicht mehr über ihre ästhetischen Qualitäten, sondern über ihren Warenwert, also ökonomisch. Der ästhetische Aspekt wird damit selbst zu einer Funktion der Ware. Das Ästhetische verschleiere die Machtverhältnisse der Gesellschaft und trüge dadurch zur Unterdrückung der Massen bei. Wolfgang Fritz Haug veröffentlichte 1970 in diesem Sinne in der Zeitschrift Kursbuch 20 seinen Aufsatz *Zur Kritik der Warenästhetik,* ein Jahr später als Buch im Suhrkamp Verlag.

Im selben Kursbuch brachte Hans Magnus Enzensberger den Begriff »Bewusstseinsindustrie« in die Diskussion ein (Enzensberger, 1970). Mit den elektronischen Medien – so die These des Artikels – entsteht eine Industrie, deren ›Rohstoff› das Bewusstsein der Bürger ist. Diese Industrie ist »zum Schrittmacher der sozio-ökonomischen Entwicklung der spätindustrieller Gesellschaften geworden«. Enzensbergers Sicht ist weniger pessimistisch als die von Adorno/Horkheimer. Die Bewusstseinsindustrie unterstützt mit den elektronischen Medien einerseits die kapitalistische Herrschaft, doch andererseits ermöglichen diese auch eine Befreiung. Die in den Massenmedien gegebene Unterscheidung zwischen Produzent (Sender) und Rezipient (Empfänger) lässt sich mit den elektronischen Medien prinzipiell auflösen. Durch einen »emanzipatorischen Mediengebrauch« kann jeder Empfänger auch zum Sender werden.

In der Kunst wurden mit der PopArt Themen aus dem Bereich der Konsum- und Kulturindustrie zu großen Erfolgen in internationalen Ausstellungen.

Im Lauf der 1960er Jahre entwickelt sich in Westdeutschland die linksgerichtete gesellschaftskritische Studentenbewegung. Sie war Teil der so genannten 68er-Bewegung. »Sie strebte eine umfassende Demokratisierung der bundesdeutschen Gesellschaft als Beitrag zur Emanzipation aller Menschen von kapitalistischer Ausbeutung, Unterdrückung und Entfremdung mit antiautoritären Mitteln an … « (https://de.wikipedia.org/wiki/Westdeutsche_Studentenbewegung_der_1960er_Jahre).

Ende der 1960er-Jahre wurde in Hessen an einem neuen Lehrplan gearbeitet, den so genannten *Hessischen Rahmenrichtlinien*. Die meisten Protagonisten der Richtung *Visuelle Kommunikation* waren daran für das Fach Kunsterziehung beteiligt (Abb. 15).

Gut vierzig Jahre später fasst Helmut Hartwig die Ansprüche, die mit dem Schlagwort Visuelle Kommunikation formuliert wurden, so zusammen:

> »An erster Stelle ging es um Perspektiven für den Umgang mit den Massenmedien im kulturpolitischen Diskurs und in den verschiedenen Ausbildungsfeldern.
>
> Aus dem Zentrum gerückt wurde die *Kunst*.
>
> Kunst, das war nicht ein selbstverständlich Gegebenes, eine Welt gesicherter und anerkannter großartiger Gegenstände; sondern die Welt unter einem realitätsfernen, betrügerischen (›bürgerlichen›) Blick.
>
> *Kunst* – das war Ablenkung von dem, was in der Gesellschaft das Zeigen und Sagen hatte: In erster Linie Ablenkung von der Macht der Massenmedien.
>
> *Kommunikation*: Das war Annäherung an die realen Verhältnisse« (Hartwig, 2012: 10f).

weiter schreibt er:

> »Damals bildete eine Kombination von *marxistischen, psychoanalytischen* und *semiotischen Theorien das theoretische Kraftfeld*. Kombiniert wurden sie in praktischer Absicht. Von ihnen wurden dezidiert kunstbezogene, ästhetische Theorien an den Rand gedrängt. Auf die

Kunst wurden keine Hoffnungen gesetzt. Genauer: Die Theorien selbst gaben der Kunst einen minderen Ort. Die praktischen Absichten zielten damals auf das Verständnis der *Wirkungsweise von Massenmedien.* Die Massenmedien galten als Angreifer. Die Theorien versuchten zu kontern. Konsens bestand weitgehend darin, dass die Massenmedien die Menschen in die Abhängigkeit von ökonomischen und politischen Interessen bringen würden, … der Zeitgeist gab dieser Erkenntnis eine medienoptimistische Perspektive in der Überzeugung: *Bewusstmachen ist möglich*« (Hartwig, 2012: 13).

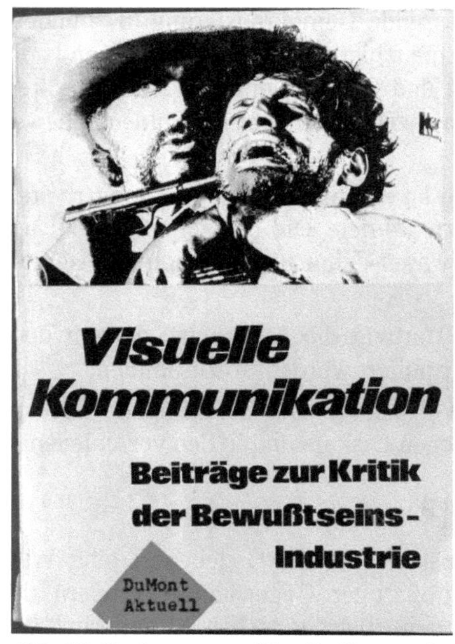

Abb. 15: Buchcover von Visuelle Kommunikation. Beiträge zur Kritik der Bewußtseins-Industrie, Hrsg. von Hermann K. Ehmer 1971.

Thesen zu Neukonzeption des Faches

Heino R. Möller bringt in seinen ›*Sieben Arbeitsthesen zur Konzeption eines neuen Unterrichtsfaches*‹ (Möller, 1971) folgende Argumente und Forderungen:

- Die Bildende Kunst eignet sich nicht mehr zur Legitimation des Faches. Sie kann keine Sonderstellung mehr für sich beanspruchen, sie ist vielmehr lediglich ein Teilbereich der optischen Kultur. Allein die Quantität der Massenmedien schlägt in eine qualitative Bedeutung um. Die Massenmedien sind in ihrer kommunikativen Funktion gesellschaftlich wesentlich bedeutender als die Kunst. Die gesellschaftliche Realität wird in den Massenmedien für alle zugänglich und erfahrbar dargestellt.

- Neben dem besonderen Phänomen der Kunst müssen folgende Medien im Unterricht behandelt werden: Fotografie, Werbung, Illustrierte, Fernsehen und Comics.
- »Ein ... entsprechend umstrukturiertes Schulfach (Arbeitstitel: Fach visueller Kommunikation) hat in der Beseitigung des visuellen Analphabetismus zu leisten:
  a) Vermittlung von Sachwissen über visuelle Informationsträger, deren soziologische und psychologische Wirkung etc.
  b) Durchführung von Interpretationen
  c) Erarbeitung und Vermittlung von Methoden zum selbständigen Erwerb von Information und zur Durchführung von Interpretationen« (S.364).

Ziel des Unterrichts war, Funktionen und Wirkmechanismen visueller Medien zu durchschauen.

- Die Bildende Kunst ist Teil der Visuellen Kommunikation. Dabei geht es um Kunstdomänen wie Architektur, Plastik, Malerei, Grafik, ästhetische Objekte etc. um visuelle Medien wie Fotografie, Film und Fernsehen und um Umweltgestaltung und Design.
- Grundsätzlich ist empirisch zu untersuchen, ob das bisher in der Kunstpädagogik übliche praktische Arbeiten für den Umgang und das Verständnis der optischen Informationsträger effizient und sinnvoll ist. »Sinnvoll erscheinen gezielte Übungen und Experimente, um besondere Probleme bildlicher Darstellung und Mitteilung sowie solche der Gestaltung zu demonstrieren und zu erproben« (S. 365).
- Wegen seiner Relevanz ist Visuelle Kommunikation mit dem Deutschunterricht gleich zu setzen und ab der 8. Klasse als Kernfach zu führen. In der gymnasialen Oberstufe soll man *Visuelle Kommunikation* als Hauptfach belegen können.

Ideen für den Unterricht

Die unten stehende Tabelle zeigt, wie sich die Vertreter der Visuellen Kommunikation den Unterricht vorgestellt haben. Sie ist eine Übernahme aus der Tabelle (Hartwig, 1971: 339), die von einer Gruppe der hessischen Curriculum-Kommission zum *sozialen Bereich ›Freie Zeit‹* aufgestellt wurde.

Tabelle zu Hartwig: Visuelle Kommunikation

	I **Soziale Bereiche (Situationsfelder)**	II **Kategorien zur Differenzierung der sozialen Bereiche**	III **Aspekte des sozialen Bereiches**		
unter den gegebenen Produktionsbedingungen	Familie Öffentlichkeit Beruf (Arbeitswelt) **Freie Zeit**	a) *in der Komplementärfunktion* (sozio-ökonomische Analyse) 1. regenerativ 2. kompensatorisch 3. suspensiv (n. Habermas) b) *im subjektiven Selbstverständnis* (unter Ideologieverdacht) als Selbstverwirklichung, Selbstbestimmung im Sinn von »Kreativität« – »Aktivitätsinteresse« »Produktivität«	a) *formell – Organisationsformen von Freizeittätigkeit im Bereich* 1. Sport (Verein) 2. Unterhaltung (Theater, Museum, Konzert, Film, Bücherei, Buchclub, Schallplattenclub, Malen, Diskothek, Show, Karnevalsverein, Kabarett ...) 3. Urlaub (Reisegesellschaften) 4. Hobby (Kleingärtnerverein, Briefmarkenclub, Funkamateur, Automobilclub ...) 5. caritative Tätigkeiten (Caritas, Rotes Kreuz, Feuerwehr, Arbeiterwohlfahrt ...) 6. politische Betätigung (ehrenamtliche Tätigkeit in Parteien) b) *informell – im subjektiven Selbstverständnis* private Beziehungen formal und inhaltlich bestimmt durch a) »Geselligkeit« »Liebe« »Freundschaft« »Bekanntschaft« »Selbstbeschäftigung«	**Rollen** a) *als Konsument:* Empfänger von Informationen akustisch: Hören **visuell: Betrachter** komplex: Zuschauer Besucher Leser Abonnent Mitglied b) *als Produzent:* Laienmusiker Sonntagsmaler Laienspieler Verfasser von Texten Organisator Demonstrant	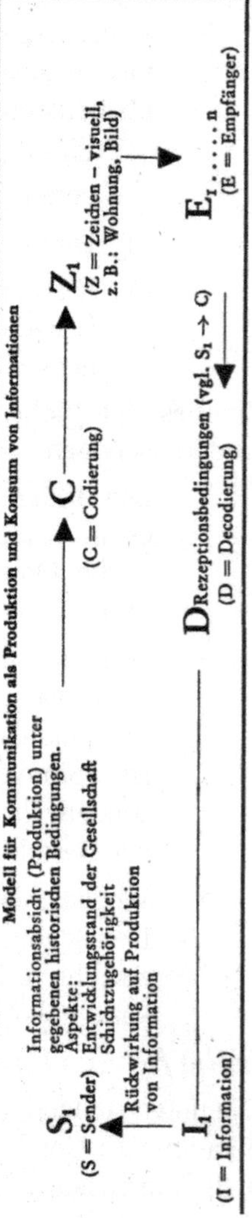 **Modell für Kommunikation als Produktion und Konsum von Informationen** S_1 (S = Sender) —— Informationsabsicht (Produktion) unter gegebenen historischen Bedingungen. Aspekte: Entwicklungsstand der Gesellschaft, Schichtzugehörigkeit —— → C (C = Codierung) —— → Z_1 (Z = Zeichen – visuell, z. B.: Wohnung, Bild) → $E_{1 \ldots n}$ (E = Empfänger) Rückwirkung auf Produktion von Information I_1 (I = Information) —— D Rezeptionsbedingungen (vgl. $S_1 \to C$) (D = Decodierung)

Abb. 16 Tabelle (1. Teil) zu Helmut Hartwig, „Visuelle Kommunikation – Methodologische Bemerkungen zur Ableitung von Lernzielen aus dem sozialen Bereich ‚Freie Zeit'. (Ehmer, 1971:338)

Ansätze für Unterrichtseinheiten (Curriculumelemente)		
IV **Situationen Stichwörter** (werden gewonnen durch Rückkoppelung des gewählten Aspekts mit den Kategorien der Spalte I)	**V** **mögliche Reaktionsweisen - Lernziele - Qualifikationen**	**VI** **Übergeordnete Bedingungen** für die Bestimmung von konkreten Lernzielen und die Entwicklung von Lernsequenzen
a) *Familie* als Ort der Vermittlung von *visueller Information* – Wohnraum als visuelles (gegenständliches), 'ästhetisches' gesellschaftliches Phänomen, Wohnschmuck, Bilder Gegenstände und die dazugehörigen Interpretationsmuster von 'schön' – »Bilder« in unterschiedlichem Kontext: Bücher, Comics, Zeitschriften, Kunstkalender, Prospekte . . . – Dia- und Schmalfilmproduktion . . . b) *Öffentlichkeit* als Ort der Vermittlung von visueller Information – gegenständliche Momente von Öffentlichkeit: Stadtplanung, Architektur, Mode . . . – Phänomene, die unmittelbar aus den ökonomischen Strukturen hervorgehen: Werbung in Kino, Fernsehen, Plakaten, Zeitschriften – Elemente organisierter Kultur: Museum, Ausstellung, Park . . . – Angebote an visueller Information im Bereich organisierter öffentlicher Bildung: Kunsterziehung . . . c) *Beruf* als Ort der Vermittlung von visueller Information – zweckrationale Zeichensysteme produzieren, codieren, decodieren – Erzeugung und Interpretation von visueller Information als spezielle Qualifikation für bestimmte Berufsrollen: Werbekaufmann, Kunsterzieher, Kunstkritiker, Designer, Maler . . . – Arbeitsplatz als environment . . .	– Gebrauchsgegenstände wie: Kleider, Schränke, Parks, Flugzeuge, Autos, Zeitschriften, Gemälde, Fotos, Reklamematerial, Dias, Filme usw. als Träger von *visueller Information* (= vI) und als visuelle Phänomene (v Ph) wahrnehmen und begreifen lernen – Gesichtspunkte bei der Analyse können sein: handelt es sich um zweckorientierte, ihrer Wirkung bewußte vI oder um »Nebenprodukte« eines mit anderen Zielen initiierten Produktionsprozesses von vI? – Beziehung zwischen angestrebter Wirkung und »Nebenwirkungen«? – Welche sozialen Merkmale kennzeichnen die Adressatengruppe(n)? – Rezeptionsanalyse . . . – erkennen, daß in der dinglichen Umwelt (z. B. Wohnung) soziale Lage, gesellschaftliche Verhältnisse gegenständlich werden; lernen, die gegenständliche Umwelt auf diesen sozialen Gehalt hin zu betrachten – visuelle Kommunikation im Funktionszusammenhang Sender/Empfänger (S/E) des Kommunikationsmodells analysieren lernen (s. beiliegenden Vorschlag vor Spalte IV) – erkennen, daß vI immer mit anderen sozial relevanten Informationen verbunden auftreten; verstehen, warum es bloß Visuelles nicht geben kann (die ästhetische Intention, »reine Wahrnehmung« zu produzieren, in ihrer gesellschaftlichen Funktion erkennen: konkrete, abstrakte Kunst) – die Rechtfertigungsfunktion (gesellschaftliche Funktion) von Ästhetiken analysieren lernen (Kitsch, Pornographievorwurf, »Verlust der Mitte«) – visuelle Kommunikation (Umgang mit vI, Reaktion auf vI) als Ergebnis eines schichtspezifischen Sozialisationsprozesses begreifen lernen (Angebot der Familie vgl. Spalte IV a) – auf die Bedingungen von Antrieben für die Beschäftigung mit vI in Familie, Schule und Öffentlichkeit reflektieren: warum und was wird jeweils »betrachtet«? Wozu wird »sehen« gelernt? – ästhetische Analyse (z. B.: Techniken, Komposition, Erlebnisausdruck . . .) als eine spezielle Betrachtungsweise von vPh mit historischen Implikationen verstehen lernen – die Funktion tradierter ästhetischer Modelle bei Rezeption und Produktion visueller Phänomene erkennen lernen (z. B. über eine Analyse des Begriffs »Modernität«) – die unterschiedliche *Rolle von »Kunst«* in den verschiedenen sozialen Schichten bestimmen lernen (Kunst in einer Arbeiterfamilie, in einer Bauernfamilie, Angestelltenfamilie) (dazu: Analyse von Versandhauskatalogen) – Konflikte austragen lernen, die sich aus dem Widerspruch zwischen der eigenen, im Sozialisationsprozeß erworbenen Einstellung zu »Kunst« und der von neuen Instanzen (Schule, andere Schicht) geforderten Einstellung (Bewertung) ergeben – Kunst unter dem Aspekt Statussymbol interpretieren lernen – Angebot an visueller Kommunikation im Bereich des *Freizeitverhaltens* als Angebot von Waren interpretieren lernen (Konsumverhalten) – Freizeitverhalten (vI) unter dem Aspekt der Ersatzbefriedigung und Sublimierung interpretieren lernen (Kompensation) – Sensibilisierung für die Möglichkeit, über vI manipuliert zu werden (zur Durchsetzung materieller und politischer Interessen) – Abhängigkeit der Produktion von vI von ökonomischen Bedingungen erkennen lernen (Verfügung über technische Mittel als Produktionsmittel)	*Emanzipation* *(als oberstes Lernziel)* *allgemeine Stichwörter:* Selbstbestimmung, Identität, starkes Ich, bewußtes Rollenspiel 1) Veränderungen auf Bewußtseinsebene 2) Veränderung des unbewußten Verhältnisses zur Autorität a) *Konkretisierung der Emanzipationsforderung,* bezogen auf *die Fähigkeit zu visueller Kommunikation in der »freien Zeit«* – Fähigkeit, Freizeitverhalten in seiner Komplementärfunktion interpretieren zu können – bewußte visuelle Kommunikation (impliziert die unter V formulierten Qualifikationen) – Voraussetzungen dafür schaffen, daß sich ein kritisches Potential gegen die aus der organisierten Produktionssphäre kommenden Ansprüche entwickeln kann; dies wäre die Voraussetzung für ein bewußtes Interesse an der Veränderung gesellschaftlicher Verhältnisse – Sensibilisierung; Entwicklung von Sinnlichkeit (Lust) als Voraussetzung für die tendentielle Aufhebung der bloß komplementären Funktion von freier Zeit (auch: Verweigerung) b) *Konkretisierung der Emanzipationsforderung, in bezug auf die Organisation des Lernprozesses:* Stichworte: Selbstorganisation, Kooperation, bewußtes Lernen, reflektierte Interaktion

Abb. 17. Tabelle (2. Teil) zu Helmut Hartwig, „Visuelle Kommunikation – Methodologische Bemerkungen zur Ableitung von Lernzielen aus dem sozialen Bereich ‚Freie Zeit'. (Ehmer, 1971:339)

Ästhetische Erziehung

Gunter Otto reagiert bereits 1974 mit seiner *Didaktik der Ästhetischen Erziehung* (Otto, 1974) auf die Kritik der Vertreter der Visuellen Kommunikation am formalen Kunstunterricht. Fünf Jahre zuvor hatte er – wie erwähnt – mit *Kunst als Prozeß im Unterricht* eben diesen noch in einer Neuauflage ausgebaut.

Im neuen Buch kritisiert er den Kunstunterricht als einseitig auf die Kunst ausgerichtet. Kunst sei eine soziale Angelegenheit und ein Gegenstand für die soziale Oberschicht. Hier stellt er die Frage, was für wen Kunst ist und warum. Er sieht auch ein Problem in der Bezeichnung ›Kunst‹, weil die etwas bezeichnet, um was es im Unterricht nicht (mehr) geht.

»Heute kann man von Kunstunterricht ohne Gefahr des Mißverständnisses nur noch sprechen, wenn man dazu sagt,

- daß Kunst lediglich als konventionelle Bezeichnung für eine Vielzahl ästhetisch relevanter Phänomene in unserer Umwelt gilt,
- daß solches Verständnis von Kunst nicht die inhaltliche Beschränkung des Faches auf bereits gesellschaftlich akzeptierte Ausdrucksformen meint … « (S. 17)

Dennoch schlägt er keine neue Fachbezeichnung vor.

[In Schweden gab es ähnliche Forderungen wie die der Visuellen Kommunikation. Dort gelang es, das Fach umzubenennen. Seit 1980 heißt es nicht mehr *Zeichnen* (teckning), sondern *Bild* (bild) (Billmayer, 2021b).]

Otto geht es mit seinem Konzept wohl vor allem darum, die radikalen Forderungen aus der Visuellen Kommunikation mit der Tradition des Faches zu versöhnen (S. 11). Die Ästhetik ist für ihn der gemeinsame Oberbegriff. Der Begriff »›ästhetisch‹ signalisiert die Erweiterung im *inhaltlichen* Bereich. Ästhetisch verweist auf *generelle* – nicht nur an der *Kunst*, nicht an ›kulturelle‹ Werte gebundene – Wahrnehmungs-, Realisations- und Interpretationsprozesse; […]« (S.17 Hervorhebungen im Original). Dabei bezieht er sich auf Hegel, Schiller und Alexander Baumgarten. Letzterer unterscheidet zwischen einer Ästhetik als Philosophie des Schönen und einer Ästhetik als Philosophie der sinnlichen Erkenntnis. Otto betont dabei nicht das Schöne, sondern die sinnliche Erkenntnis. Das Problem ist dabei, dass im Alltag unter ›ästhetisch‹ ›schön und angenehm‹ verstanden wird. Selbst Kunstpädagogikstudenten haben in höheren Semestern oft noch Schwierigkeiten, die Bedeutung ›schön‹ zugunsten von ›sinnliche Erkenntnis‹ wegzuinterpretieren. Erziehung ist für Otto mehr als Unterricht, der den Erwerb von Fertigkeiten und Kenntnissen im Fokus hat. Erziehung ist politisch und zielt auf die Veränderung von Verhalten ab.

Der Gegenstand des Unterrichts sind ästhetische Objekte. Diese ergeben sich durch Wahrnehmung und sind auf Wahrnehmung hin konzipiert. Das können Bilder im Fernsehen, in Illustrierten, Comics, Museen, Fotoalben, Wohnzimmer usw. sein. Ausdrücklich weist er darauf hin, dass der bildenden Kunst keine Vorrangstellung zusteht. Schaut man sich aber seine Veröffentlichungen an, dann überwiegen dort Bilder aus der Kunst oder kunstaffine Bilder wie gezeichnete Karikaturen oder Fotodokumentation. Man findet keine Beispiele zu Werbung, Produktgestaltung, Postern oder dekorativen Bildern.

An ästhetischen Objekten macht Otto spezifische Lernmöglichkeiten aus. Die Schüler können daran lernen, alternative Interpretationsmodelle zu bilden, deren Bedingtheit reflektieren und damit eigene Wahrnehmungskategorien unterscheiden. So kann es gelingen, dass die Schüler ihre Konsumentenrolle hinterfragen und sie im Anschluss daran aufgeben. Ein wichtiges Ziel ist auch, die Kunst als moralische, sittliche oder sonst wie normative Instanz abzulehnen.

Ziel der Ästhetischen Erziehung ist letztlich die Emanzipation aus den herrschenden gesellschaftlichen Vorstellungen. Zudem eignet sich das Ästhetische grundsätzlich als Lehr- und Lernprinzip und als gemeinsamer Ausgangspunkt für Interdisziplinarität.

Nach Otto ist die Aufgabe von Ästhetischer Erziehung

- Wahrnehmungsmöglichkeiten auszubilden
- Wahrnehmung zu genießen
- Wahrnehmung kritisch zu sehen
- die Variabilität von Ausdruck, Wahrnehmung und Genuss verständlich zu machen. (S.21)

Aus der Sicht der Visuellen-Kultur-Pädagogik ist an der Ästhetischen Erziehung problematisch:

- Den Hintergrund für das Verständnis ästhetischer Objekte bildet der Werkbegriff, wie er in der Kunstwissenschaft entwickelt wurde und in Teilen der Bildwissenschaft immer noch dominiert.
- Die pragmatische Funktion und damit die visuelle Rhetorik von Bildern wird so meistens übersehen.
- Leicht verständliche Bilder geraten so gut wie nie in den Fokus, obwohl sie die öffentliche, berufliche und private Welt dominieren.
- In der veröffentlichten Fachdidaktik und in den verschiedenen Lehrbüchern und Lernmedien dominiert nach wie vor die Kunstorientierung, wie auch im täglichen Unterricht an den Schulen. Der Name

Kunst bestimmt Denken und Handeln. Die Fachbezeichung ist nicht einfach »Schall und Rauch«.

Fazit

Das folgende Kapitel basiert auf dem Text »Versuch eines Fazits. Zur Reflexion der historischen Fachdidaktik« (http://www.lpg.musin.de//kusem/tex/kusem4g.rtf) von Uli Schuster aus dem Jahr 2003.

Wir haben immer wieder die Feststellung machen müssen, dass die fachdidaktischen Positionen der Kunstpädagogik auf unterschiedliche Praxisfelder bezogen waren. Lichtwark argumentierte aus der Sicht des Museumsmannes, der seine Zeitgenossen an die Kunst heranführen wollte. Man könnte auch sagen, er hat damit frühes Marketing für Kunstmuseen betrieben. Um 1900 lag sein Fokus auf lokalen Künstlerpersönlichkeiten, auf nationaler, also deutscher Kunst, auf Malerei sowie auf Kunstwerken, bei denen ethisch-erzieherische Motive im Vordergrund standen.

Der Kunsthistoriker Hartlaub suchte ein Verständnis für das kindliche Zeichnen vor dem Hintergrund expressionistischer Kunstvorstellungen und kam so zur Vorstellung einer Wesensgleichheit von Kind und Künstler. Auf der Grundlage der Gestaltlehre entwickelte sich die Idee einer Bildsprache. Alle frühen Theoretiker hatten ein Verständnis vom zeichnenden Kind, das mit der Pubertät in eine Krise gerät, in der sich sein ursprünglicher Impuls mehr oder weniger verliert. Es besteht die Gefahr, dass sich die Heranwachsenden an falschen Mustern orientieren. Vor dem Hintergrund der modernen Kunst, die sich durch ästhetische Qualität auszeichnet, war für alle eine angemessene Geschmackserziehung selbstverständlich.

Aussagen über die pädagogische Lenkung, d.h. die Form des Unterrichts bleiben vage. Mit Pfennigs Arbeit erscheint zum ersten Mal eine Fachdidaktik, die die Art des Unterrichts deutlich macht. Aufgaben werden formuliert, Bewertungsmaßstäbe erläutert, Ziele ausgewiesen …

Bei fast allen Lehren zum kindlichen Zeichnen bis hin zu Pfennig existiert eine Vorstellung von einem Zusammenhang der Entwicklung bildnerischer Ausdrucksfähigkeit beim Kind und Jugendlichen mit historischen Formen der Kunst. Der von Bauhauslehren beeinflusste Unterricht bei Pfennig zeigt kein Interesse mehr an einer solchen Entwicklungslehre. Allerdings ist die Entwicklung des Gestaltungs-, Wahrnehmungs- und Ausdrucksvermögens bei Kindern und Jugendlichen deutlich zu beobachten. Der Unterricht muss diesen entwicklungspsychologischen Bedingungen Rechnung tragen und in der Stoffverteilung, im Anspruchsprofil darauf reagieren.

Spätestens seit dem formalen Kunstunterricht der 1960er Jahre hat die Kunst in Form der Kunstgeschichte einen festen Platz in der Fachdidaktik. Dafür gibt es zwei Quellen. Eine stammt aus der humanistischen Bildungsvorstellung, die in der Auseinandersetzung mit der historischen Kultur einen Weg des Menschen zu einem Bewusstsein seiner selbst sieht. Andererseits gibt es die oben schon beschriebene Behauptung einer Parallelität von individueller Entwicklung und Gattungsgeschichte, so dass im Jugendlichen ein gleichsam natürlicher Zugang zu bestimmten Stufen seiner Kultur durchlaufen wird. Mit der Anbindung an Kunst importiert der Kunstunterricht deren Probleme, und noch mehr wenn die historische Kunst hinter die zeitgenössische zurücktreten soll. Konfliktstoff liefert die verbreitete Ansicht, Kunst sei nicht lehrbar. Hier zeigen sich Parallelen zum religiös geprägten westlichen Kunstbegriff (Ullrich, 2011).

Der Bereich der bildenden Künste konkurriert heute mit anderen Bereichen der visuellen, bildlichen Kultur, der Völkerkunde, der Volkskunst, der technischen Kultur, der Medien- Jugend-, Wohn-, Ess- und Konsumkultur ... Welche Überzeugungskraft hat heute das Argument, Kunst sei Hochkultur und als solche maßgebend für alles, was sich in den Subkulturen abspielt? Man kann z.B. die Frage stellen: Warum lernt man in der Schule nicht Kochen und Auto fahren sondern Malen?

Die Ziele der jeweiligen Epoche der Kunsterziehung hängen stark von ihrer Sicht auf Kunst insgesamt oder zeitgenössische Kunst speziell ab. Das hat auch damit zu tun, dass es immer wieder Kunstrichtungen gibt, die spezielle didaktische Anliegen vertreten, entweder allgemein aufklärerischer Art oder speziell gerichtet auf religiöse, ethische, pädagogische Ziele oder auf soziale Programme, etwa Volksbildung, Geschmacksbildung, Völkerverständigung etc. ...

Kunstpädagogen werden in der Regel in der aktuellen Kunst ihrer Studienzeit sozialisiert, deshalb existieren in der Praxis verschiedene kunstpädagogische Moden nebeneinander. Das Problem besteht darin, dass sie in der Regel nicht ausreichen, das gesamte Spektrum der schulischen Kunstpädagogik abzudecken, weil sie nicht universell angelegt sind. Sie behaupten sich in technischer, thematischer, ideologischer, weltanschaulicher Beziehung durch Abgrenzung und widersprechen sich zum Teil auch gegenseitig. So kommt der zeitgenössische Kunstpädagoge nicht umhin, pluralistisch und eklektizistisch zu verfahren und dabei ideologische Widersprüche auszuklammern und damit hinzunehmen.

Die Ideologie der Musischen Erziehung hat in den 1950er-Jahren dazu tendiert, sich als Gegenstück einer wissenschaftlich und technisch orientierten

Bildung zu definieren. Diese Ideen tauchen immer wieder einmal auf, etwa wenn davon ausgegangen wird, dass Kunst das ›ganz Andere‹ sei.

Die verschiedenen Positionen der Fachdidaktik sind nicht als Revolutionen abgelaufen. Vielmehr ist zu beobachten, dass die neuen Ideen eher angepasst und in den Unterricht integriert wurden. So sind Methoden und Inhalte der Bildpädagogik immer umfangreicher geworden. Wie der Blick in Schulgalerien, Schulbücher, populäre Handreichungen und Zeitschriften zeigt, gibt es nebeneinander Naturstudien, Sachzeichnen, subjektivistische Themen, Spiele mit Formen, Gestaltung von CD-Covern, freies und angeleitetes Arbeiten …

Studienfragen

- Wählen Sie eine historische fachdidaktische Position aus und diskutieren Sie in der Gruppe, wie und wo die jeweilige Position die bildnerische Praxis sieht.
- Diskutieren Sie in der Gruppe: Welche Überzeugungskraft hat heute das Argument, Kunst sei durch Qualität und spezifische Weltsicht ein herausragender und einzigartiger Bereich der Kultur und als solcher maßgebend für alles, was sich in den Subkulturen abspielt?
- Seit Beginn der Kunsterziehung argumentiert die Fachdidaktik so gut wie immer defensiv. So gut wie immer ist von der Bedrohung des Faches die Rede. Was halten Sie davon? Wie bzw. inwiefern haben Sie im Laufe Ihrer Schulzeit die von der veröffentlichten Fachdidaktik immer wieder beklagte Benachteiligung des Faches erlebt?

Heute

»Derzeit werden unterschiedliche didaktische Konzepte in der Kunstpädagogik diskutiert, denn wir erleben eine Phase des Umbruchs, in der Kunstpädagogik neu entworfen wird.« leitet Georg Peez schon 2005 seinen Aufsatz »Kunstpädagogik jetzt« ein (Peez, 2005b:75). Der Satz trifft zum Zeitpunkt der Abfassung dieses Buches 2022 immer noch zu. Es gibt keine einheitliche Fachdidaktik aber eine mehr oder weniger einheitliche Fachbezeichnung an allgemeinbildenden Schulen im deutschsprachigen Raum. Mit Ausnahme der Schweiz steht überall der Begriff »Kunst« im Namen.

Peez schafft mit den drei fachdidaktischen Orientierungen *Bild, Kunst* und *Subjekt* einen brauchbaren Überblick über die verschiedenen Positionen.

Die Orientierung am *Bild* geht von der Zunahme der Menge der Bilder und deren gesellschaftlicher Bedeutung aus. Der Anteil der Bilder an der Kunst wird im Vergleich zu allen anderen immer geringer. Um die Bilder und ihre Wirkung muss sich aus der Sicht der bildorientierten Positionen der Unterricht kümmern. Die Orientierung an den digitalen *Medien*, die sich seit 2005 an einigen Standorten der Kunstpädagogik etabliert hat, lässt sich als Weiterentwicklung der Bildorientierung verstehen. Auch die Rückbesinnung auf vormoderne Künstlerlehren gehört in diese Kategorie.

Gegen die Unterordnung der *Kunst* unter die Bilder wendet sich die so genannte ›Künstlerische Bildung‹. Sie begründet den Unterricht aus der Kunst heraus. Dabei beziehen sich die Vertreter auf den so genannten erweiterten Kunstbegriff bei Joseph Beuys. Mit der ›Lebenskunst‹ wird das Konzept auf alle Bereiche des Lebens ausgedehnt. Ziel ist eine umfassende Entwicklung und Bildung der Persönlichkeit.

Mit dem erweiterten Kunstbegriff kann grundsätzlich alles zum Gegenstand von Kunst werden. Das ermöglicht es, im Unterricht vom *Subjekt* des Schülers und damit seinen Interessen auszugehen. Diese Idee ist zentral für die ›Ästhetischen Forschung‹ von Helga Kämpf-Jansen. Sie fordert die Schüler dazu auf, sich an den jeweils eigenen Interesse zu orientieren und den Gegenstand des Interesses aus Sicht der Kunst, der Alltagsästhetik und der Wissenschaft zu erforschen. Inhaltlich spielen vor allem Kunst und Alltagsästhetik (Visuelle Kommunikation), methodisch eher Ideen aus der Reformpädagogik eine Rolle.

Die einzelnen Positionen kommen selten in reiner Form vor. Häufig gibt es Überschneidungen, z.B. stammen die im Bereich von Bild und Medien angeführten Beispiele überwiegend aus der aktuellen Kunst. Unter Berufung auf den erweiterten Kunstbegriff gelingt es auch den Vertretern der Kunstorientierung, die so genannte Alltagsästhetik zu thematisieren.

Alle drei Positionen haben ihre Probleme. Bei Bildern denken wir in der Regel an zweidimensionale Objekte. Hier versucht man mit einem *erweiterten* Bildbegriff Abhilfe zu schaffen, indem auch Architektur, Stadtplanung, Performance, visuelle Ereignisse, Konsumprodukte etc. als Bilder in erweitertem Sinne verstanden werden. Die Pflicht zum Besuch der Zwangsanstalt Schule lässt sich nur schwer mit der zentralen Idee der Freiheit des modernen Künstlers vereinbaren. Ähnliches gilt für die Subjektivität in der Pflichtschule.

Eine andere als die von Peez vorgeschlagene Ordnung lässt sich mit der Frage gewinnen, wie viel Unterrichtung und Anleitung in der jeweiligen Praxis vorkommen: Versteht sich der Kunstpädagoge als Lehrer oder eher als Begleiter? Wieder anders sieht es aus, wenn danach gefragt wird, inwiefern es um die Entwicklung der Persönlichkeit, die Bewältigung des Alltags oder die Vorbereitung auf das Berufsleben der Schüler geht. Man kann auch danach fragen, welche Paradigmen die Ziele der jeweiligen Konzeption bestimmen: Künstler, Genießer, (kritischer) Konsument, (engagierter) Staatsbürger, Handwerker, Kunstkenner, Philosoph …

Studienfragen

- Wählen Sie eine aktuelle fachdidaktische Position aus und überlegen Sie, von welchen (angenommenen) Defiziten, Problemen und Möglichkeiten sie ausgeht. Welche Defizite sollen wie durch den Unterricht gelöst werden? Welche (neuen) Probleme ergeben sich aus der jeweiligen fachdidaktischen Position?
- Überlegen Sie, welche Positionen während Ihrer Schulzeit den Unterricht bestimmt haben. Tauschen Sie sich darüber in der Gruppe aus.
- Untersuchen Sie ausgewählte fachdidaktische Positionen im Hinblick auf die Frage, worin jeweils die Expertise des Lehrers besteht und welche Defizite er bei den Schülern verringern soll.
- Untersuchen Sie in der Gruppe verschiedene Unterrichtsideen /-entwürfe, und diskutieren Sie inwiefern sich die Idee »Education through Art« bzw. »Education to Art« in der Aufgabe niederschlägt.

KAPITEL 6
GRUNDLEGENDE ALLGEMEIN-DIDAKTISCHE UND FACHDIDAKTISCHE PERSPEKTIVEN AUF DAS FACH

In diesem Kapitel geht es um das Verhältnis von allgemeiner Didaktik und Fachdidaktik. Dazu werden grundlegende Bausteine des Fachs beschrieben und erörtert. Verschiedene Modelle charakterisieren das Fach, die Inhalte und Kompetenzen, die Bildungsziele und Lehrauffassungen, die fachlichen Grundlagen und das Verhältnis zwischen individuellen, sozialen und gesellschaftlichen Aspekten.

Fachliche Grundlagen

Das bildpädagogische Feld in Dänemark

Nähere Informationen über das dänische Bildungssystem bietet wikipedia.

Das Fach Bildkunst (Billedkunst) in der Lehrerausbildung hat seinen Namen vom Schulfach Bildkunst und nicht von einem Universitätsfach. Das Fach erhielt seine aktuelle theoretische Grundlage an der Dänischen Lehrerhochschule, als es in den 1980er Jahren dort als eigenständiges Fach eingerichtet wurde. Wichtige Protagonisten etwa Kristian Pedersen, Ingelise Flensburg und Birgitte Holm Sørensen, aber auch die Psychologin Anne Maj Nielsen und der bildende Künstler Knud Z. Andersen und viele andere spielten eine Rolle bei der Bildung des Forschungsumfelds des Faches.

Als die Dänische Lehrerhochschule im Jahr 2000 in eine Universität, die DPU (Danmarks Pædagogiske Universitetsskole), umgewandelt wurde, wurden die Promovierten Mie Buhl und Helene Illeris angestellt, beide mit einem Fokus auf Visueller Kultur, den sie mit Ingelise Flensborg teilen. Als die Forschung in den meisten Schulfächern vor den 2000er Jahren auslief, mussten die bildpädagogischen Forscher unter anderen Bezeichnungen wie etwa pädagogische Anthropologie oder Soziologie weiterarbeiten. Die meisten Fachdidaktiker haben einen Hintergrund in der Primar- und Sekundarstufe I und einen Schwerpunkt in der Unterrichtsforschung. Es wurde geforscht und es wurden Bücher und Artikel geschrieben. Viele der Artikel wurden in der Mitgliederzeitschrift es Vereins der dänischen Lehrer für Bildkunst *Billedpædagogisk Tidsskrift* (Bildpädagogische Zeitschrift) veröffentlicht. In diesem Verein organisieren sich Lehrer aus der Grundschule, aus freien Schulen und Kunstschulen sowie viele andere, die mit Bildender Kunst und Pädagogik zu tun haben.

Seit ca. 30 Jahren sitzt ein Forscher der DPU oder ein Dozent aus der Lehrerausbildung in der Redaktion. Die Zeitschrift bringt sowohl Berichte aus der Praxis als auch theoretische Artikel. Heute gibt es kein bildpädagogisches Umfeld mehr auf Universitätsniveau.

In Dänemark werden Lehrer an Berufshochschulen ausgebildet. Die sind als University Colleges an Universitäten angegliedert, aber sie funktionieren wie Fachhochschulen. Im Studium erwerben die Studierenden eine Berufsqualifikation. Die primäre Aufgabe dieser Hochschulen ist die Lehre, daneben gibt es zunehmend auch etwas Forschung.

Bildpädagogik / Fachdidaktik

Im deutschsprachigen Bereich werden Bildpädagogen an Kunstakademien, Kunstuniversitäten, Kunsthochschulen, Universitäten und Pädagogischen Hochschulen ausgebildet. Die Auffassungen vom Fach unterscheiden sich: An den Kunstakademien und -universitäten wird das Studium der Bildpädagogik als eine Kombination verschiedener Bereiche studiert, vereinfacht handelt es sich um drei Bereiche – Bildende Kunst, Kunstwissenschaft und Fachdidaktik. Sie werden in der Regel von unterschiedlichen Personen unterrichtet, die sich mehr oder weniger untereinander absprechen. An den Universitäten gibt es tendenziell eher die Vorstellung, dass die Kunstpädagogik ähnlich wie in Dänemark ein Fach mit spezifischen Charakter ist. Hier unterrichten oft (ehemalige) Kunstpädagogen die verschiedenen Bereiche – Kunstpraxis, Kunstwissenschaft und Fachdidaktik. In den 1990er Jahren wurden z.B. an der Universität Paderborn Seminaren angeboten, in denen die Studierenden sich aussuchen konnten, ob sie diese mit einem Zeugnis in Kunstpraxis, Kunstwissenschaft oder Fachdidaktik abschließen. Zwischen diesen beiden Extremen gibt es die verschiedensten Abstufungen. Dabei ist zu bedenken, dass bis Anfang des 21. Jahrhunderts verschiedene Kunstakademien noch kein Promotionsrecht hatten. Fachdidaktische Forschungen und Veröffentlichungen stammten deshalb lange Zeit aus dem Umfeld der Universitäten. Vor allem für die Sekundarstufe ist nach wie vor das Studium an Kunstakademien paradigmatisch.

Kunst- und Kulturgeschichte

Kunst- und Kulturgeschichte sind für das Fach Kunst wichtige Bezugswissenschaften. Kunstgeschichte ist ein eigenständiges Universitätsfach, in dem sowohl die Erforschung älterer Kunst mit Schwerpunkt auf Kultur- und Stilgeschichte als auch die visuelle Kultur untersucht werden. Es gibt zumindest in den letzten Jahren und abhängig vom Standort neben der Kunst auch ein weites interdisziplinäres Interesse an der Bedeutung der visuellen Kultur in Alltag und Gesellschaft. Kunstgeschichte spielt eine wichtige Rolle im Gymnasium, wo sie als klassische allgemeinbildende Einführung in Kunst und visueller

Kultur fungiert. Ein umfassendes Wissen über Kunst- und Kulturgeschichte hilft dabei, viele aktuelle visuelle Phänomene besser zu verstehen. Das gilt z.B. für Stilmerkmale oder Genreregeln.

Institution Kunst

Eng verwandt mit der Kunstgeschichte ist die *Kunstwelt* (Danto), die sich aus Institutionen zusammensetzt, die visuelle Phänomene bewerten und auswählen und diesen gegebenenfalls die Bezeichnung Kunst zuweisen. Die Kunstwelt ist eine exklusive oder exkludierende Institution. In ihr bewerten Akteure auf Grundlage einer speziellen künstlerischen Urteilskraft, was Kunst ist. Traditionell sind das öffentliche Kunstmuseen und internationale Großausstellungen. Eine ähnliche Rolle spielt der Kunsthandel mit seinen Galerien, wo Werke nach Gesichtspunkten wie künstlerischem Wert und Verkäuflichkeit bewertet werden. Andere Akteure sind jurierte Ausstellungen, bei denen sowohl renommierte Künstler als auch zukünftige Künstler ihre Werke zur Beurteilung durch andere Künstler einsenden in der Hoffnung, ausgestellt zu werden. Hierzu gehören auch die Kunstakademien, die durch Aufnahme- und Abschlussprüfungen den Studierenden einen Künstlerstatus verleihen.

Selbst wenn es für die Schüler wichtig ist, Einblick in die Kunstgeschichte und die zeitgenössische Kunst zu erhalten, spielen diese Bereiche für den visuellen Horizont der Kinder eine vernachlässigbare Rolle. Kristian Pedersen lieferte in seiner Dissertation (*Bos billedbog)* wissenschaftliche Argumente dafür, dass die Bildkultur der Gesellschaft eine wichtige Inspirationsquelle für das bildnerische Gestalten von Kindern und Jugendlichen darstellt und es daher gut ist, wenn Bildlehrer sich damit vertraut machen, für welche Bilder sich ihre Schüler interessieren (Pedersen 1999).

Medien

Wie aus den Kapiteln 4 und 5 zur Geschichte des Fachs hervorgeht, sind auch die Medien ein grundlegender Gegenstand des Faches.

Das hängt mit dem Aufkommen der Massenmedien (Fernsehen, Film und Internet) im 20. Jahrhundert und dem Einfluss digitaler Medien seit Ende des 20.Jahrhunderts zusammen. Während die Kunst exklusiv und daher die Anzahl der Akteure begrenzt ist, sprechen Massenmedien die breite Bevölkerung an. Mit der Entstehung der sozialen Medien, die die Nachrichten- und Unterhaltungsmedien überlappen, ist jeder grundsätzlich auch in der Lage, sich in einer globalen Öffentlichkeit mitzuteilen. Die Forschung beschäftigt sich in einem hohen Grad mit Formen und Bedingungen der Rezeption. Damit hat sich die Kunstwissenschaft traditionell kaum beschäftigt, die Kunstpädagogik nur indirekt, wenn es um Geschmacksbildung also die Vermittlung ästhetischer Normen und Urteile ging. Die Medienforschung arbeitet mit Theorien, die u.a. aus der Kommunikationstheorie, Rezeptionstheorie und Ästhetik, Soziologie, Anthropologie und Semiotik kommen.

Handwerk

Das Handwerk entwickelte sich im frühen 20. Jahrhundert im Zuge der Industrialisierung der materiellen Produktion zu einem Faktor, der im »kulturellen« Diskurs thematisiert wird. Den handwerklichen Fähigkeiten wird ein bildender und kultureller Wert zugeschrieben, der im Gegensatz zu den entsprechenden Fähigkeiten in der Kunst auch einen Nutzen hat. Man geht dabei davon aus, dass handwerkliche Fähigkeiten das Selbstbewusstsein der Schüler und die Entwicklung kognitiver Fähigkeiten in anderen Fächern fördern.

Im handwerklichen Bereich findet man auch künstlerische Betätigung auf einer nicht-professionellen bzw. semi-professionellen Ebene, etwa in Volkshochschulen, Sommerakademien usw., hier spielen auch Vorstellungen davon ein Rolle, was in der professionellen Szene geschieht. Regionale Ausstellungen in verschiedenen Einrichtungen bieten Laien Möglichkeiten, auf dem Gebiet der Kunst Anerkennung zu finden. Viele Kunstlehrer sind hier als Dozenten, Organisatoren und auch als praktizierende Künstler oder Bildmacher aktiv (Illeris, 2002).

Visuelle Kultur-Pädagogik

Die Visuelle Kultur-Pädagogik ist historisch gesehen der jüngste Spross am Stamm, aus dem das Fach Kunst seine theoretische und pädagogische Bedeutung herleitet. Der Diskurs der visuellen Kultur wird im Kapitel 4 zur Geschichte des Faches und in Kapitel 8 näher besprochen.

Visuelle Kultur ist eine Sichtweise auf das Fach, also die Art und Weise, wie das Fach, seine Inhalte und Methoden gesehen werden oder gesehen werden sollen. Das bedeutet, dass man die Visuelle-Kultur-Pädagogik im Zusammenhang mit den vier oben genannten Feldern sehen kann, indem man Fragen stellt wie:

- Wie verhalten sich Schüler und Lehrer im Unterricht hinsichtlich der verschiedenen Felder?
- Wie wird der Unterrichtsstoff ausgewählt?
- Wie äußern sich Geschlecht, ethnische Zugehörigkeit, Religion, Sexualität und Alter in den verschiedenen Feldern?

Das Fach *Bildkunst* erhielt in Dänemark seinen Namen 1991 im Rahmen der Bemühungen, das Fach von einem handwerklichen in ein Bildungsfach umzuwandeln. In diesem Zusammenhang wurde die Frage wichtig, worum es in den Bildern der Schüler geht. Auf der Grundlage von Klafkis *Kategorialer Bildung* schlug Kristian Pedersen eine Bildpädagogik vor, die sich sowohl an den

Interessen der Kinder und Jugendlichen als auch an der Gesellschaft orientiert, in der sie leben. Die Frage der Bildung hängt auch davon ab, wie die Schule ihren Bildungsauftrag versteht und beschreibt. Einerseits darf die Schule die Schüler nicht in eine bestimmte ideologische Richtung lenken, andererseits lässt sich nicht vermeiden, sie mit Werten und Haltungen zu prägen.

Im Fach Bildkunst kann man den Schülern zeigen, wie unsere Wahrnehmung und unser Verständnis verschiedener Bilder und visueller Phänomene von der *visuellen* Kultur und damit der Gesellschaft geformt werden. Daher kommen die Inhalte des Unterrichts aus dieser Gesellschaft. Das Fach Bildkunst als Ausdrucks- und Kommunikationsfach kann den Schülern dabei Werkzeuge in die Hand geben, um ihre Meinungen, Einstellungen, Erlebnisse, Erfahrungen und Gefühle so zu formulieren, dass sie ihre Mitmenschen ansprechen. Sie können damit die Gesellschaft oder soziale Gruppen, zu denen sie gehören, mit persönlichen Aussagen beeinflussen und an ihnen auch aktiv gestaltend teilnehmen. Man kann zwar wie früher immer noch in der örtlichen Bibliothek ausstellen, allerdings haben heute auch schon Kinder einen Zugang zu sozialen Medien und damit öffentlicher Kommunikation. Oft wird übersehen, dass auch der in der Regel als passiv verstandene Konsum von Produkten, Medien- und Erlebnisangeboten die visuelle Kultur prägt. Konsumenten sind mit ihrer Nachfrage und ihren Kaufentscheidungen die Auftraggeber unserer Kultur. Früher waren mehr oder weniger große soziale Gruppen – Kirche, Adel, Bürger – Träger der Kultur. In der Konsumkultur sind es die Konsumenten, also so gut wie alle sozialen Gruppen (Billmayer 2016).

Modelle

Aus dem historischen Kapitel geht hervor, dass sich das Fach Kunst nicht nur in seiner eigenen Blase entwickelt, sondern auch vor dem Hintergrund des »Zeitgeists«, also dem politischen Klima, den pädagogischen Vorstellungen vom guten Kind und den allgemein-didaktischen, pädagogischen und psychologischen Strömungen der Zeit. In diesem Kapitel werden die Wechselwirkungen zwischen allgemeiner Didaktik und Fachdidaktik für das Fach Kunst genauer untersucht. Mit verschiedenen Modellen wird versucht, die Inhalte und das Bildungs- und Lernpotenzial des Fachs auf unterschiedliche Weise zu beleuchten und zu kategorisieren.

Es gibt viele Möglichkeiten, »den Kuchen aufzuteilen«. Die Art und Weise, wie man das macht, zeigt einerseits den Versuch, einen Überblick zu schaffen. Andererseits spiegelt sie auch jeweils eine spezifische fachdidaktische Haltung wider. Wir werden uns mit drei verschiedenen Modellen befassen, die nach unserer Auffassung das Verständnis des Faches Kunst maßgeblich beeinflussen oder beeinflusst haben. Sie tragen unserer Meinung nach dazu bei, wichtige Aussagen zu den Dimensionen des Faches zu machen. Die Modelle helfen bei der Orientierung und bieten allgemeine Hinweise für die konkrete Unterrichtsplanung.

- Was ist das grundlegende Wissen, auf das zurückgegriffen wird?
- Wozu dient der konkrete Unterricht?
- Welche Themen werden angesprochen?
- Welche fachlichen und pädagogischen Methoden werden verwendet?

Modell 1. Kritisch-konstruktive Pädagogik – nach Wolfgang Klafki, Kristian Pedersen und Ingelise Flensborg & Birgitte Holm Sørensen

Dr.pæd. Kristian Pedersen (1935-2002) versuchte mehrere akademische Diskurse in einem Modell zu vereinen, das auf dem von Wolfgang Klafkis (1927-2016) Kategorialer Bildung basiert.

Kristian Pedersen versuchte, den reform- und kunstpädagogischen sowie den kritischen Ansatz zu verbinden. Der reformpädagogische Ansatz legt großen Wert auf den Ausdruck des Kindes, der kunstpädagogische basiert auf dem kulturellen Erbe der Gesellschaft und der zeitgenössischen Kunst, und der kritische Ansatz kritisiert die Art und Weise, wie die kapitalistische Wirtschaft alle Bereiche der Gesellschaft durchdringt, einschließlich Bildung, Kinderkultur und Kunst.

Pedersens Modell hat eine vertikale und eine horizontale Achse. Die *horizontale* Achse balanciert zwischen zwei starken Trends in der Bildpädagogik des 20. Jahrhunderts. Links im Modell geht es um das Kind, die Psychologie und existenzielle Fragen. Rechts im Modell geht es um die Rolle der Gesellschaft und die Tatsache, dass der Bildunterricht das Kind in die bestehende Kultur einführen soll.

Die beiden Enden der Achse sind von Klafkis Bildungstheorie bestimmt. Wie Pedersen versuchte Klafki, zwei unterschiedliche Bildungstendenzen zu vereinen, die er *formale* bzw. *materiale* Bildung nannte. Bei der *formalen* Bildung wird großer Wert darauf gelegt, den Schülern das Lernen beizubringen, u.a. indem man den Verstand durch schwierige Aufgaben in Fächern wie Mathematik und Latein trainiert. Dem liegt die Annahme zugrunde, dass es einen *Transfer* von einer Art geistiger Arbeit auf andere Herausforderungen gibt, die sich im Leben des Schülers ergeben. Klafki nennt dies die Bearbeitung *fundamentaler* Herausforderungen (Laursen, 2002).

In der *materialen* Bildungstradition wird großer Wert auf den Erwerb der wichtigsten Aspekte des kulturellen Erbes gelegt, z.B. in der Idee eines Kanons. Bis nach dem Zweiten Weltkrieg hatte die Sekundarstufe II (Gymnasium) eine derartige Aufgabe: Die Schüler lernten Latein, damit sie sich Wissen und

Kultur der Antike anlesen konnten, die der gemeinsame kulturelle Bezugsrahmen für das Bildungsbürgertum war. Klafki nennt den Bildungsinhalt *das Elementare*.

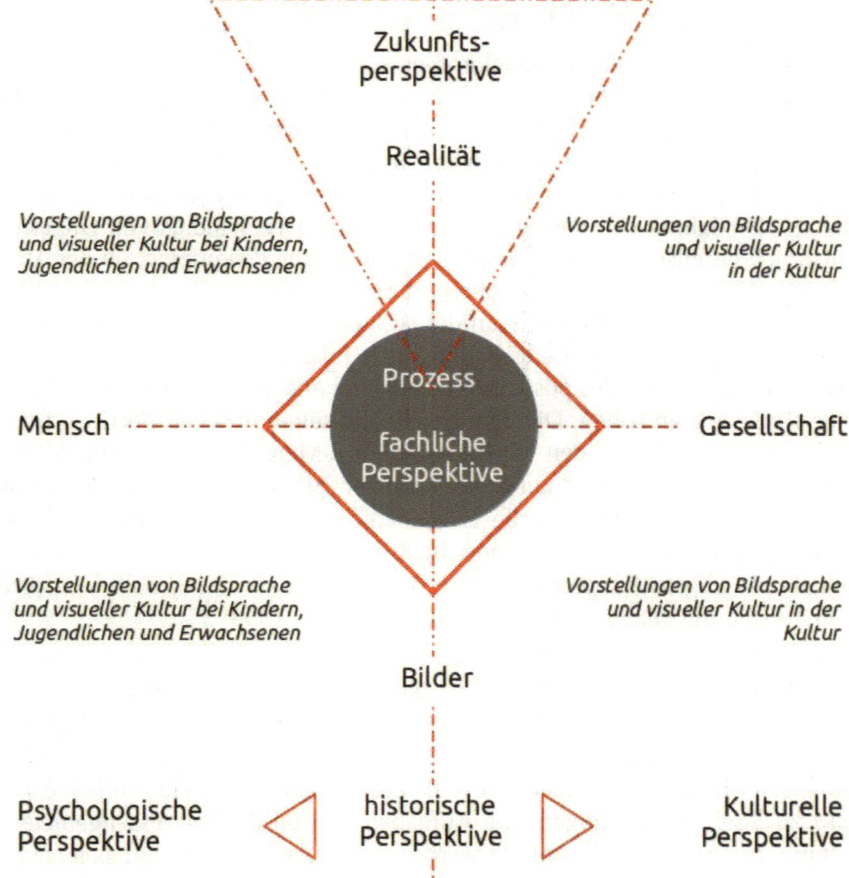

Abb. 1: Kristian Pedersen versuchte mit seinem Modell den Fokus auf den Menschen mit dem auf die Gesellschaft zu verbinden. (Pedersen, 2004: 37)

Klafki stand jedoch beiden Bildungstraditionen kritisch gegenüber. Er kritisierte die Idee, dass formale Bildung von einem Bereich auf einen anderen übertragen werden kann; stattdessen meinte er, dass formale Bildung mit den Lerninhalten zusammenhängt. Man wird also nicht gut in Mathematik, indem man Grammatik übt. Er kritisierte auch die materiale Bildung in der bürgerlichen Form der Bildung, weil sie ein statisches Bild von wichtigen inhaltlichen Elementen vermittelt. Anstatt nach den richtigen Bildungsinhalten zu suchen, eröffnete Klafki eine Diskussion über epochaltypische Schlüsselthemen. Zu diesen zählen Frieden, Umwelt, Interkulturalität und Leben in der einen Welt, Technikfolgen, Demokratisierung, Verteilungsgerechtigkeit und gesellschaftlich produzierte Ungleichheit, Gleichberechtigung/ Menschenrechte, personale Beziehungen und Glücksfähigkeit. Sie sind unvollständig und veränderbar.

Die Idee der epochalen Schlüsselprobleme ist, dass sie aufgrund ihrer Aktualität eine subjektive Relevanz für den Schüler schaffen und gleichzeitig dazu beitragen, den Schülern die Methoden und Konzepte der Fächer zu erschließen (Laursen, 2002).Der gesellschaftliche Ansatz rechts im Modell entspricht, wie gesagt, dem Konzept der *materialen* Bildung. Auch der kritische Ansatz aus den 1970er Jahren legt den Schwerpunkt auf das Verständnis von Bildern als Ausdruck gesellschaftlicher Verhältnisse. Man kann diskutieren, ob der Ansatz Visuelle Kultur ab den 1990er Jahren, dort wo es um die Kritik der Machtverhältnisse in Bildern geht, auch auf der rechten Seite der Achse steht. Andererseits befasst sich die visuelle Kultur auch mit Identitätsbildung und damit, inwiefern angesichts des postmodernen Wertekollaps subjektiven Erfahrungen eine Rolle spielen sollen. Die Tendenzen sind selten in reiner Form zu finden. Links auf der Achse finden wir im Abschnitt »Mensch« den reformpädagogischen Ansatz mit Schwerpunkt auf formaler Bildung und Entwicklungspsychologie. Parallel dazu war die Existenzdidaktik in den 1980er und 1990er Jahren populär. Im Fach Bildkunst hieß es damals, dass sich der *elementare* Inhalt mit allgemeinmenschlichen Existenzfragen befassen sollte, inspiriert von Torsten Ingemann Nielsen (Müller & Nielsen, 1999: 55).

In der Mitte der Achse befindet sich der Prozess im Unterricht, bei dem der Lehrer den Stoff für die Schüler und die Schüler für den Stoff öffnen soll. In der dänischen Tradition des Faches Bildkunst wurden die epochaltypischen Schlüsselprobleme bei Klafki in Themen übersetzt, wie dies bei Flensborg & Sørensen (2005) in »Themen in der Bildpädagogik« (*Temaer i billedpædagogik)* zu lesen ist, wo allgemeine Aufgaben anhand der Interessengebiete der Schüler in Themen umformuliert werden. Diese Auffassung zeigt sich auch im »Blumenmodell« (Fachheft 8, Bildungsministerium, 2009: 15), wo die *Aufgaben* zwischen *Kultur* und *Kindern und Jugendlichen* verortet sind (Abb.2).

Pedersens Position, Integration des psychologischen und soziologischen Ansatzes und themenorientierte Bildgestaltung, sind zwei grundlegende Elemente der Fachdidaktik. Im Folgenden stellen wir sie genauer vor. Pedersen und Flensborg & Sørensen trugen in den 1980er und 1990er-Jahren auf verschiedene Weise dazu bei, das Fach in Richtung eines reflektierten Bildungsfaches zu konzipieren. Heute, wo *Vereinfachte Gemeinsame Ziele* tendenziell eine Atomisierung fördern und das Fachverständnis in kleine, definierte Bereiche aufsplitten, sehen wir ein Risiko für instrumentelles Denken im Fach. In dieser

Situation ist es uns wichtig, am thematischen Ansatz festzuhalten, um sicherzustellen, dass die Lerninhalte von den Schülern als relevant wahrgenommen werden. Wir möchten auch betonen, dass Bildung auf der Beziehung zwischen Individuum und Gemeinschaft basiert.

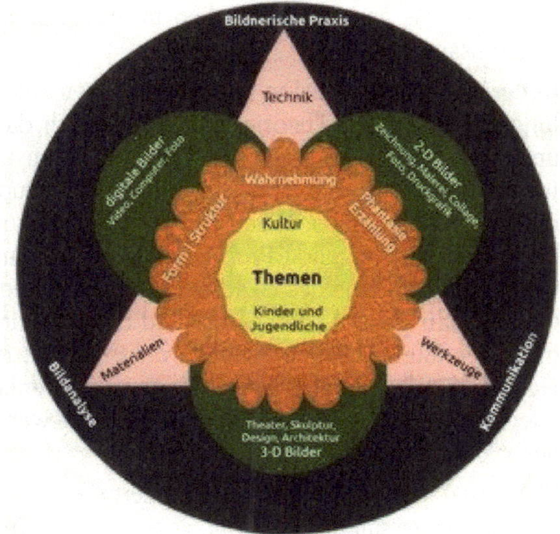

Abb. 2: Modell für den Inhalt des Faches (nach Billedkunst: Faghaefte 8. Undervisningsministeriet 2009).

Es geht darum, dass der Lehrer einen relevanten Stoff für seinen Unterricht auswählt und dem Schüler damit die Möglichkeit gibt, sich mit Problemen von Gesellschaft und Kultur zu befassen.

Die *vertikale* Achse in Pedersens Modell zeigt die historische und zukunftsorientierte Perspektive. Pedersen war wichtig, dass Kinder sich verschiedene traditionelle bildnerische Ausdrucksmittel aneignen und weiterentwickeln. Diese Auffassung stand im Gegensatz zu der Idee, dass im Unterricht die Bewahrung der *Authentizität* des Kindesbildes höchste Priorität eingeräumt werden sollte. Die historische Dimension wurde in der Bildungsdebatte der letzten zwanzig Jahre allgemein betont. Generell geht es um die Frage, welche Aspekte der Geschichte betont werden sollen, und wie die historischen Grundlagen mit politischen Auffassungen sowie mit Gegenwart und Zukunft zusammenhängen. Spezieller kann man sich fragen, ob die Kunst- und Bildgeschichte ein Fundus an Ausdrucksformen ist, aus denen sich die Schüler Anregungen holen können oder ob es um die historischen Umstände geht, in denen die Bilder hergestellt und verwendet wurden. Die Antwort auf diese Frage beeinflusst die

Auswahl der im Unterricht behandelten Bilder grundlegend. Pedersens Grundauffassung war, dass der historische Prozess »[...] im Spiel zwischen überlieferten Bildkonventionen und menschlicher Spontaneität« stattfindet (Pedersen, 1996: 87). Es geht also darum, dass Kinder, angeregt durch historische Bilder, eigene Bilder über ihre Wirklichkeit machen und gleichzeitig etwas darüber erfahren, was anderen Menschen in einem anderen historischen Zusammenhang passiert ist.

In der Zukunftsdimension fallen zwei Ideen zusammen. Einerseits die Vorstellung der kritischen Theorie, dass man durch das Erkennen von Bedürfnissen und Mängeln in der gegenwärtigen Situation utopische Gegenvorstellungen formulieren kann, die dem Einzelnen oder Gruppen helfen können, Ziele für die Zukunft zu setzen. Dies kann auf einer persönlichen Mikroebene erfolgen, wo es um naheliegende Probleme geht, oder auf einer sozialen Makroebene, wo es um Probleme des Gesellschaftssystem und die Utopie einer alternativen Gesellschaft geht. Andererseits wird der Künstler als eine Person verstanden, die einer intellektuellen Avantgarde angehört, die moralische und politische Heuchelei kritisiert und neue Formen des Denkens und der Praxis aufzeigen oder vorwegnehmen kann. Dieses Denken war typisch für die Kulturpolitik der 1960er Jahre.

Seit etwa Anfang des 19. Jahrhunderts werden Bildung und Ausbildung als Investition verstanden, sowohl vonseiten des Individuums wie vonseiten des Staates. Man lernt bzw. unterrichtet etwas in der Hoffnung darauf, dass es sich in zukünftigen Situationen als nützlich erweisen wird. Die Fachdidaktik stellt sich deshalb die Frage, welche Kompetenzen in der Zukunft für die Schüler relevant sind. Die ebenso interessante Frage, was für die bezahlende Gesellschaft relevant ist, wird in der Regel nicht gestellt bzw. eher abgelehnt (Krautz 2010). In der ständischen Gesellschaft war das einfacher, damals wurde von der Vergangenheit her gedacht. Bildung bedeutete, überkommenes Wissen zu lernen. Die Umstellung »von Herkunft auf Zukunft« ist eine gewagte Sache in puncto Orientierung, weil man dabei immer auf Spekulationen über die Zukunft angewiesen ist. Viele fachdidaktische Auseinandersetzungen hängen mit diesem Problemkomplex zusammen.

> »Im 18. Jahrhundert wird jedoch nach und nach deutlich, daß ein Kind ohne Vorbestimmtheit durch seine (ständische) Herkunft zu erziehen sei. Aus jedem Kind kann nun alles mögliche werden, und die Frage wird akut, wie in diesem Bereich offener Möglichkeiten Ordnung wiederzugewinnen sei. Die Pädagogik stellt sich von Herkunft auf Zukunft um, verliert eben damit aber die Anhaltspunkte, die in der Herkunft für die Zukunft gelegen hatten. Die modernen Erziehungslehren stellen darauf ab, daß die Heranwachsenden für ein Leben in der Gesellschaft ausgerüstet werden müssen mit Kenntnissen und Fertigkeiten, die sie nicht von selbst

und nicht in der Familie, sondern nur in Familien erwerben können. Diese Lehren kulminieren in der Idee der Bildung, die besagt, daß diese Teilnahmemöglichkeit an Gesellschaft, ja, an Welt, dem Einzelnen als Individuum vermittelt werden müsse, daß er frei darüber verfügen und Teilnahme als eigene verwirklichen könne.« (Luhmann, Niklas, & Lenzen, Dieter, 2004. Schriften zur Pädagogik. Frankfurt a.M: Suhrkamp. »Das Kind als Medium der Erziehung«: 160)

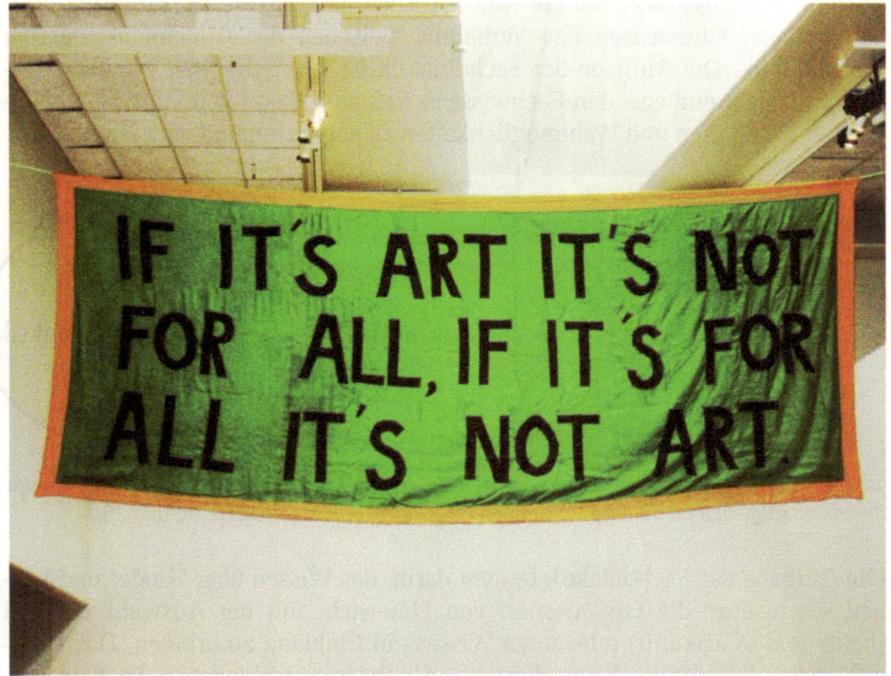

Abb. 3: Ausstellung im Länsmuseet Västernorrland in Härnösand, Frühjahr 2010

Studienfragen

- Diskutieren Sie verschiedene Aufgaben, die in der visuellen Bildung in verschiedenen Altersstufen gestellt werden können.
- Wie kann man auf die psychologische und soziologische Seite von Kristian Pedersens Modell zurückgreifen?
- Wie kann die historische Dimension einbezogen werden?
- Sehen Sie utopische Perspektiven?
- Nennen Sie gemeinsame Werte als Basis für utopische Vorstellungen.

- Diskutieren Sie den bekannten Ausspruch »Denn wenn es Kunst ist, ist sie nicht für alle, und wenn sie für alle ist, ist sie keine Kunst.« von Arnold Schönberg (Abb.3) im Hinblick auf die Kunstpädagogik.

Modell 2. Didaktische Grundeinstellungen – Nach Frede V. Nielsen und Ellen Krogh

In ihrem Buch *Almendidaktik og fagdidaktik* (Allgemeine Didaktik und Fachdidaktik – 2016) skizzieren die Autoren Ellen Krogh, Ane Qvortrup und Torben Spanget Christensen das Verhältnis zwischen der Allgemein- und der Fachdidaktik. Die Aufgabe der Fachdidaktik ist, ein Schulfach vor dem Hintergrund der grundlegenden Fachwissenschaft ausgehend von allgemeindidaktischen Kategorien und Wahlmöglichkeiten zu entwerfen und zu analysieren.

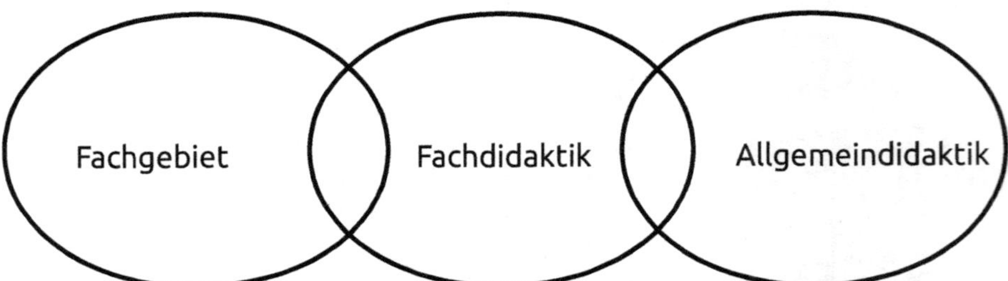

Abb. 4: Fachdidaktik wird als permanente Aushandlung (Didaktisierung) zwischen Grundfächern und allgemeiner Bildung verstanden (Quelle: Krogh et al., 2016: 30 und 79).

Die Aufgabe der Fachdidaktik besteht darin, das Wissen über Kinder und Lernen sowie über die Organisation von Unterricht mit der Auswahl fachlich (heute und in Zukunft) relevanten Wissens in Einklang zu bringen. Das Fachgebiet des Schulfachs Kunst besteht aus vielen verschiedenen Fächern, die eine Menge fachlicher Möglichkeiten eröffnen. Das Fach Kunst kann so gesehen mit allen anderen Fächern in der Schule zusammenarbeiten. Gerade in diesem Fach ist es wichtig, dass der Lehrer seine Unterrichtsplanung nachvollziehbar begründet und seine Absichten offenlegt, sowohl in der einzelnen Aktion im Unterricht wie auch in der längeren Perspektive. Dabei bieten die Kompetenzziele des Lehrplans Orientierungshilfen. Über diese gibt es unterschiedliche Auffassungen. Man kann Aspekte vermissen oder feststellen, dass konkrete Kompetenzbeschreibungen unzureichend sind. Lehrer im Fach Kunst müssen sich durch Fortbildungen und akademische Literatur (Bücher, Fachzeitschriften, Tageszeitungen, Blogs usw.) auf dem Laufenden halten. Das Fehlen eines einzigen grundlegenden Faches bedeutet auch, dass kein einzelner Fachdidaktiker die Lehrer umfassend über die neuesten Errungenschaften und Diskussionen in den einzelnen Bereichen auf dem Laufenden halten kann.

Krogh (Krogh et al., 2016: 49ff) bezieht sich auch auf die Kategorien der didaktischen Grundeinstellungen von Frede V. Nielsen. Nielsen (1942–2013), dänischer Musikforscher und promovierter Pädagoge, entwickelte ab 1971 eine Musikdidaktik, die auch für andere Fächer relevant ist. Unter anderem gibt er einen Überblick über zentrale didaktische Strömungen in der zweiten Hälfte des 20. Jahrhunderts, was uns die Gelegenheit gibt, einen Blick von ›außerhalb‹ auf das Fach Bild zu werfen.

- *Fachdidaktik* – Wissen wird von einem wissenschaftlichen Fach in ein Schulfach transformiert. Das wissenschaftliche Fach bietet den Rahmen für die Stoffauswahl. Häufig Lehrervortrag.
- *Ethno-Didaktik*: Der Fokus liegt auf den alltäglichen Erfahrungen der Schüler. Häufig Projektarbeit mit Anleitung.
- *Herausforderungsdidaktik*: Fokus auf globalen Problemen. Häufig Projektarbeit.
- *Existenzdidaktik*: Fokus darauf, was in der subjektiven Wahrnehmung der Beteiligten Sinn ergibt, oft auf der Grundlage philosophischer oder psychologischer Theorien. Häufig dialogisches Unterrichten.
- *Reflexionsdidaktik;* Der Fokus der Schüler liegt auf ihren eigenen Lernprozessen und dem Problem der Kontingenz, also der prinzipiellen Offenheit und Ungewissheit. Kurz gesagt bedeutet das, dass jede Wahl vorläufig ist und fortlaufend evaluiert und diskutiert werden muss. Häufig Projektarbeit unter Anleitung (Krogh et al., 2016).

Praxisformen

Krogh et al. (2016) sprechen eine Reihe zentraler allgemeindidaktischer Fragen zur Stoffauswahl und Unterrichtsorganisation durch den Lehrer an. Für die fachdidaktischen Überlegungen schlägt Krogh eine Unterscheidung zwischen *theoretischer, kultureller* und *rhetorischer Praxis* vor. Dabei wird jeder Praxis eine besondere Form des Wissens zugeordnet.

Die *theoretische Praxis* basiert auf Fachkenntnissen. Dieses Wissen stützt sich auf viele Quellen. Das Fach Kunst holt sich Anregungen aus Kunstgeschichte, pädagogischer Forschung, Kulturwissenschaft wie Anthropologie und Studien zur visuellen Kultur. Auch Mathematik kommt in Verbindung mit dem Aufbau des Bildraums und des räumlichen Verständnisses ins Spiel. Farbchemie basiert auf Naturwissenschaften. Wenn es um die Wechselwirkung zwischen Wörtern, Bildern und Ton geht, werden Theorien des Multimodalen verwendet. Diese basieren wiederum auf linguistischen Theorien und der sozialen Semiotik. Bei der Arbeit mit Layout kommt die Medienwissenschaft ins Spiel, kombiniert mit soziologischen Zielgruppentheorien und Theorien über die Wirkung von Kommunikation.

Beiträge zu den fachlichen Grundlagen

- Kunst
  Kunstgeschichte, künstlerische Arbeitsformen, visuelle Wirkmittel
- Handwerk
  Technik- und Materialkenntnisse
- Medien
  Visuelle Kommunikation
- Schule und Bildpädagogik
  Bildpädagogische Diskurse, Visuelle Kulturprojekte
- Sonstige kulturelle Einrichtungen
  Museumspädagogik, Bibliotheken, Kunstschulen, Hochschulen …
- Andere Disziplinen
  Pädagogik, Psychologie, Soziologie, Anthropologie, Philosophie, Kunsttheorie, Semiotik, Kommunikationstheorie und visuelle Kultur

WISSENSCHAFTSFORM
Theoretische Praxis

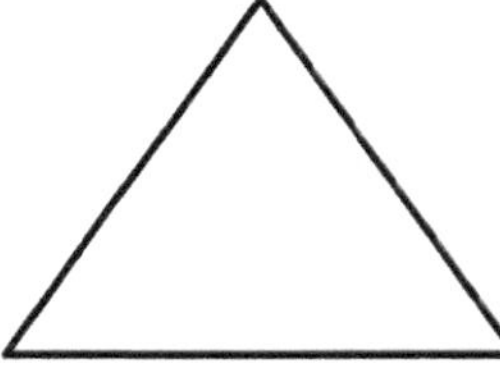

GENRE
Kulturelle Praxis

Arbeitsformen, z.B.

- Thematische Bildarbeit
- Bildbesprechung
- Visuelle Kultur-Projekte
- Paraphrase / Umarbeitung
- Bildbesprechungen
- Innovative Aufgaben
- Multimodale Übungen
- Übungen in Techniken
- Fokus auf Handlungsfelder
- Fokus auf Darstellungsformen
- Fokus auf Texte
- Fokus auf verschiedene Kompetenzbereiche

DISKURS
Rhetorische Praxis

- Diskussion von Lehrpläne
- Diskussion von Grenzen und Prioritäten des Fachgebiets
- Kollegialer Austausch auf Lernplattformen

Abb. 5: Fachdidaktisches Modell (inspiriert von Krogh u.a., 2016)

Die *kulturelle Praxis* enthält verschiedene »Unterrichtsgenres«, also Arten, das Fachs zu praktizieren. Der kulturelle Aspekt besteht darin, dass im Klassenzimmer unterschiedliche Kulturen auftreten, je nachdem, wie der Lehrer sich positioniert und den Unterricht methodisch angeht.

In der *rhetorischen Praxis* treffen verschiedene Fachauffassungen aufeinander. Hier wird über die Definition des Fachgebiets diskutiert, hier werden Lehrpläne erstellt und Diskussionen über Bewertungsformen im Fach geführt.

Im Modell (Abb. 5) besteht die kulturelle Praxis des Fachs sowohl in praktischer bildnerischer Arbeit als auch in Verbalisierung, die auf der theoretischen und rhetorischen Praxis des Fachs basiert. Das Lernen ist in praktischen visuellen Projekten verankert, entweder den eigenen der Schüler oder vorhandenen visuellen Phänomenen. Die Lehrerausbildung und die schulische Praxis beeinflussen sich mehr oder weniger gegenseitig. In der Lehrerausbildung gibt es darüber hinaus didaktische Anteile – es geht um das Unterrichten in und mit dem Fach Kunst.

Studienfragen

- Finden Sie Beispiele für verschiedene didaktische Modelle in verschiedenen Fächern, die Sie in der Lehrerausbildung haben oder hatten, das Fach Kunst inklusive. Kommen alle Grundauffassungen vor?
- Denken Sie an Ihr letztes Praktikum. Hat ein Betreuer zählen lassen, wie oft Sie sich in den verschiedenen Unterrichtsformen engagiert haben. Wie war das Verhältnis? Könnten Sie es sich anders vorstellen?
- Diskutieren Sie in der Gruppe, inwieweit sich Aspekte der Fachdidaktik, Ethno-Didaktik, Herausforderungsdidaktik, Existenzdidaktik und Reflexionsdidaktik, wie sie oben beschrieben werden, in aktuellen kunstpädagogischen Positionen finden lassen.

Modell 3. Ziele des Lernens – Kompetenzen

Bei der Planung des Unterrichts geht der Lehrer von den Lernzielen aus. In der Schule sind für alle Fächer Ziele festgelegt, derzeit meist als Kompetenzen. Diese sollen die Schüler in einem bestimmten Abschnitt ihrer Schulzeit erworben haben (z.B. Abb. 6). Obwohl diese Ziele als Kompetenzziele bezeichnet werden, d.h. Ziele für das, was im Bewusstsein der Lernenden geschehen soll, sind sie aus dem Wissensgebiet und der Praxis des Faches abgeleitet. Der Lehrer hat die Aufgabe, die Erwartungen des Auftraggebers, also des Staates und der Gesellschaft, durch Aktivitäten zu erfüllen, die nach seinem Urteil für die Schüler sinnvoll und relevant sind. Der Gegenstandsbereich des Faches Kunst ist breit gefächert, er umfasst alle visuellen Phänomene, die die Wirklichkeit der Schüler ausmachen, ihre Vorstellung von der Welt beeinflussen und Teil menschlicher Beziehungen und Kommunikation sind. Das macht die Auswahl zu einer großen Herausforderung. Diese Entscheidungen werden durch den fachlichen Dialog mit Kollegen, Eltern und Akteuren in der Gesellschaft sowie durch Diskussionen mit den Schülern getroffen, immer im Bewusstsein, dass auch andere Entscheidungen relevant und sinnvoll sein können.

Kompetenzbereich	nach der 2. Klasse	nach der 5. Klasse
Bildherstellung	Der Schüler kann sich in zwei- und dreidimensionalen sowie digitalen Bildern ausdrücken.	Der Schüler kann mit und in zwei- und dreidimensionalen so wie digitalen Bildern experimentieren und sich ausdrücken.
Bildanalyse	Der Schüler kann über eigene und fremde Bilder sprechen.	Der Schüler kann die Verwendung von Bildern in verschiedenen Kultur- und Fachbereichen beurteilen.
Bildkommunikation	Der Schüler kann mit Bildern kommunizieren.	Der Schüler kann Ideen und Bedeutungen visuell ausdrücken

Abb. 6: Vereinfachte gemeinsame Ziele für das Fach Bildkunst in Dänemark (Quelle: Undervisningsministeriet, 2014).

Dozenten in der Lehrerausbildung sind laut Studienplan einer Reihe von Kompetenzzielen verpflichtet. Für Schullehrer gelten die jeweiligen Lehrpläne. Die Kompetenzziele für die Lehrerausbildung sind meist allgemeiner als die detaillierten Wissens- und Kompetenzziele der schulischen Bildungspläne. Das didaktische Modell der dänischen Grundschule (Abb. 9) hat eine vertikale und eine horizontale Achse jeweils verbunden durch Doppelpfeile.

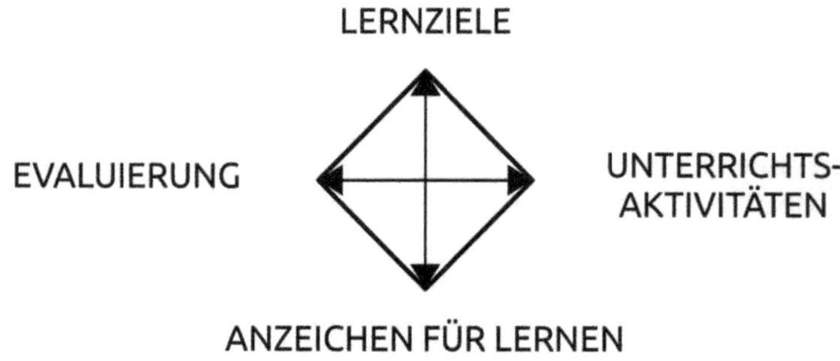

Abb. 7: Lernmodell des dänischen Unterrichtsministerium (emu.dk)

Kompetenzziele

Die Kompetenzziele sind verbindlich, während die Wissens- bzw. Fertigkeitsziele, die die Gesamtkompetenzziele definieren, Empfehlungen sind.

Das Lernmodell des dänischen Bildungsministeriums (Abb. 9) gilt für alle Fächern der Folkeskole.

Die Lernziele bestimmt der Lehrer auf der Grundlage seiner Kenntnisse über die Schüler und ihre schulische Entwicklung, sowie auf der Grundlage des Lehrplans und des Schulgesetzes. Zum Erreichen der Lernziele tragen konkrete Aktivitäten bei, die den Schülern Lernmöglichkeiten bieten. *Anzeichen für Lernen* sind im weitesten Sinne Äußerungen, an denen man erkennen kann, was die Schüler gelernt haben. Sie können vom Lehrer gemeinsam mit den Schülern vereinbart und formuliert werden. So wird deutlich, was zu lernen ist. Dabei ist es hilfreich, wenn der Lehrer mit seinen Schülern darüber redet, was Lernen bedeutet. Je besser die Schüler die Zwecke und Ziele verstehen, desto leichter verstehen sie Bewertungen und Benotungen.

In der dänischen »Anleitung für das Fach Bildkunst« wird der kompetenzorientierte Unterricht z.B. so konkretisiert:

»Ein Unterrichtsvorhaben im Fach Bildkunst basiert auf einer Aufgabe oder einem Thema und den Fertigkeits- und Wissenszielen, die im Zusammenhang mit den Unterrichtsaktivitäten stehen und in konkrete Lernziele heruntergebrochen werden, die der Aufgabe angemessen sind. Es gibt oft mehrere Lernziele, die für das Vorhaben relevant sind, dennoch es ist wichtig, den tatsächlichen Zweck des Vorhabens zu skizzieren. So können Konkretisierung und Auswahl von Lernzielen über die Fähigkeits- und Wissensziele hinaus auf einen konkreten Zweck für das Vorhaben hin ausgerichtet werden.« (Leitfaden zum Fach Bildkunst, Abschnitt 4. Vgl. emu.dk)

Das erweiterte Analysemodell für den Unterricht

Das erweiterte Analysemodell ist ein zusätzliches Instrument, um zu klären, worum es im Unterricht geht. Es hilft auch bei der Systematisierung der Auswahl bei der bildnerischen Praxis sowie bei der Bildbesprechung und -analyse. Das Bewusstsein für Wahlmöglichkeiten hilft den Schülern, ihre Absichten zu verstehen. Das Modell kann als Hilfsmittel verwendet werden, um zu klären, welche Aspekte in einem konkreten Unterricht im Zentrum stehen sollten. Wir empfehlen, schon vorher einige der Begriffe auszuwählen, damit den Schülern klar wird, worauf es jeweils ankommt.

INHALT
Wie ist das Thema zustande gekommen? **Was** wird thematisiert? eine Aufgabe, eine Form, eine Aussage, eine Frage

MATERIALIEN / TECHNIK			FORM	
Wie ist das Bild hergestellt? - Spuren setzen, zB. Zeichnen - Abdrucken, zB. Foto - Auswählen, zB. digitale Bilder	**Was** wird zur Bildherstellung verwendet? - Material - Technik - Format (2D, 3D, zeitlich - Techniken	**BILDER**	**Wie** ist die Form des Bildes? - Raum - Komposition - Farbe - Licht/Schatten - Kontraste - Textur - Bewegung	**Wie** ist die Bildauswahl? - fragmentiert - gesampelt - Zitate - Wiederholung - Variation - Genrebruch - Simulation

FUNKTION
Was sind Funktion, Aussage und Bedeutung des Bildes? **Wie** wird die Auswahl von Funktion, Aussage und Bedeutung bestimmt: Position und Bestimmung

Abb. 8: Erweitertes Analysemodell (Mie Buhl: Vejledning for faget billedkunst, emu.dk)

Das erweiterte Analysemodell (Abb. 8) besteht aus vier Hauptkategorien:

- Inhalt,
- Form,
- Funktion und
- Materialien / Technik.

Jede Kategorie enthält ein »Was« und ein »Wie«. Mit den vier »Was-Teilen« wird untersucht, woraus ein Bild besteht und welche Aussagen es macht. Damit lässt sich beobachten, wie Formqualitäten Bedeutungen und Aussagen bilden. Mit den vier »Wie-Teilen« werden die Wahlmöglichkeiten untersucht, die für die Aussagen und Funktionen des Bildes wichtig sind. Diese Teile sind besonders nützlich bei neueren Bildern, z.B. digitalen Spieluniversen, interdisziplinärer zeitgenössischer Kunst, wo z.B. Bilder der Wissenschaft untersucht werden müssen. Die verschiedenen Kategorien und Teile des Modells eignen sich als Einstieg in Bildproduktion und Bildbesprechungen. Es bestimmen Bild, Ort oder Produkt jeweils, wann und auf welche Weise die Was- und Wie-Teile relevant werden.

Zur Förderung der Reflexion kann man zusätzlich fragen, warum das Bild in der konkreten sozialen, künstlerischen und stilistischen Situation, in der das Bild entstand, so aussah wie es aussah, und warum es heute in einer konkreten Situation auftaucht, z.B. in einem Schulbuch oder Unterricht.

Studienfragen

- In welchen Situationen und zu welchen Zwecken werden Sie die Kompetenzbeschreibungen verwenden?
- Welche Rolle spielt die Lernplattform der Schule?
- Besteht Ihrer Meinung nach an den Schulen ein Konsens darüber, wie man die Kompetenzbeschreibungen im Unterricht verwendet?
- Vergleichen Sie Kompetenzbeschreibungen verschiedener Lehrpläne für eine Jahrgangsstufe. Wo gibt es Unterschiede, wo Gemeinsamkeiten? Diskutieren Sie Ihre Beobachtungen.

Modell 4. Visuelle Kompetenz bei ENViL

Eine Gruppe europäischer Fachdidaktiker aus visuell und praktisch orientierten Schulfächern, die oft »Kunst« und »Werken« heißen, haben zwischen 2012 und 2016 im Projekt CEFR_VL (Common European Framework of Reference for Visual Literacy) an der Entwicklung eines gemeinsamen europäischen Referenzrahmens für ›visual literacy‹ gearbeitet. Sie sind bzw. waren in ENViL, *European Network for Visual Literacy*, organisiert (envil.eu). Die Arbeit wurde von der EU im Rahmen des *Programms für lebenslanges Lernen* in den Jahren 2014 und 2015 unterstützt. (Arvedsen und Billmayer waren daran beteiligt).

Die Gruppe veröffentlichte im Oktober 2016 einen Bericht in Buchform mit dem Titel *Gemeinsamer Europäischer Referenzrahmen für Visual Literacy – Prototyp* (Wagner & Schönau, 2016). Wir finden diese Arbeit so interessant und relevant, dass wir die oben genannten Kompetenzen aus der Arbeit von ENViL hier vorstellen und ergänzen. Sie passen problemlos zu den oben genannten Kompetenzen. Das Angebot von ENViL enthält verschiedene Aspekte, die jeder Lehrer bei der Formulierung der Ziele seines Unterrichts kombinieren kann.

ENViL bezeichnet Literacy als eine Kompetenz, die auf drei Säulen beruht:

Wissen – Fähigkeiten – Einstellungen

Literacy bedeutet nicht nur, dass man etwas kann, sondern auch bereit ist, in einer komplexen demokratischen Gesellschaft entsprechend zu handeln.

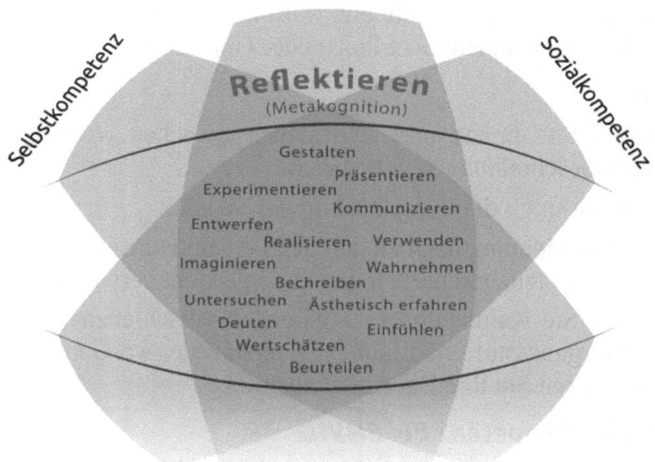

Abb. 9: Kombination der drei Modelle von ENViL

Während das Konzept der Kompetenz in Dänemark auf Kenntnissen und Fähigkeiten basiert, denkt die ENViL-Gruppe mit Einstellungen oder Verhaltensweisen eine weitere Bildungsdimension mit (Abb. 9). Sie beruft sich damit auf die bekannte Kompetenzdefinition von Franz Weinert. Visuelle Kompetenzen sind nicht abstrakt, sie entfalten und zeigen sich jeweils in konkreten Situationen. Sie werden im Hinblick auf Herausforderungen und Möglichkeiten, die sich stellen oder bieten, erworben (ENViL, 2016: 98ff).

Vier Leitideen bestimmen die Aufgaben und Ziele der Schule:

- Bürgerschaftliches Engagement,
- Persönliche Entfaltung,
- Sozialer Zusammenhalt und
- Beschäftigungsfähigkeit.

Visual Literacy zeigt sich in konkreten sozialen Situationen. Sie wird im Hinblick auf solche Situationen erworben. Die grafische Hervorhebung von »Persönliche Entfaltung« im Modell beruht auf den Ergebnissen einer Untersuchung europäischer Lehr- und Bildungspläne (Kirchner & Haanstra,2016; Kirchner &alt. 2016). In so gut wie allen Lehrplänen wird die persönliche Entfaltung des Individuums als zentral genannt.

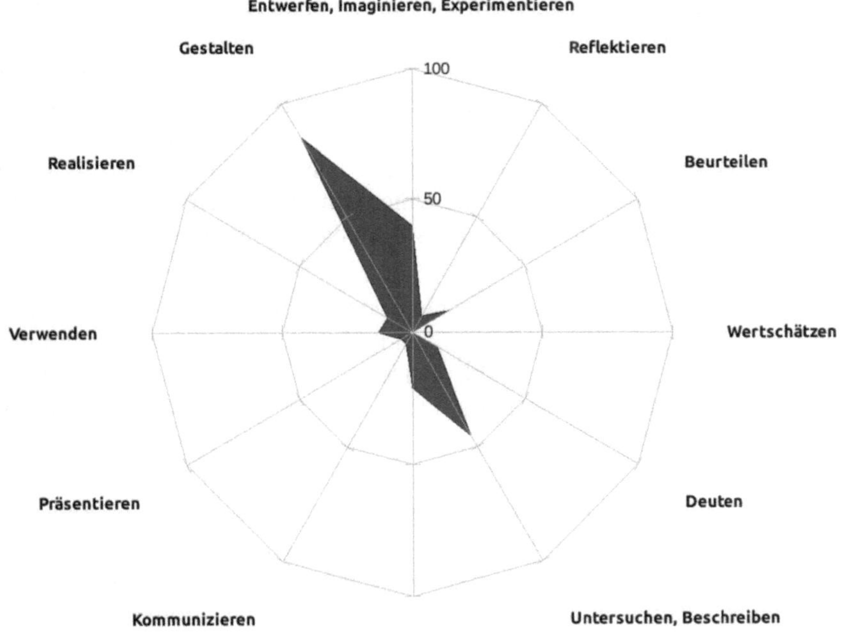

Abb. 10: Verteilung von Teilkompetenzen: Wie werden Teilkompetenzen in Lehrplänen abgebildet? Im Beispiel eine Analyse des Kunstlehrplans von Berlin-Brandenburg von Ernst Wagner. Hier wird deutliche (Quelle: Dias zu einem Workshop in Potsdam 2017.

Selbst-, Methoden- und Sozialkompetenz sind grundlegend für die visuellen Kompetenzen. Bei *Selbstkompetenz* geht es um Wissen und Sprache, um die eigenen Gefühle, Einstellungen und Werturteile zu formulieren. *Methodenkompetenz* ist wichtig, da die visuelle Kompetenz in verschiedenen fachlichen Kontexten unterschiedliche Methoden erfordert. *Sozialkompetenz* ist wichtig, weil wir mit den visuellen Äußerungen kommunizieren und Kommunikation immer in einem sozialen Raum stattfindet. Visual Literacy bezieht sich sowohl auf die Rezeption wie die Produktion von visuellen Äußerungen. Diese beiden Aspekte sind auch in europäischen Lehrplänen entsprechend vertreten. Visual Literacy wird gefördert durch Metakognition, also durch die Fähigkeit, die eigene Produktion und Rezeption zu beobachten und darüber zu reflektieren.

Visual Literacy basiert auf einer Reihe von Teilkompetenzen, die alle an die jeweilige Person und an die Situation gebunden sind, in der sich die Kompetenz zeigt. Dies bedeutet, dass die Einschätzung der visuellen Kompetenz von Kenntnissen, Fähigkeiten und Einstellungen des Schülers in bestimmten Situationen abhängt. Kompetenz ist also weniger etwas, das erreicht werden kann, sondern eher eine Bereitschaft zu qualifiziertem Handeln in bestimmten Situationen. Dies hat Auswirkungen auf die Vorbereitung des Unterrichts, da dieser idealerweise wirklichkeitsnahe Situationen schaffen sollte, in denen die Schüler ihr Wissen, ihre Fähigkeiten und ihre Einstellungen erwerben und testen können, als Bürger in einer demokratischen Gesellschaft zu agieren. Die Teilkompetenzen helfen dabei, visuelle Kompetenzen zu diagnostizieren und gegebenenfalls ihre Entwicklung kompetent zu unterstützen. Das betrifft sowohl die Unterrichtsplanung wie einzelne Unterrichtsaktivitäten im konkreten Unterricht wie auch die Lehrpläne und das Bildungssystem eines Landes als Ganzes.

Ernst Wagner hat Lehrpläne in verschiedenen Bundesländern auf das Vorkommen von Teilkompetenzen mit einer quantitativen Textanalyse (Worthäufigkeiten) untersucht. Das Beispiel (Abb. 10) zeigt das Ergebnis für den Lehrplan von Berlin-Brandenburg. Mit Hilfe dieser Methode lassen sich Diskussionen über Prioritäten versachlichen.

Mit den Teilkompetenzen lassen sich aber auch eigene und fremde Jahrespläne qualitativ vergleichen, ebenso etwa Aufgaben in Schulbüchern oder Zeitschriften. Die Ergebnisse zeigen, welche Kompetenzbereiche eher betont und welche eher vernachlässigt werden. Davon ausgehend kann über die Verteilung der Kompetenzbereiche Bildproduktion, Bildanalyse und Bildkommunikation diskutiert werden. Aus der obigen Berlin-Brandenburg-Studie geht hervor, dass der praktische Bildarbeit offenbar ein viel höheren Stellenwert beigemessen wird als anderen Teilkompetenzen.

Eine Untersuchung von praktischen Aufgaben in Schulbüchern für die Sekundarstufe 1 und 2 hat gezeigt, dass vor allem *Gestalten* und *Realisieren* angesprochen und *Experimentieren* oder *Kommunizieren* dagegen kaum (Gräßle, 2017).

Ebenen	*Lehrer plant ausgehend von Situationen*	*Schüler lernen durch Umformen (redesign)*	*Was sind Anzeichen des Lernens?*
KONTEXT	in den Bereichen: - persönlich - öffentlich - Beruf	Wie zeigt sich das Lernen in unterschiedlichen Situationen und unterschiedlichen Optiken? - Der Schüler hat dafür Verwendung - Andere können dies nutzen - Verschiedene Sichtweisen, die der Schüler einnehmen kann	Kompetenzen - Kenntnisse, Fertigkeiten, Einstellungen - Selbstkompetenz - Sozialkompetenzen - Methodenkompetenz
REPRÄSENTATION **WAS**	Es geht um: - Menschen - Orte - Ereignisse - Zeit	Worum geht es bei der Aufgabe? Kritisches Verständnis	Welche Teilkompetenzen kommen dabei ins Spiel?
RELATION **FÜR WEN**	- Welche Bilder? - Was können die Schüler? - Was machen die Schüler? - Mit wem? - Wie?	Was bedeutet die Aufgabe für den Schüler? (Thema) Was bedeutet das für andere? ⇩ Wie kann der Schüler das an der Aufgabe gelernte in seinem Leben brauchen? Wie verstehen andere mein Bild? Konstruktion von Bedeutung (meaning making)	- Beziehungskompetenzen - Selbstkompetenzen - Sozialkompetenz - Wie erleben Schüler die Rezeption ihrer Bilder? - Wie nehmen andere Leute die Bilder auf?
Komposition Layout LERNEN/ redesign **WIE**	- Vorbilder - Forschung - Ausgewählte Techniken und Materialien	Wie gestaltet der Schüler sein Bild? Motiv, Medien, Materialien, Technik und Komposition zeigen konkret, was gelernt wird.	Metalinguistische Kompetenz: Der Schüler kann mindestens die Wahl zwischen zwei Alternativen beim Bildermachen erklären. Wird eine andere Version des Bildes ein anderes Lernen ermöglichen? Methodenkompetenz

Abb. 11 Im Modell steht der Kontext (was, für wen und wie) in der 1. Spalte. Die 2. Spalte befasst sich mit der Planung, die 3. mit der Fähigkeit des Schülers zu verstehen und die 4. mit der Bewertung. Nach dem Modell haben wir eine Vielzahl von Studienfragen zusammengestellt, die auch als Vertiefung des Modells gedacht sind. Die Punkte im Modell haben je nach theoretischem Ansatz unterschiedliche Farben: Blau = ENViL, Rot = Jon Callow, Grün: Kress & Selander.

Ein Planungs- und Bewertungsmodell

Im obigen Modell (Abb. 11) haben wir die Konzepte in eine Reihe von Fragen übersetzt, die dem Lehrer bei der Planung von Unterricht, bei dessen Durchführung und Evaluierung helfen.

Das Modell geht von einem Thema aus, das für die Schüler relevant ist und wichtige gesellschaftliche Fragen behandelt.

Die Spalten zeigen die Planung, Durchführung und Bewertung des Lehrers, während die Zeilen zeigen, in welchem Kontext das Fach verstanden werden kann, sowie die drei Metafunktionen: Repräsentation (ideelle Metafunktion), Relation (interpersonelle Metafunktion) und Lernen / Neugestaltung (textuelle Metafunktion) (Kress & van Leeuwen, 2001). Die Idee, Lernen als Neugestaltung von Informationen und als Bereitschaft zum Handeln durch den Lernenden zu verstehen, stammt von Kress & Selander (2012). Lernen wird also als kreativer, schöpferischer oder transformativer Vorgang verstanden. John Callows Ansatz (Callow, 2008) eröffnet eine differenzierte Beschreibung des emotionalen Zugangs des Schülers sowie der interpersonalen und relationalen Aspekte des Lernens (siehe auch Mulvad 2009, Mathiesen 2007). Diese Elemente sind wichtig für den Aufbau einer Didaktik für demokratische Bildung, die explizit bei ENViL und in entsprechenden Schul- bzw. Unterrichtsgesetzen genannt werden.

Das Modell hilft, einen systematischen Überblick über relationale und bildungsmäßige Aspekte zu gewinnen. Hiermit hoffen wir, auch Werkzeuge zum Nachweis dafür zu liefern, wie eine allgemein-didaktische Frage wie etwa der Aufbau von sozialen Beziehungen in einem Fach wie Kunst umgesetzt werden kann.

Planung

- Aufgabe – eventuell schriftlich so formulieren, dass sie sich für eine Prüfung eignet.
- Idee
- Welche Bereiche sind betroffen, woher holt der Lehrer den Stoff?
- Welche Situationen sind für die Bildarbeit der Schüler relevant?
- Welche Situationen sind als Inspiration relevant? Wie können Schüler auf diese Situationen zugreifen?
- Wo gibt es (theoretische) Informationen zu den Situationen?
- Wie kommen Selbstkompetenz, Sozialkompetenz und Methodenkompetenzen aus dem ENViL-Modell ins Spiel?
- Wie ist deren Gewichtung?

- Welche Teilkompetenzen werden berücksichtigt? Warum?
- Ein Diagramm mit dem Kompetenzprofil des Unterrichtsvorhabens zeichnen.
- Welche Faktoren, Personen, Orte, Ereignisse und Zeiten bzw. Anlässe werden berücksichtigt?
- Mit welchen Arten von Bildern und Objekten sollen die Schüler arbeiten?
- Welche Fertigkeiten benötigen die Schüler zur Lösung der Aufgabe?
- Welche Einstellungen zu Arbeit und Zusammenarbeit werden Ihrer Vorstellung nach angesprochen? Welche möchten Sie fördern?

Unterricht und Verständnis

- Arbeiten die Schüler alleine oder in Gruppen? Welche unterschiedlichen Möglichkeiten gibt es?
- Erleben die Schüler eine Aufgabe als relevant? Welche Relevanzkriterien wenden Sie an?
- Wie können Sie die Schüler dazu bringen, zwischen verschiedenen Auffassungen (Standpunkten) hin und her zu wechseln?
- Wie können Sie kritisches Lernen stärken, z.B. die Schüler dazu bringen zwischen verschiedenen Formulierungen oder Interpretationen der Aufgabe zu unterscheiden?
- Was trägt Ihrer Meinung nach zum affektiven Lernen der Schüler bei? Was kann die Schüler dazu bringen, sich mit der Aufgabe zu beschäftigen?
- Welche Bedeutung kann die Arbeit für die Beziehung der Schüler zu anderen Schülern, dem Lehrer und zu anderen Personen außerhalb der Schule haben?
- Wie setzen die Schüler das Beziehungswissen in visuellen Ausdruck um?
- Bekommen die Schüler Kenntnisse und einen Überblick über verschiedene Möglichkeiten, sich visuell auszudrücken?

Evaluierung des Unterrichts

Metakognitives Verständnis

- Was können Anzeichen für kritisches, relationales und kompositorisches Lernen sein?
- Wie lassen sich Ihrer Ansicht nach die wichtigsten Teilkompetenzen erkennen?

- Wie Einstellungen oder Arbeitshaltungen?
- Können Sie im Zusammenhang mit Ihrem Projekt erläutern, wie es sich auf die Selbstkompetenz der Schüler auswirkt?
- Wie lassen sich Beziehungsfähigkeiten der Schüler erkennen?
- Inwieweit können die Schüler zwischen verschiedenen Medien (Fotografie, Malerei, Video, Zeichnung, ...) wählen?
- Inwieweit können die Schüler ihre Wahl begründen?
- Können die Schüler Fachausdrücke bei ihrer Argumentation verwenden?

Studienfragen

- Interviewen Sie drei Kunstlehrer und vergleichen Sie, was sie darüber sagen, was im Fach wichtig ist.
- Sehen Sie sich Ihre eigene Planung für ein Praktikum im Fach Kunst an und zeichnen Sie ein Diagramm, das Ihre Prioritäten hinsichtlich verschiedener Teilkompetenzen zeigt. Gibt es Übereinstimmung mit dem Lehrplan? Und mit Ihren eigenen Vorstellungen davon, worum es im Unterricht im Fach Kunst gehen soll?

KAPITEL 7
ÄSTHETISCHE LERNPROZESSE

Der Begriff *Ästhetik* und der damit zusammenhängende Theoriekomplex war in der Geschichte des Bildfaches von großer Bedeutung. Die *Ästhetik* hat dazu beigetragen, den Gegenstand des Faches zu definieren und es als spezielles Kunstfach zu legitimieren, explizit in der *Kunstpädagogik* (siehe Kapitel 4). Selbst wenn sich das Fach wie in der Medienpädagogik und der kritisch konstruktiven Bildpädagogik an der Gesellschaft orientiert hat, hat *das Ästhetische,* meist verstanden als Kunstbild, die Rolle des positiven Parts übernommen. Den negativen Part übernahmen die Bilder der Medien, die als kommerziell, schädlich und manipulativ bewertet wurden. Das heißt, die *Ästhetik* wurde normativ als Maßstab dafür verwendet, was als ›gute Bilder‹ galt. Diesen wurden besondere formale Qualitäten und ein besonders tiefer und komplexer Inhalt als Bild zugeschrieben, der spezifische Erkenntnisse ermöglicht. Hierin hat man, wie gesagt, den besonderen Bildungswert der als Kunst definierten Bilder gefunden.

Im bild-*pädagogischen* Kontext war das Ästhetische deshalb von großer Bedeutung, weil es *spezielle Lernprozesse* bot, die als *ästhetische Lernprozesse, ästhetische Erkenntnis* und / oder *ästhetische Erfahrung* bezeichnet wurden. In den historischen Kapiteln 4 und 5 haben wir diese Positionen schon dargestellt. Wegen dieser historisch zentralen Bedeutung für das Fach Kunst haben wir uns entschlossen, ihm hier ein eigenes Kapitel zu widmen.

Ästhetische Lernprozesse und kritisch konstruktive Bildpädagogik

In den 1990er-Jahren entstand ein großes Interesse an ästhetischen Lernprozessen. Mit diesen versuchte man das spezifische Lernen zu erklären, das sich ergeben kann, wenn man an offenen Aufgaben mit subjektiver Herangehensweise arbeitet. Dabei schaute man besonders auf die Innovation und die spezifischen Möglichkeiten, die visuelle Medien dabei bieten.

Der kulturhistorische Hintergrund war der rasche Wandel von der antiautoritären und gesellschaftsorientierten Rebellion der 1960er und 1970er-Jahre hin zu erstarrenden bürgerlichen Normen. Die Krisenstimmung der 1970er und 1980er-Jahre führte zur postmodernen Aufgabe der großen gemeinsamen Ideen und infolge dessen zur nach innen gerichteten Suche nach freier individueller Entwicklung.

Man kritisierte nun bürgerliche Ideologien und oberflächliche Bildung und distanzierte sich von der sozialistischen Gleichschaltung. Es kam zu einem raschen Wandel. Umfang und Verfügbarkeit wissenschaftlichen und technischen Wissens entwickelten sich so schnell, dass es sinnlos war, ein bestimmtes Pensum zu lehren bzw. zu lernen. Stattdessen setzte man auf die eigene Wissenskonstruktion der Lernenden. Man sprach von Verantwortung für das eigene Lernen und vom sozialen Konstruktivismus, bei dem sowohl Identität als auch Wissen im Zusammenhang mit den sozialen Gruppen konstruiert werden, denen man angehört.

In diesem Klima der 1980er und 1990er-Jahre beschäftigte sich der Pädagoge Hans-Jörg Hohr gemeinsam mit dem Fachdidaktiker Kristian Pedersen theoretisch mit den spezifischen Lernprozessen, die passieren, wenn man bewusst an der Form einer Äußerung arbeitet, sei sie ein Gemälde, ein Musikstück oder ein Gedicht. Die Theorie der ästhetischen Lernprozesse gab dem Fach Bildkunst und anderen ästhetischen Fächern ein eigenes theoretisches Fundament.

Hohr und Pedersen versuchten, den Widerspruch aufzuheben zwischen *analytisch-diskursivem Denken* und einer *gefühlsmäßigen, sinnlichen Herangehensweise*, die oft mit einem künstlerischen Verständnis der Welt in Verbindung gebracht wird (Hohr & Pedersen, 1996). Sie führten dabei eine dritte Kategorie ein, das *Erlebnis*. Dieses kann – ohne diskursiv zu sein – Sinneseindrücke und Emotionen mit Erinnerungen und einer Art Reflexion verbinden, die – ohne unbedingt logisch zu sein – Sinnhaftigkeit im Umgang des Einzelnen mit der Welt schaffen. Dieses Erlebnis wird durch die Auseinandersetzung mit menschengemachten und beabsichtigten Äußerungen erreicht, sowohl bei der aktiven Produktion, also bei der Gestaltung, als auch bei der Rezeption, also beim Betrachten oder Hören. Ein Erlebnis ist die mehr oder weniger bewusste Erfahrung einer Sequenz von Sinneseindrücken. Hohrs Beitrag war in erster Linie erkenntnistheoretisch. Für ihn stellte das Erlebnis eine Verbindung ›des Unsagbaren‹ mit einem sinnvollen und absichtlichen Ausdruck her. Mit dem analytischen Ansatz kann man einem Erlebnis eine verbal reflexive Ebene hinzufügen.

Pedersen formulierte eine fachdidaktische Theorie darüber, wie unterschiedliche Ausdrucksformen, etwa Naturalismus, Impressionismus und Expressionismus, dem Praktiker verschiedene Möglichkeiten bieten, Wahrnehmung und Erlebnis in eine Gestaltung umzusetzen, sie angemessen auszudrücken und mitzuteilen. Die Schüler sollten ihre Umgebung durch Beobachtung studieren und die verschiedenen künstlerischen und kulturellen Gestaltungsmöglichkeiten nutzen, um sich in der Bildsprache auszudrücken, die ihre Kultur zur Verfügung stellt. Dies kann in der Praxis zu Bildanalysen, Bildbesprechungen und

Reflexionen darüber anregen, wie die Bildproduktion dem Gestalter ein neues Verständnis des Motivs vermittelt.

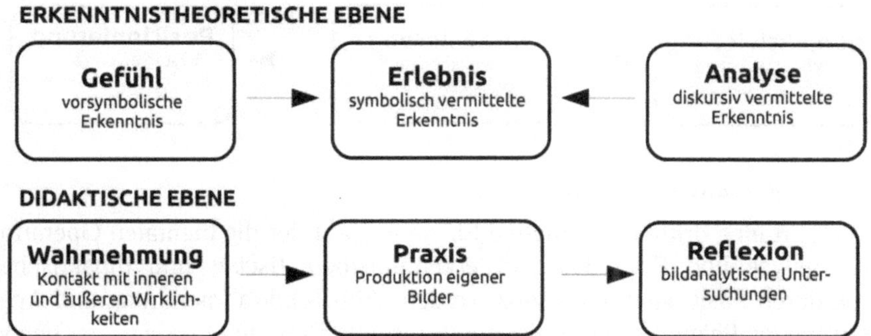

Abb. 1: Modell von Hohr und Pedersen in der Fassung von Helene Illeris (Illeris, 2007).

Ästhetische Lernprozesse als performatives Lernen

Im Jahr 2017 aktualisierte die Fachdidaktikerin Helene Illeris diesen Denkansatz im Artikel *Æstetiske Læreprocesser, udfordringer i en senmoderne virkelighed* (Ästhetische Lernprozesse - Herausforderungen in der spätmodernen Realität). Sie untersucht, welche Herausforderungen eine spätmoderne Wirklichkeit für die von Hohr & Pedersen vorgeschlagene didaktische Praxis aufwirft. Diese Wirklichkeit ist dadurch gekennzeichnet, dass es Kindern und Jugendlichen schwer fällt, sich für etwas zu engagieren, das sie nicht direkt etwas angeht (Illeris, 2007). Sie baut auf dem deutschen Jugendwissenschaftler Thomas Ziehe auf, der die »Enttraditionalisierung« von Kindern und Jugendlichen in der Spätmoderne beschreibt. Hier sind Normen und Rahmenbedingungen elastisch und junge Menschen gezwungen, Normen gegenüber Stellung zu beziehen, die früher das feste Fundament der Kultur bildeten. Daher kann man nicht erwarten, dass Schüler sich für eine Kunstausstellung interessieren, bloß weil sie Kunst präsentiert. Sie brauchen einen direkten Zugang zur Ausstellung, um sich zu engagieren. In Bezug auf das obige Diagramm (Abb. 1) bedeutet das, dass Sinneswahrnehmung und Kontakt zu inneren und äußeren Realitäten von diesem subjektiven Zugang überlagert werden. lleris schlägt vor, dass das Fach diese Voraussetzungen bei den Schülern berücksichtigen sollte, indem es ihnen Anlässe gibt, sich in Bezug auf die im Unterricht präsentierten Bilder und visuellen Phänomenen zu positionieren. So bat sie die Schüler anlässlich eines Museumsbesuchs, vor Kunstwerken Selfies zu machen, damit sich die Schüler nicht allein auf die Werke beziehen, sondern auch auf ihre Selbstinszenierung vor den Werken.

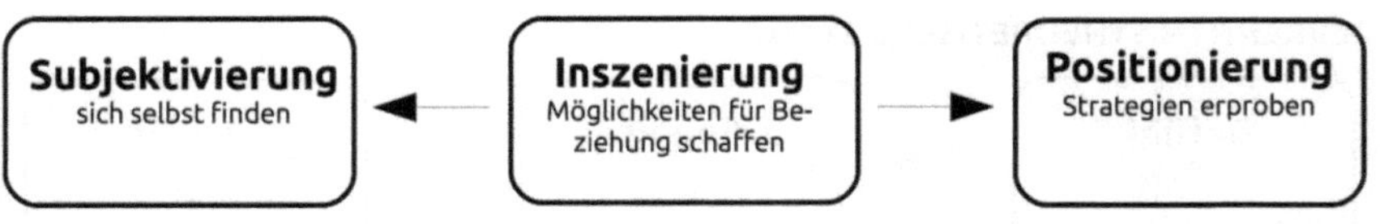

Abb. 2: Performative Ebene (Illeris, 2007)

Illeris führt eine dritte performative Ebene ein, auf der die mentalen Operationen, Analyse und Reflexion, auf erkenntnistheoretischer und didaktischer Ebene durch Positionierung ersetzt werden (Abb. 2). Wahrnehmung und Analyse visueller Phänomene werden durch visuelle Ereignisse ersetzt, bei denen die Schüler aktiv mit dem Stoff umgehen.

Ästhetische Lernprozesse als fächerübergreifende Lernform

In den letzten 20 Jahren wurden viele Angebote für fächerübergreifende Lernmöglichkeiten gemacht. Es ging dabei um von der Kunst inspirierte Vorhaben in Fächern wie Kunst, Musik, Theater und anderen. Das Buch *Visuel kulturpædagogik* (2011) von Mie Buhl und Ingelise Flensborg beschreibt ästhetisches Lernen als eine Form von Erkenntnis. Es wird zwischen Fach und Fachlichkeit unterschieden. Ein Fach ist das, was passiert, wenn Kunst auf dem Stundenplan steht. Der Begriff Fachlichkeit bedeutet dagegen, visuelle Kompetenzen generell in allen Schulfächern einzusetzen. Diese Fachlichkeit kann den Status eines allgemeinen didaktischen Prinzips annehmen, wenn die schulischen Akteure die Visualisierung als eine übergreifende Herausforderung und Lernmöglichkeit in allen Fächern erkennen.

Dies ist sowohl ein allgemein-didaktisches Problem, bei dem es darum geht, welche Formen von Erkenntnissen in den verschiedenen Bereichen des Bildungssystems anerkannt werden, als auch ein fachdidaktisches Problem, das sich mit der Auswahl von Stoffen und Lehrmaterialien im Fach befasst.

Es stellt sich zunächst die Frage, welche besonderen Erkennungsmöglichkeiten bildsprachliche Formen bieten. Dann geht es darum, wie diese mit Wörtern, Zahlen, Gesten und anderen Sprachformen verbunden werden können, um eine differenziertere Wahrnehmung der jeweiligen Sinneseindrücke zu gewinnen. Die weit verbreitete Verwendung von »Skizzieren« oder »visueller Protokollierung« zeigt, dass Zeichnen eine Möglichkeit bietet, z.B. Probleme in sozialen Prozessen zusammenzufassen und zu kategorisieren (siehe z.B. *Billedpædagogisk Tidsskrift* 1, 2017).

Die Entscheidung, welche Erkenntnisformen bei der Unterrichtsvorbereitung und beim Lernen der Schüler verwendet werden sollen, ist eine allgemeindidaktische Frage in jedem Unterricht. Ebenso können ästhetische Lernprozesse in den meisten Fächern als mögliche Erkenntnisformen angesehen werden. Ausschlaggebend ist, ob ästhetisches Lernen tatsächlich produktiv ist und zum Erreichen der Ziele beiträgt.

Ästhetisches Lernen ist nicht auf bestimmte Fächer begrenzt. Es ist jedoch eine wichtige fachdidaktische Aufgabe, im Fach Kunst zu untersuchen, welche Arten von Erkenntnis und Lernen durch verschiedene Formen produktiver und rezeptiver Beschäftigung mit visuellen Äußerungen und Ereignissen möglich sind. Ein Beispiel ist Pedersens oben genannter Hinweis darauf, wie unterschiedliche Stile innerhalb der Malerei mit unterschiedlichen Erkenntnismöglichkeiten für Schüler zusammenhängen.

Ästhetische Lernprozesse als pädagogische Werkzeuge

Wie beschrieben, kann ästhetisches Lernen als mediatisierte Erfahrungen bzw. Erlebnisse und performative Prozesse verstanden werden, wie dies beim Verständnis des Begriffs bei Hohr & Pedersen und Illeris der Fall ist. Das heißt, Eindrücke, Erfahrungen, Gefühle, Gedanken usw. zeigen sich in einer bestimmten Modalität (Kress, 2010; Billmayer, 2017) bzw. in Ausdrucksformen wie Literatur, Musik, Tanz bzw. Bewegung, Bildern, Performativität usw. Man kann davon ausgehen, dass die verschiedenen Ausdrucksformen im Lauf der Zeit unter den Bedingungen der Arbeitsteilung entstanden sind und mit ihren besonderen Ausdruckspotentialen jeweils ihre ›besondere‹ Sicht auf die Welt ermöglichen (mehr in Kapitel 12 über Multimodalität). Ästhetisches Lernen ergibt sich aus der Transformation des Eindrucks in den Ausdruck. Weiter gilt, dass die reflexive Nachbearbeitung, das Sprechen über den Ausdruck, notwendig ist, damit aus Lernen Erkenntnis wird (Skov, 2009). Ästhetisches Lernen kann auch auf der Seite des Eindrucks, also der Rezeption passieren. Man kann eine ästhetische Erkenntnis erlangen, indem man eine Äußerung rezipiert, indem man auf der Grundlage der ›Interpretation‹ der Welt durch andere eine besondere Erfahrung macht oder Erkenntnis gewinnt. So etwas passiert etwa, wenn wir einen Film oder ein Theaterstück sehen, ein Buch lesen, eine Ausstellung besuchen usw.

So gesehen beschreiben *ästhetische Lernprozesse* das, was bei der Auseinandersetzung mit Bildern passiert. Sie bezeichnen *keine* pädagogische Norm für die Qualität des Unterrichts. Ästhetisches Lernen stärkt die Fähigkeiten, sich visuell auszudrücken.

Eine wichtige Pointe dabei ist, dass bestimmte Kategorien von Bildern und visuellen Phänomenen, wie z.B. Bilder der Kunst, nicht bevorzugt werden können, um die ästhetischen Lernprozesse zu fördern. Ästhetisches Lernen kann bei der Produktion eines Dokumentarfilms genauso wie bei einem sogenannten Kunstvideo passieren, und ebenso bei der Gestaltung eines Logos oder einer Homepage für einen Fußballverein.

Die Theorie von den *ästhetischen Lernprozessen* taugt nicht dazu, Bilder der Kunst als besonders privilegierte Bildformen herauszustellen. Es ist uns wichtig darauf hinzuweisen, dass ästhetisches Lernen nicht den Bildern der Kunst vorbehalten ist, sondern in allen Prozessen auftritt, bei denen durch die Umsetzung in das jeweilige Medium Eindrücke in Ausdrücke und Ausdrücke in Eindrücke verwandelt werden. Andernfalls wäre ästhetisches Lernen milieuspezifisch, also nur jenen zugänglich, die sich mit Kunst beschäftigen.

Allein die Tatsache, dass im Unterricht *ästhetisches Lernen* passieren kann, ist noch kein Qualitätsstempel. Es ist es nicht gleichgültig, wie man den Unterricht angeht. Es reicht nicht aus, darauf hinzuweisen, dass vermutlich ästhetische Lernprozesse stattfinden, denn das wird leicht zu einem anything goes-Argument. Man kann ein Gedankenexperiment machen, bei dem man nachzuweisen versucht, wann bei der Arbeit mit Bildern keine ästhetischen Lernprozesse auftreten. In einem Forschungsprojekt am Zentrum für Weiterbildung (CVU) in Groß-Kopenhagen versuchten in den Jahren 2005-06 mehrere Dozenten des Faches Bildkunst zu untersuchen, was passiert, wenn Studierende oder Schüler mit ästhetischen Lernprozessen arbeiten. Ein Problem der Studien war, dass der Begriff *ästhetische Lernprozesse* selbst auf einer Hypothese über unbewusste psychologische Prozesse beruht, die es unmöglich macht, empirisch genau zu unterscheiden zwischen dem, was ästhetische Lernprozesse sind, und dem, was etwas anderes ist. Lise Tang interviewte Studierende nach einem Unterricht in Bildkunst. Dabei stellte sich heraus, dass es sich wohl um ästhetisches Lernen handelte, das jedoch erst durch die anschließende Analyse und Besprechung als solches identifiziert werden konnte. Frants Mathiesen untersuchte den Sprachgebrauch von Studenten am Ende ihrer Ausbildung und stellte fest, dass sie allgemein-didaktische Begriffe verwendeten, um die Prozesse zu beschreiben, die als ästhetisches Lernen bezeichnet werden könnten. Außerdem hatte sich der Begriff ästhetisches Lernen nicht in ihrem Denken niedergeschlagen. Birgitte Eriksen konnte bei einigen Schülern an freien Kunstschulen flow-ähnliche Zustände nachweisen, die der Theorie ästhetischen Lernens entsprechen. Insgesamt zeigte die Studie, dass die Theorie von Hohr & Pedersen wohl erkennbare Prozesse beschreibt, aber dass es schwierig ist, diese Theorie als Instrument für empirische Studien zu verwenden (Mathiesen, 2006). Wir wissen, dass man in die Gestaltung eines Bildes vertieft sein kann, sich dabei sehr kreativ fühlt und hinsichtlich sich selbst und der Welt klüger wird, aber auf einer Evidenz-Ebene ist es kaum möglich nachzuweisen, ob dabei ästhetische Lernprozesse vorkommen und worin genau sie bestehen.

Daher reicht es nicht, den eigenen Unterricht durch den Hinweis zu rechtfertigen, dass man ästhetische Lernprozesse auslöst. Es ist immer noch die Aufgabe des Lehrers, sich über Absichten und Lernpotentiale des konkreten Unterrichts klar zu sein. D.h. auf die Probleme und Möglichkeiten von Bildern und visuellen Phänomene zu achten, die wir in Teil 3 behandeln.

Eine Konsequenz aus dieser Überlegung ist unsere Entscheidung, von Bildkategorien, Funktion, Stil, Faszination, visuellen Wirkmitteln usw. auszugehen, nicht allgemein von Ästhetik als etwas, das bei Bildern oder Lernprozessen bei den Schülern auftritt.

Aber was ist mit dem Komplexen, dem Besonderen, dem Unaussprechlichen?

Die Konsequenz aus dem oben Gesagten bedeutet nicht, Begriffe wie Komplexität, Schönheit, Sinnlichkeit, Faszination bzw. Verführung, Transzendenz bzw. Unsagbarkeit im Unterricht grundsätzlich abzulehnen und zu vermeiden. Diese Begriffe werden häufig mit sogenannten künstlerischen bzw. ästhetischen Erfahrungen in Verbindung gebracht. Sie sind teilweise brauchbar und notwendig, um über Erlebnisse mit und Untersuchungen von Bildern, visuellen Phänomenen und visuellen Ereignissen zu sprechen. Sie helfen bei Diskussionen, aber sie sind keine inhärenten Eigenschaften, die der Lehrer den Schülern zeigen und vermitteln muss.

Wie arbeiten wir also mit dem Komplexen, dem Besonderen, dem Unsagbaren und dem Transzendenten? Dem, was (vielleicht) die Welt größer macht und unsere Augen öffnet? Dem, was überhaupt von einem Bild bleibt, auch wenn es bis in den letzten Winkel analysiert ist? Dem, was mehr Fragen stellt als beantwortet, dem, was nicht zu Ende interpretiert werden kann, sondern ein unlösbares Wunder bleibt? Es gibt gute Gründe, im Unterricht diese Sichtweise als eine unter vielen zu nutzen.

Komplexität und Unsagbarkeit: Visuelle Darstellungen und Phänomene, Literatur, Film, Theater usw. haben einen mehr oder weniger hohen Grad an Komplexität und Offenheit, deren Bedeutungen man gemeinsam suchen kann, ohne die endgültige Bedeutung zu finden. Das setzt interessante Prozesse in Gang; man entdeckt z.B., dass jeder ein Bild aufgrund seiner eigenen unterschiedlichen Erfahrungen anders versteht. Man kann von einer Art *Komplexitätskontinuum* sprechen, das von eher eindeutig zu eher mehrdeutig, offen und transzendent geht.

Bal und Brysons Theorie der *ongoing semiosis*, einer unendlichen Sinnzuschreibung, als Resultat von Erörterungen, Diskussionen und anderen wie etwa physischen Verhaltensweisen gegenüber einem Bild oder einem visuellen Phänomen können bei der Jagd nach Transzendenz oder Unsagbarem einen Beitrag leisten (Bal & Bryson, 1991). Bei Bildern wie Texten gibt es verschiedene Grade der Offenheit im Werk selbst und bei dessen Deutung. Man kann sagen, dass es Teil der beabsichtigten Praxis bei der Auseinandersetzung mit Bildern ist oder sein sollte, darüber nachzudenken, welche Möglichkeiten für Erfahrungen und Verständnis dem Betrachter zur Verfügung gestellt werden. Man kann es auch als bildsprachliche Kompetenz bezeichnen, sich des Grads der Offenheit in einem Werk bzw. seiner Rezeption bewusst zu sein. Mit dem Aufkommen des modernen Kunstbegriffs seit Ende des 18. Jahrhunderts gehört es zum Spiel in der Kunst, Bilder zu entwerfen, die offene Interpretationen nahelegen.

Andere für den Unterricht relevante Begriffe zur Arbeit mit dem Komplexen, Transzendenten und Unsagbaren sind *Faszination*, *Verführung* oder *Punctum* (Roland Barthes). Sie können dazu beitragen, uns vorurteilsfrei für das zu interessieren, was uns unterhält, uns fesselt, uns zum Nachdenken bringt, uns wegen einer bestimmten Form von Schönheit oder Überraschung den Atem nimmt, uns eine intensive, tiefe Erfahrung bzw. ein gutes Lachen ermöglicht. Das Körperliche und die unmittelbare Sinnlichkeit sind andere mögliche Zugänge (siehe Kapitel 20). Der Fokus auf die vielen Arten der Verführung und Faszination trägt dazu bei, Zugänge zu sich selbst und zu anderen, sowie zu vielen Arten von Bildern und visuellen Phänomenen zu ermöglichen, ohne im Urteil an eine Qualitäts- oder Geschmackshierarchie gebunden zu sein.

Studienfragen

- Beschreiben Sie sich gegenseitig eine Situation, in der Sie Lernen erlebt haben (unabhängig von Fach oder Situation).
- Wo ähneln sich Ihre Erlebnisse, wo unterscheiden sie sich?
- Welche allgemeinen Aussagen über die Erfahrung von Lernen generell lassen sich formulieren?
- Erzählen Sie sich gegenseitig, bei welcher Gelegenheit Sie von einem Bild oder einem anderen visuellen Phänomen fasziniert oder überwältigt waren. Überlegen Sie dann gemeinsam, welche Faktoren zu dieser Faszination geführt haben.

KAPITEL 8
BILDER UND VISUELLE PHÄNOMENE AUS DER SICHT DES SOZIALEN KONSTRUKTIVISMUS UND DER VISUELLEN KULTUR

Im gesamten Buch wird das Begriffspaar ›Bilder und visuelle Phänomene‹ verwendet. Zunächst werden wir beide Begriffe genauer erklären. Der Begriff *Bilder* bezieht sich auf die Repräsentation von etwas, wobei viele oft an eine zweidimensionale Darstellung denken. In der traditionellen Fachdidaktik werden Bilder als Darstellungen betrachtet, die flächig, räumlich oder digital sein können. Dieses Buch verwendet den Begriff *visuelle Phänomene* für die vielen verschiedenen Phänomene, auf die wir uns durch Sehen beziehen können. Phänomene, so verschieden wie z.B. ein Feuerwerk, eine Aussicht von einem Berg, eine Unterrichtsstunde in einer Klasse, Körpersprache und Körperdekoration, Landschaften, Bilder der Kunst, öffentliche und private Räume, Fremdenverkehrswerbung, Rituale wie Hochzeiten und das Verhalten von Fans bei Sportveranstaltungen. So gesehen sind Bilder Unterkategorien u.a. von visuellen Phänomenen (Arvedsen & Illeris, 2011).

Fachdidaktisch gesehen bedeutet dies, dass das Fach zu einem sehr breiten visuellen Fach wird. Es geht um alle visuellen Phänomene dieser Welt auf dieselbe Weise, wie sich das Fach Deutsch um alle Textkategorien und -genres kümmert. Das wird im Folgenden ausführlich behandelt.

Bilder und visuelle Phänomene aus sozial-konstruktivistischer Sicht

Sozialer Konstruktivismus

Der soziale Konstruktivismus ist eine soziologische Metatheorie, sie hat offene Ränder (https://de.wikipedia.org/wiki/Sozialkonstruktivismus). Wir erörtern ihn nicht ausführlich und umfassend, sondern heben die Aspekte hervor, die wir im fachdidaktischen Zusammenhang für wesentlich halten.

Ein Eckpfeiler des sozialen Konstruktivismus als Philosophie und Wissenschaftstheorie ist die Idee, dass die menschliche Erkenntnis ein soziales Konstrukt ist, d.h. dass sie das Ergebnis der Gesellschaftsentwicklung, der Kultur, der Geschichte und der Zeit ist, in der wir leben. Beispielsweise wird die Geschichte selbst laufend umgeschrieben und neu interpretiert, nicht nur aufgrund neuen Wissens, sondern in hohem Grad aufgrund der Theorien, Sichtweisen und Interessen, mit denen sie analysiert wird. Diese wiederum sind abhängig von der jeweiligen Gegenwart, in der die Geschichte geschrieben wird. Dadurch wird viel Wissen relativiert. Klarerweise gibt es Abstufungen. Medizin und Technik weisen einen geringen Grad an Relativität auf. Medizinische Diagnosen sollten möglichst eindeutig, und Gebäude und Brücken möglichst sicher sein. Nichtsdestotrotz müssen wir davon ausgehen, dass das Wissen auch in den Naturwissenschaften heute nur dem jeweiligen aktuellen Stand entspricht und nicht zeitlos ist. Medizinische Diagnostik und Behandlung ändern sich im Laufe der Zeit: Heute soll man nach einer Operation nicht mehr still liegen und sich erholen, sondern seinen Körper möglichst bald wieder in Bewegung bringen. Der plötzliche Kindstod wurde vom Dogma verursacht, dass es für Säuglinge gut ist, auf dem Bauch zu liegen. Heute weiß man, dass das zum Ersticken führen kann. Als dann die Eltern darauf achteten, dass die Babys wieder auf dem Rücken schliefen, wurde der plötzliche Kindstod schlagartig ›abgeschafft‹. Im Bereich Ernährung und Gesundheit ändern sich die Forschungsergebnisse bzw. Empfehlungen rasant. Lebensmittel, die als gefährlich oder ungesund eingestuft werden, können plötzlich freigesprochen werden: Eier können wieder nach Belieben gegessen werden, ohne das Risiko einer Erhöhung des Cholesterinspiegels.

In der visuellen Kultur basieren nur die wenigsten visuellen Objekte und Phänomene auf einer ›wissenschaftlichen‹ Theorie. Die meisten haben keine feste und universelle Bedeutung. Bedeutungen entstehen und ändern sich im Laufe der Zeit. Hier wird für das Fach ein sozial-konstruktivistischer Ansatz relevant.

»Daher wird Wissen gleichzeitig als Ausdruck des Kontextes und als Werkzeug zu seiner Veränderung angesehen. Es handelt sich um einen Relativismus, der in unterschiedlichem Maße auftritt. Anstatt die Bedeutung von Phänomenen zu verstehen, möchte man verstehen, wie Phänomenen Bedeutungen zugewiesen werden, und erklären, wie diese Bedeutungszuweisung zustande kommt« (Egholm. 2014: 148).

Beispiel 1: Auch künstlerische Programme können von historischen Irrtümern betroffen sein. In zwei bedeutenden Perioden der Kunst, der Renaissance und dem Neoklassizismus, ging man davon aus, dass die antiken griechischen und römischen Skulpturen, die oft erst nach Jahrhunderten bei Ausgrabungen im Schutt gefunden wurden, weiß oder naturfarben waren. So galten in der Renaissance und im Neoklassizismus ›Reinheit‹ und Schönheit des Marmors als Ideal. Deshalb wurden Skulpturen in diesem Geist und Geschmack hergestellt (vgl. Thorvaldsens Skulpturen). Das Beispiel Tilman Riemenschneider zeigt, dass diese Vorstellung von ›Materialität‹ auch auf Holz übertragen wurde. Spätere Forschungen haben dann gezeigt, dass die griechischen und römischen Skulpturen im Original in kräftigen Farben bemalt waren, die der Zahn der

Zeit entfernt hat. Das liefert auch eine gute Erklärung dafür, dass diese Skulpturen anstatt der Augen leere Höhlen haben. Die Augen wurden nicht skulpiert, sondern gemalt oder eingelegt mit Emaille oder Silber (Sørensen, 2013).

Beispiel 2: Die Art und Weise, wie man visuell kommuniziert, ändert sich im Laufe der Zeit ebenso wie die Geschmacksvorlieben in einer Gesellschaft. In den 1980er-Jahren waren PKWs scharfkantig und Grün war damals beliebt. Nachdem das weiße Auto viele Jahre lang unmodern war, kam es in den 2010er-Jahren wieder auf. Plötzlich waren die Autos, die in den Ausstellungsräumen des VW-Konzerns in Berlin ausgestellt waren, weiß. Die Autos sind außerdem in den Formen runder geworden: ›cuteness‹ als visuelle Geschmackspräferenz!

Ebenso werden die Frontpartien von Traktoren runder (Abb. 1).

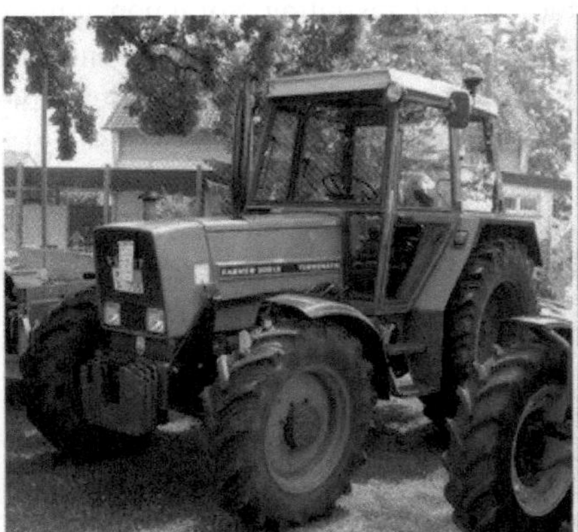

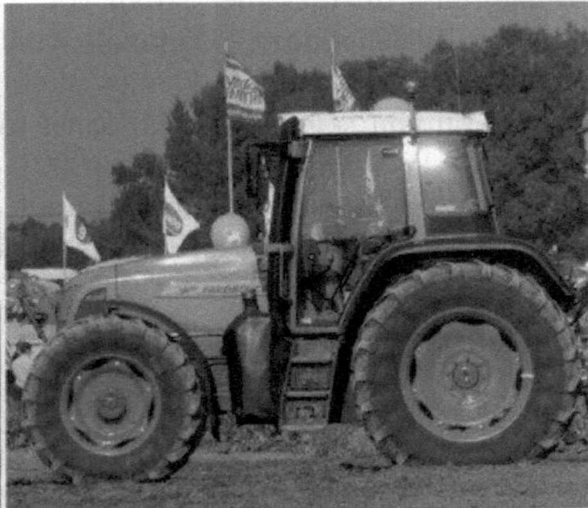

Abb. 1: Frontpartien von Traktoren werden zunehmen rund, zum Vergleich zwei Modelle der Marke Fendt.

Die Beispiele verdeutlichen Aspekte des sozialen Konstruktivismus: Wissen ist nicht immer universell. Im fachdidaktischen Kontext ist wichtig: die Auffassung von gutem Geschmack, Schönheit und Ästhetik ist vom konkreten Kontext abhängig und nicht von universellen Werten.

Wie im obigen Zitat erwähnt, beinhaltet dieser Ansatz nicht nur einen Determinismus. Denn, weil wir die Welt in ihrem aktuellen Kontext verstehen können, gewinnen wir auch Mittel, um die Welt zu ändern. Auf diese Weise sind Schüler nicht nur passive Nutzer der visuellen Kultur, sondern beeinflussen sie jeweils als Mitspieler.

Zentrale Aspekte des sozial-konstruktivistischen Ansatzes bei der Untersuchung sozialer und kultureller Phänomene sind kultureller Raum, soziale Klasse, soziales Milieu, Geschlecht, Alter und historische Zeit. Hier präsentieren wir sie in Kurzform und beziehen sie auf die bildende Kunst.

Kultur

Für Niklas Luhmann ist Kultur » … das Gedächtnis der Gesellschaft, also der Filter von Vergessen/Erinnern und Inanspruchnahme von Vergangenheit zur Bestimmung des Variationsrahmens der Zukunft« (Luhmann, 1997: 588). Diese Idee lässt sich auf jedes soziale System anwenden, auf Paarbeziehungen ebenso wie auf ganze Gesellschaften.

Der globale Aspekt: Die Welt wird in allen Bereichen immer globaler. Wenn irgendwo auf der Welt Baggy Pants oder hautenge Jeans in Mode kommen, kann dies schnell zu einem globalen Phänomen werden. Die Zeiten, in denen man Nationalität oder regionale Zugehörigkeit von jemanden an der Kleidung erkennen konnte, sind weitgehend vorbei.

Auch die zeitgenössische Kunst ist international bzw. global geworden in dem Sinne, dass oft dieselben Arten von Medien und visuellen Sprachen gelten, wie z.B. Installationen, relationale Kunst, Video und Performances. Inhalt und Probleme in den Werken können allerdings von regionalen oder lokalen Themen bestimmt sein. Man kann daher sagen, dass zeitgenössische Kunst »glokal« ist (Haagemann & Høholt, 1999). Der aus Jugoslawien stammende Konzeptkünstler Mladen Stilinović bringt es auf den Punkt: *AN ARTIST WHO CANNOT SPEAK ENGLISH IS NO ARTIST (Acryl auf Kunstseide, 140x420 cm, 1992)*

AN ARTIST WHO CANNOT
SPEAK
ENGLISH IS NO ARTIST.

Replik von FB 2021

Der lokale Aspekt: Natürlich gibt es national und regional immer noch kulturelle Unterschiede. In ein und demselben Land aber gibt es darüber hinaus viele verschiedene (Sub-)Kulturen, die möglicherweise über Landesgrenzen hinweg größere Communities bilden. Beispiel: Hells Angels und Bandidos. Deren Dresscode und visuelles Design sind nicht nur markant und weltweit ähnlich, sondern werden auch von den Rocker-Gruppen gleichsam als Markenzeichen gepflegt und ›patentiert‹, so dass andere, außerhalb des Milieus, ihr visuelles Auftreten nicht verwenden dürfen. Auch in der Körpersprache gibt es lokale Eigenheiten: Gestik und Mimik unterscheiden sich von Land zu Land mehr oder weniger (*Politiken* 29.9.2016).

Es gibt auch große Gemeinschaften, wie Länder oder Staaten, die sich nicht in jeder Beziehung visuell von anderen unterscheiden. Zum Beispiel müssen wir alle wenigstens die europäischen Verkehrszeichen verstehen können. Länder wie Deutschland oder Dänemark können im Verhältnis zu Europa und der westlichen Welt aber auch als lokale Kultur gesehen werden, etwa hinsichtlich der Siedlungskultur, der Ortsbilder oder der Vorlieben für Wohnungseinrichtungen. Grenzüberschreitende soziale Gemeinschaften können dabei stärker sein als landesspezifische.

Geschlecht, soziale Schichten und Alter

Die Bilder und visuellen Phänomene, die einen ansprechen bzw. faszinieren, hängen auch von den jeweiligen sozialen Verhältnissen und Bedingungen ab. Der Wohn- und Kleidungsstil unserer Großeltern unterscheidet sich mehr oder weniger stark von unserem. Das jeweilige Alter und damit die Biografie des Einzelnen spielen eine wichtige Rolle.

Was als guter Geschmack gilt und was in unseren sozialen Kreisen kulturelles Kapital schafft, hängt auch davon ab, welchen Platz wir in der Gesellschaft einnehmen. In der oberen Mittelschicht und in der Oberschicht können Bang & Olufsen-Anlagen zum Status gehören, obwohl sie nachweislich nicht besser sind als andere High-End-Anlagen. Sie sind teuer, unverwechselbar im Design und werden deshalb mit Status verbunden. Im Kleingärtnerverein gelten eigene Codes für guten Geschmack und Gemütlichkeit. In einer auf Schnitzel spezialisierten Gaststätte wird das Essen anders präsentiert als in einem Haubenrestaurant.

Auch das Geschlecht spielt eine wichtige Rolle dabei, wie wir die Welt sehen und erleben. Die These vom männlichen *pornografischen* Blick im Vergleich zum eher *erotischen* Blick von Frauen, ist ein Beispiel für verschiedene Arten des Sehens und Erlebens von Männern und Frauen.

In diesem Sinne gibt es Verbindungen zwischen Ansichten der *kritisch konstruktiven Bildpädagogik* hin zur *interaktiven Sozialisation*, bei der das Kind lernt, an der visuellen Kultur teilzuhaben, aber sie auch zu beeinflussen.

Eine wesentliche Pointe der sozial-konstruktivistischen Sichtweise auf Bilder und visuelle Phänomene besteht darin, dass wir über eine Vielzahl unterschiedlicher kultureller und sozialer Gemeinschaften sprechen können, die ihre jeweilige Sichtweise darauf hin konstruieren, was in ihrer jeweiligen Kultur als interessant, schön, qualitätvoll, geschmackvoll und prestigeträchtig gilt.

Diese Parameter werden zwischen den beteiligten Parteien ständig ausgehandelt und verändert.

Daher ist es im pädagogischen Kontext der Visuellen Kultur wichtiger, verschiedenen Kulturen und Gemeinschaften offen und forschend zu begegnen, als sich auf der Grundlage von Annahmen über das gute Bild in Bezug auf den Geschmack wertend zu verhalten. Es geht um die Parameter und Absichten, die in der jeweiligen visuellen Kategorie im jeweiligen Kontext eine Rolle spielen. Wie erwähnt, können die Kontexte variieren zwischen sehr eng, wie z.B. die Einstellung zu und die Verwendung von Servietten beim Mittagessen in der dänischen Mittelschicht, bis hin dazu, wie man im globalen Kontext Leute dazu bringt, Cola zu kaufen oder das Thema Klimawandel visuell zu kommunizieren.

Im Kapitel 19, wo es über den ›Blick‹ und unsere Art und Weise des Sehens geht, werden diese Fragen ausführlicher behandelt.

Bilder – eine persönliche und/oder kulturelle Sprache?

Die Sprache der Bilder ist also aus sozial-konstruktivistischer Sicht eine kulturelle Sprache, die man wie die gesprochene durch Interaktion mit der Umwelt erwirbt; nämlich durch Nachahmen, Üben, Anwenden, Korrigieren und Lernen in verschiedenen sozialen Kontexten. Die verschiedenen visuellen Medien, Genres, Bildkategorien mit jeweils eigenen Konventionen, Codes, Spielregeln und Ausdrucksmöglichkeiten werden im Lauf der Zeit erlernt in der Begegnung und Auseinandersetzung mit der visuellen Welt. Beim Lernen internalisiert man Ähnlichkeiten und Strukturen von Bildern und visuellen Phänomenen, die Kategorien und Genres mit gemeinsamen Merkmalen bilden. Kleine und große Unterschiede werden wahrgenommen und verinnerlicht, und nach und nach werden die erworbenen Fähigkeiten beherrscht, so dass man sie zunächst nachmachen und schließlich sogar übertreten und parodieren kann. Das Kind lernt, dass Spielregeln, Inhalte und visuelle Sprachen unterschiedlich sind, wenn es um das Verstehen des Verkehrs und der Verkehrszeichen, um das Aufdecken und Dekorieren für einen Kindergeburtstag oder um das Anschauen und Lesen eines Bilderbuches geht.

Ein Kind, das mit anderthalb Jahren adoptiert wurde, war schon über drei Jahre alt, bevor es den Bilderbuchcode geknackt hatte. In seinen ersten 18 Monaten im Waisenhaus gab es wenig sprachliche oder visuelle Anregungen. Es verstand lange Zeit die Darstellung einer Katze in einem Bilderbuch als zwei verschiedene Katzen. Doch es war dieselbe Katze in einer zeitlichen Abfolge. Ein anderes Adoptivkind, das zum Zeitpunkt der Adoption drei Monate alt war, ging problemlos von ›Zeigebüchern‹ zu Bilderbüchern über. Es konnte viel früher verstehen, dass es sich beim oben erwähnten Beispiel um eine Bilderzählung handelte. Hier geht es also um die Aneignung spezieller visueller und narrativer Konventionen in einem Bilderbuch und nicht um eine angeborene visuelle Kompetenz.

Mit dieser kulturorientierten Sichtweise vor Augen kann der Versuch des Kindes, sich visuell auszudrücken, als Versuch angesehen werden, in der visuellen Kultur mit seinen jeweiligen motorischen, kognitiven und erfahrungsbezogenen Fähigkeiten so gut wie möglich zu kommunizieren. Diese Sicht unterscheidet sich von der Reformpädagogik, die die Bilder des Kindes als persönlichen Ausdruck verstanden hat. Damit ist nicht gesagt, dass Bilder von Kindern nicht einzigartig und charmant in all ihrer Unvollkommenheit und persönlich im Inhalt sein können. Aber es führt oft zu Fehlinterpretationen der Absichten des Kindes und damit zu einer Laissez-faire-Einstellung gegenüber der Entwicklung der Bildsprache des Kindes. Man muss davon ausgehen, dass es wie bei der gesprochenen Sprache etwas so klar wie möglich erzählen und kommunizieren möchte. Wie beim Erwerb der Sprache, wo Kinder Wörter und Sätze schon lange verstehen, bevor sie selbst sprechen, so verstehen Kinder Bilder lange bevor sie imstande sind, diese herzustellen. Kinder lernen durch Ausprobieren und Nachmachen. Das heißt nicht, dass jedes Bild automatisch zur Kommunikation gedacht ist.

Grundsätzlich geht es darum, visuelle Fähigkeiten zu erwerben, mit denen kommuniziert werden kann, d.h. das Kind soll den Gebrauch visueller/bildsprachlicher Konventionen, Codes und Spielregeln lernen, die in der visuellen Welt und Kultur gelten, in der es aufwächst. Wie bei der gesprochenen Sprache soll die Bildsprache als Voraussetzung dafür erworben werden, sie auszuprobieren, mit ihr zu spielen, ihr zu widersprechen, Genres zu befolgen und zu übertreten und ihr im eigenen bildnerischen Gestalten eine persönliche Note zu verleihen.

Eine Bildsprache oder mehrere?

Ist dieser Ansatz dann nicht eine Rückkehr zum guten alten Formalismus, den wir aus der Kunstpädagogik kennen (s. Kapitel 4 und 5)? Die Schüler lernen etwas über zweidimensionale Bilder (Farben, Linien, Formen, Oberflächen, Kompositionen), räumliche Formen (Prinzipien und Regeln der Skulptur), Fotos (Winkel, Entfernungen usw.) und Bewegtbilder (Kamerabewegungen, Schnittrhythmen usw.). Hat man sich so nicht eine Bildsprache angeeignet? Kaum, weil es in unseren visuellen Kulturen ein Meer von Konventionen, Codes und Spielregeln gibt, die abhängig sind von Zeit, Ort, sozialem Kontext, der Art der visuellen Phänomene und davon, um welches Genre und um welche Kategorie es geht.

Auch in der Kunst ist keine Rede von einer allgemeinen Formensprache, mit der man alle Bilder entziffern kann. Wenn Marco Evaristti einen Mixer mit einem Goldfisch darin als absurdes Bild zweier unterschiedlicher Objekt- bzw. Lebenswelten verwendet (s. Kapitel 13 zur Bedeutungsbildung), interessieren zunächst weder das Aussehen noch die besonderen ästhetischen Eigenschaften, sondern die Tatsache, dass es sich um einen Fisch in einem Mixer handelt. Die Form des Mixers spielt eine untergeordnete Rolle. Wichtig ist seine Funktion und die Vorstellung, was passiert, wenn man ihn einschaltet.

Das Gewand der Jungfrau Maria ist immer blau. Blau ist die Farbe des Himmels, in den die Jungfrau aufgefahren ist. Unabhängig davon, ob Blau eine kalte Farbe ist, wie es die traditionelle Farbtheorie beschreibt. Es geht um den symbolischen Wert und den Wiedererkennungswert. Zum symbolischen Wert kam früher auch noch der materielle hinzu. Das blaue Pigment wurde aus dem Halbedelstein Lapislazuli gewonnen.

Die Entwicklung der Kunst von einem Stil zum anderen wird oft als heftiger Kampf zwischen Einstellungen, Werten, Ästhetik- und Geschmackseinstellungen geführt, in dem die Ansichten früherer Generationen abgelehnt werden. Außerhalb der Kunstwelt hat z.B. Kasper Heiberg bereits in den 1970er Jahren darauf hingewiesen, dass unterschiedliche Farbpaletten in verschiedenen Teilen der visuellen Kultur eine Rolle spielen, z.B. Farbpaletten bei Autos und in der Pornografie (Heiberg, 1975).

Who decides beauty? Was ist Kunst – und was nicht?

Aus sozial-konstruktivistischer Sicht und unter Bezugnahme auf Bourdieus Begriff des *kulturellen Kapitals* lässt sich sagen, dass das, was als Kunst wahrgenommen und ausgestellt wird, eine Frage der Positionierung im sozialen System und damit der Macht ist. Wer hat die Macht zu definieren und zu entscheiden, welcher bzw. welche Kunstdiskurse aktuell gelten, was ausgestellt und was (an)gekauft wird und welchen Wert Werke und Künstler haben? Wer hat damit die Macht darüber, wer und was im Bereich der Kunst inkludiert und was exkludiert werden soll? (dazu Vilks, 2001).

Wie erwähnt, kann man keine objektiven, essentiellen, zeit- und kulturunabhängigen, den Werken inhärente Qualitäten behaupten. In der traditionellen westeuropäischen Kunstgeschichte werden Werke aus bestimmten Epochen und Kulturen als Kunst bezeichnet, obwohl sie nicht als solche gemacht wurden (Christensen, 1999: 25-44). Dies gilt z.B. für Gegenstände mit ritueller Funktion aus dem Mittelalter oder der Dritten Welt. Gleichzeitig werden andere Perioden, Kulturen, Regionen und weibliche Bildproduzenten, deren Werke auch als Kunst angesehen werden könnten, ausgeschlossen oder marginalisiert.

> »Es könnte schließlich sein, daß wir es bei der Kunstgeschichte – die als akademische Disziplin bekanntlich aus der Begeisterung für die Kultur des Cinquecento erwachsen ist – nicht nur mit einer höchst respektablen Wissenschaft, sondern, neben vielem anderem, auch mit einer riesigen, beeindruckend institutionalisierter Fankultur zu tun haben – mit allen Vor- und Nachteilen.« (Demand, 2010: 23)

Bilder aus der Zeit vor dem 15. Jahrhundert wurden von Handwerkern angefertigt, deren Namen oft nicht bekannt sind. Im Laufe der Zeit wurde ihnen jedoch von Kunsthistorikern ein besonderer künstlerischer Wert zugeschrieben (vgl. Billmayer, 2021a). Andererseits erwähnen nur wenige kunsthistorische Bücher die nationalsozialistische Kunst Deutschlands oder den sozialistischen Realismus der Sowjetunion. Diese Stile werden von der kanonisierten Kunstgeschichte diskret ausgesondert, obwohl sie dezidiert als Kunst gemacht worden sind. Die Kunstbewertung basiert auf komplexen und nicht immer transparenten Kriterien, die unter dem Einfluss der in der jeweiligen Zeit herrschenden Auffassungen bzw. Diskursen stehen. Einige dieser Diskurse werden als naturgegebene Umstände dargestellt, wie sie z.B. bei der verzerrten Geschlechterverteilung, bei der Vergabe von Stipendien und anderen Arten der Anerkennung herrschen.

Wenn die Frage *Who decides beauty?* aufgeworfen wird, führt die Antwort vom Rahmen der Kunst weg zu einer Diskussion der gesellschaftlichen Werte. Dies bedeutet nicht, dass das, was in Museen und Galerien als Kunst produziert und ausgestellt wird, keinen komplexen bildpädagogischen Wert hat. Die Kunst ist jedoch bildpädagogisch nicht privilegiert gegenüber anderen Bildformen und visuellen Phänomenen. Die übrige visuelle Kultur bietet genauso viele Potenziale an Erkenntnis, Erlebnis, Sinnlichkeit, ästhetischer Erfahrung, reflexiver Fähigkeit und anderem, was auch immer der Kunst sonst noch zugeschrieben wird.

Museen, Ausstellungsorte oder Kunstbücher schaffen einen gehobenen Wertehorizont gegenüber den Werken. Man begegnet ihnen dort mit einer besondere Aufmerksamkeit und Betrachtungsweise. Dieser speziell ausgerichtete ›Kunstblick‹ lässt sich mit Gewinn auch auf andere Bereiche der visuellen Kultur anwenden:

»Die Blicke flanieren durch das kolossale Angebot an Bildern, und die meisten Bilder strömen fast unbemerkt vorbei. Sie werden nicht auf ihre Komplexität hin untersucht, sondern nur im Hinblick auf ihre Bedeutung. Kulturell hat sich eine Polarisierung entwickelt zwischen den Bildern, bei denen Zeit in Wahrnehmung und Analyse investiert wird, und den flüchtigen Alltagsbildern. Traditionell war diese Unterscheidung eine Unterscheidung zwischen Bildern der Kunst und solchen der Nichtkunst. Mit dem Austausch zwischen den verschiedenen Bereichen ergibt sich die Möglichkeit, wahlweise die Rahmen zu verschieben, durch die wir die Bilder betrachten. Die Rahmen können somit zwischen Genres und Bereichen verschoben werden. Visuelle Überraschungen, Schocks und spektakuläre Bilder, die intellektuelles und affektives Engagement des Betrachters erfordern, können zwischen den verschiedenen Bereichen hin- und hergeschoben werden« (Jensen, 1999: 337; vgl. dazu auch Billmayer, 2005).

Diese Sichtweise führt zu einem didaktischen Denken, das verschiedene Bildkulturen unter dem Erkenntnisaspekt als gleichrangig ansieht. Sie können nicht in Bezug auf eine bestimmte Auffassung von gutem Geschmack, guter Form, Kunstverständnis oder Kunstkultur hierarchisiert werden. Mit Bezug auf u.a. die amerikanische Bildpädagogik spricht Helene Illeris von »kleinen statt von großen Erzählungen«:

> »Mit ›kleinen Erzählungen‹ sind [...] ›Erzählungen von verschiedenen Kulturen, Subkulturen, Geschlechtern und sozialen Klassen gemeint, die jeweils ihre eigenen sprachlichen und manchmal bildlichen Ausdrücke entwickeln‹ (Efland et al. 1996: 94). Durch die Arbeit mit kleinen Erzählungen über verschiedene Formen von Bildern in verschiedenen Kontexten kommt es dazu, dass z.B. die große westliche Erzählung von der ›Geschichte der Kunst‹ reduziert wird auf eine ›kleine‹ Erzählung unter vielen – zum Beispiel den Erzählungen über islamische Dekoration oder über Leben und Lebenswandel der Pokémon-Figuren. Auf diese Weise lernen die Schüler, dass es viele Bildkulturen gibt, die parallel existieren, und dass sich diese nicht einer einzigen dominanten Erzählung unterordnen lassen« (Illeris, 2003).

Dies erfordert im bildpädagogischen Kontext Übersicht, Systematisierung und Kategorisierung in einem Bereich, der zunächst überwältigend groß, fließend und ohne feste Werte erscheint. Es braucht zumindest eine Reihe von Anhaltspunkten zur Orientierung, wenn man sich mit visuellen Phänomenen befasst.

Vor diesem Hintergrund versuchen wir, zentrale Begriffe zu etablieren und zu diskutieren, um die visuelle Welt zu erfassen und einen Rahmen bereitzustellen für die Arbeit an den verschiedenen Prämissen für Bilder und visuelle Phänomene. Wie oben erwähnt, gehen wir davon aus, dass Inhalt und Aussehen visueller Phänomene und die Art und Weise unseres Umgangs mit ihnen kulturell verortet sind, d.h. dass sie in unserer Gesellschaft bzw. Kultur entstehen, sich entwickeln und verändern. Bilder und visuelle Phänomene werden auf der Basis anderer Bilder und visueller Phänomene gemacht und verwendet. Es gibt also so gut wie immer eine Reihe von *Vorgaben*, die der Arbeit und Verwendung bewusst oder unbewusst zugrunde liegen.

Visuelle Kompetenz bedeutet in diesem Zusammenhang, exemplarisch unterschiedliche Bildformen und visuelle Phänomene zu beherrschen. Man muss wissen, dass unterschiedliche Konventionen, Absichten und Ausdrucksmöglichkeiten im Spiel sind, und dass man innerhalb dieser Rahmen arbeiten oder mit diesen Vorgaben brechen kann. Darin liegt die reflexive Kompetenz (Mathiesen, 2007: 21 und Illeris, 2009). Daher ist es wichtig, dass der Lehrer selbst weiß, mit welcher Bildkategorie oder welchem Genre sie die Schüler arbeiten lässt. Dabei muss er auch wissen, auf welchen Voraussetzungen diese basieren und auf welche Eigenschaften bei der Auswahl des Bildmaterials zu achten ist. Das Thema ›visuelle Kompetenz‹ wird in einem späteren Kapitel ausführlicher behandelt.

Ein einfaches Beispiel: Bei einem Verkehrszeichen geht es um etwas anderes als bei einem Silvesterfeuerwerk. Hier haben wir zwei verschiedene Kategorien von Bildern und visuellen Phänomenen vor uns, die in verschiedenen Genres, Medien, Ausdrucksweisen und Absichten formuliert werden. Wir können vielleicht von Schilder- und Licht- oder Feuerwerksgenres sprechen. Schilder müssen klar, schnell und eindeutig verstanden werden. Sie beruhen auf einem gemeinsamen kulturellen Zeichenverständnis: Als erstes auf einer Farb- und Formcodierung. Ist das Schild rund, drei- oder viereckig? Hat es einen roten Rand, ist es blau usw.? Gibt es da eine Figur, die interpretiert werden soll? Ein Feuerwerk entsteht aus Formen, Bewegung und Licht, die faszinieren und bezaubern und zusammen ein spektakuläres Erlebnis im Hier und Jetzt bieten. Es wird mit Formen und Farben gearbeitet, die durch das Abfeuern kontrollierter Explosionen in den Himmel erzeugt werden.

Studienfragen

- Betrachten Sie, wie Ihr Lernen abläuft.
- Benennen Sie die soziale Anteile, die eine Rolle spielen, auch wenn Sie alleine arbeiten?
- Wie tragen einzelne Schüler zum Lernen der Gruppe bei?
- Beschreiben Sie, was der Lehrer zum Lernen des einzelnen sowie der Gruppe beiträgt?

Bilder und visuelle Phänomene aus Sicht der visuellen Kultur

In Fortsetzung der obigen Erörterung einer sozial-konstruktivistischen Sichtweise befassen wir uns jetzt mit der *visuellen Kultur*. In diesem Abschnitt gehen wir näher darauf ein, was eine visuell-kulturelle Sichtweise auf einer überwiegend sozial-konstruktivistischen Basis bedeutet.

Beispiel: Der typische dänische Wald ist ein Buchen- und Eichenwald. Dies liegt zum Teil daran, dass man diese Bäume als Nutzholz aus dem Wald holte, aber auch daran, dass man vor allem den Buchenwald mit etwas besonders Schönem verbunden hat. Das Licht, das durch die Buchenblätter gefiltert den besonderen weichen Farbton erzeugt, vor allem in Kombination mit dem Boden voller Anemonen und den hellgrünen Trieben im Frühjahr. Der Eichenwald bedeutete etwas urdänisches bzw. wurde er als so etwas verstanden. Die großen majestätischen Bäume mit ihren krummen Zweigen, die viele hundert Jahre alt sein können, verweisen auf die alte indigene dänische Kultur bis zurück in die Steinzeit.

Es waren die Maler und Dichter des so genannten dänischen Goldenen Zeitalters, die in der ersten Hälfte des 19. Jahrhunderts den dänischen Wald malten und besangen. Diese Sichtweise prägt seit 200 Jahren unsere Wahrnehmung des dänischen Waldes.

Das heißt, unser größtes ›Naturphänomen‹ in Dänemark, der Wald, wird von uns Menschen kontrolliert, und Zeit und Kultur bestimmen mit ihrem Geschmack das Erscheinungsbild dessen, was wir als Natur wahrnehmen und von dem wir glauben, dass es uns diese besonderen Erlebnisse schenkt.

Die romantische Sichtweise verliert derzeit gegenüber der *ökologischen* an Bedeutung. Heute werden Mischwälder gepflanzt, um eine bessere ökologische Umwelt und damit einen größeren Artenreichtum an Flora und Fauna zu schaffen. Wahrscheinlich lernen wir als Nutzer des Waldes schließlich, unsere Sichtweise zu ändern, so dass wir diese Art von Wald auch als besonders schön und beeindruckend erleben. Vielleicht gerade, weil die visuellen und sensorischen Erlebnisse vielfältiger und komplexer werden. Somit ist unser größtes heimisches Naturphänomen ein genuines Stück visuelle Kultur.

Für die Ausweisung des Yellowstone-Nationalpark, des ältesten Nationalparks der Welt, spielten Fotografien und Malereien eine entscheidende Rolle. Sie bildeten mit ihrer Schönheit die argumentativen Grundlagen im politischen Prozess zur Ausweisung des Parks. Die Alpen waren noch zu Goethes Zeiten nicht viel mehr als ein hässliches Hindernis auf dem Weg nach Italien. Durch die Malerei der Romantik hat sich das im Laufe des 19. Jahrhunderts geändert. Seitdem sind sie für Touristen kein Hindernis mehr sondern ein begehrtes Ziel. Nicht nur das Landschaftsbild, sondern auch Architektur und Trachten werden wegen ihrer Schönheit besonders gepflegt und erhalten.

Diese Beispiele weisen auf Kernthemen des visuell-kulturellen Denkens hin:

- Alles, worauf wir uns durch das Sehen beziehen, kann zum Gegenstand von Untersuchungen und damit Unterricht gemacht werden.

- Die Sichtweise, die Art, wie wir etwas anschauen, hat einen großen Einfluss auf unser Erleben und Verstehen von Bildern und visuellen Phänomenen. (Immer wieder hört man Leute beim Anblick eines Sonnenuntergangs sagen: »Das ist so schön, wie gemalt.«)
- Unser Erleben und Verstehen entsteht und entwickelt sich in Verbindung mit visuellen Phänomen, so dass wir insgesamt von einem visuellen Ereignis sprechen können.

Visuelle Kultur ist – wie gesagt – keine einheitliche Theorie. Theorien über die *visuelle Kultur* haben ihren Ursprung in den angloamerikanischen Studien zur visuellen Kultur (*visual culture studies*), die in den 1990er Jahren ihren eng auf Bild und Kunst ausgerichteten Forschungsbereich auf die gesamte vom Menschen geschaffene visuelle Kultur erweiterten. Es ist ein interdisziplinäres Forschungsfeld, das sich auf Disziplinen wie Anthropologie, Soziologie, Wahrnehmungstheorie, Semiotik, Sozialer Konstruktivismus, Ästhetik-, Bild- und Kunsttheorie stützt. Eine genauere Definition könnte so lauten:

Die visuelle Kultur befasst sich mit visuellen Phänomenen und Ereignissen, die rein visuell sind oder bei denen das Visuelle ein wesentlicher Aspekt ist. Visuelle Kultur umfasst alles Visuelle, das von Menschen gemacht oder gedeutet wird und das eine funktionale, kommunikative und ästhetische Bedeutung sowie Faszinationskraft und Vergüngungswert hat, bzw. dem diese Eigenschaften zugeschrieben werden. Die visuelle Kultur entfaltet sich in den Institutionen, Objekten, Praxisformen, Werten und Einstellungen, durch welche die Gesellschaft visuell geschaffen, gepflegt und herausgefordert wird. (Diese Definition ist eine Kombination aus Mirzoeff, 1998: 3 und Barnard, 1998: 7 und 18).

Bedeutung ist keine Eigenschaft, sondern der Gebrauch, den wir von visuellen Wahrnehmungsangeboten machen. Die Nutzung zur Erzeugung von Bedeutungen heißt Interpretieren (*meaning making*), dabei nutzen wir das Wahrnehmungsangebot als Zeichen. Wie im obigen Beispiel ist die Tatsache, dass einige Naturphänomene als besonders schön oder attraktiv wahrgenommen werden, eine Folge von Interpretation. Das gilt z.B., wenn ein Wald als romantisch erlebt wird oder für ein Foto oder eine Malerei ein Motiv ausgewählt wird in der Annahme, dass ein bestimmter Ausschnitt aus der Umwelt besondere ästhetische Eigenschaften aufweist. Dies bedeutet, visuelle Phänomene sind das Ergebnis von besonderen kulturell bedingten Wahrnehmungsweisen, dh. Bedeutungs- und Wertzuschreibung.

Mit der Formulierung *funktionelle, kommunikative und ästhetische Bedeutung* wird gesagt, dass die visuellen Phänomene viele Zwecke und Funktionen haben können. Im bildpädagogischen Kontext bedeutet das eine offene Herangehensweise. Visuelle Phänomene lassen sich aus mehr als nur der ästhetischen

Perspektiven betrachten bzw. nutzen. Alle drei Aspekte finden wir immer in visuellen Phänomenen, allerdings in unterschiedlichen Graden. Wenn wir Verkehrszeichen untersuchen und gestalten, sind funktionale und kommunikative Aspekte wichtig. Die ästhetischen (hier als bildsprachlicher Ausdruck oder Aussehen verstanden, weniger als Schönheitsparameter) sind diesen Parametern untergeordnet. Aber auch das Design bestimmt, ob es sich um ein Warn- oder Gebotsschild handelt. Der funktionelle und kommunikative Aspekt zeigt sich also konkret im Design.

Ein Filmplakat für einen Horrorfilm setzt in der Kommunikation vor allem auf die Bildsprache. Die Schrift hat nur einen geringen Flächenanteil. Bestimmte Genre- und Stilmerkmale lassen erkennen, dass es sich um einen Horrorfilm handelt.

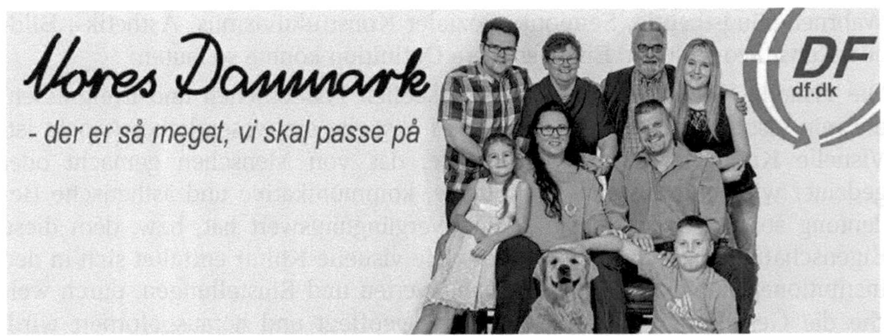

Abb. 2: »Unser Dänemark – es gibt so viel, auf was wir achten sollten" Plakat der Dänischen Volkspartei. (Foto: Karsten Lundager)

Beispiel: Familienporträt der rechtspopulistische Dänischen Volkspartei (Abb. 2). Hier geht es um eine politische Institution. Das Plakat thematisiert Werte und Einstellungen zur Frage, was es heißt, in Dänemark eine Familie zu sein. Das Plakat wirbt für eine Mehr-Generationen-Familie von ethnisch ›weißen‹ Dänen. Eine Familie, wie sie typischerweise vor 50 Jahren oder früher aussah. Der Text deutet ein Wir/Sie-Thema an, ohne explizit anzugeben, was ›wir‹ und ›sie‹ sind. Ebenso unklar bleibt das Eigentumsverhältnis zu ›unserem Dänemark‹. Dies kann als Versuch angesehen werden, im konkreten und metaphorischen Sinne das Bild einer weißen, heterosexuellen, Kernfamilie – ohne Schwiegereltern und Ortsbezug aber mit Haustier – aufrechtzuerhalten. Gleichzeitig wird versucht, eine neue Norm für die ›normale Familie‹ festzulegen, da eine Familie, wie sie das Plakat zeigt, in der Realität möglicherweise nur selten vorkommt. Das Bild versucht also, die Werte in Dänemark zu schaffen, zu erhalten und einzufordern.

Auf das Plakat wurde mit Gegenbildern von verschiedenen Seiten reagiert, die sich bemühten, Werte und Einstellungen zu Toleranz und Vielfalt auszudrücken und so Werte zu schaffen, zu erhalten und einzufordern (Abb. 3 & 4).

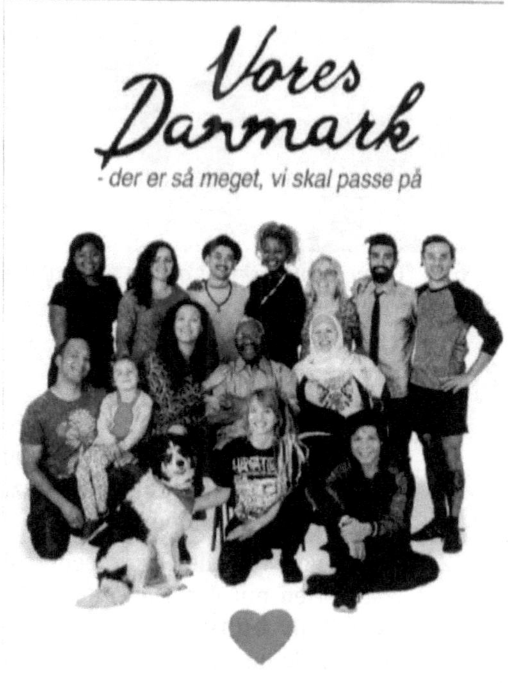

Abb. 3: Der Fotograf Jacob Crawfurd hat seine eigene Version von "Unser Dänemark" gemacht. (Foto Jacob Crawford)

Die ganze Situation kann als visueller Diskurs, als *visuelles Ereignis,* verstanden werden. Die Positionen, die man einnimmt, die Diskussionen, die ablaufen, die Sichtweisen, mit denen die Bilder und Werte betrachtet und produziert werden, und den Einfluss (Macht), den man gewinnen will, sind alles Aspekte des visuellen Ereignisses. Wer nur ein einzelnes Bild für sich analysiert, übersieht etwas Wesentliches. Die Analyse muss den Kontext berücksichtigen, aus dem das Bild stammt und den es selbst beeinflusst.

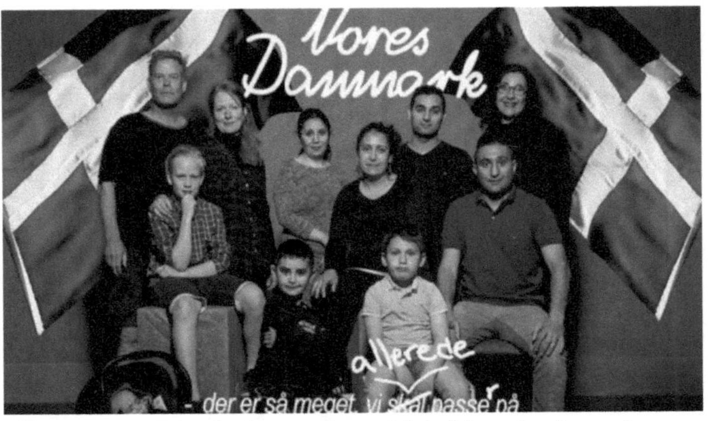

Abb. 4: "Unser Dänemark – es gibt so viel, auf das wir schon *achten* ~~sollten.~~*" (Foto: Jens Peder Engedal)*

Zusammenfassung

1. Der Forschungsbereich Visuelle Kultur befasst sich mit allen Arten von Bildern und visuellen Phänomenen. Alles, gegenüber dem wir uns durch Sehen verhalten, kann zum Gegenstand von Untersuchung und Unterricht werden.
2. Bilder und visuelle Phänomene spielen sich in visuellen Genres und Kategorien mit ihren jeweiligen Codes, Konventionen und Bildsprachen (Stil, Ästhetik) ab. Es gibt keine universelle Bildsprache oder universelle inhärente Eigenschaften in Bildern.
3. Die Sichtweise (Blick), die Art, wie wir etwas anschauen, hat einen großen Einfluss darauf, wie wir Bilder und visuelle Phänomene erleben und verstehen.
4. Die Begegnung mit visuellen Phänomenen und die Prozesse, die bei dieser Begegnung auftreten, können als visuelles Ereignis beschrieben werden.

So gesehen geht es in Erziehung und Bildung darum, beispielhaft mit einer Vielzahl von visuellen Phänomenen und unterschiedlichen Sichtweisen zu arbeiten. Damit soll die Reflexion, d.h. das Bewusstsein für die sozial und kulturell konstruierten Sichtweisen, die wir bei der Erzeugung visueller Ereignisse innerhalb und außerhalb des Klassenzimmers verwenden, ebenso gefördert werden wie das Bewusstsein dafür, wie unterschiedliche Sichtweisen in Produktionen und Inszenierungen verwendet und stimuliert werden. Das beinhaltet z.B. eine neugierige, forschende, anthropologische, semiotische und genießerische Sichtweise, d.h. die Faszination und Verführung, die in allen

Arten von Bildern und visuellen Phänomenen auftreten kann, zu erleben und zu untersuchen.

Ziel einer visuellen Kulturpädagogik ist dabei, visuell aufgeschlossene, neugierige, reflektierende Schüler/Studenten zu erziehen, die viele Sichtweisen beherrschen. Damit will das Fach Kunst seinen Beitrag zur Entwicklung aktiver, kritischer und toleranter Bürger leisten.

In den folgenden Kapiteln werden diese Positionen entwickelt, konkretisiert und in einen praktischen pädagogischen Rahmen gestellt.

Studienfragen

- Welche didaktische Grundeinstellung gehört zum Ansatz der Visuellen Kultur? Inwiefern finden Sie diese Grundeinstellung in anderen Fächern?
- Inwiefern kann man sagen, dass die Idee der Visuellen Kultur ein Symptom für den Zustand der Kultur im frühen 21. Jahrhundert in Europa ist?
- Ist die Idee der Visuellen Kultur in anderen Kulturen relevant? Und wäre sie in anderen historischen Perioden möglich gewesen?

TEIL 3 PERSPEKTIVEN AUF BILDER UND VISUELLE PHÄNOMENE

Dieser Teil des Buches befasst sich mit den Grundlagen des Fachs mit dem Fokus auf Bilder und visuelle Phänomene. Hier werden wesentliche Theorien und Konzepte für Wahrnehmen, Erleben, Verwenden, Diskutieren und Interpretieren von Bildern und visuellen Phänomenen vorgestellt. Es geht um Bilder bzw. visuelle Phänomene in ihrem sozialen und kulturellen Kontext, um deren Inhalte und um visuelle bzw. multimodale Wirkmittel. Die Auswahl der Konzepte und Theorien basiert auf dem Denkansatz der Visuellen Kultur, wie er im zweiten Teil des Buches beschrieben wird.

Wir verwenden den Begriff *Perspektiven* in der Überschrift, um uns als Lehrer auf jene Phänomene zu konzentrieren, die wir für den konkreten Unterricht und die bildnerische Arbeit im Fach brauchen. Aus pädagogischer Sicht ist es wichtig, bewusst und variantenreich zu entscheiden, damit nicht immer wieder dieselben Methoden eingesetzt werden. Meist bestimmen die Fragen die Antworten nach dem Motto *Wie man in den Wald ruft, so …* .

Dieser Teil des Buches ist als Werkzeugkasten gedacht, aus dem man sich holt, was man für den konkreten Unterricht braucht. Die angesprochenen Perspektiven sind hilfreich sowohl für die bildnerische Praxis als auch für die Rezeption von Bildern und visuellen Phänomenen.

Grundsätzlich geht es, wie schon im zweiten Teil, um Bilder und visuelle Phänomene in Gesellschaft und Kultur. Einerseits spiegelt sich in ihnen die Zeit, andererseits verändern sie diese gleichzeitig. Es sind Menschen, die diese Veränderungen beeinflussen. Wenn wir ein Bild oder ein visuelles Phänomen betrachten und daran Anteil nehmen, geschieht dies bewusst oder unbewusst in der Zeit und Kultur, zu der wir gehören. Die Arbeit mit unseren eigenen Bildern und denen anderer bedeutet auch, Bilder und visuelle Phänomene im jeweiligen Kontext zu sehen: Um welche Kategorie von Bildern oder visuellen Phänomenen geht es? Haben sie besondere Funktionen? Wessen Interessen dienen sie? Welche Themen und Einstellungen sind im Spiel und warum?

Daher betreffen die ersten Überlegungen den sozialen Rahmen, zu dem die Bilder und visuellen Phänomene gehören. Gleichzeitig geht es darum, was sich jeweils in ihnen abspielt. Es braucht Werkzeuge, um sich mit Bildern und visuellen Phänomenen forschend befassen zu können. Es geht um Konzepte wie Genre, Stil, Faszination, Multimodalität, Intertextualität und Herstellung von Bedeutung.

Wir unterscheiden hier nicht zwischen ›außerhalb und innerhalb‹ des Bildes. Es geht immer um beides gleichzeitig, um die Umstände, in denen Bilder vorkommen und verwendet werden, und um deren Inhalt und Form. Wie gesagt bestimmt der Lehrer jeweils, welche ›Werkzeuge‹ er im jeweiligen konkreten Unterricht verwenden möchte.

Die folgenden Kategorien werden in den nächsten Kapiteln erörtert:

- Kontext
- Bildkategorie
- Funktion
- Diskurs / Macht / Ideologie
- Inhalt: Problem, Motiv, Thema
- Genre
- Stil
- Faszination / Verführung
- Multimodalität
- Intertextualität
- Visuelle Wirkmittel / Ästhetik
- Herstellung von Bedeutung (*meaning making*)
- Der Blick (*gaze*)

Dabei lassen sich nicht alle Kategorien scharf voneinander trennen. Bilder und visuelle Phänomene sind im Zusammenhang mit ihren Betrachtern bzw. Teilnehmern komplexe Größen. Die gewählten Kategorien sind Versuche, wichtige Aspekte oder Probleme anzusprechen, die behandelt werden können.

Kontext: In Teil 3 haben wir Bilder und visuelle Phänomene als komplexe Größen behandelt, als wichtige Elemente unserer Kultur. Sie spiegeln unsere Kultur wider und tragen dazu bei, sie zu entwickeln.

Kategorie: Es ist wichtig zu überlegen, mit welcher Art von Bildern und visuellen Phänomenen wir es zu tun haben, weil sich daraus die Art und Weise ergibt, wie man sich mit ihnen beschäftigt. Filmplakate sollten anders betrachtet werden als Montageanleitungen für IKEA-Möbel. Dies schließt nicht aus, dass das Mischen von Kategorien einen spannenden Unterricht zur Folge haben kann.

Ästhetik bzw. *visuelle Wirkmittel* ändern sich im Laufe der Zeit. Dies zeigt sich etwa in der Stilgeschichte. Der Abschnitt über bildnerische Wirkmittel bietet keine Richtlinien dafür, was gute und schlechte Mittel sind, sondern Fachbegriffe, um die Wirkmittel zu benennen, die jeweils in einem konkreten Bild bzw. in visuellen Phänomen verwendet werden.

Der *Inhalt* ist natürlich sowohl bei der Produktion als auch bei der Rezeption von Bildern von größter Bedeutung. Hier kommen auch *Ideologie* und *Macht* ins Spiel.

Wir arbeiten mit *Genrepädagogik*, die Bilder und visuelle Phänomene als Genres betrachtet, die durch bestimmte Konventionen gekennzeichnet sind. Sie betreffen Inhalt, Funktion und Stil, die sich jeweils in sozialen Systemen zeigen, mit denen in diesen kommuniziert wird und die sich mit und in sozialen Systemen entwickeln und verändern.

Bilder und visuelle Phänomene fesseln, faszinieren und verführen uns mit ihren Inhalten, Motiven und bildnerischen Wirkmitteln, jeweils einzeln oder im Verbund. Es kann etwas Persönliches sein, z.B. dass man an eine besondere Kindheitserinnerung anknüpft. Es kann sozial oder lokal sein, z.B. dass man sich in einer Umgebung befindet, die Tarantinos Filme, seine Filmsprache und seinen Erzählstil liebt; oder dass man in den 2010er-Jahren plötzlich feststellt, dass enge Hosen mit tiefer Taille super sind, egal wie sie zu unseren Körpern passen. Auf lokaler Ebene sehen wir hier in den Jahren 2017 und 2018 Modefirmen und Trendsetter, die Hosen mit weiten Beinen und hohen Taillen wieder einführen.

KAPITEL 9
KONTEXT, KATEGORIE, FUNKTION, INHALT

In diesem Kapitel geht es um Probleme, die mit den Kontexten zusammenhängen, in denen Bilder und visuelle Phänomene in Erscheinung treten und die deren Wahrnehmung und Deutung beeinflussen. Der erste Abschnitt befasst sich mit den *Kontexten* von Bildern und visuellen Phänomenen. Abhängig von der Sichtweise lassen sich verschiedene Aspekte eines Kontextes unterscheiden:

Die *Kategorie* beeinflusst, wie wir uns einem Bild oder einem visuellen Phänomen nähern. Tischservietten z.B. unterscheiden sich sehr von Horrorfilmen. Für beide gelten jeweils eigene Rahmenbedingungen für die Interpretation – es sei denn, man entscheidet sich dafür, sie aus einem schrägen, ungewöhnlichen Blickwinkel zu betrachten.

Ebenso beeinflusst die *Funktion* die jeweiligen Bedingungen und Rahmen.

Der *Inhalt* ist auch Teil eines Kontextes, der in dieser oder jener Form in der jeweiligen Zeit formuliert wird. Der Inhalt kann auch als eine Aussage an sich verstanden werden, die zum Gegenstand von Deutungsversuchen werden kann. Dazu später mehr.

Kontext

Ein Bild oder ein visuelles Phänomen spiegelt die sozialen und kulturellen Bedingungen in einer bestimmten Zeit wider, unabhängig davon, ob der Produzent dies beabsichtigt oder nicht. Zum Beispiel gehen Kunsthistoriker davon aus, dass die Verschiebung von der theozentrischen zur anthropozentrischen Weltsicht in der Renaissance zur Einführung der Zentralperspektive geführt hat.

In der theozentrischen Sicht des Mittelalters wird die Welt oft aus der Sicht Gottes in einer sogenannten hierarchischen Perspektive (oder Werteperspektive) dargestellt. Gegenstände und Menschen werden in ihrer Größe und Platzierung von ihrer religiösen Bedeutung her bestimmt: Jesus ist größer als die Jünger usw.

In der anthropozentrischen Perspektive wird die Welt im Bild aus der Perspektive des Individuums durch die Augen des Malers betrachtet, was die Zentralperspektive impliziert. Die Größen von Gegenständen und Personen sind davon abhängig, wo sie sich im dargestellten Raum im Verhältnis zum Betrachter befinden (Qvortrup, 2000).

Der Medienwissenschaftler Michael Giesecke stellt die Erfordernisse, die sich aus dem Buchdruck in Europa ergeben haben, in den Mittelpunkt seiner Überlegungen zur Zentralperspektive (Giesecke, 2006). Zentralperspektivische Zeichnungen ersetzten in Kombination mit der Bildlegende das Zeigen in der face-to-face-Kommunikation.

Bilder und visuelle Phänomene sind jedoch nicht nur ein Spiegel ihrer Zeit. Sie sind auch ein lebendiger Teil der sozialen Entwicklung und beeinflussen die Gesellschaft im Großen und im Kleinen. Ein Beispiel sind die Mohammed-Zeichnungen, die 2005 in der dänischen Zeitung *Jyllands-Posten* erschienen sind. Damals hatten einige Zeichnern das Gefühl, in ihrer Meinungsfreiheit eingeschränkt zu sein. Das hat zu einer provokativen Aktion geführt, die politisch eskalierte und zu einer hitzigen Debatte über Definitionen und Neudefinitionen des Begriffs *Meinungsfreiheit* führte. Das ist ein dialektisches Verhältnis. Einerseits sind die Mohammed-Zeichnungen Spiegel oder Ausdruck von bestehenden Trends, andererseits beeinflussen sie diese gleichzeitig und verändern sie.

So lassen sich auch die sozialen Medien verstehen. Hier können im Prinzip alle Nutzer Beiträge veröffentlichen und eine enorme Wirkung erzielen, wie es früher nur wenigen Künstlern oder anderen professionellen Bildmachern möglich war.

Bilder können und sollten deshalb in ihrem historischen und gesellschaftlichen Kontext betrachtet werden. Strukturen, Einstellungen, Machtverhältnisse, Bewusstsein und Sichtweisen, technische und produktionsmäßige Bedingungen und Möglichkeiten setzen Rahmen für die Bildwelten und manifestieren sich in den jeweiligen Bildern und visuellen Phänomenen. Frants Mathiesen arbeitet auf der Grundlage der sozialen Semiotik von Kress und van Leuven mit *Diskurs, Kontext* und *Genre* als ›außerhalb‹ liegende Prämissen:

> »Diskurs bezeichnet den übergeordneten gesellschaftlichen Rahmen. Auf dieser Ebene kann man einen Konflikt zwischen dem wirtschaftlichen und aufklärerischen Diskurs oder zwischen dem Bildungs- und Unterhaltungsdiskurs sehen.
>
> Kontext bezeichnet den sozialen Rahmen, in dem das Bild entsteht. Eine Äußerung kann seine Bedeutung ändern, wenn sie in einen neuen Kontext gestellt wird.
>
> Genre ist eine eine soziale Gemeinsamkeit, die sich in einer Sprachgemeinschaft zeigt« (Mathiesen, 2007: 21).

Studienfragen

Besuchen Sie ein Kunstmuseum. Entscheiden Sie sich für einen Raum, in dem Sie die Ausstellung besonders interessiert. Lesen Sie die erklärenden Texte und ordnen Sie diese Kategorien zu.

- In welchen Texten geht es um den gesellschaftlichen Kontext der Bilder?
- In welchen um die Biografien der Künstler?
- In welchen geht es um Kunstgeschichte?
- Welche anderen wichtigen Kategorien stellen Sie fest?
- Wie beeinflussen die Texte Ihr Bilderlebnis?

Kategorien

Dieses Kapitel beruht u.a. auf den folgenden sieben Unterrichtsprinzipien des australischen Bilddidaktikers Paul Duncum:

- Macht,
- Ideologie,
- Repräsentation,
- Verführung,
- Blick,
- *Intertextualität* und
- *Multimodalität.* (Duncum, 2010)

Das Kategorisieren von Bildern unterstützt das Analysieren von Bildern. Hier stellt sich in erster Linie die Frage: Sollen die Bilder anhand der kunsthistorischen Begriffe, der Absichten des Senders oder des unmittelbaren Eindrucks der Schüler kategorisiert werden? Im Unterricht Bilder nach verschiedenen Kategorien ordnen zu lassen, ist an sich schon ein Beitrag zur Kompetenzentwicklung, weil dabei Bilder notgedrungen reflektiert werden müssen. Die Schüler werden sich bewusst, dass es verschiedene Arten von Bildern gibt und dass nicht alle Arten von Bildern und visuellen Phänomenen gleich behandelt werden können oder sollten, wenn man ihnen in ihrem Gesamtkontext gerecht werden will.

Ein weiterer guter Grund, mit Kategorisierung zu arbeiten, besteht aus didaktischer Sicht darin, sich klar zu machen, was man den Schülern im Unterricht anbietet. So lässt sich etwa ein kunstpädagogisches Denken vermeiden, das ausschließlich von Künstlern oder künstlerischen Techniken ausgeht. Stattdessen achtet ein Unterricht, der sich an der gesamten visuellen Kultur ausrichtet, auf eine entsprechende Variationsbreite bei der Auswahl der Bilder.

Aber gerade weil die Visualität in unserer Gesellschaft so umfangreich und das Fach für diese gesamte visuelle und multimodale Welt zuständig ist, kann dies zu Unübersichtlichkeit bei der Stoffauswahl führen. Dies ist ein echtes Problem, das auch viele andere Schulfächer betrifft. Deutsch z.B. deckt grundsätzlich alle Texte und Genres ab, Biologie alles, was Flora und Fauna betrifft. Diese Unübersichtlichkeit lässt sich auf zwei Arten verringern, einerseits indem man Methoden der Kategorisierung von Bildern und visuellen Phänomenen entwickelt, die einen Überblick bieten, und andererseits durch fachdidaktische und bildpädagogische Kriterien.

Bei den Kategorien gehen wir vor allem von fachdidaktischen Überlegungen aus. Der Versuch einer Kategorisierung auf historischer, kultureller u.ä. Basis hätte möglicherweise zu anderen Ergebnissen geführt.

In Deutsch werden Texte nach einem Genreprinzip geordnet. In Biologie geht man u.a. nach Klassifizierungssystemen für Tiere und Pflanzen sowie für Biotope als abgegrenzte ökologische Systeme vor. Für das Fach Kunst gibt keine eindeutige Systematik (Taxonomie). Wie kann also ein Überblick über die visuelle Welt und Kultur gefunden werden?

In der schwedischen polarisierenden Bildpädagogik der 1970er-Jahre wurden die Bilder nach den Absichten des Senders in sechs Kategorien eingeteilt:

1. Unterhaltung,
2. Werbung,
3. Propaganda,
4. Wissen,
5. Anweisungen und Warnungen und
6. Nachrichten.

Damit versuchte man, die Bilder der gesamten visuellen Kultur mit einer ideologiekritischen Haltung zu erfassen und in den Unterricht einzubeziehen in der Überzeugung, dass die Bilder der Welt in einen wahren und einen falschen, nämlich manipulativen Teil eingeteilt werden können (Hansson & Karlsson, 1974: 56).

Im dänischen Lehrplan von 2014 werden Bilder in vier Kategorien eingeteilt:

- Zeichnung und Grafik
- Malerei und Collage
- Skulptur und Architektur sowie
- digitale Bilder.

Das entspricht im Kern den traditionellen künstlerischen Gattungen. In vielen früheren Lehrplänen wurden sie in flache, räumliche und bewegte Bilder aufgeteilt. Im digitalen Zeitalter wurden ›bewegte‹ durch ›digitale Bilder‹ ersetzt oder ergänzt. Die derzeitige Kategorisierung folgt also diesem früheren Verständnis:

- Flache Bilder – Zeichnung und Grafik, Malerei und Collage
- Räumliche Bilder – Skulptur und Architektur
- Digitale Bilder – digitale Bilder in Form von Fotos, Videos, Präsentationen usw.

Die Einteilung geht auf die traditionellen Berufsbilder in der Welt der Kunst zurück: Man war entweder Zeichner, Grafiker, Maler, Bildhauer oder Architekt. Dazu kommt der eher zeitgenössische Hinweis, auch mit bewegten und digitalen Bildern zu arbeiten.

Die Kategorisierung basiert auf der kunstpädagogischen Tradition, in der sich das Fach an der bildenden Kunst orientiert. Das ist schon deshalb problematisch, weil die überwiegende Mehrzahl der Bilder und visuellen Phänomene unserer Welt nicht aus der Kunst stammt. Selbst wenn man daran festhält, dass die Kunst die Grundlage des Faches ist, handelt es sich um eine recht veraltete Einteilung. Sie entspricht längst nicht mehr den künstlerischen Praktiken der letzten hundert Jahre, in denen Genres und Gattungen in Installationen, Performances, Mixed Media, Videos, Fotos usw. vermischt auftreten. Darüber hinaus springen viele moderne Künstler von Gattung zu Gattung und mischen sie je nach Zweck. Darüber hinaus greifen verschiedene heutige Künstler bewusst auf die breiten kulturellen Genres, Medien und Ausdrucksformen zurück, die wir in der visuellen Kultur des Alltags finden, z.B. Stricken und Sticken oder Reklame und Tourismus und arbeiten im relationalen und sozialen Bereich.

In der visuellen Kultur im weiteren Sinne wird zwischen Plattformen und Medien hin- und hergewechselt. Kinderspiele werden in verschiedenen medialen Kanälen beworben und für unterschiedliche Medien aufbereitet vertrieben, z.B. in Computerspielen, (Zeichentrick-)Filmen, Comics, Gadgets, Spiel- und Sammelkarten usw.

Filme oder Sportveranstaltungen werden über Websites, Poster, reale Ereignisse, Trailer, Werbung, Vorveröffentlichungen in verschiedenen Medien, Inszenierungen und performative Praktiken lanciert, wie z.B. die Harry-Potter-Filme. Daher ist es wichtig, solche visuellen Phänomene als einheitliches visuelles Ereignis sehen zu können und sich dazu entsprechend zu verhalten. Solche Zusammenhänge werden in einem Unterricht, der sich an den herkömmlichen Gattungen orientiert, leicht übersehen.

Eine visuelle Kategorie kann also alles sein, von Augenbrauen (Kulturgeschichte und Bedeutung) (Duedahl, 2007), Lächeln, Unterrichtssituationen, Hochzeiten, Unterkünften (Ravn, 2005), Autos, färöischen Briefmarken, Tierbildern, Barockmalerei bis hin zu erotischen Bildern. Die Kategorien ergeben sich aus den Interessen, die man bei der Untersuchung von Bildern verfolgt (vgl. dazu Billmayer, 2018a).

Die folgende Liste ist ein unvollständiger Versuch, eine Vorstellung davon zu geben, welche Arten und Kategorien von Bildern und visuellen Phänomenen im Fach Kunst thematisiert werden können. Die Übersicht basiert hauptsächlich auf Funktionen und Modalitäten von Bildern und visuellen Phänomenen. Es handelt sich um eine erschreckende Fülle, aus der Lehrer und Schüler auswählen müssen. Sie zeigt ihnen andererseits auch, wie interessant die Beschäftigung mit Bildern und visuellen Phänomenen sein kann.

Tipp: Eine Liste mit Arten und Kategorien von Bildern und visuellen Phänomenen im Unterrichtsraum aufzuhängen und gegebenenfalls zu erweitern, ist eine einfache und wirksame Methode Bildbewusstsein zu schaffen und zu etablieren. Daneben ist sie ein gutes Werbemittel für die Bedeutung des Faches Kunst.

Visuelle Umgebungen

- Wohnen / Häuser
- Einrichtung und Wohnumgebung
- angelegte Natur: Gärten, Parks, Wälder, Erholungs- und Gewerbegebiete usw.
- Städtische und ländliche Umgebungen
- öffentliche Einrichtungen: Büros, Kindergärten, Schulen, Pflegeheime, Krankenhäuser, Kasernen, Bildungseinrichtungen
- Internetauftritte
- Unternehmen, Firmen
- Geschäfte, Einkaufszentren
- Kulturelle Umgebungen: Restaurants, Hotels, Kinos, Museen, Vergnügungsparks, Bordelle, Sporthallen, Sportparks
- Öffentliche Räume: Straßen, Häfen, Plätze, Parks
- Installationen
- …

Objekte

Grundsätzlich alle Objekte, zum Beispiel:

- Möbel und Accessoires
- Küchenutensilien
- Transportmittel: Fahrrad, Auto, Boot, Motorrad, Eisenbahn, Flugzeug

- Kleidung
- Industrielles Design
- Kunst
- …

Visuelle Kulturen / visuelle Medien

- Fernsehen
- Bücher
- Zeitungen
- Zeitschriften unf Magazine
- Bilderbücher
- Comics und Zeichentrickfilme
- Werbung, Auskunft, Information (Reklame, Plakate, Broschüren, Faltblätter usw.)
- Interfaces (Benutzeroberflächen), z.B. Websites, Internet-Design
- Soziale Medien, Computerspiele und mehr
- Visualisierungen: Diagramme, ikonische, symbolische und indexische Repräsentationen (z.B. Nervenbahnen, geologische Schichten, Zeichen, Statistiken, Landkarten, usw.)
- Foto
- Video
- Film
- Szenografie
- Das Unsichtbare: Mikroskopie und andere Arten von Skopie, Fernglasbilder (Satelliten, Weltraum, Planeten), Unterwasserbilder, Röntgenbilder, Ultraviolett, Wärmebilder usw.
- Der Körper
- Kunst
- Internet, z.B. soziale Plattformen
- …

Visuelle Inszenierung

- Feuerwerk
- Konzerte
- Tourismus
- Sportveranstaltungen

- Hochzeiten
- Politische Wahlveranstaltungen / Wahlkampf
- Modeevents
- Ladeneinrichtungen und Schaufenster
- Teller in Restaurants
- Demonstrationen
- Gottesdienste
- Unterrichtssituationen
- Museumsausstellungen
- Performative Ereignisse
- Tanz
- …

Soziale Gruppen und Kategorien

Bilder und visuelle Phänomene lassen sich auch entsprechend der visuellen Kulturen verschiedener Gruppen kategorisieren:

- (Lebens)Alter
- soziale Schichten und Klassen
- Geschlecht
- Kultur und Religion
- Szenen
- Vereine
- Firmen
- …

Verwendung oder Funktion

Bilder und visuelle Phänomene lassen sich auch nach ihrem Zweck bzw. ihrer Verwendung kategorisieren:

- beweisen,
- planen,
- schenken,
- Unsichtbares sichtbar machen,
- repräsentieren,
- unterhalten,
- tagträumen,

- kommunizieren,
- zeigen,
- dekorieren,
- illustrieren,
- beobachten,
- denken,
- erinnern,
- Aufmerksamkeit wecken und halten,
- meditieren,
- beten,
- Magie betreiben,
- …

Die Kunstmuseen möchten ihre Sammlungen gerne der gesamten Bevölkerung zugänglich machen, auch Kindern und Jugendlichen, aber die typische Besucherin ist eine Frau mittleren Alters aus der Mittel- oder Oberschicht. Warum ist das so? Hintergrundbildschirme für Mobiltelefone und Computer: Wer verwendet was, wann, warum? Wie richten Leute ihre Wohnungen in Bezug auf die oben genannten Aspekte ein?

Man kann Kategorien im Voraus auswählen (Museumsbilder, Hintergrundbilder oder Einrichtungen), sie können sich z.B. aber auch bei der Untersuchung von Bildern und visuellen Phänomenen ergeben, die in verschiedenen visuellen Kulturen verwendet werden.

Bei der Arbeit mit der visuellen Kultur von Kindern und Jugendlichen könnte es um Folgendes gehen:

- Kinder- und Jugendfernsehen
- Kinder- und Jugendfilme
- Babybücher, Bilderbücher, Comics
- Farbpaletten
- Visuelles Unterrichtsmaterial (Schulbücher usw.)
- Werbung
- Musik-Videos
- Kleidung
- Zimmereinrichtung
- Spielzeug

- Elektronische Geräte, Gadgets, Transportmittel, Nippes, Modephänomene etc.
- Treffpunkte
- Graffiti
- Street Art
- ...

Blick und Kategorien

Eine andere Art der Kategorisierung könnte in Bezug auf den Blick sein, d.h. die Art und Weise, wie man schaut. Zum Beispiel können Feuerwerke von verschiedenen Blickwinkeln aus angeschaut werden:

- genießendes Schauen: Schönheit, Erlebnis
- Sicherheit: Ist es zu gefährlich, ist es zu hoch, werden Sicherheitsabstände eingehalten?
- Kommunikation: Wirkt etwas wie beabsichtigt?
- Machtdemonstration, z.B Beginn oder Ende der Olympischen Spiele, wo jedes Gastgeberland versucht, das vorherige zu übertreffen.
- forschendes Schauen
- ...

Auf die Problematik des Schauens kommen wir später zurück.

Von Schülern formulierte Kategorien

Der Lehrer kann die Schüler auffordern, Bilder oder andere visuelle Phänomene in Gruppen einzuteilen. Das bringt zweierlei, zum einen erleben Schüler, dass Kategorisierung ein allgemeines Denkinstrument ist, das nicht den Autoren von Unterrichtsmaterialien vorbehalten ist, zum anderen kann der Lehrer die Schüler dazu veranlassen, das Material zu analysieren und für die Kategorien zu argumentieren, die sie verwenden möchten.

Bereiche

Im ENViL-Bericht, der im Kapitel 6 (Modell 4) behandelt wird, beschäftigt sich Billmayer auch mit der Frage, wie die visuellen Kulturen, in denen sich die Schüler befinden, zu kategorisieren sind (Wagner & Schönau, 2016: 138ff). Er betont, dass Bilder immer in bestimmten Situationen auftreten und verwendet werden. Der Unterschied zwischen einem Motiv und einer Situation besteht darin, dass ein Motiv mit unterschiedlichem Maß an persönlicher Einstellung und Beteiligung nüchtern studiert werden kann, während eine Situation bedeutet, dass es eine Reihe von Beteiligten gibt, die sich irgendwo in Zeit und Raum mit unterschiedlichen Beziehungen zueinander befinden.

Billmayer verwendet dabei in Anlehnung an den Gemeinsamen Europäischen Referenzrahmen für Sprachen den Oberbegriff Bereiche (Abb. 1).

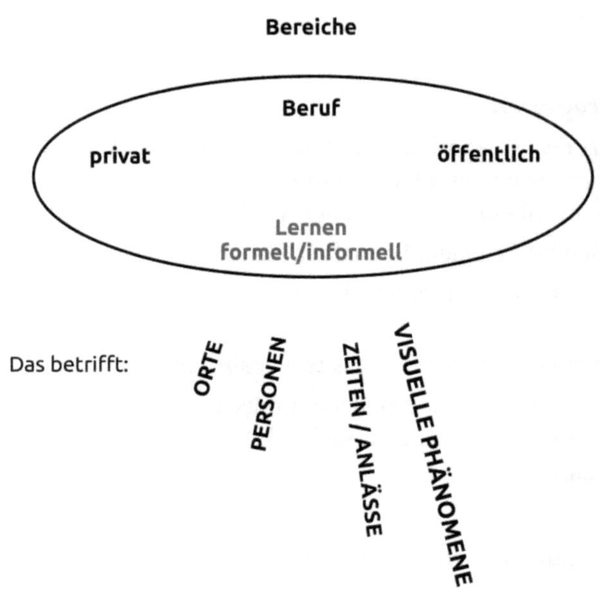

Abb. 1: Verschiedene Blickwinkel auf die Wahl des Inhalts (Modell von KA und FM nach Billmayer, 2016)

Bereiche beschreiben verschiedene Rahmenbedingungen für Situationen, die ihre eigenen Regeln und Erwartungen beinhalten. Der private Bereich betrifft einen selbst, die Familie und Freunde. Der öffentliche Bereich betrifft die Aspekte des Lebens, die mit der Staatsbürgerschaft und Öffentlichkeit zu tun haben wie Sport, Religion, Politik oder Vereinsleben. Der Berufsbereich kann für die Schüler bedeuten, sich mit Aufgaben, die mit beruflicher Tätigkeit zu tun haben, zu befassen oder professionell mit einem offenen Schulprojekt. Der Lernbereich bezieht sich auf die Schulbildung. Schüler können z.B. Schulbücher verschiedener Fächer untersuchen und sich dabei anschauen, wie hier

Wissen jeweils visuell vermittelt wird. Dabei lernen sie, visuelles Material zu bewerten und jeweils einen eigenen Gebrauch von Bildern zu entwickeln.

Eine Situation wird bestimmt von Orten, Menschen und visuellen Phänomenen und findet zu einem bestimmten Zeitpunkt oder Anlass in der Vergangenheit oder Zukunft statt. Die Zeit ermöglicht ein narratives Element. Schließlich ist es wichtig zu überlegen, wie die visuelle Nachricht auf den Empfänger wirken soll bzw. wird. Möchte man unterhalten, aufklären, verwundern oder irritieren?

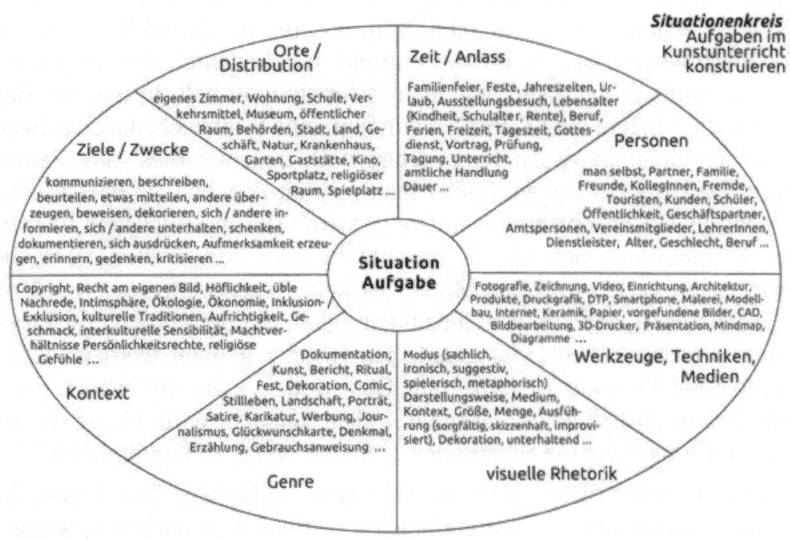

Abb.2: ENViLs Situationenkreis - eine Auswahl von Aspekten von Situationen, mit denen man in die Entwicklung einer Aufgabe einsteigen kann. Ein Einstieg ist überall möglich.

Der Schüler kann sich einem visuellen Phänomen gegenüber sowohl rezeptiv als auch produktiv verhalten, oft geschieht dies in einem Wechselspiel. Als Beispiel verwendet Billmayer ein in der Schule beliebtes Motiv: zeichne oder male einen Apfel. Zusätzlich zur Verwendung des Themas als saisonaler Marker (Herbst) und als Herausforderung für die Beobachtungsfähigkeit (Licht und Schatten) kann man den Apfel in verschiedenen Situationen vorkommen lassen, zum Beispiel als Sinnbild für Verfall und Tod des Menschen, als Illustration auf einem Saftkarton, in einem Biologiebuch oder als Motiv auf einer Weihnachtskarte (ENViL S. 256). Jede dieser Situationen führt zur Beschäftigung mit Genrekonventionen, Symbolik und den Anforderungen, die eine professionelle Illustration erfüllen muss, um verständlich zu sein. Auf diese Weise führt die Apfelaufgabe den Schüler und die Klasse auf eine Entdeckungsreise in verschiedene visuelle Welten.

Situationen bzw. Aufgaben

In diesem schon in Kapitel 2 erwähnten Modell (Abb. 2) aus dem ENViL-Bericht macht Billmayer einen Vorschlag, wie sich Situationen bzw. deren Elemente und daraus folgend Aufgaben im Kunstunterricht kategorisieren lassen. Wie erwähnt, gibt es viele Möglichkeiten, ›den Kuchen zu schneiden‹. Hier sind es acht verschiedene Schnitte in unsere visuelle Welt. Die Schnitte haben verschiedene Logiken im Hintergrund, was bedeutet, dass man die Kategorien so kombinieren kann, wie man es für sinnvoll hält. In welcher Beziehung steht die Absicht zum Genre? Wenn man eine Weihnachtskarte entwerfen will und ihr einen gewissen Kick geben will, bedeutet dies, das Genre zu erneuern. Dabei ist zu fragen: landet man zu weit daneben, so dass die Karte nicht mehr als Weihnachtskarte verstanden wird? Welche Rücksicht muss man auf das Zielpublikum nehmen? Kann eine zu weite Abweichung vom Genre den Adressaten verletzten? Das Modell ist kein Rezept dafür, wie ein Kunstlehrer arbeiten soll, sondern ein Gedankenmodell, mit dem Fragen für Projekte formuliert werden können, die gerade laufen oder geplant werden, oder um abgeschlossene Projekte zu bewerten. Das Modell kann verwendet werden, um vorhandene Aufgaben zu variieren, indem versucht wird, einige der Parameter zu variieren oder die Situationen auf neue Weise zu kombinieren.

Es ermöglicht eher offene oder geschlossene Aufgaben. Der Lehrer kann bestimmte Aspekte offen lassen und andere festsetzen, je nachdem, wie es für einzelne Schüler oder Klassen angemessen erscheint. Das gilt für die Technik ebenso wie für das Zielpublikum, die visuelle Rhetorik, das Genre usw. Es macht einen Unterschied, ob die Illustration für den Großvater gezeichnet oder für einen Fußballverein fotografiert wird.

Studienfragen

- Vergleichen Sie, wie in verschiedenen Lehrplänen die Bilder bzw. der Stoff kategorisiert werden.
- Nehmen Sie einen Stapel Postkarten, schneiden Sie Fotos aus Zeitungen aus, drucken Sie welche aus dem Internet aus – kurz gesagt, nehmen Sie einen zufälligen Stapel Bilder und experimentieren Sie in der Gruppe mit unterschiedlichen Kategorisierungen. Beachten Sie, wie Sie jeweils für die einzelnen Kategorien argumentieren! Aus welchen Bereichen oder Kategorien holen Sie sich Ihre Argumentation?
  Alternative: Arbeiten Sie in der Gruppe. Sortieren Sie – jeweils für

sich – einen zufälligen Stapel Bilder. Vergleichen Sie dann gemeinsam die jeweiligen Ordnungen und diskutieren Sie, nach welchen Kriterien Sie Kategorien gebildet haben.

- Wählen Sie eine Aufgabe aus, mit dem Sie als Lehrer oder Schüler im Unterricht gearbeitet haben. Überlegen Sie, auf welche Situationen sie sich beziehen kann.

Funktion

Bilder, Objekte und visuelle Phänomene haben immer eine Funktion. Purer Genuss oder Erlebnisse sind auch Funktionen. Allerdings sind Funktionen keine unveränderlichen Eigenschaften, sie sind abhängig vom Zweck, der mit dem Gebrauch der Bilder, Objekte und visuellen Phänomene verfolgt wird. Eine Landkarte kann zur Orientierung oder als Dekoration verwendet werden.

Design an sich und das Schulfach Werken (*Handwerk und Design)* befassen sich mit dem Zusammenhang von Funktion und Form. Jedes einzelne Objekt hat eine Funktion, die den Rahmen für das Design festlegt. Scheren, Bagger oder Federballschläger haben genaue funktionale Anforderungen. Diese legen verschiedene enge Rahmen für ihr Aussehen fest. Trotzdem ändern sie sich im Laufe der Zeit. Bagger, Bulldozer und ähnliche Baumaschinen waren in den 1980er-Jahren typischerweise waldgrün und – wie erwähnt – scharfkantig. In den 2000er Jahren sind sie eher rund und mollig und oft in einem gedämpften Orange lackiert. Sie erinnern damit an Spielzeug für jüngere Kinder. Diese stilistischen Änderungen hängen nicht einfach mit ihrem Charakter als Werkzeuge zusammen. Sie nehmen Rücksicht auf den Ort, wo diese Maschinen eingesetzt werden. Laufschuhe ändern sich in Stil und Aussehen in verblüffender Art und Weise und behalten gleichzeitig (meist) ihre ergonomischen Eigenschaften bei oder verbessern sie sogar. Andere Produkte, wie z.B. Kerzenhalter, haben im Design enorme Variationsmöglichkeiten, weil deren einzige Funktion darin besteht, eine Kerze mit einem bestimmten Durchmesser senkrecht zu halten.

Eines der Dogmen der modernen bildenden Kunst war, dass die Kunst funktionslos sei, dass der Künstler nur sich selbst gegenüber verantwortlich sein und nicht an den Betrachter bzw. Käufer denken soll. Der Betrachter kommt der Kunst entgegen. Er ist dafür verantwortlich, sich um Verstehen des Kunstwerks zu kümmern.

Edutainment ist ein neuerer Begriff, der eine Reihe speziell digitaler Lernplattformen benennt, die Spiel und Lernen izu verstehen. Nach der Kunstauffassung der Moderne ist diese Freiheit der Kunst und des Künstlers der entscheidende Ausgangspunkt für wahre Kunst in wörtlichem Sinn. Wie wir im nächsten Kapitel über *Diskurs, Macht und Ideologie* zeigen, hat Kunst immer auch eine gesellschaftliche Funktion und Bedeutung. Das ist offensichtlich, wenn der Künstler direkt einer herrschenden Macht dient, z.B. in Form von Propaganda. Aber selbst wenn die Kunst unmittelbar als neutrale Darstellung eines Motivs oder vielleicht als abstraktes Bild auftritt, kann sie immer in einem gesellschaftlichen Kontext als Ausdruck der Diskurse der Zeit oder als Kritik an ihnen verstanden werden.

Der Kunsthistoriker Wolfgang Ullrich zeigt in seinem Buch ›Siegerkunst‹, dass diese Vorstellung von der Autonomie der Kunst nicht mehr gilt (Ullrich, 2016). Sie dient nach seiner Beobachtung dem Prestige der Sammler und wird häufig als Auftragskunst bestellt. Gleichzeitig engagieren sich Künstler, die in internationalen Großausstellungen vertreten sind, für politische Anliegen. Viele der dort gezeigten Arbeiten werden anlässlich der Ausstellung also auch als Auftragskunst entworfen und hergestellt.

Wie in Kapitel 4 erwähnt, teilte die schwedische polarisierende Bildpädagogik der 1970er-Jahre Bilder ganz allgemein auf der Grundlage der Absicht des Senders in sechs Kategorien ein:

1. Unterhaltung,
2. Werbung,
3. Propaganda,
4. Wissen,
5. Anweisungen und Warnungen,
6. Nachrichten (Hansson, 1974: 56).

Welchem Zweck soll das Bild dienen? Die Absichten des Senders sind die eine Seite. Das was die Betrachter damit machen, eine andere. Wie oben erwähnt ist die Funktion eines Bildes keine feste Eigenschaft. Ein und dasselbe Bild kann für den einen Unterhaltung, den anderen Werbung und den dritten Propaganda sein. Um dieser Beliebigkeit zu begegnen, werden Bildern in der Regel ›Gebrauchsanweisungen oder -empfehlungen‹ mitgegeben, etwa in Form von Bildunterschriften, oft mit wenig Erfolg. So gesehen ist es schwierig, obige Einteilung heute noch als treffend zu bezeichnen. Im Unterricht kann sie allerdings verwendet werden, um die Funktionen deutlich zumachen, um die es bei der bildnerischen Arbeit geht.

Arbeitet man mit visuellen Gebrauchsanweisungen, z.B. den Montageanleitungen von IKEA, und mit möglichen Verbesserungen, geht es um den Bereich der Anweisungen. Dabei spielen Klarheit und Verständlichkeit die entscheidende Rolle. Wie kommuniziere ich am besten eine Montageanleitung? Vielleicht auch mit internationaler Perspektive. Kann eine gezeichnete Gebrauchsanweisung weltweit dieselbe sein? Eine Suche auf YouTube nach ›IKEA assembly instructions‹ ergab (7.11.2017) ca. 137.000 Treffer. Wie unterscheiden sich die Videotutorials von den gedruckten Anleitungen in den Paketen?

Interessen auf Seiten der Rezipienten bestimmen, welche Funktionen Bilder für sie haben. Was sieht man, wenn man genießend, recherchierend, kritisch und/oder lernend schaut? Wenn man ein Auto kaufen will, schaut man eventuell nach neuen aufregenden Designs. Ein Mechaniker schaut eher auf neue Trends in technischer Hinsicht. Somit kann dasselbe Text-, Bild- bzw. visuelle Phänomen aus Sicht des Rezipienten unterschiedliche Funktionen haben. Ein und dasselbe Bild kann auch für einen Nutzer verschiedene Funktionen haben. Das Poster im Zimmer eines Jugendlichen wird als Einstieg in Tagträume genutzt und markiert gleichzeitig eine andere Ästhetik als die der Eltern.

Mehr zum Gebrauch der Bilder im Kapitel 14.

Studienfragen

Besuchen Sie ein Museum mit einer großen historischen Spannweite. Wählen Sie je ein Gemälde oder eine Skulptur aus einer früheren Epoche und eines aus der Zeit um 1900 oder später aus. Welche Funktionen hatten sie zur Zeit ihrer Entstehung? Welche Funktion haben sie im aktuellen Museum?

Problem, Thema und Motiv

Welche Probleme und Themen in Bildern behandelt werden und was dargestellt werden kann, steht nicht fest. Was als wesentlich, lächerlich, modisch angesehen wird, was legitim ist und was nicht, ändert sich im Laufe der Zeit: Der Realismus Mitte bis Ende des 19. Jahrhunderts thematisierte gegen einen gewaltigen sozialen und kulturellen Widerstand die Unterdrückung und die Lebensbedingungen von armen Bauern und Arbeitern. Die Befreiung der Frauen als Problem und damit als Thema und Motiv erschien (wieder) auf den Plakaten in den 1960er und 1970er-Jahren. Blumen waren als Motiv mehrere Jahrzehnten marginalisiert und sind wieder im Kommen. Reality-Fernsehen und Lifestyle-Programme sind relativ neue Inhaltsbereiche, die sich mit ihren eigenen stilistischen Merkmalen als Genre etabliert haben (Poulsen, 2010: 181-185). Religiöse Motive hatten im Mittelalter Vorrang vor anderen. Die Darstellung des erotischen (weiblichen) Körpers wurde bis zum 19. Jahrhundert dadurch gerechtfertigt, dass sie Elemente in religiösen Szenen aus der Bibel, der griechisch-römischen Mythologie oder dergleichen waren.

Die Bildpädagogik schwankte zwischen der Bevorzugung von Problemen und damit Themen, die sich an der persönlichen Entwicklung orientierten, und solchen, die mit gesellschaftlichen und sozialen Bedingungen zu tun haben. Bilder wurden als persönlicher Ausdruck innerer Zustände und Emotionen verstanden oder als Kommunikationsmittel über die Welt und ihren Zustand.

Es spielt also eine Rolle, ob das gestellte Problem, das Thema und das Motiv im Rahmen des Etablierten liegen oder ob sie neu sind. Passt es in den wohl bekannten Rahmen, z.B. romantische Liebe oder satirisches Porträt von Politikern? Wie verhält es sich mit anderen ähnlichen Bildern / visuellen Phänomenen? Was wird dargestellt, was nicht, was thematisiert, was nicht? In Familienalben gibt es viele Bilder von Hochzeiten oder Taufen und so gut wie keine von Beerdigungen. Warum gibt es Probleme, Motive und Themen, die nicht angesprochen werden? Dieses Problem wird in Kapitel 10 über *Diskurs, Macht und Ideologie* weiter erörtert.

Fachdidaktisch gesehen kann man sich überlegen, ob man dazu neigt, bestimmte Probleme, Aufgaben und Themen im Unterricht auf Kosten anderer zu bevorzugen. Gibt es einen Zusammenhang zwischen dem, was in der großen Welt auf dem Programm steht, und dem, was im Unterricht passiert? Viele Lehrer finden, dass Bilder von Buben, in denen es um Krieg, Autos, Roboter usw. geht, keinen Wert haben, und deshalb nicht wirklich in den Unterricht im Fach Kunst passen (siehe z.B. Arvedsen, 2013; Pullinen & Lokka, 2013). Dabei kann man sich fragen, ob man eventuell einer geschlechtsspezifischen Tendenz bei der Themenwahl unterliegt, die den Mädchen mehr entspricht als den Buben. Mehr dazu in Teil 5.

Die kritisch-konstruktive visuelle Pädagogik lancierte ausgehend u.a. von Klafkis kategorischer Bildung unter anderem einen thematischen Ansatz für die Arbeit. Weitere Informationen hierzu und zum Angebot von ENViL zur Kategorisierung finden Sie in Kapitel 6.

KAPITEL 10
DISKURS / MACHT / IDEOLOGIE: VERFÜHRUNG UND FASZINATION

Vorbemerkung.

»Für 500 Jahre war die Kirche der bestimmende Lieferant von Bildern. Und sie hatte die soziale Kontrolle. Im 19. Jahrhundert ging der Kirche diese Kontrolle verloren. Im 20. Jahrhundert ging die soziale Kontrolle von Fotos und Filmen aus. Nun stehen wir am Anfang einer neuen Epoche: Jeder kann Bilder herstellen, verteilen und vermarkten. Ich verfolge diese Entwicklung mit großer Freude und Aufmerksamkeit.« (David Hockney)

Diskurs / Macht / Ideologie

> »Wer übt Macht durch Bilder aus? Was für eine Macht? Wie, wann und warum wird sie ausgeübt? Macht ist ein zentrales Element, weil alle Bilder Ideen, Werte und Einstellungen enthalten, die politisch, sozial und wirtschaftlich im Interesse der Autoren oder der Auftraggeber liegen. Gleichzeitig hat der Empfänger die Möglichkeit, die Interpretationsmacht auszuüben. Alle komplexen Gesellschaften sind hierarchisch organisiert, verschiedene Gruppen haben unterschiedliche Grade von Macht, und daher haben Bilder unterschiedliche Agenden. Alle Bilder erzählen davon, wie die Welt ist, sein sollte oder nicht sein sollte« (Duncum, 2011: 20).

Die überwiegende Mehrheit der Bilder, die als Kunst definiert werden, waren einst Repräsentationen politischer und/oder religiöser Macht: Die fantastischen Stillleben des niederländischen Barock, die vornehmes Geschirr, Jagdtrophäen, Arrangements von Speisen usw. zeigen, wurden als ›Prunkstücke‹ von der neuen reichen Klasse der Handels- und Kaufleute in Auftrag gegeben. Kirchenarchitektur, Ausstattung und religiöse Bilder dienten dazu, den Glauben zu festigen. Bis vor 300-400 Jahren war die Kirche der einzige Ort, an dem normale Leute Bilder zu Gesicht bekamen. Sie hatten auf die Kirchgänger wohl einen starken Einfluss. Die gotische Kathedrale (13.-14. Jahrhundert) mit ihrer enormen Größe und Deckenhöhe und den leuchtenden Bildern der Glasfenster sollte die Frömmigkeit und Bedeutungslosigkeit des Einzelnen im Vergleich zu Gott, Religion und die Autorität der Priester erlebbar machen. Visuelle Ereignisse und Phänomene – Plätze, Feste, Zeremonien – gab es auch außerhalb des Bereichs der Religion.

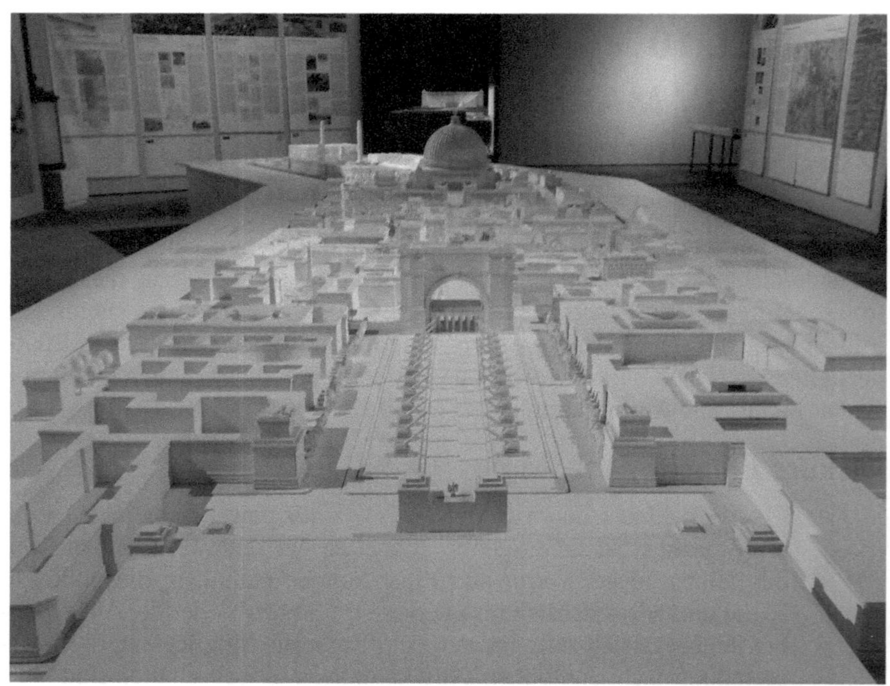

Abb. 1: Germania entworfen von Albert Speer. Modell. Foto vom Modell Verfasser: KaterBegemot. Quelle https://upload.wikimedia.org/wikipedia/commons/e/ea/Welthauptstadt_germania_13.jpg

Die Möglichkeit, Macht zu demonstrieren, ist seit der neolithischen Revolution eine zentrale Aufgabe der Architektur und sie hat bis heute nichts an Aktualität eingebüßt. Gut sichtbar wird diese Funktion in den Bauten des Nationalsozialismus. Hitlers geplanter Ausbau Berlins zur *Welthauptstadt Germania*, ausgearbeitet von seinem ›Hofarchitekten‹ Albert Speer, ist so gewaltig, dass man es kaum glauben kann (Abb. 1). Das riesige Gebäude am Ende des Modells ist eine Halle für 80.000 Personen, neben dem Reichstag gelegen. Wenn das Reichstagsgebäude die Größe eines Tischtennisballs hat, hat der Riesendom ungefähr die Größe eines Basketballs (Petsch, 1994: 16-24; Bari, 2011: 124-133). Ebenso lassen sich spektakuläre Konzert-, Museums- oder Stadionbauten als Zeichen für Wohlstand und Fortschrittlichkeit miteinander konkurrierender Großstädte verstehen.

Propagandabilder sind eine allgemein bekannte Kategorie von Bildern. Sie sollen, wie der Name sagt, den Betrachter beeinflussen. Ein zeitgenössisches Beispiel ist etwa das von Frank Shepard Fairey entworfene Hope-Poster mit Obama (vgl. Abb. 2).

Aber die Wirkung, die man mit einem Bild zu erreichen versucht, oder die dahinter liegende Denkweise kann viel subtiler sein als die genannten Beispiele. Die Darstellung der beiden Geschlechter und ihrer Rollen sind z.B. in der visuellen Welt oft so verborgen und implizit, dass wir nicht merken, wie diese jeweils dargestellt werden. Nicht zuletzt, weil unsere eigene Sichtweise der des Absenders eventuell entspricht. Ein Teil der klassischen Gender- /Frauenforschung bestand darin, die Aufmerksamkeit auf Geschlechterstereotypen und repressive Diskurse in visuellen und vielen anderen Lebensbereichen zu lenken und auf diese hinzuweisen .

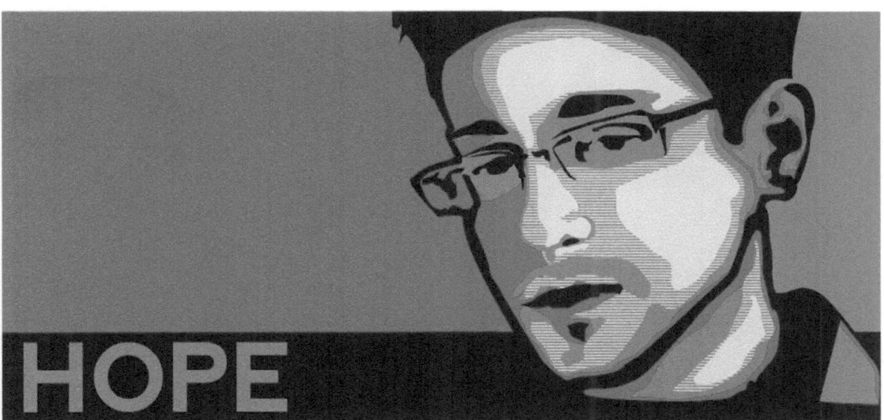

Abb. 2: Das Obama-HOPE-Poster ist berühmt geworden. Es hat sich im Netz zu einem Meme entwickelt. Hier ein Beispiel mit Edward Snowden. (Author: Eliza does. 2013. Quelle: https://commons.wikimedia.org/wiki/File:EdsnowdenHOPE.png)

Das Bild auf der Titelseite des ALDI-Süd-Werbeprospektes von Anfang September 2014 (Abb. 3) bedient klassische Geschlechterbilder. Der Mann ist aktiv, er hat die rechte Hand am Steuer des Motorrollers und legt die linke schützend oder besitzergreifend um die Frau, die sich an ihn lehnt. Er schaut den Betrachter direkt an, die Frau schaut zur Seite.

Im zweiten Beispiel, *Work in Denmark*, wird die Frau mit Helm, wie er auf Baustellen getragen wird, und eine Schutzbrille dargestellt, typischerweise ein Hinweis auf klassische Männerdomänen etwa von Ingenieuren, Bauleitern und dergleichen. Sie trägt keinen Overall oder ähnliche Arbeitskleidung, die zu einer Person mit körperlicher Arbeit passt (Abb. 4). Ihr Hemd ist im Schnitt feminin, weist aber auf ein klassisches blaues Herrenhemd hin. Sie ist jung und schaut aus wie ein Fotomodell. Sie schaut auch nicht flirtend in die Kamera, sondern nach oben. Sie ist beruflich damit beschäftigt, ein Gebäude zu begutachten und sich Notizen zu machen. Hier könnte also auf ein Motiv der Gleichstellung der Geschlechter hingewiesen werden: In Dänemark haben

Sie auch die Möglichkeit, in klassischen Männerberufen zu arbeiten. Gleichzeitig wird eine weibliche Attraktivität in Form von Jugend und klassischer Schönheit signalisiert. In der Werbung für die Ausbildung zum Bauingenieur kann man in etwa das gleiche Geschlechterstereotyp mit dem entgegengesetzten Vorzeichen sehen (Abb. 5). In der Reklame für Erwachsenen-Bildung ist ein ›gewöhnlicher‹ erwachsener Mann bei der Arbeit zu sehen, der ein ›Standardhemd‹ und eine Sicherheitsweste trägt.

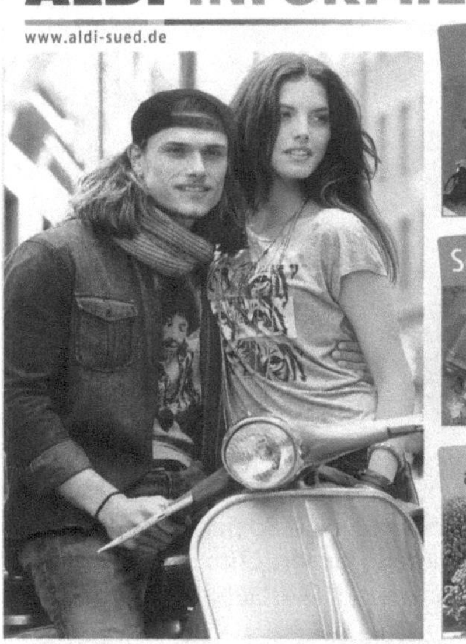

Abb. 3: Der Mann am Steuer des Motorrollers legt seine freie, linke Hand um die Frau, die sich an ihn lehnt. ALDI-Süd-Prospekt vom 9. September 2014.

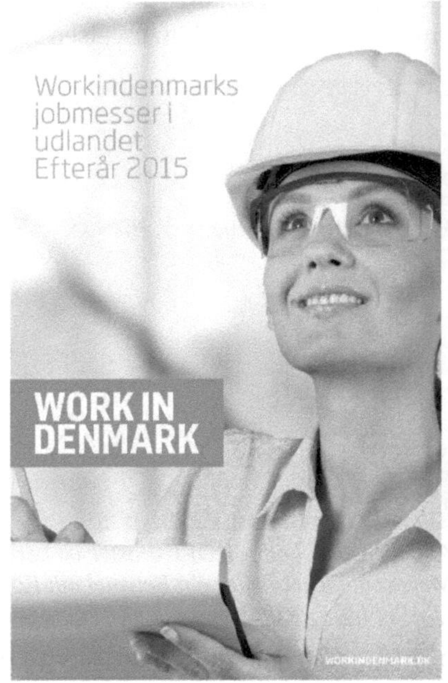

Abb. 4: Gleichstellung der Geschlechter in Dänemark: Hier haben Sie die Möglichkeit in klassischen Männerberufen zu arbeiten..

In der *Medienpädagogik* (s. Kapitel 4 und 5 zur Fachgeschichte) war diese kritisch-analytische Perspektive weit verbreitet und wurde überwiegend auf Medienbilder angewendet, während die Kunstbilder ausgeklammert wurden. Macht, Ideologie und gesellschaftliche Diskurse spiegeln sich, wie gesagt, in den Kunstbildern ebenso wider wie in den Bildern der übrigen visuellen Kultur. Es ist daher wichtig, darauf zu achten, dass zur Untersuchung der Machtausübung in und mit Bildern und visuellen Phänomenen alle Arten von Bildern herangezogen werden können. Vgl. etwa Wolfgang Ullrichs Beitrag zu Fotografien von Gursky (Ullrich, 2009).

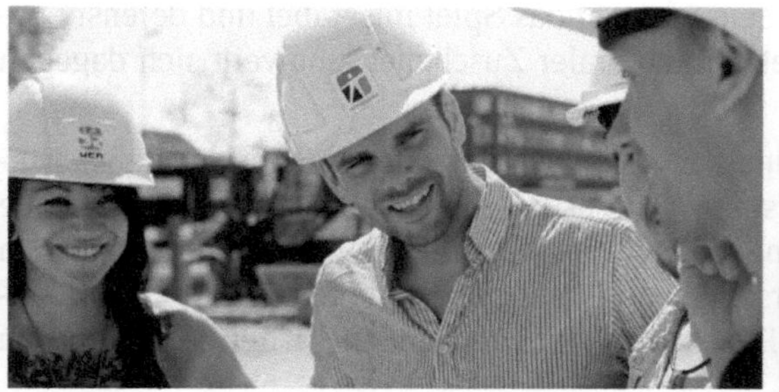

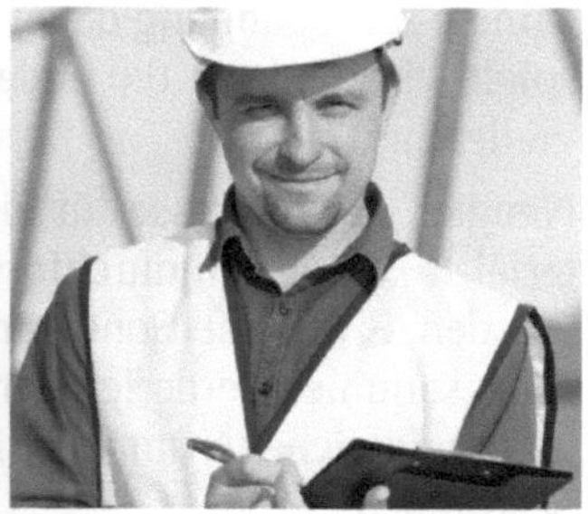

Abb. 5: Links: Werbung für die Bauingenieurausbildung. Das männliche Pendant für die Frau im Bild 'Work in Denmark'. Rechts: Ausschnitt aus einer Homepage für Erwachsenenbildung.

Studienfragen

- Suchen Sie in Zeitungen oder Illustrierten nach Bildern.
  - Finden Sie Beispiele für Artikel, in denen Abbildungen und verbaler Text unterschiedliche Aussagen haben.
  - Was ist Ihrer Meinung nach der Unterschied?
  - Kann man sagen, dass durch die Tendenz oder Voreingenommenheit der Abbildungen die Leser verführt werden?
  - Oder geht es darum, dass bestimmte Personen eine solche Macht ausüben?
  - Oder liegt es ganz bei der Leserin, ob sie auf bestimmte Weise positioniert werden möchte?
  - Diskutieren Sie, wo es ›machtfreie‹ Bilder gibt. Wie werden sie genutzt? Inwiefern zeigt sich die Nutzung in den formalen und inhaltlichen Elementen der Bilder?
- Untersuchen Sie die Motive auf Produktverpackungen im Hinblick auf Geschlechterstereotypen z.B. in einem Drogeriemarkt. Bei welchen Produkttypen sind deutlichere, bei welchen weniger deutliche Polarisierungen zu erkennen?

Verführung / Faszination

Was unterhält uns, was fasziniert uns, was bringt uns zum Nachdenken, was verschlägt uns nach einem Erlebnis von Schönheit den Atem, was verschafft uns eine intensiv tiefe Erfahrung und/oder ein gutes Lachen?

Auslöser können sowohl inhaltliche (Motive) als auch formale (Darstellungsweise) Aspekte und natürlich eine spezielle Kombination beider sein. Wenn man in einem Fußballspiel zu einer Mannschaft hält, kann man bis zur letzten

Minute mit Spannung dabei sein, obwohl das Spiel miserabel und defensiv gespielt wird und mit 0:0 endet. Ein neutraler Zuschauer langweilt sich dagegen vielleicht.

Neugier und Interesse für eine Sache können uns dazu bringen, visuelles Material fokussiert zu durchforsten. Wenn es mir finanziell schlecht geht, schaue ich den Flyer mit Sonderangeboten wahrscheinlich gründlich an. Wenn ich Pilze sammle, werde ich verschiedene Pilzbücher studieren und die Abbildungen vergleichen, um die Pilze nach entsprechenden Kriterien richtig zu bestimmen.

Roland Barthes arbeitete in seinem Essay *Die helle Kammer* mit dem Begriff des *Punctum* als dem, was uns dazu bringt, bei einem Bild zu bleiben und es genauer zu betrachten. Es ist eine psychologische Beziehung sehr persönlicher Natur. Barthes berühmtes Beispiel ist eine Schuhschnalle auf einem Foto, das ansonsten zwei Menschengestalten zeigt. Die Schnalle löst bei ihm eine persönliche und subjektive Erinnerung an früher aus. Die Schnalle ist im Bild ein eher nebensächliches Detail, aber es weckt bei ihm, dem Betrachter, ein persönliches Interesse, fesselt ihn und veranlasst ihn, das Bild genauer zu untersuchen (Barthes, 1996: 38). Dies könnte auch ein Ausgangspunkt für ein Gespräch sein und uns etwa darauf bringen zu erörtern, was an einem Bild subjektiv ist und was auf gemeinsame kulturelle und soziale Konnotationen hinweist.

Die visuelle Gestaltung ist im Fach Kunst zentral. Welche Wirkmittel führen dazu, dass uns ein Bild besonders fasziniert, dass wir es interessant, gut gemacht und attraktiv finden? Bei der Malerei sind das traditionell Farbe, Form, Linie, Fläche, Komposition usw. Ein darüber hinausgehendes Verständnis dafür, was das *Attraktive* ausmacht, führt dazu, die Bilder und die Menschen, die sie anschauen, besser zu verstehen und die vielen Arten der Attraktivität zu erkennen, ohne auf etwaige Qualitäts- oder Geschmackskriterien zurückzugreifen:

»Bilder sind auch verführerisch, weil sie sinnlich sind. Viele Bilder sind schön oder erhaben – zwei traditionelle ästhetische Qualitäten – aber es werden heute noch viele andere sensorische Qualitäten eingesetzt. Einige fühlen sich vom Grotesken, gothic look, Kitsch oder Camp angezogen (Langman, 2008). Vielleicht waren einige schon immer vom Sentimentalen und Entzückenden fasziniert. Harris (2000) glaubt, dass die heutige Konsumästhetik das Coole, das Besondere / Eigentümliche / Skurrile und das Romantische ausmacht« (Duncum, 2011).

KAPITEL 11
GENRE UND STIL

Vom Menschen geschaffene visuelle Phänomene basieren auf sozialen Mustern, Spielregeln, Konventionen und Codes, die als Genres bezeichnet werden können. Diese bilden die Grundlage für die Gestaltung visueller Äußerungen und damit der visuellen Kommunikation. Bilder und visuelle Phänomene werden durch und mit Genres ausgedrückt. Das Genre bildet eine Schablone oder ein Muster, ein Set von Erwartungen, die die Interpretation auf der Empfängerseite steuern (Agger, 2009: 85). Genres basieren somit auf Normen und Erwartungen, die sich in einer kulturellen Gemeinschaft entwickelt haben. Sie sind das Ergebnis kommunikativer Praktiken in einer bestimmten Kultur zu einem bestimmten Zeitpunkt und ändern sich ständig. Sie bestimmen den Rahmen, in dem Äußerungen formuliert werden (Abb. 1).

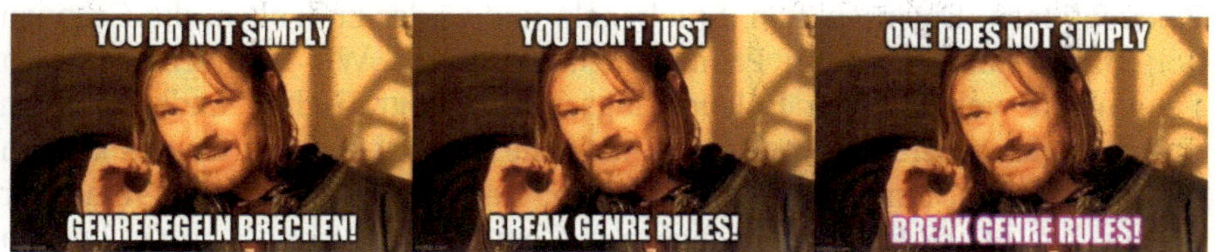

Abb. 1: One-does-not-simply-meme *Suche ergibt ungefähr 125.000.000 Treffer bei google.com am 13. September 2021.*

Neue Genres entstehen, wenn der Rahmen der alten gebrochen oder erweitert wird und andere diese Veränderungen akzeptieren und wiederholen. Genres entstehen und festigen sich durch Wiederholung. Auch neue Technologien und geänderte Kommunikationsformen schaffen Rahmen und Bedingungen für neue Genres.

Ein Beispiel hierfür ist die PowerPoint-Präsentation, die mit der Entwicklung des Computers und dem Einfluss von Microsoft darauf einherging. PowerPoint oder ähnliche Präsentationsprogramme bieten die Möglichkeit, wichtige Punkte in Textform hervorzuheben und eine Übersicht über einen Vortrag zu erstellen, die eine rein gesprochene Präsentation nicht bieten kann. Die Präsentationsprogramme ermöglichen außerdem visuelle und / oder akustische Illustrationen mit Bildern, Video und Audio und sind so eine Weiterentwicklung der alten Diashow, die in der Herstellung recht aufwändig war. Man kann also von der Entstehung eines neuen Vermittlungsgenres sprechen. Innerhalb kurzer Zeit ist so ein Genre der Informationsvermittlung mit eigenen Stilmerkmalen entstanden, meist in Form einer einfachen Mischung aus Text und Bildern. In den Anfängen der PowerPoint-Präsentation wurden gerne integrierte

Sounds (z.B. ein bremsendes Auto) verwendet, wenn Buchstaben und Wörter von allen Seiten hereinströmen. Solche Effekte passen nicht zu jedem Inhalt und setzen z.B. in wissenschaftlichen oder anderen ›ernsten‹ Bereichen die Erwartungen an die Qualität des Inhalts herab. Bei Geburtstags- oder Vereinsfeiern können sie dagegen angemessen sein. So entsteht und entwickelt sich ein Präsentationsgenre aus dem Zusammenspiel von technischen Möglichkeiten und ›Absprachen‹ darüber, was in einem sozialen und kulturellen Kontext guter Stil bzw. angemessen ist.

Derzeit erweisen sich die sozialen Medien als Genre-Generatoren. Diese werden befeuert durch Suchbegriffe und Hashtags. Man denke allein an die Ausdifferenzierung des Genres Selfie.

Genre-Merkmale können ein Aspekt für die Arbeit an und mit Bildern und visuellen Phänomenen sein. Sie eignen sich auch als Mittel, um das Problem bestimmter inhärenter ästhetischer Qualitäten anzugehen. Die Berücksichtigung von Genre-Merkmalen bedeutet, die Aufmerksamkeit auf die jeweiligen Konventionen, Eigenschaften, Spielregeln und Codes zu lenken, die Gruppen von Bildern und visuellen Phänomenen definieren. Wie unterscheiden sich Feuerwerke von anderen Beleuchtungsarten, topografische Landkarten von Streckenplänen der Bahn usw. Man muss die Eigenheiten von Genres kennen und reflektieren, um mit ihnen zu spielen, sie zu schärfen und untereinander zu mischen. Auch für das Brechen von Genre-Regeln muss man sie kennen (Mathiesen, 2007: 21).

Die Fokussierung auf Genres ist die Grundlage für die Einschätzung visueller Möglichkeiten und der Qualität visueller Produkte. Wenn man begründen soll, wie man ein visuelles Phänomen versteht, tragen Vergleiche mit ähnlichen visuellen Phänomenen dazu bei, eine gemeinsame Grundlage für die Verständigung zu schaffen. So lassen sich rein subjektive Auffassungen vermeiden, die zwar spannend sein können, aber Gefahr laufen, privat und unverbindlich zu bleiben.

Durch das Brechen von Genrekonventionen schafft man Aufmerksamkeit, etwa wenn Oliviero Toscani Dokumentarfotos auf Werbeplakaten für die Firma Benetton einsetzt. Ähnliches passiert, wenn Genrekonventionen etwa bei hyperrealistischen Fotografien oder Filmen von Steven Spielberg übererfüllt werden. Werden sie überzeichnet, sprechen wir von Parodien. Merkmale, die sich von den genre-spezifischen Erwartungen unterscheiden, überraschen und machen neugierig. So entsteht Aufmerksamkeit für die jeweilige Äußerung. In der Linguistik spricht man in solchen Fällen von markierten Elementen (Russo, 2016: 211). Eine Diskussion darüber, welche Merkmale eines Bildes konventionell und zu erwarten sind, und welche sich davon unterscheiden, eignet sich als Einstieg zu einer Bildbesprechung. Man kann auch untersuchen, welche neuen Bedeutungen entstehen, wenn man einer Konvention nicht folgt oder sie überzeichnet. Ein Genrebruch kann zur Entstehung eines neuen Stils beitragen. So haben sich etwa dokumentarische Graphic Novels zu einem eigenen Genre entwickelt.

Studienfragen

- Diskutieren Sie in der Gruppe, welche Überlegungen Sie hinsichtlich der Kleidung angestellt haben, als Sie das letzte Mal an einer wichtigen gesellschaftlichen Veranstaltung teilgenommen haben. An welche anderen Leute haben Sie dabei gedacht?

Mit *Stil* werden erkennbare gemeinsame visuelle Merkmale bezeichnet, die Gruppen von Bildern und visuellen Phänomenen miteinander verbinden. Wenn wir über Kleidung sprechen, reden wir üblicherweise über Stil: klassisch, sportlich, baggy / hip-hop, Gothic, Post-Punk, Trashy, Neohippie usw. In Kunst und Architektur ist *Stil* ein Begriff, um auf der Grundlage von visuellen Merkmalen und Konventionen eine Epoche von einer anderen zu unterscheiden, z.B. Säulenordnungen und Kapitelle in der Antike oder die Malweise im Impressionismus. Die Barockmalerei weist z.B. besondere Merkmale und Regeln auf, die diesen Stil von anderen unterscheidet.

Fernsehnachrichten werden stilistisch durch die Szenografie charakterisiert und sind damit schnell und eindeutig als spezifisches Genre erkennbar. Sie heben sich durch visuelle und auditive Settings von anderen Sparten wie Talkshows, Unterhaltung, Sport oder Serien, aber auch Dokumentationen und Magazinen ab. Im Vordergrund sitzt oder steht der Sprecher und schaut die Zuschauer an. Im Hintergrund werden auf einem größeren oder kleineren Bildschirm Bilder, Videos und Texte zu den aktuellen Nachrichten präsentiert. Es geht darum, auf verschiedenen Ebenen ›Seriosität‹ zu vermitteln. Das reicht von der Kleidung der Sprecher über die Möblierung bis zum Sound der Sprache.

Stil und Genre hängen eng miteinander zusammen, beide arbeiten mit Ähnlichkeiten. Sie reduzieren die Möglichkeiten von Äußerungen und bieten eine gewisse Vorhersagbarkeit. Für den Stil gilt das vor allem im Bereich der formalen Wirkmittel, beim Genre gibt es auch inhaltliche Konventionen. Der Stil ist ein wichtiges Erkennungsmerkmal für ein Genre.

Der Stil bietet – wie im Beispiel der Fernsehnachrichten – eine erste Orientierung, zu welchem Genre eine visuelle Äußerung gehört. Beim Zappen erkennen selbst kleine Kinder innerhalb von einer oder zwei Sekunden am formalen ›Sound‹, welches Genre sie vor sich haben. Allerdings gibt es innerhalb eines Genres große stilistische Unterschiede. Ein Kriminalfilm arbeitet mit kurzen, ein anderer mit langen Einstellungen, in einem wird viel mit Totalen oder

Halbtotalen gearbeitet, im anderen vor allem mit Nahaufnahmen. Ähnliches gilt für den Farbton oder vielleicht besser Farbsound von Filmen. Die Farben in den Folgen der TV-Serie *CSI Miami* haben einen höheren Sättigungsgrad als die von *Game of Thrones*.

Eine wesentliche Funktion von Stilen ist die Vorhersagbarkeit, in unserem Fall von visuellen Erscheinungen. Wer eine Ausschnitt einer Barockmalerei sieht, schließt daraus, dass auch der verdeckte Bildteil in der selben Manier gemalt ist. Die Leser dieses Buches erwarten mit Recht, dass Schriftart und Layout auf den nächsten Seiten so ausschauen wie auf der aktuellen. Ein Stilbruch würde im Zweifelsfall die Lesbarkeit erschweren, indem er die Aufmerksamkeit vom Inhalt auf die Form (ab)lenkt. Beim Lesen eines gedruckten Textes verschwindet in gewisser Weise die Schrift. Wer bei Action-Filmen die Aufmerksamkeit auf die Schnittfolgen und Einstellungen richtet, verpasst das wesentliche Erlebnis, die Spannung. Der Einsatz stilistischer Mittel entscheidet darüber, wie eine visuelle Äußerung verstanden wird, eine Schule präsentiert sich anders als ein Vereinslokal. Für eine Schule gilt es die unterschiedlichen Genres wie z.B. Briefpapier, Internetauftritt, Aushänge am Schwarzen Brett usw. bis zu einem gewissen Grad ›seriös‹ zu gestalten. In den modernen Gesellschaften unterscheiden sich die Leute durch ihren Lebensstil. Dazu schreiben die Kulturwissenschaftler und Marktforscher Helene und Matthias Karmasin:

> »Lebensstile sind weitgehend Konsumstile: Gerade der Bereich des Konsums stellt eine der Hauptquellen für individuelle Differenzierung dar, und hier wird auch die semiotische Virtuosität entwickelt, die Eliten im Gebrauch von Konsumgütern demonstrieren müssen. Am Produkt vergegenständlicht sich die soziale Stellung des Besitzers« (Karmasin & Karmasin, 2011)

Auch ein sogenanntes *Format* kann im Zusammenhang von Genre und Stil gesehen werden. Es ist eine Produktionskategorie: Zeichentrick, Spielfilm und Bilderbuch sind drei verschiedene Formate (Rose & Christiansen, 2009: 207). *Manga* bezeichnet japanische Comic-Bücher, die in einer spezifischen Weise gezeichnet sind. Dieser Stil wird in vielen anderen Formaten verwendet: in Zeichentrickfilmen als Anime, in Werbespots, Computerspielen, Filmen, Unterrichtsmaterialien usw. Im Manga gibt es unterschiedliche Genres, die verschiedene Gruppen und Subkulturen ansprechen – Kinder oder Erwachsene, Frauen oder Männer, Hetero- oder Homosexuelle. Unterschiedliche Ausdrucksformen ermöglichen Überschreitungen der Genres und Stilkonventionen. Ein Gestalter innerhalb der Manga-Tradition kann sich von westlichen Traditionen inhaltlich und formal inspirieren lassen, z.B. von Disney. So kann ein neuer Stil entstehen, z.B. mit stärkerer Betonung von perspektivisch erzeugten Hintergründen, Verwendung von Farben usw. Hat ein solcher Stil Erfolg, bildet sich ein neues Publikum mit anderen Erwartungen – ein neues Genre entsteht.

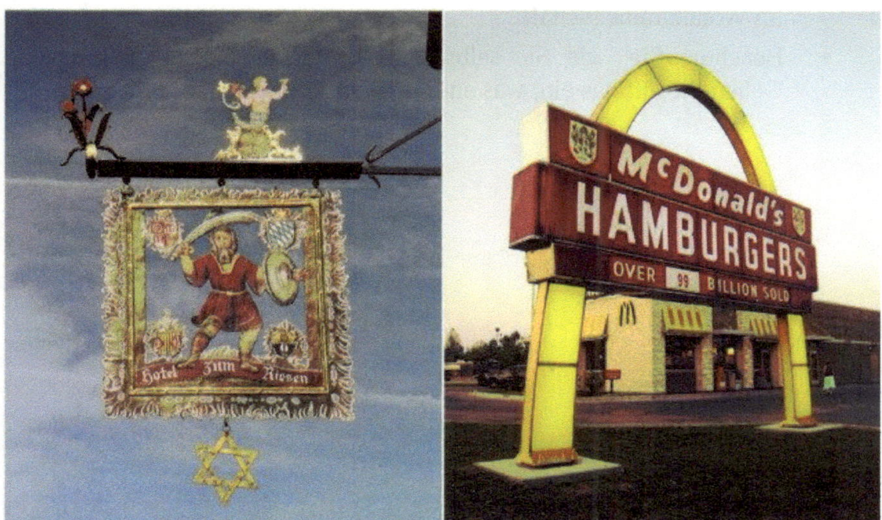

Abb. 2: Das Wirtshausschild in Miltenberg a. Main wendet sich an Fußgänger, das historische McDonalds-Schild von 1962 an Autofahrer.

Auch die schiere *Größe* beeinflusst Gestaltung und Inhalt von Bildern. Plakate oder Schilder, die sich an Autofahrer wenden, sind größer und weisen weniger Details auf also solche, die sich an Fußgänger wenden (Abb. 2). Ein Coffee-Table-Book präsentiert andere Bilder anders als ein Paperback im A6-Format. Werbeplakate haben eine andere Größe als Dokumentarfotos – nicht zuletzt wegen des Genrebruchs aufgrund ihrer Größe hat die oben erwähnte Benetton-Werbung von Toscani für Aufsehen gesorgt.

Studienfragen

- Seien Sie gegenseitig Stilberater. Stellen Sie sich vor, Sie hätten Wasserschäden im Wohnzimmer und alles muss ersetzt werden.
- Suchen Sie im Internet ein Dutzend oder mehr unterschiedliche Toilettenschilder. Ordnen Sie diese nach dem Kriterium der Angemessenheit für verschiedene Einrichtungen, z.B. Schule, Kindergarten, Kneipe, Restaurant, Kunstmuseum. Diskutieren Sie die Kriterien, die Sie bei ihrer Ordnung angewendet haben.
- Finden Sie neue Möbel zum Essen, Lesen, Fernsehen und Spaß haben (z.B. im Internet).

- Präsentieren Sie Ihre Vorstellungen einander in einer geeigneten Form.
- Schlagen Sie dabei jedem eine Änderung vor, die neue Möglichkeiten im Wohnzimmer schafft.
- Beachten Sie, wie Sie selbst auf den neuen Vorschlag reagieren. Gehen Sie auf das ein, was andere Leute denken?

KAPITEL 12
MODALITÄT, MULTIMODALITÄT UND INTERTEXTUALITÄT

In diesem Kapitel geht es um Bedingungen und Möglichkeiten bei der Kommunikation. »Kommunizieren heißt ..., den anderen etwas wahrnehmen lassen, woraus er zusammen mit seinem übrigen Wissen, seinem Situations- und seinem Weltwissen, erkennen kann, wozu man ihn bringen möchte. [...] Die Mittel, die man einsetzt, um zu versuchen, dem anderen zu erkennen zu geben, wozu man ihn bringen will, nennt man gemeinhin Zeichen« (Keller, S.105f). Zeichen sind keine speziellen Gegenstände. Vielmehr gilt, dass alles, was wahrnehmbar ist, als Zeichen verwendet werden kann. Etwas – ein Laut, eine Geste, ein Bild – wird erst zu einem ›Zeichen‹, wenn es entsprechend gebraucht wird, wenn es also dazu gemacht wird, bzw. gemacht wird in der Hoffnung, dass ein Gegenüber, ein Publikum, es als solches nutzt (*meaning making*). Etwas wird zu einem Zeichen, wenn man es dazu verwendet, von etwas unmittelbar Wahrnehmbarem auf etwas nicht unmittelbar Wahrnehmbares zu schließen. Diesen Vorgang nennt man Interpretation. Dazu mehr im nächsten Kapitel. Zwischen diesen Mitteln und den Sinnesorganen besteht so gesehen eine Abhängigkeit. Manche dieser Mittel eignen sich für bestimmte Absichten besser als andere. Augen und Ohren spielen für für die Kommunikation eine größere Rolle als etwa Geruch oder Geschmack.

Der Begriff Multimodalität versucht, drei mit der Kommunikation zusammenhängende Probleme zu erfassen:

1. Wenn wir kommunizieren, verwenden wir verschiedene Ressourcen. Diese sind abhängig von unserer biologischen Natur, von technischen und physikalischen Bedingungen und von unserer sozialen Umgebung, also der Kultur.
2. Als Ressourcen kann Alles Mögliche verwendet werden: Wörter, Bilder, Gesten, Mimik, Ton und Rhythmus, Bewegungen, technisches Gerät, Einrichtungen Beleuchtung, Lautstärke.
3. Der Einsatz von digitaler Technik bietet die Möglichkeit, viele unterschiedliche Ressourcen zu verknüpfen. Die visuellen Ressourcen sind zu Lasten des Verbalen auf dem Vormarsch.

Jede Ressource kann auf ihre Weise für kommunikative Zwecke genutzt werden. Sie bietet spezifische Möglichkeiten und bringt entsprechende Einschränkungen mit sich. Um Möglichkeiten zu nutzen und Beschränkungen zu vermeiden, kombinieren wir in der Regel verschiedene Ressourcen. Man spricht hier von multimodaler Kommunikation (Kress 2010: Kapitel 1). Sprachbeherrschung bedeutet, multimodal kommunizieren zu können. Bei gesprochener Sprache werden Tempo, Mimik, Gestik, Tonhöhe, Lautstärke, Körperhaltung und Pausen genutzt, bei gedruckter Sprache Schriftart, -schnitt und -größe, Bilder, Layout, Zeilenlänge usw.. Es spielen auch die Qualität des Papiers, seine Oberfläche, Seitenformat und -größe eine Rolle.

Modalität bedeutet die *Art und Weise*, wie etwas geäußert wird. Im Bereich der Bildpädagogik werden häufig die Begriffe *Ausdrucks-* oder *Darstellungsformen* verwendet. Die klassischen künstlerischen Disziplinen bzw. Gattungen wie Film, Tanz, Theater, Literatur, bildende Kunst und Musik lassen sich als unterschiedliche Modalitäten verstehen. Sie haben sich historisch so entwickelt, wie sie sich eben entwickelt haben, weil sich mit ihnen auf unterschiedliche Weise Inhalte und Themen darstellen oder ausdrücken lassen. Möglicherweise eignen sich einige Modalitäten besser, sich zu bestimmten Themen auszudrücken als andere. Die meisten der oben genannten Darstellungsformen sind von Natur aus multimodal. Wir werden im Folgenden auf beide Fragen zurückkommen.

Mit dem Begriff der Modalität sind auch andere Beobachtungen möglich, wenn man etwa Körpersprache, Ton, Layout, Bild, Film, Wörter, Farben oder Typografie als unterschiedliche Modalitäten versteht und deren Verwendung jeweils in den Blick nimmt. (Gissel, 2011: 28). Psychologen stellen z.B. fest, dass mitunter Körpersprache und Text nicht zusammenpassen. Wissenschaftliche Texte weisen manchmal Zeilenlängen von knapp 100 Zeichen auf, was ungeübten Lesern den Zeilensprung erschwert.

Multimodalität

Multimodalität ist ein Begriff, mit dem sich eine gewisse Ordnung in die semiotischen Ressourcen bringen lässt. Er lenkt die Aufmerksamkeit darauf, dass bei Äußerungen verschiedene Modi verwendet werden, die jeweils auf ihre eigene Art und Weise zur Deutung beitragen. Wenn wir Modalitäten kombinieren, sprechen wir von *Multimodalität*. Die Theorie besagt, dass mehr zusammenhängende Modalitäten die Bedeutung nicht nur im Verhältnis 1+1=2 erhöhen, sondern meistens sogar noch mehr oder andere Bedeutungen erzeugen. Das lässt sich anschaulich demonstrieren, wenn die Musik zu einer Filmsequenz von etwas Leichtem und Fröhlichem zu etwas Schwerem und Gewalttätigem geändert wird. Das ändert die Deutung derselben Filmsequenz erheblich. Selbst im Kunstmuseum, wo das Bild für sich selbst sprechen sollte, wird unsere Wahrnehmung beeinflusst. Fast immer gibt es ein Schild zumindest mit dem Namen des Künstlers, mit Jahr und Titel, oft gibt es zu Beginn der Ausstellung, auf der Website usw. einführende Erklärungen, aber auch die Hängung und die Beleuchtung haben Einfluss auf unsere Wahrnehmung. Daher ist das Erlebnis eines Werkes in einem Museum immer multimodal. Wie bereits erwähnt, gilt dies auch für die Literatur, hier tragen Layout, Typografie, Umschlag und Papierqualität zum Gesamteindruck bei.

Ein Film besteht aus Bildsequenzen mit Originaltönen und Sprache, Farbqualitäten, Musik, eventuell einer Erzählerstimme aus dem Off und einer Grafik am Anfang und am Ende. Bereits die einführenden Grafiken stimmen auf den Film ein und geben Hinweise auf das Genre.

Verankerung und Erweiterung

Einige Schlüsselkonzepte aus den Theorien der Multimodalität sind: *Verankern* und *Erweitern*. Verankerung: Wenn sich zwei Modalitäten gegenseitig verstärken und unterstützen, wird eine Botschaft in eindeutiger Richtung verstärkt. Erweiterung: Die Modalitäten drücken jeweils etwas anderes über den Inhalt aus und erzeugen somit mehr Inhalt oder eine andere Bedeutung, als wenn sie separat erscheinen würden. Ein Beispiel: Früher waren Zeitungsbilder, Bilderbücher und Comics durch Verankerung gekennzeichnet. Das Bild zeigte, was der Text sagte, oder der Text erklärte, wie das Bild zu verstehen ist. Wer mit Bildern verständlich kommunizieren will, muss dem Adressaten (immer) mitteilen, wie er das Bild verstehen soll. Bei Verkehrszeichen lernt man das in der Fahrschule bzw. von den Eltern, ansonsten leisten das die Bildunterschrift, der Kontext oder der Prediger in der Kirche, wenn er angibt, in welche Richtung die Verdammten bei einem ›Jüngsten Gericht‹ unterwegs sind. Man kann analog zur Sprache sagen, dass Bilder als Kommunikationsmittel mit Prädikaten in einem Satz vergleichbar sind. Sie machen eine Aussage. Was der Gegenstand der Aussage ist, muss jeweils dazu gesagt werden. Bei (modernen) Kunstwerken bleibt die Entscheidung, worüber das Bild eine Aussage macht, oft unklar. So kann es zu vielen sich teilweise widersprechenden Deutungen kommen. In den 1960er und 1970er-Jahren war es populär, Kunstwerke mit »ohne Titel« zu präsentieren. In der Reklame wird immer wieder mit Erweiterung gearbeitet, um das Publikum zum Nachdenken oder Schmunzeln zu bringen (Abb. 1).

Einen Sonderfall stellen Bilder der Kunst dar. Genau genommen sprechen hier die Bilder nicht für sich selbst, sondern die Betrachter bestimmen – wie gesagt – selbst, worum es geht. Auch die Angst totalitärer Regime vor unkontrollierten Bildern ist ein weiteres Beispiel für die mögliche Offenheit der Deutung von Bildern.

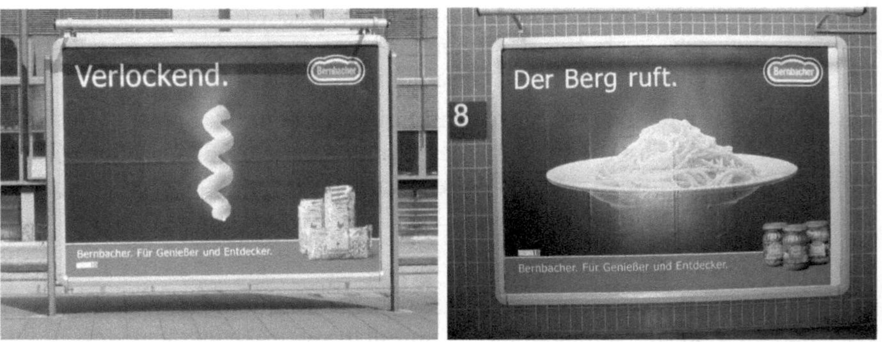

Abb. 1: Reklame für die Teigwaren des Münchner Herstellers Bernbacher vom Herbst 2004. Hier erweitern sich Text bzw. Bild gegenseitig. Der Betrachter schließt die Lücke und schenkt der Werbung damit kurz seine Aufmerksamkeit.

Modales Angebot (Affordanz)

> »Nach der Theorie der Multimodalität ist es kein Zufall, dass wir eine Reihe verschiedener Darstellungsformen entwickelt haben [...]. Gemeinsam ist den Darstellungsformen, dass sie verschiedene Dinge können und tun. Sie haben unterschiedliche Vorteile und Einschränkungen. Wir sagen, dass die Darstellungsformen unterschiedliche Angebote machen können« (Gissel, 2011: 29).

Unterschiedliche Modalitäten bieten also unterschiedliche Möglichkeiten und Einschränkungen hinsichtlich der Darstellungs- und Kommunikationsmöglichkeiten. Zum Beispiel ist es praktischer, Rhythmus und Melodie mit Noten als mit einem Text zu beschreiben (Løvland, 2003: 110). Es ist möglich, eine Einkaufsliste in Form eines Gemäldes auf Leinwand zu erstellen, aber es braucht Zeit, um alle Produkte zu malen, die man kaufen möchte, und es wäre schwierig, sie im Supermarkt herumzutragen. Eine Einkaufsliste auf einem kleinen Zettel oder als digitale Notiz erscheint angemessener. In einem anderen Kontext und mit einer anderen Funktion ist das Malen von Konsumprodukten eventuell passend.

Der Satz »Ein Bild sagt mehr als 1000 Worte« hat für Kunstpädagogik oft als Argument gedient und sollte ihre Existenz unter Hinweis auf das Fach Deutsch rechtfertigen. Bilder können in einigen Fällen dasselbe anders sagen als Worte und vielleicht klarer und schneller. In anderen Fällen sind Wörter geeigneter. Bilder bieten oft ein emotionales Erlebnis, aber man kann auch argumentieren, dass Musik in vielen Fällen eine direktere Art ist, uns physisch und emotional zu beeinflussen. Andererseits zeigen Bilder immer etwas. Das kennt man aus der Erzählung »Der kleine Prinz« von Antoine de Saint-Exupéry. Der kleine Prinz bittet den Erzähler: »Zeichne mir ein Schaf.« Was der Erzähler auch zeichnet, der Prinz ist nicht zufrieden. Keine der Zeichnungen entspricht seiner Vorstellung von einem Schaf. Die Lösung: Die Zeichnung einer Kiste mit dem Hinweis, dass sich das Schaf in ihr befindet. Damit ist der kleine Prinz zufrieden. Die Kiste ist eine Metapher für den Begriff Schaf. Hier gilt: Ein Wort bedeutet mehr als 1000 Bilder.

Viele Verkehrszeichen verwenden eher Bilder als Texte, was sie meist schneller und leichter lesbar macht.

Abb. 2: Das Verbot wird visuell durch das Schild kommuniziert.

Es würde Probleme verursachen, wenn man mit hoher Geschwindigkeit daher kommt und das Schild bloß aus folgendem Text besteht: »Auf der folgenden Strecke beträgt die maximal zulässige Geschwindigkeit 60 Kilometer pro Stunde.« Bei Verkehrszeichen weist das Bild eine modale Leistung auf, die besser geeignet ist als der reine Text.

Abb. 3: Hinweis auf die Lücke zwischen Schiff (Vaporetto) und Anlegestelle in Venedig erspart eine Tafel in allen möglichen Sprachen.

In Venedig warnt ein Hinweisschild vor den Gefahren beim Übergang von der Schiffshaltestelle auf das Schiff (Abb. 3). Das wirkt schneller und effektiver als Warnungen in vielen Sprachen.

Bei einem Ortsschild sieht die Situation in Bezug auf die modale Leistung anders aus: Wenn man sich vorstellt, anhand einer Skyline der Stadt herausfinden zu müssen, in welche Stadt man kommt. Wir müssten genaue Bilder aller Skylines von den Orten in unserem Gedächtnis gespeichert haben. Dies ist eindeutig ein hoffnungsloses Projekt. Die Skyline auf dänischen Ortsschildern hat eine andere Funktion (Abb. 4). Sie signalisiert, dass man in einen Ort mit entsprechenden Verkehrsregeln gekommen ist. Der Name des Ortes ist als Wort geschrieben. Das ist ein Beispiel für eine multimodale Äußerung, bei der jede Modalität ihre Leistungsmöglichkeit bestmöglich nutzt. Es ist auch eine Frage der Erweiterung, Wörter und Bilder drücken nicht dasselbe aus, aber jedes leistet seinen Beitrag, was das Schild tatsächlich zu einer relativ komplexen Botschaft macht. Bei Ortsschildern in anderen Ländern werden die geltenden Verkehrsregeln durch das besondere Design der Tafeln kommuniziert.

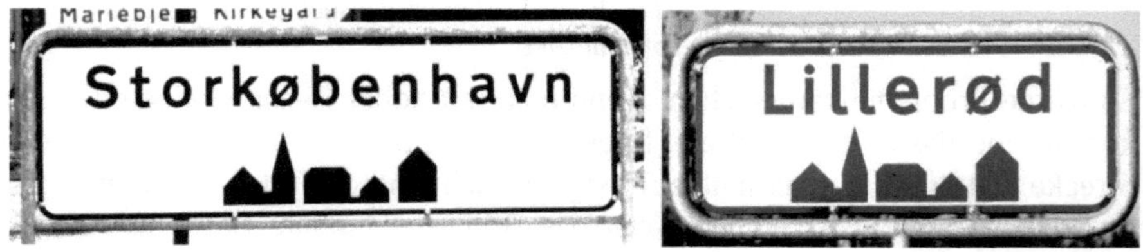

Abb. 4: Eine stilisierte Skyline weist in Dänemark darauf hin, dass ab hier die Verkehrsregeln für eine geschlossene Ortschaft gelten.

Filme eignen sich zum Erzählen von Geschichten, einzelne Bilder zum Darstellen von Sachverhalten. Filme zwingen uns deren Zeitverlauf auf, einzelne Bilder bieten die Möglichkeit, sich je nach Bedarf länger und intensiver oder schneller und oberflächlicher mit Details und Zusammenhängen zwischen den einzelnen Elementen zu beschäftigen.

Eine Landkarte (Abb. 5) enthält so viele Informationen, dass sie als Text ein Buch füllen und doch die Anforderung an ihren Gebrauch verfehlen würde. Bei einer Landkarte erzeugt der Nutzer auf der Grundlage seines Interesses und der abgebildeten Daten die jeweils benötigte Information.

Umgekehrt wäre es ebenso kompliziert, das Grundgesetz in Bildern darzustellen. Vor allem, wenn alle Details und Bedeutungen der Formulierungen genauso scharf sein müssen wie das geschriebene Wort, auch wenn es hier immer wieder zu Auslegungsstreitigkeiten kommen kann wie z.B. zum Thema Meinungsfreiheit.

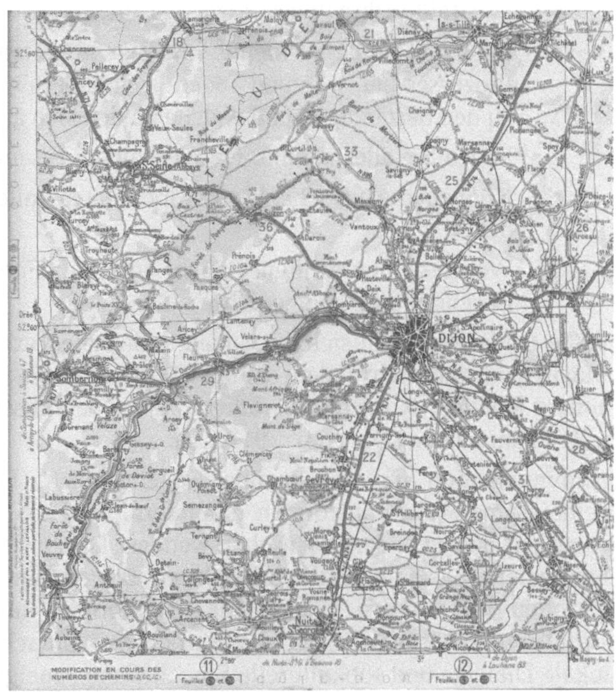

Abb. 5: Straßenkarte Michelin von 1940.

Das Bewusstsein für Modalität, Multimodalität und modale Leistungsmöglichkeit kann die Vielfalt im Unterricht fördern und den Schülern helfen, auf die Möglichkeiten und Potenziale von Medien und Materialien zu achten, die sie für eine Aufgabe auswählen. Als Lehrer sollte man überlegen, welche Projekte man mit welchen Modalitäten verbindet. Oft versteht sich das von selbst: Wenn es um einen Krimi geht, liegt es im Fach Kunst nahe, das Medium Film zu wählen, und das Medium Text im Fach Deutsch. In der Idee der Multimodalität liegt ein hohes Potenzial für fächerübergreifenden Unterricht.

Bei Themen wie Klimaveränderung oder Mobbing gibt es viele Möglichkeiten: Film, Körpersprache, Poster / Präsentationen, Malen, Installation, Performance usw.

Aufgabe

Wählen Sie jeweils ein Foto aus.

- Person 1 beschreibt ihr Foto als Text für Person 2, die auf der Grundlage der Beschreibung eine Skizze macht. Person 3 beschreibt die Skizze in gesprochenen Worten (Ton aufnehmen) für Person 4, die eine neue Skizze erstellt.

- Was fällt während des Prozesses auf?
- Behalten einige Elemente ihre Eigenschaften während des gesamten Prozesses bei, während andere sich ändern? Welche Aspekte gehören zu den beständigen und welche zu den sich ändernden Elementen?
- Fügen Sie alles in einer Fotogeschichte zusammen.
- Können die verschiedenen Modalitäten miteinander verknüpft werden?
- Welches Genre eignet sich für die Fotogeschichte, Anleitung, Beschreibung, Bildgedicht?

»Alle Bilder beziehen sich auf andere kulturelle Texte wie Bücher, Gedichte, Musik und natürlich andere Bilder (Wilson, 2003). Bilder stützen sich auf andere Quellen: Kopieren, parodieren und beeinflussen wieder andere kulturelle Phänomene« (Duncum, 2011: 22).

Kommunikation ist eine soziale Angelegenheit. Dies bedeutet, dass wir gemeinsame Äußerungsformen in Bildern, Wörtern, Musik usw. verwenden, wenn wir uns an andere Menschen wenden. Daher werden Bilder und visuelle Phänomene basierend auf vorhandenen Bildern und visuellen Phänomenen gestaltet. Wir werden in die Äußerungsformen unserer Umgebung hinein sozialisiert. Dies wird bei der gesprochenen Sprache deutlich, wo wir uns lokale Dialekte und subkulturelle Sprachformen aneignen. Bei der Bildsprache gilt das auch. Die Schüler sollen sich an den Äußerungsformen versuchen, die sie umgeben. Es gehört zu den Kernaufgaben des Fachs, den Schülern verschiedene Äußerungsformen zu zeigen. Sie sollen lernen, sich so zu äußern, dass sie von den jeweiligen Adressaten verstanden werden und sich als Teilnehmer an den für sie relevanten visuellen Kulturen erleben.

Daher wird es in visuellen Äußerungen von Schülern immer Elemente der Intertextualität geben. In der Reformpädagogik zögerten die Lehrer, die Schüler mit den Bildern der Kultur vertraut zu machen und ihre Arbeit mit den Bildern zu unterstützen, die die Schüler interessierten (vgl. Kapitel 4.) Heutzutage sind Bilder aus den Spielewelten des Internets willkommen. Der Lehrer für das Fach Kunst sollte neugierig darauf sein, für welche Bildern sich seine Schüler interessieren.

Auf einem solchen Interesse kann man einen Unterricht mit Paraphrasen, also der Umgestaltung eines Motivs oder eines Bildes, aufbauen. Paraphrasen kennt man aus der Kunst. Aber sie werden auch in der Werbung verwendet. Die Internet-Memes lassen sich als Paraphrasen verstehen. Quantitativ sind derzeit ›Mona Lisa‹ von Leonardo da Vinci und ›Der Schrei‹ von Edvard Munch führend. Das Konzept lässt sich auf alle Arten von Bildern und visuellen Phänomenen anwenden, z.B. wenn man Werbung neu formuliert oder eigene Versionen vom Torjubeln im Zusammenhang mit einem Fußballspiel entwickelt (siehe Unterrichtsvorschlag zu Fußball). Man muss dabei nur die Vorlage wiedererkennen, damit ein Rückbezug zur ursprünglichen Äußerung möglich ist. Man kann unterschiedlich vorgehen: respektvoll, übertrieben, kritisch ironisch, experimentell (was passiert, wenn ich diese und jene Änderung mache). Der Witz dabei ist, dass immer erkennbar bleibt, dass eine andere Person von einem anderen Standpunkt und aus einer anderen Zeit – und vielleicht auch aus einem anderen Lebensabschnitt – sich inhaltlich oder formal mit dem ursprünglichen Bild auseinandergesetzt hat.

Man muss wissen, was man will. Was will ich ändern und warum? Oder man experimentiert und probiert aus. Oder man forscht:

- Was macht das Bild (Vorlage) für mich interessant?
- Worum geht es in dem Bild?
- Welche Bedeutung haben Technik, Materialien und Genre für den Ausdruck des Bildes?
- Was bedeuten diese Faktoren für mich heute?
- Wenn ich das Bild auf ein zeitgenössisches Genre übertragen würde – wie müsste es aussehen?
- Wie möchte ich, dass andere mein Bild erleben?

Paraphrasen sind eine Art visueller Dialog mit Bildkulturen, in denen wir leben. Wenn Schüler Paraphrasen erstellen, ist dies nicht nur eine Reaktion auf ein Bild, das Eindruck gemacht hat. Es ist auch ein visueller Kommentar, der die Wahrnehmung des Bildes verändern kann. So gesehen ermöglicht die Arbeit mit Paraphrasen, unsere visuellen Kulturen mehr oder weniger wirksam zu beeinflussen.

Studienfragen

- Suchen Sie eine Reklame, die auf einem bekannten Gemälde basiert.
- Finden Sie ein Pressefoto, das an ein bekanntes Gemälde erinnert. Woran machen Sie die Assoziation fest?
- Suchen Sie ein Gemälde, das Codes aus Comics, wissenschaftlichen Dokumentationen oder Werbung verwendet.
- Untersuchen Sie Internet-Memes, die sich auf Kunstwerke oder andere Bilder beziehen, und beschreiben Sie, worin jeweils der »Witz« besteht.
- Überlegen Sie, warum sich Kunstwerke wie die *Mona Lisa* oder *Der Schrei* für solche Umgestaltungen eignen.

KAPITEL 13
WIE BEDEUTUNGEN ZUSTANDE KOMMEN

In diesem Kapitel gehen wir vergleichsweise gründlich vor. Es ist uns wichtig, Werkzeuge für die Arbeit im Bereich der Semiotik bereitzustellen. Die klassische Semiotik, die wir hier behandeln, konzentriert sich hauptsächlich darauf, die Bedeutung im Bild selbst zu finden und zu lesen. In Teil 3, der sich auf den Empfänger und die Beziehung zwischen Nachricht und Empfänger konzentriert, befasst sich Kapitel 18 mit der sogenannten poststrukturalistischen Semiotik. Diese beiden Kapitel können nacheinander gelesen werden.

Wir wissen, oder genauer, wir gehen davon aus, dass ein Bild oder ein visuelles Phänomen etwas bedeutet oder zeigt; schließlich sind sie von jemanden gemacht. Sie werden zu dem, was sie sind dadurch, dass sie interpretiert werden. Meist fällt uns das allerdings erst dann auf, wenn wir ein Bild oder ein visuelles Phänomen nicht gleich verstehen oder sie in einem unerwarteten Zusammenhang auftauchen. Das geschieht regelmäßig beim Besuch von Kunstmuseen, aber auch in Kirchen, bei Kinderzeichnungen, bei Emblemen, bei Diagrammen oder Ultraschallaufnahmen. Schwierig wird es aber bei Gebrauchsanweisungen oder Montageanleitungen, weil man hier darauf angewiesen ist, sie zu verstehen. Missverständnisse wirken sich direkt auf die Wirklichkeit aus.

Abb. 1: Was bedeuten die zwei Verkehrsschilder?

Auf Reisen in einem anderen Land können plötzlich Zweifel an der Bedeutung eines Verkehrszeichens aufkommen. Es sieht irgendwie aus wie etwas, das man kennt, ist aber doch ein bisschen anders. Man überlegt, was es bedeutet, damit man sich richtig verhalten kann. Man überlegt auf der Grundlage bisheriger Erfahrungen und Kenntnisse: Wissen über Verkehrszeichen im eigenen Land, möglicherweise Erfahrungen mit ähnlichen Zeichen in anderen Ländern.

Was bedeutet das Schild (Abb. 1) links? Dass man falsch gefahren ist? Das Schild auf der rechten Seite ist ein koreanisches Verkehrszeichen, das »Überholen verboten« bedeutet. Vielleicht nicht leicht zu erraten! Es sei denn, man versteht, dass das Auto von hinten dargestellt wird. Es ist auch ein gutes Beispiel für die Beziehung zwischen Ausdruck und Inhalt. Weiße Scheinwerfer signalisieren ein Auto in Vorderansicht, rote Scheinwerfer ein Auto in Hinteransicht, zumindest in Europa.

Genau genommen *hat* ein Bild oder Zeichen keine ›Bedeutung‹. Bedeutung ist das Ergebnis einer Interpretation, also eines Prozesses. Schon die sogenannte Sinneswahrnehmung ist das Ergebnis der Verarbeitung der Reize in den Sinnesorganen im Nervensystem. Wahrnehmung ist immer schon Interpretation. Auch das merken wir in der Regel nur, wenn wir uns täuschen, sich also die Wahrnehmung bei der Überprüfung als falsch herausstellt. Optische Täuschungen sind deutliche Hinweise auf diesen Zusammenhang. Die Situation der Menschen und ihr gesamtes Vorverständnis haben großen Einfluss auf die visuelle Wahrnehmung und die Bedeutungen, die wir einem visuellen Sinneseindruck beimessen. Wenn wir sagen, etwas habe eine ›Bedeutung‹, dann meinen wir genau genommen, dass es etwas zu interpretieren gibt und sich der Interpretationsaufwand vermutlich lohnt. Als Interpretation ist Wahrnehmung Arbeit, die vom Körper entsprechende Ressourcen benötigt. Unsere Wahrnehmung ist so eingerichtet, dass wir die Mehrzahl der Reize ausblenden, d.h. nicht ins Bewusstsein vordringen lassen.

Ob es *eine* bestimmte Bedeutung gibt, zu der man kommen muss oder will, oder ob die Möglichkeit für mehrere Deutungen besteht, die bei einer Erörterung auftreten, kann ein Lehrer im Voraus festsetzen. Bedeutung und Umgang damit können sich auch entwickeln und verändern je nach Interesse und Situation. Grundsätzlich gibt es einen Unterschied zwischen Bildern, bei deren Interpretation es um die Frage ›richtig oder falsch?‹ geht, und solchen, bei denen dies nicht gefragt ist, sondern man etwa auf einen spielerischen Umgang oder auf ästhetische Aspekte aus ist. Eine Landkarte gehört an sich zur ersten Kategorie, sie kann aber – wie man es oft mit historischen Karten macht – auch der Dekoration dienen und damit ästhetisch genutzt werden.

Studienfragen

- Wie funktioniert die Kategorienbildung, wenn es eine eindeutige Interpretation eines Bildes oder visuellen Phänomens gibt oder die Schüler selbst nach einem eigenen Verständnis suchen müssen?

- Wie lässt sich im Unterricht der Unterschied zwischen eindeutig bzw. offen zu interpretierenden Bildern thematisieren?
- In welchen Situationen ist eine eindeutige Interpretation wichtig?

Semiotik

Das Wort »Bedeutung« stammt in diesem Zusammenhang aus der *Semiotik.* Die Semiotik befasst sich mit verschiedenen Theorien darüber, wie Menschen – und in einigen Fällen auch Tiere – Sinneseindrücke als Zeichen von etwas interpretieren, das über das Zeichen selbst hinaus zeigt.

Ein Zeichen ist etwas Physisches, das mit den Sinnen wahrgenommen werden kann und auf etwas anderes als sich selbst verweist (Fiske, 1982: 58). Dabei ist – wie oben gesagt – zu bedenken, dass der Zeichencharakter keine Eigenschaft ist, sondern der Umgang mit dem, was wir als Zeichen verwenden. Es wird jeweils erst durch den entsprechenden Gebrauch zu einem Zeichen. Jemand, der lesen kann, nutzt Buchstaben als Zeichen, er liest. Zusammengesetzt werden sie zu Worten: r-o-t wird zu *rot,* das sich auf eine Farbe bezieht. Das Wort sieht nicht wie rot aus. Aber die Kombination der drei Zeichen ist ein Code, der gelesen werden kann, wenn man die deutsche Sprache kennt. Die Reihenfolge der Zeichen kann geändert werden und der Code ändert sich: r-o-t kann sich in t-o-r verwandeln, also Tor, woraus man dann auf ein Element an einem Gebäude oder auf einem Fußballfeld schließen kann, das eine ganz andere Bedeutung als rot hat, selbst wenn es sich in beiden Fällen um dieselben drei Zeichen handelt.

Die Wörter *rot* und *Tor* können als zum *gemeinsamen kulturellen* Code der deutschen Sprache gehörend beschrieben werden. Aus einer europäischen oder globalen Perspektive handelt es sich um einen *lokalen Code.* Erfindet man seine eigene geheime Sprache oder sein eigenes Codesystem, was viele Kinder lustig finden, ist das ganz bestimmt ein sehr lokaler Code, der nur eine sehr kleine Sprachgemeinschaft umfasst und viele andere ausschließt.

Ein Beispiel aus dem visuellen Bereich: der isländische bzw. färöische Pullover

Links (Abb. 2) ist das Beispiel eines isländischen Pullovers mit dem klassischen Muster auf weißem Grund. Aber es ist mehr als das. Es ist ein Foto und somit ein Zeichen für einen isländischen Pullover und es bezieht sich auf eine vergangene Situation, in der das Bild aufgenommen wurde. Außerdem posiert hier eine gut aussehende Frau zwischen großen Steinen. Es gibt Hinweise (Co-Bedeutungen) in Richtung Modebild. Vielleicht ein Versuch, den isländischen Pullover wieder als hip auf den Markt zu bringen, oder vielleicht eine Illustration für ein Strickanleitung. Im mittleren Bild trägt Sarah Lund aus der TV-

Serie *Kommissarin Lund – Das Verbrechen* eine Variante des isländischen Pullovers. Dieser Pullover wurde in der Serie zum Synonym für Sarah Lund, da er unverwechselbar war und kontinuierlich getragen wurde. Der Pullover wurde zu einem symbolischen Zeichen für die Protagonistin der TV-Serie.

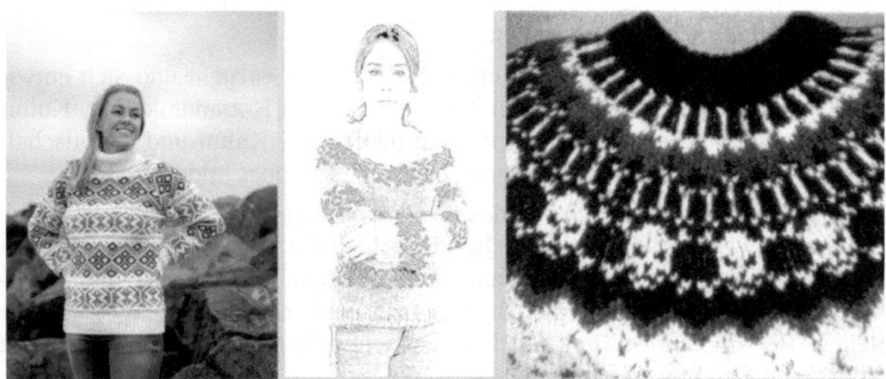

Abb. 2: Verschiedene Islandpullover - in der Mitte Kommissarin Lund aus dänischen TV-Serie Kommissarin Lund – Das Verbrechen.

Neue Kontexte mit neuen Bedeutungen wirken sich auch auf die Wahrnehmung des isländischen Pullover in der Vergangenheit aus. Vielleicht ändert sich die überkommene Vorstellung, dass ein solcher Pullover zu einem vollbärtigen, leicht hippieähnlichen Mann mit Gesundheitssandalen passt, so dass er nun als chic und campy gilt. Der Pullover ist der gleiche, wird aber anders interpretiert.

Im dritten Bild wird mit dem Muster als Zeichen gespielt. Die Musterborte wird hier in Totenköpfe mit gekreuzten Knochen geändert, die traditionell auf Piraterie hinweisen mit allen entsprechenden Assoziationen. Die Änderung des Musters durch dieses einfache kleine Zeichen kann als markiertes Zeichen und damit als Genrebruch bezeichnet werden (siehe Kapitel 11 zum Genre). Man ändert das Motiv, behält aber den Stil bei, d.h. die Art und Weise, wie das Muster der Borte gestrickt wird, die auf einem einheitlichen farbigen Hintergrund rund um den Pullover verläuft. So wird das Genre eventuell erweitert. Geht es hier um eine Kritik an der Idylle und vielleicht an der Verlorenheit, die mit dem Bild des isländischen Pullovers als etwas besonders Natürliches oder Authentisches verbunden ist?

Anhand der Beispiele lassen sich einige Schlüsse ziehen: Zusammenhängende Zeichen bilden meist ein System – oder genauer: Um Gegenstand eines semiotischen Ansatzes zu sein, müssen die Zeichen ein System enthalten. Laut Umberto Eco müssen sie systematisch codiert und in einer Kultur bedeutsam sein (Jørgensen, 1993: 60-61). Wir sehen die Zeichen in ihren Wechselbeziehungen und versuchen, eine Bedeutung aus ihnen herauszulesen, sie zu entschlüsseln. Wir müssen sie identifizieren können, um sie zu verstehen, sonst wird keine Kommunikation hergestellt. Üblicherweise versucht man dabei erst eine konventionelle, d.h. wortwörtliche Deutung. Wenn diese keinen Sinn ergibt, versucht man einen zu finden, indem man sie metaphorisch, spöttisch, ironisch oder als Kunstwerk versteht.

In der Semiotik geht es also darum, wie Bedeutung entsteht und sich entwickelt, wie Zeichen und Codes zur Entwicklung von Kommunikation, Kultur und Gesellschaft beitragen und wie Kommunikation, Kultur und Gesellschaft den Rahmen für die Entwicklung von Zeichen und Codes bilden.

Aber es ist selten so einfach wie das Lösen eines Bilderrätsels. Oft lassen sich Bilder und visuelle Phänomen recht unterschiedlich interpretieren. Wer möglichst ›eindeutig‹ mit ihnen kommunizieren will, gibt ihnen eine Gebrauchsanweisung mit, z.B. in Form einer Bildunterschrift. Von Picasso heißt es, er habe seinen Bildern immer Titel gegeben, um zumindest eine gewisse Kontrolle über deren Deutung zu behalten.

Semiotische Arbeit

Zur Kommunikation gehören zwei Parteien, Sender und Empfänger. Beide leisten semiotische Arbeit, der Sender formuliert eine Äußerung, der Empfänger interpretiert sie. In der klassischen Kommunikationstheorie nennt man das Codieren und Decodieren. Dabei geht man davon aus, dass sich der Code, der dem Sender zur Verfügung steht, mit dem des Empfängers mehr oder weniger stark überschneidet. Je größer die Schnittmenge, desto größer die Chance, dass der Empfänger den Sender versteht (vgl. Abb. 3).

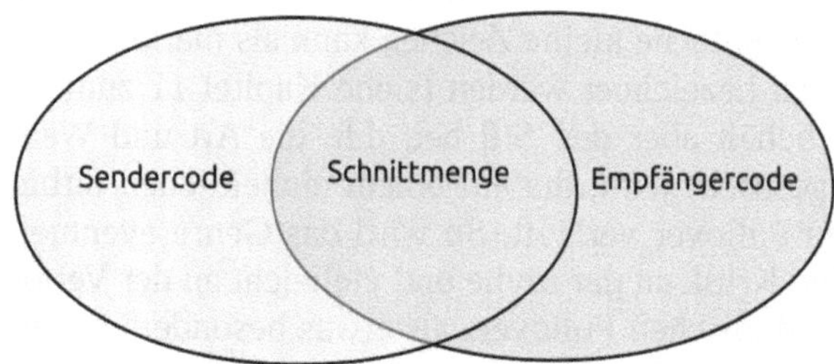

Abb. 3: Die Schnittmenge von Sender- und Empfängercode bestimmt das Gelingen von Kommunikation.

Die *Soziale Semiotik* (Hodge & Kress, 1988) interessiert sich für die sozialen und kulturellen Bedingungen der Kommunikation, also immer auch für Fragen der Macht. Damit stellt sich die Frage, wer die semiotische Arbeit leisten muss: Wer – Sender oder Empfänger – muss sich in erster Linie darum kümmern, die ›Defizite‹ zwischen den beiden Codes auszugleichen. Wie sonst auch gilt hier: der Schwächere macht die Arbeit. Ein Autofahrer kann sich beim Übertreten eines Verbots nicht darauf hinausreden, dass er das entsprechende Verkehrszeichen nicht verstanden hat. Religionen haben mit den Schriftgelehrten bzw. Theologen eigene Spezialisten hervorgebracht, die sich darum kümmern, Gottes Worte zu verstehen. Politiker, die eine Wahl verloren haben, sagen am Wahlabend nicht das, was sie vermutlich denken, nämlich dass die Wähler zu dumm waren, die politische Botschaft zu verstehen. Stattdessen bedauern sie, dass es ihnen nicht gelungen sei, ihr Programm den Wählerinnen und Wählern verständlich zu machen.

Dazu passt die Unterscheidung des russischen Semiotikers Jurij M. Lotman zwischen *senderorientierten* und *empfängerorientierten* Kulturen. »In den senderorientierten Kulturen ist es die Aufgabe des Empfängers, sich so viel wie möglich nach dem Sender zu ›richten‹, während in den empfängerorientierten Kulturen erwartet wird, dass sich der Sender an den Empfänger anpasst« (Sonesson, 1992: 118f, Übers. FB). Weite Teile unserer Kultur sind empfängerorientiert; d.h. also, der Sender hat die Hauptlast der semiotischen Arbeit zu leisten. Das Angebot an Informationen und Unterhaltungen übersteigt schon seit Längerem die Aufnahmefähigkeit des potentiellen Publikums, das gilt für den massenmedialen Bereich ebenso wie für den privaten. In der »Ökonomie der Aufmerksamkeit« (Franck, 1998) ist das knappe Gut die Aufmerksamkeit. Damit sitzen die Empfänger am längeren Hebel: Der Kunde, also der Adressat, ist König. Wer mit seinen Botschaften ankommen will, passt sich dem Empfänger möglichst an. Bilder und andere visuelle Phänomene werden in der Regel so gestaltet, dass dem Betrachter kaum auffällt, dass es etwas zu verstehen gibt. Er erhält vorgekaute Kost. Wenn es um Kunst geht, wünscht sich das Publikum in der Regel schwerere Kost und findet diese auch.

Lesbarkeit, Leserlichkeit, Lesewert

Der schwedische Infologe Rune Pettersson hat viel zu Bildern als Informationsmittel gearbeitet. Er interessiert sich dafür, wie mit visuell gestalteten Äußerungen Informationen bei den Rezipienten möglichst gut verständlich ankommen. Er unterscheidet dabei *Lesbarkeit, Leserlichkeit* und *Lesewert* (Pettersson, 2010: 101ff).

Lesbarkeit meint, dass ein Bild oder ein anderes visuelles Produkt vom Rezipienten verstanden werden kann. Es geht um die Struktur, mit der eine Botschaft bzw. ein Inhalt dargestellt ist.

Bei der *Leserlichkeit* geht es – unabhängig vom Inhalt – darum, das Motiv auf einem Bild erkennen zu können. Das betrifft z.B. Qualitäten wie Kontraste, Schärfe, Farben, Layout oder Schriftgrößen und -arten.

Lesewert meint das Interesse des Rezipienten am Inhalt. Wer sich für den Inhalt interessiert, ist zu einem hohen Zeit- und Interpretationsaufwand bereit. Wer sich verlaufen hat, freut sich auch über völlig verblasste Wegweiser in einer fremden Sprache. Andererseits wird jemand, der ein weniger interessiertes Publikum erreichen will, auf die Lesbarkeit und Leserlichkeit peinlich achten.

Studienfragen

- Untersuchen Sie ausgewählte soziale Systeme / Kulturen / Subkulturen – historische und zeitgenössische – und diskutieren Sie in der Gruppe, wer jeweils die semiotische Arbeit leistet.
- Vergleichen Sie visuelle Darstellungen in Schulbüchern mit solchen in Sachbüchern und anderen Infotainment-Angeboten für Kinder und Jugendliche hinsichtlich der semiotischen Arbeit.

Zentrale Begriffe der klassischen Semiotik

Zunächst schauen wir uns einige zentrale Theorien der klassischen Semiotik an, vor allem von Charles Sanders Peirce, Ferdinand de Saussure, Roland Barthes, Erwin Panofsky und Roman Jacobsson.

In Kapitel 18 wenden wir uns neueren Ansätzen zu, die sich auf die Bedeutung als etwas Wandelbares konzentrieren. Die Frage ist hier: Wie versteht ein Empfänger in einem sozialen und kulturellen Kontext ein Zeichen? Diese Ideen tauchen in verschiedenen, aber verwandten Kontexten auf unter Namen wie relationale Ästhetik, Rezeptionstheorie und poststrukturalistische Semiotik. Im Folgenden geht es um zentrale Begriffe der Semiotik. Die Begriffe werden in diesem Zusammenhang nicht in ihren größeren theoretischen oder historischen Kontext gestellt. Unser Fokus liegt auf dem pädagogischen Wert der Begriffe als Werkzeuge bei der Arbeit an visuellen Phänomenen.

Ikon, Index, Symbol

Der amerikanische Philosoph und Semiotiker Peirce (1839-1914) arbeitet mit drei Zeichenarten.

Ikon

Ein Ikon ähnelt seinem Objekt. Ikonisches Verstehen (Interpretieren) sucht nach Ähnlichkeiten zwischen dem Zeichen, dem, was man sieht, und dem Objekt oder den Objekten, denen das Zeichen ähnelt. Wir erkennen eine Person auf einem Porträtfoto oder einer naturalistischen oder auch karikierenden

Zeichnung, weil diese dem Seheindruck der realen Person gleichen. Wir können sehen, dass eine Schaufensterpuppe einem Menschen in eher allgemeiner Art gleicht. Wir verstehen ein klangähnliches Wort wie Kuckuck oder Krähe oder summ-summ. Ein Frischluftspray behauptet, frischer Luft zu ähneln, aber häufiger denkt man dabei an Reinigung oder den Versuch, unangenehme Gerüche zu übertönen.

Index

Index ist ein Zeichen, das in direktem, physischem Zusammenhang mit dem Objekt steht, auf das es verweist; z.B. Tierspuren im Schnee, Rauch, der auf ein Lagerfeuer hinweist, oder Niesen, das auf Erkältungen oder Allergien schließen lässt. In der Medizin spricht man von Symptomen, die als Indizien für zugrunde liegende physische Ursachen interpretiert werden. Der Zusammenhang zwischen Zeichen und Objekt kann auch darin bestehen, dass das Zeichen ein Teil eines Ganzen ist. Wenn wir durch ein Fenster nur einen Kopf sehen, gehen wir davon aus, dass darunter der ganze Mensch ist. Ein Index bezieht sich auf ein Objekt oder zeigt auf ein Objekt. Im Englischen ist der ›index finger‹ ja der Zeigefinger. Fotografische Bilder lassen sich nicht nur ikonisch, sondern auch indexikalisch verstehen, weil zum Zeitpunkt der Belichtung ein physikalischer Zusammenhang zwischen dem Abgebildeten und dem Abbild bestanden hat. Auf dieser Grundlage werden Fotografien z.B. bei Radarkontrollen im Autoverkehr als Beweismittel verwendet.

Symbol

Hier basiert die Verbindung mit dem Objekt nicht auf Gleichheit oder Hinweis, sondern auf Konventionen, Vereinbarungen oder Regeln. Beispiele: Wörter, Zahlen, Herz für Liebe, bestimmte Verkehrszeichen (die nicht ikonisch sind), wie z.B. das Zeichen, das eine Vorfahrtstraße markiert.

Viele Zeichen sind eine Mischung aus Ikon, Index und Symbol, z.B. das Zeichen für Steinschlag (Abb. 4). Dreieckige Schilder mit rotem Rand sind Symbole für ›Gefahr‹. Die Silhouette in der Mitte ist ikonisch, sie ähnelt einer Felswand und herunterfallenden Steinen. Durch seine Positionierung ist es auch ein Index, der sich auf die Wegstrecke bezieht, die weiter vorne liegt (Fiske, 1982: 65-66). Viele symbolische Zeichen haben als ikonische Zeichen begonnen. Wir haben dieses Zeichen so oft gesehen, dass wir nicht mehr über die Ähnlichkeit schließen, sondern über eine Regel. Die Regel ergibt sich aus der Wiederholung. Aber stimmt das überhaupt in diesem Fall? Wir haben seine Interpretation in der Fahrschule als Regel gelernt und wissen, dass eventuell mit größeren Steinen auf der Fahrbahn zu rechnen ist. Das symbolische, regelbasierte Schließen ist ›ökonomischer‹, es kommt ohne den Umweg über die Ähnlichkeit aus.

Abb. 4: Warnschilder für Steinschlag. Links eine europäische, rechts eine amerikanische Variante.

Das Bild auf dem Schild steht für ein Wort. Es ist ein Element einer Bilderschrift und wird international verstanden. In den USA wird dafür ein Text verwendet. Wenig geeignet etwa für Europa mit seinen über zwanzig offiziellen Sprachen. Ein weiteres Beispiel, das gerade am Verschwinden ist, ist das Symbol ›Speichern‹ in vielen PC-Programmen, das eine Diskette darstellt, auf der in den Anfangsjahren des PCs Dateien gespeichert wurden. Ein Ikon kann entweder durch Wiederholung d.h. Routine oder durch bewusstes Lernen der Regel zu einem Symbol werden.

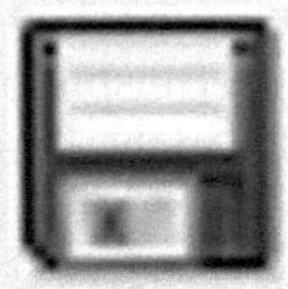

In der Praxis verwenden wir alle drei Strategien zur Decodierung gleichzeitig, jedoch in unterschiedlicher Reihenfolge oder mit unterschiedlicher Gewichtung.

Peirce bezeichnete die Beziehung zwischen Zeichen-, Objekt- und Zeichennutzer als einen Prozess, den er Semiose nannte, ein Begriff, mit dem Bal und Bryson später weiter arbeiteten (siehe Kapitel 18).

Dynamisches und unmittelbares Objekt

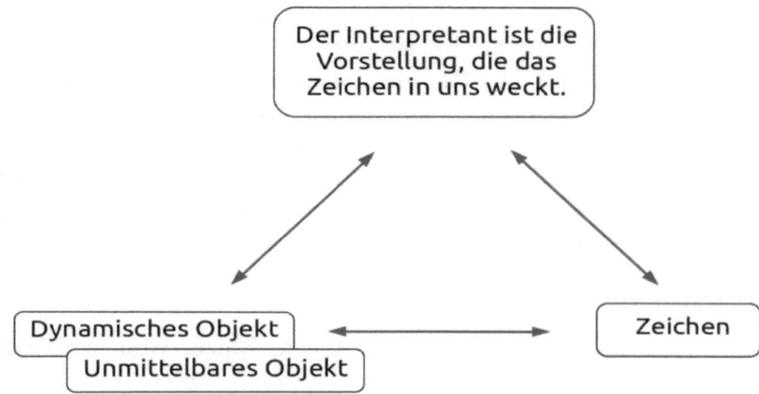

Abb. 5: Semiotisches Dreieck von Peirce.

Das Zeichen verweist – nach Peirce – auf ein *unmittelbares* Objekt, das sich in unserer Vorstellung (des Interpretanten) wieder auf einen *Begriff* des als *dynamisches* Objekt bezeichneten Dings bezieht (Abb. 5). Es gibt ein Hin-und-Her zwischen dem, *was wir sehen*, und dem *Begriff*, den wir aus dem, was wir sehen, gebildet haben. Die Beziehung zwischen dem dynamischen und dem unmittelbaren Objekt spielt in vielen verschiedenen Situationen im Fach Kunst eine Rolle.

Wenn man einen Text illustrieren soll, hat man die Wahl, einen Idealtyp, ein dynamisches Objekt zu erstellen, das mehr oder weniger abstrakt, allgemein oder schematisch auf das Gemeinte hinweist. Oder man kann ein Foto verwenden, das ein bestimmtes Beispiel zeigt. Dies ist realistisch, weist jedoch häufig Eigenschaften auf, die speziell sind. Dieses Problem ergibt sich beispielsweise bei Pilzbestimmungsbüchern. Oder versuchen Sie selbst einmal, den Begriff *Kind* zu illustrieren! In der Museumspädagogik ist es auch von zentraler Bedeutung, ob man sich für ein typisches Beispiel entscheidet, welches das dynamische Objekt darstellt, bei dem man aber oft auf eine Reproduktion zurückgreifen muss, oder ob man sich für ein Exemplar entscheidet, das man zufällig besitzt.

Peirces Konzept der Semiose macht auch deutlich, dass die Referenzfunktion vom Interpretanten abhängt, davon, wer sieht, und dass es damit keine einzig ›richtige‹ Art und Weise gibt, die Umwelt zu verstehen.

Instrumenteller Zeichenbegriff

Der deutsche Sprachwissenschaftler Rudi Keller (*1942) geht von der Zeichentheorie von Peirce aus und schärft sie unter dem Aspekt, dass Zeichen Werkzeuge sind (Keller 1995). Der Rezipient nutzt sie, um von etwas unmittelbar Wahrnehmbarem auf etwas nicht unmittelbar Wahrnehmbares zu schließen. Sachen oder Ereignisse sind nicht von sich aus Zeichen. Sie »stehen« auch nicht für etwas. Sie werden dazu erst durch den Gebrauch, also indem sie interpretiert werden. Sie bilden die Grundlage von Kommunikation. Zeichen und Interpretation sind allgemeinere Begriffe, die über die Kommunikation hinausgehen. Nicht alles, was als Zeichen genutzt also interpretiert wird, dient der Kommunikation. Das zeigen folgende Beispiele:

- Zeichen, die keinen Sender haben. (Rauch, Blitze, Wolken, Wind, Röntgenbilder und vieles andere mehr, das sich interpretieren lässt)
- Zeichen, die zwar von Menschen verursacht werden, allerdings ohne Kommunikationsabsicht. (Fingerabdrücke, die der Täter am Tatort zurücklässt, Erröten, Unordnung am Schreibtisch)
- Zeichen, die der Steigerung oder dem Auslösen von Erlebnissen dienen. (Filme, Musik, Poster, Pornografie, Gartengestaltung).

Allerdings können alle diese Zeichen für kommunikative Zwecke eingesetzt werden, Rauch, um auf sich aufmerksam zu machen, Unordnung, um nicht pedantisch zu wirken, und Poster, um einen sozialen Ort zu markieren. Nach Keller unterscheiden sich Zeichen durch die Art, wie wir vom unmittelbar Wahrnehmbaren auf etwas nicht unmittelbar Wahrnehmbares schließen.

Es gibt dabei genau drei systematische Zusammenhänge:

1. kausale Zusammenhänge
2. assoziative Zusammenhänge (Ähnlichkeit)
3. regelbasierte Zusammenhänge.

Keller bezeichnet sie als die drei Grundverfahren der Interpretation, und so unterscheidet er – ähnlich wie Peirce – drei Zeichenarten:

1. Zeichen, die auf der Grundlage von kausalen (ursächlichen) Zusammenhängen interpretiert werden, sind *Symptome* (bei Peirce Indexe bzw. Hinweise).
2. Zeichen, die auf der Grundlage assoziativer Zusammenhängen interpretiert werden, sind (wie bei Peirce) *Ikone*.
3. Zeichen, die auf der Grundlage regelbasierter Zusammenhänge interpretiert werden, sind (wie bei Peirce) *Symbole*.

Symptom

Das Symptom ist das einfachste Zeichen. Die Methode des Schließens ist Kausalität. Als Beispiel werden hier gerne die roten Flecken auf der Haut, die Masern ›bedeuten‹ bzw. darauf hinweisen, oder die sich bewegenden Grashalme erwähnt, die Wind bedeuten. Hinter Symptomen steht kein absichtsvoller Sender, sie wenden sich damit auch an keinen Adressaten. Symptome können aber in einer gewissen Absicht zur Kommunikation verwendet werden, dann ändern sie ihren Charakter. Ich kann meinen sprachlichen Akzent bewusst einsetzen, um mein Gegenüber erkennen zu lassen, dass ich aus der Gegend von München komme. Symptome lassen sich nach der Art der Interpretation in verschiedene Gruppen einteilen.

Teil-Ganzes-Relation

Im Verhältnis von unmittelbar Wahrnehmbarem und nicht unmittelbar Wahrnehmbarem bedeutet das: »Ein Teil ist ein Symptom für das Ganze in einer Situation, in der der Teil dazu genutzt wird, aufs Ganze zu schließen« (Keller: 120). Der Arzt kann auf Grund seines Wissens über die Masern die Flecken als Teil des Krankheitsbildes Masern deuten. Er schließt also von den Flecken (Teil) auf die Krankheit (Ganzes).

Ursache-Wirkung-Relation

Die Interpretierbarkeit wird hier durch die Beziehung der Verursachung begründet, z.B. Fußspuren, Fingerabdrücke, Akzente. Fußspuren entstehen durch Gehen, ein sprachlicher Akzent durch das Aufwachsen in einer bestimmten Region.

Mittel-Zweck-Relation

Dabei schließt man vom Mittel auf den Zweck. Jemand sitzt mit einer Angel am Ufer eines Sees. Aus der Angel schließe ich auf den Zweck (Fische fangen). Prinzipiell kann alles als Symptom gedeutet werden. Jegliche Zeichen können symptomatisch interpretiert werden. Bei Bildern kann sich das etwa beziehen auf Machart, Stil, Kontext, Aufbau, Material, Größe, Ort der Präsentation, Betrachterstandpunkt, Preis, Haltbarkeit, Medium ...

Ikon

Im Gegensatz zu Symptomen werden Ikone absichtsvoll hervorgebracht. Sie sind Kommunikationsmittel. Hier wird die Ähnlichkeit zum Schließen verwendet. Es geht nicht darum, ob sich Zeichen und Gemeintes ähneln, sondern um das assoziative Schließen.

Die Ähnlichkeit kann nach folgenden Gesichtspunkten eingeteilt werden:

a) lautlich, grafisch oder gestisch

b) direkt oder indirekt

c) stärker oder schwächer.

Die Toilettenmännchen oder -weibchen sind grafisch, indirekt und eher schwach. Indirekt darum, weil sich die Ikone nicht auf Herren- oder Damentoilette sondern auf die prototypische Kleidung ihrer Nutzer beziehen.

Der Zeichenproduzent verwendet ein Ikon. Der Adressat muss durch assoziatives Schließen herausbekommen, was gemeint sein könnte.

> »Die Bedeutung ist die wie auch immer geartete Ähnlichkeit, die die Assoziation oder die Assoziationskette zu dem Gemeinten hervorruft« (Keller: 126). Das Zeichen ist Interpretationsschlüssel und Assoziationsimpuls, mit Hilfe dessen der Adressat unter Berücksichtigung der gegebenen Situation (Interpretation eines Ikons ist stark kontextabhängig) meine Intention entschlüsseln kann. Wenn ich jemandem mitteilen will, dass ich einen Vortrag langweilig finde, dann kann ich übertriebenes Gähnen gestikulieren. Die Übertreibung ist wichtig, damit der Adressat das Gähnen nicht als Symptom für Müdigkeit missversteht. Ikone werden oft spontan geschaffen, es kann kein Lexikon oder Paradigma im Sinne von de Saussure (s.u.) der Ikone geben. Es gilt: »Alles, was Assoziationen auszulösen imstande ist, kann unter geeigneten Umständen als ikonisches Zeichen verwendet werden« (Keller: 128).

Symbol

Symbole sind Zeichen, die auf der Basis von Gebrauchsregeln interpretiert werden. »Die Regel der Verwendung, das wechselseitige Wissen, unter welchen Bedingungen und zu welchem Zweck das Symbol verwendbar ist, ist es, was den Interpreten in die Lage versetzt, vom Wahrnehmbaren auf das Nicht-Offensichtliche zu schließen« (Keller: 129) Das heißt: Beide, Adressat und Sender, müssen die Regeln kennen und der Situation entsprechend anwenden. Das Ziel des Adressaten/Interpreten ist es herauszufinden, was der Sender meint. Dabei müssen wir die Bedeutung vom Sinn unterscheiden. Wenn jemand sagt »Es zieht«, ist die Bedeutung des Satzes eine Luftbewegung, der Sinn kann sein, dass der Adressat das Fenster schließen möge. Damit wir den Sinn verstehen, brauchen wir ein Situationswissen und ein feines Gehör für den Tonfall der Äußerung. Mit diesem Ansatz lassen sich die Schwierigkeiten der beiden Begriffe Denotation und Konnotation umgehen (s. u.).

Regeln entstehen durch wiederholten Gebrauch. Sie beschleunigen und automatisieren das Interpretieren. Symptome oder Ikonen können dadurch zu Symbolen ›werden‹. Was für den einen schon ein Symbol ist, ist für einen anderen noch ein Ikon oder ein Symptom. In den 1970er-Jahren wurde der

Mercedes-Stern gerne als Zeichen für den Industriekapitalismus und die ungleiche Verteilung von Vermögen verwendet. Der Stern ist ein Ikon für ein Auto, das viel Geld kostet. Der hohe Preis ist ein Symptom dafür, dass der Besitzer Geld für Luxus locker machen kann. Der Mercedes-Stern wurde so häufig in Karikaturen, Collagen und Symbolbildern in diesem Sinne verwendet, dass er als Symbol fungierte. Man sparte sich den Umweg über das kausale Schließen.

Mit Kellers Zeichenverständnis lässt sich auch der gern zitierte Satz von Paul Watzlawick »Man kann nicht nicht kommunizieren!« besser einordnen. Watzlawick meint damit, dass sich jedes Verhalten interpretieren lässt. In einer Kommunikationssituation unterscheiden wir zwischen dem, von dem wir annehmen, dass es das Gegenüber mitteilen will, und dem, was sich noch interpretieren lässt. Das Erröten der Haut in einer peinlichen Situation halten wir nicht für intendiert. Es ist damit nicht Teil der Kommunikation, obwohl es uns Schlüsse auf unser Gegenüber ermöglicht.

Studienfragen

- Ein Foto ist ein visuelles Phänomen, das Sie als Zeichen sehen können. Überlegen Sie anhand eines konkreten Fotos, welche Relevanz der ikonische, indexikalische bzw. symbolische Zeichencharakter für das Verständnis hat.
- Untersuchen Sie eine Montageanleitung oder eine Gebrauchsanweisung eines international agierenden Herstellers bzw. Händlers (z.B. IKEA, Tefal) hinsichtlich der verwendeten Zeichenarten.
- Machen Sie eine fotografische Paraphrase einer IKEA-Montageanleitung.
- Suchen Sie auf Internetseiten von Stock-Images-Anbietern Bilder zu abstrakten Begriffen wie Kindheit, Sport, Fitness, Glück, Bildung etc. Vergleichen Sie die Bilder im Hinblick auf ihre möglichen Interpretationen.

Paradigma und Syntagma

Der Schweizer Sprachwissenschaftler Ferdinand de Saussure (1857-1913) ist einer der großen Begründer der Semiotik. Hier konzentrieren wir uns auf seine Konzepte *Paradigma* und *Syntagma*.

Paradigma

Ein Paradigma ist eine Gruppe von Zeichen, aus der eines oder mehrere zu verwendende ausgewählt werden. Die Buchstaben des Alphabets bilden das Paradigma der geschriebenen Sprache. Die mögliche Hosenauswahl in einem

Kaufhaus bildet ebenso ein Paradigma wie Verkehrszeichen. Innerhalb des Verkehrszeichenparadigmas lassen sich auch kleinere Gruppen bzw. Paradigmen von Verkehrszeichen unterscheiden, z.B. Vorschrifts-, Hinweis- und Verbotsschilder. Die Elemente in einem Paradigma müssen also gemeinsame Merkmale und/oder Funktionen haben. Gleichzeitig muss jedes Element im Paradigma spezifische, sogenannte distinkte Merkmale aufweisen, damit zwischen den Zeichen innerhalb des Paradigmas unterschieden werden kann.

Syntagma

Ein Syntagma ist die Nachricht bzw. Äußerung, die zustande kommt, wenn verschiedene Zeichen aus einem Paradigma kombiniert werden. Aus Buchstaben werden – richtig kombiniert – geschriebene Wörter. Ein Verkehrsschild wird aus dem Paradigma *Verkehrszeichen* für einen bestimmten Ort und die entsprechende Funktion ausgewählt. Die Kleidung, die ich heute trage, ist aus den Paradigmen meiner Schuhe, Socken, Hosen, Blusen usw. zusammengestellt. Weil andere davon ausgehen, dass man mehr Kleidungsstücke besitzt als die, die man am Leib trägt, können sie die Kleidung interpretieren. Ist sie dem Anlass und der soziale Rollen angemessen oder nicht, wie stellt sich der Träger dar. Die Semiotikerin und Marktforscherin Helene Karmasin beschreibt »Produkte als Botschaften« (Karmasin, 1998). Damit lässt sich der Inhalt des Einkaufswagens als Syntagma beschreiben, ausgewählt aus den Paradigmen Milchprodukte, Nonfood und Gemüse. Die Auswahl sagt viel über den Kunden aus. Es gilt daher als unangemessen, neugierig in den Einkaufswagen anderer Kunden zu schauen, weil man daraus auf soziale Umstände, persönliche Bedürfnisse, Wünsche, Ängste und ästhetische Vorlieben schließen kann. Das geht deshalb, weil man die Auswahl im Einkaufswagen (Syntagma) vor dem gesamten Angebot (Paradigma) des Supermarkts beurteilen kann (Billmayer, 2016). Einkaufsentscheidungen in einem Megastore mit Riesenauswahl ermöglichen differenziertere Deutungen als die in einem Discounter mit begrenztem Angebot. Es macht einen Unterschied, ob man aus sechs oder sechzig Zahnpasten wählen kann.

Austauschtest

Bilder bestehen in der Regel aus mehreren oder vielen deutbaren Elementen, es handelt sich um zusammengesetzte Zeichen. Mit dem so genannten Austauschtest lassen sich zeichenhafte Elemente in Bildern unterscheiden und deren Zusammenhänge mit dem Sinn der Aussage erkennen.

Er ist einfach durchzuführen. Es werden einfach einzelne Elemente einer Kategorie gegen andere ausgetauscht.

Dies kann lediglich in der Vorstellung passieren oder bei der praktischen bildnerischen Arbeit ganz konkret durch das Schaffen von Alternativen. Die Abbildung (Abb. 6) eignet sich dazu, einen professionellen Weinverkoster zu illustrieren. Sie zeigt einen Mann beim Riechen eines Weißweins. Wie würde sich die Botschaft des Bildes verändern, wenn

- der Mann 25 oder 70 Jahre alt wäre?
- er statt eines Anzugs einen Pullover oder nur ein T-Shirt anhätte?
- seine Krawatte nicht blau sondern gelb wäre?
- er statt des Weinglases ein Wasserglas oder einen Zinnbecher in der Hand hielte?
- eine Frau den Wein verkostete?
- er einen glattrasierten Kopf hätte?
- er einen Vollbart trüge?
- im Hintergrund Weinregale stünden?
- …

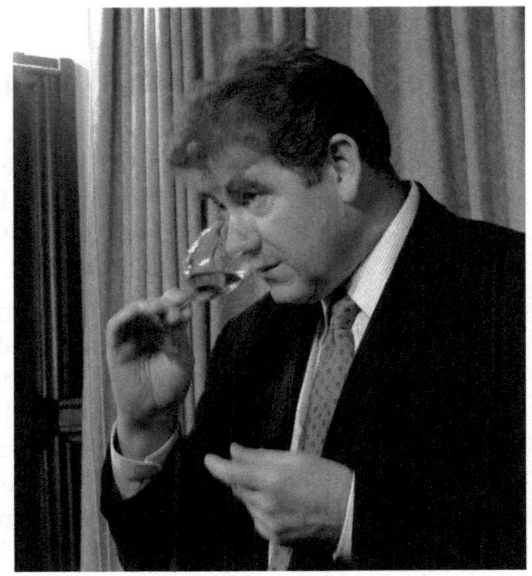

Abb. 6: Wie schaut ein typischer Weinkenner aus?

Manche Alternativen verändern die Aussage weniger als andere. Das Weinglas könnte innerhalb einer gewissen Bandbreite gegen andere Weingläser ausgetauscht werden, ohne dass sich die Bedeutung verändern würde. Ein zwanzigjähriger Mountainbiker – kenntlich an einer entsprechenden Kleidung – als Weintester würde die Aussage radikal verändern. Mit dem Test wird das

Selbstverständliche sichtbar, das gerade wegen seiner Selbstverständlichkeit übersehen wird. So eignet sich der Austauschtest auch dazu, die Weltsicht, die die Medien implizit vorführen, bewusst zu machen. Er ermöglicht es, das, was sich von selbst versteht, als eine von vielen möglichen Arten zu sehen, die Welt darzustellen. Gleichzeitig werden einem mögliche Alternativen bewusst.

Studienfragen

- Wenden Sie den Austauschtest auf Bilder aus der Werbung, aus Kochbüchern oder Warenkatalogen an. Benennen Sie Bedeutungen und Stereotype, die Ihnen dabei auffallen.
- Suchen Sie verschiedene Bilder mit Weintrinkern. Ordnen Sie diese nach ihrer Tauglichkeit für die Werbebroschüre einer Weinhandlung mit teuren bzw. preiswerten Weinen. Diskutieren Sie Ihre Entscheidung.
- Suchen Sie nach anderen Beispielen, wo die Kommunikation auf der Wahl innerhalb von Pardadigmen funktioniert, die in Syntagmen zusammengestellt werden.

Denotation, Konnotation, Ikonographie und Punctum

Das Begriffspaar Denotation – Konnotation wurde vom dänischen Sprachwissenschaftler Louis Hjelmslev (1899-1965) entwickelt und durch den französischen Literaturforscher und Semiotiker Roland Barthes (1915-1980) im Zusammenhang mit seiner Analyse von Mythen und Werbung bekannt (Jørgensen, 1993: 33 und Fiske, 1982: 110-114).

Denotation bezieht sich auf die Kernbedeutung der Zeichen und Konnotation auf die Nebenbedeutung. Denotationen sind das, was tatsächlich z.B. auf einem Foto gesehen werden kann, also die ikonischen Zeichen, die benannt werden können: eine Straße, drei Autos, zehn Personen usw. Konnotationen sind die Bedeutungen, sie sich aus der besonderen Zeichenkombination bei einem Bild ergeben: Welche Gegenstände, Personen, welches Wetter usw. wurde gewählt? Wie wurde es aufgenommen? Kamerawinkel, Ausschnitt, Zoomverhältnis usw. (Fiske, 1982: 108-113). Heute kommen noch Spekulationen über die Art der Nachbearbeitung dazu.

Somit kann man den Begriff Konnotation mit dem des Syntagmas verknüpfen, da die gerade gewählte Kombination von Zeichen in der Fotografie (das Syntagma) auf der grundsätzlich unendlichen Anzahl von Möglichkeiten zum Fotografieren der Paradigmen einer Straße mit ihren Autos, Laternenmasten, Pfützen usw. basiert. Vereinfacht gesagt, hat die Denotation mit dem *Was*, die Konnotation mit dem *Wie* zu tun.

Konnotationen hängen sowohl mit den bewussten wie den unbewussten Absichten des Senders, sowie mit den persönlichen Voraussetzungen des Empfängers ebenso wie mit den kulturellen Codes zusammen (Fiske, 1982: 111).

Es kann jedoch schwierig sein, diese Begriffe in der Praxis stringent anzuwenden. Es ist schier unmöglich, zwischen dem, was tatsächlich auf dem Bild dargestellt ist, der Art und Weise, wie es dargestellt wird, und den inhaltlichen Auswirkungen zu unterscheiden. In der Praxis ist es fast unmöglich, ein Bild rein beschreibend also denotativ anzusehen. Beispiel: *Ich sehe einen rundköpfigen Mann mit Schnurrbart, Seitenscheitel und Uniform. Dahinter sehe ich etwas Baracken- und Fabrikartiges mit Rauch aus einigen Kaminen. Nun, dann muss es Hitler sein, der vor ein Konzentrationslager gestellt wurde.* Nein, ich sehe es sofort und kann es nicht von allen Konnotationen trennen, die ein Bild von Hitler vor einem Konzentrationslager auslöst. Mit anderen Worten: es ist meist extrem schwierig, objektiv beschreibend zu sein, bevor man die Bedeutung herausliest (Konnotationen). Schon die Auswahl und Reihenfolge der Objekte aus einem Bild, das in einer denotativen Auflistung benannt werden soll, ist ein subjektiver (konnotativer) Prozess, der implizit auf einem interpretativen (konnotativen) Unternehmen aufbaut. Der denotative Aspekt kann im Unterricht, bei der wissenschaftlichen Arbeit aber auch bei der Bilderauswahl für einen bestimmten Zweck dazu beitragen, die Lesegeschwindigkeit eines Bildes zu verlangsamen und das Bewusstsein für die einzelnen beteiligten Zeichen zu steigern.

Barthes führte den Begriff *Punctum* ein. Es hängt mit einem Punkt, einem Ort, einem Bereich oder einem Erfahrungsaspekt des visuellen Ereignisses zusammen. Dabei kann es sich um eine zutiefst individuelle, subjektive Faszination handeln, die einen dazu bringt, am Bild hängen zu bleiben und weitere Erkundungen anzustellen. Im moderneren Deutsch gibt es einige Begriffe, die die Sache recht gut abdecken: Das macht mich an. Das reißt mich mit. Das brennt mir unter den Nägeln. Barthes eigener berühmter Satz lautet so:

> »... *punctum*, das bedeutet auch: Stich, kleines Loch, kleiner Fleck, kleiner Schnitt – und Wurf der Würfel. Das *punctum* einer Photographie, das ist jenes Zufällige an ihr, das mich *besticht* (mich aber auch verwundet, trifft)« (Barthes: 35 f).

Studienfragen

- Suchen Sie ein Bild, in dem die denotative Bedeutung als vorherrschend bezeichnet werden kann. Wie müsste es verändert werden, um das konnotative Verständnis zu betonen?
- Versuchen Sie, sich ein Bild vorzustellen, das für Sie eine Punctum-Bedeutung hat. Zeigen Sie es einem Kommilitonen, ohne ihm zu sa-

gen, woraus Ihre Punctum-Erfahrung besteht. Lassen Sie den anderen die Möglichkeiten für Punctum-Erfahrungen beschreiben, die das Bild bietet.

Ikonographie

Der deutsch-amerikanische Kunsthistoriker Erwin Panofsky (1892-1968) wird traditionell nicht als Semiotiker gesehen. Allerdings basiert seine Methode auf dem Versuch, Bilder in ihrem historischen Kontext zu entschlüsseln. Panofsky arbeitet bei der Analyse von Bildern – insbesondere bei solchen, die aus einem anderen Kulturkreis stammen – in drei Schritten: Der erste Schritt, die *vorikonografische Analyse,* basiert auf einer nüchternen Beschreibung dessen, was man ohne Vorkenntnisse sehen kann. Bei der *ikonografischen Analyse* zieht man dann Wissen aus anderen Quellen heran, und bei der *ikonologischen Deutung* das subjektive Verständnis. Es ist schwierig, diesem Ansatz sklavisch zu folgen, da wir uns oft emotional interpretativ auf neue Phänomene beziehen, bevor wir mit der Analyse beginnen. Aber als Methode kann die sorgfältige, nüchterne Beschreibung dazu führen, dass Details beachtet werden, die nicht in das unmittelbare Verständnis passen, und dazu, zwischen verschiedenen Arten der Beobachtung zu unterscheiden.

Studienfragen

- Beschreiben Sie einer Gruppe von Kommilitonen mit Panofskys Ansatz ein bekanntes Bild. Lassen Sie die anderen raten, um welches Bild es geht! Vorschläge können von Anfang an gemacht und dauernd geändert werden.

Roman Jakobsons Kommunikationsmodell

Roman Jakobson (1896-1982) war ein russisch-amerikanischer Linguist. Er entwickelte ein Kommunikationsmodell, das sowohl in der Literatur als auch in der visuellen Kommunikation verwendet wurde. In Dänemark hat Lisbeth Thorlacius sein Modell für die Analyse von Internetseiten weiterentwickelt.

Das Modell von Roman Jakobson ist funktional, dh. es ordnet den verschiedenen Elementen der Kommunikation Funktionen zu. Sender und Empfänger haben eine *emotive* bzw. eine *konative* Funktion. Die emotive Funktion zeigt den Ausdruck des Senders in der Nachricht, die konative Funktion ist die Absicht des Senders, den Empfänger zu beeinflussen oder emotional zu berühren (Thorlacius, 2009: 323).

	Kontext referentielle Funktion	
Sender emotive Funktion	Botschaft poetische Funktion	Empfänger konative Funktion
	Kontakt phatische Funktion	
	Code metalinguale Funktion	

Abb. 7: Ursprüngliches Modell der Sprachfunktionen von Roman Jakobson – entwickelt für Poesie.

Die *emotive Funktion* kann aus einer Reihe von Indexmerkmalen erschlossen werden, d-h. aus Zeichen, die in einen kausalen Zusammenhang zum emotiven Zustand des Senders stehen. Es kann sich um Gesten, Tonfall, Stimmlage handeln. Emotive Zustände können Ironie, Appell, Verzweiflung, Sachlichkeit sein. Hinter den verschiedenen emotiven Zuständen können wiederum verschiedene kognitive Interessen wie Neugier, Propaganda, der Wunsch zu unterhalten, aufzuklären oder zu schockieren stehen.

Erkennungsinteressen führen zur *konativen Funktion* des Empfängers, was die Frage aufwirft, wie sich der Empfänger in der Nachricht wiederfindet. Ist der Empfänger ein Objekt der Einflussnahme oder ein gleichberechtigter Teilnehmer an der Kommunikation?

In der mittleren Spalte des Modells finden wir die *Botschaft*, die in Jakobsons Sprache eine poetische Funktion hat. Man könnte auch von einer ästhetischen Funktion sprechen und untersuchen, wie die Botschaft gestaltet ist. Jakobson beschreibt, wie *Unterschiede* und *Ähnlichkeiten* Muster bilden. Die Ähnlichkeiten können auf zwei Arten gebildet werden, teils *metaphorisch*, teils *metonymisch*. In einer *Metapher* werden *Begriffe* aus zwei verschiedenen Bereichen kombiniert. Neue Wörter werden oft als Metaphern gebildet, wobei zwei bekannte Wörter dazu verwendet werden, um etwas Neues zu bezeichnen.

In den Anfängen der Fliegerei musste man einen Namen für den Ort finden, an dem die Flugzeuge landeten und starteten. Die alten Zeppeline wurden Luftschiffe genannt, folglich mussten sie auch auf einem Flughafen landen.

In einem *Metonym* besteht eine Verbindung zwischen Zeichen und Objekt, z.B. als Teil eines Ganzen. Wenn wir die Begriffe mit Peirces Augen betrachten, ist die Metapher ein ikonisches Zeichen, weil wir zwei erkennbare Phänomene zu einem neuen Begriff kombinieren, der zu einer Art Bild dessen wird, was wir meinen. Das Metonym wird zu einem indexikalischen Zeichen, da das Zeichen ein Teil ist, der auf das Ganze verweist, zu dem es normalerweise gehört. Man nennt etwa den Teil von Kopenhagen Whisky-Gürtel, in dem sich die Leute Whisky leisten können. Eine Anhängerkupplung an einem Auto nennt man Jütlandshaken, was auf die Vorstellung hinweist, dass Jütländer oft mit einem Anhänger herumfahren. Metonymische Konstruktionen werden oft verwendet, um auf humorvolle Weise Vorurteile auszudrücken. Wolljütländer, Teufelsinsel (über Seeland), Stadtrand-Dänemark.

Über der Botschaft finden wir den Kontext, der eine referentielle Funktion hat. Hier ist die Frage, worauf sich die Mitteilung bezieht, worum es geht? Dies entspricht der denotativen Funktion bei Barthes.

Unter Botschaft finden wir *Kontakt*, der eine *fatische Funktion* hat. Dabei geht es darum, Kontakt herzustellen und aufrechtzuerhalten. In einem Gespräch halten wir Kontakt mit Ausdrücken wie ›stimmt's?‹, die mit ›genau!‹ beantwortet werden. Die fatische Funktion in einem Bild kann eine vorherrschende Farbigkeit sein, die das Auge am Bild festhält. Auf einer Website ist es die konsequente Struktur, die den Nutzer hält.

Schließlich haben wir den *Code*, der eine *metalinguistische Funktion* hat. Wenn wir einen kommunikativen Akt verstehen wollen, müssen wir einen gemeinsamen metalinguistischen Rahmen haben. Die verbale Sprache basiert auf gelernten kulturellen Codes, wir *lernen* Deutsch oder Urdu zu sprechen. Im Gegensatz dazu haben Bilder manchmal, aber nicht immer, eine offenere Bedeutung. Das ikonische Verständnis, das auf Wiedererkennen beruht, hängt ab von der Erfahrung des Empfängers mit der sichtbaren Welt, so wie mit Bildern und visuellen Phänomenen.

Man verhält sich dem Code gegenüber metasprachlich, wenn man mögliche Bedeutungen oder andere Ausdrucksformen ausprobiert. Wenn man eine andere Sprache als seine Muttersprache spricht, ist man damit beschäftigt, die Wörter, die man nicht kennt, zu umgehen, indem man sich auf immer neue Weise ausdrückt, bis man verstanden wird. Bei gewissen Sprachstörungen fällt es einem schwer, mit der Beziehung zwischen Code und Bedeutungsmöglichkeiten zu experimentieren.

Studienfragen

Wählen Sie etwas, mit dem kommuniziert wurde. Es kann etwas Visuelles, Auditives, eine Berührung, eine Raumerfahrung sein – die obige Theorie ist eine allgemeine Theorie der Kommunikation.

Fragen zu den verschiedenen theoretischen Konzepten:

- Gewinnen Sie beim Entschlüsseln der Mitteilung einen Eindruck vom Sender? Was ist die emotive Funktion, was der Eindruck und was löst bei Ihnen diesen Eindruck aus?
- Können Sie die konative Funktion erkennen, die Absicht des Senders?
- Worum geht es in der Mitteilung? Mit welchen Mitteln wird der Inhalt vermittelt? Wie könnte der gleiche Inhalt mit anderen Mitteln kommuniziert werden?
- Welche Stilmerkmale bemerken Sie? Gibt es markierte Elemente?
- Gibt es etwas an der Art und Weise, wie die Nachricht zusammengestellt ist, das Sie anzieht oder abstößt? Können Sie bestimmte Bildcodes feststellen?
- Enthält die Mitteilung eine Aufforderung, ist sie tendenziös (eine Voreingenommenheit, ein Vorurteil oder eine versteckte Absicht) und fühlen Sie sich von der Mitteilung angesprochen (berührt) oder bewegt?

Pädagogische Überlegungen

Die Kunst ist ähnlich wie Wissenschaft und Recht eine senderorientierte Kultur. Künstler ändern ihre Werke nicht, wenn sie auf Unverständnis stoßen. Kunstwerke gelten zunächst als schwer oder unverständlich. Sie müssen vermittelt, also erklärt werden. Dazu wurden für den Unterricht entsprechende Methoden entwickelt. Das Analysieren der Werke wird als schwierige Arbeit verstanden. Wer von der Kunst aus denkt, dem erscheinen die meisten heute genutzten Bilder banal und trivial. Doch sind solche Bilder gerade wegen ihrer Verständlichkeit recht wirksam und damit relevant. Das Fach Kunst kümmert sich natürlich auch um diese Bilder. Allerdings wird hier weniger gefragt, was das Bild bedeutet, sondern eher untersucht, warum es so leicht verständlich ist.

Bei der traditionellen Kunst steht am Anfang die Frage: Was bedeutet das Bild? Was sagt es mir? Ziel ist, die *Botschaft* zu verstehen. Seit dem 19. Jahrhundert stellen sich bei der Kunst eher Fragen wie: Was kann *mir* das Werk sagen? Welche Erfahrungen ermöglicht es *mir*? Bei den leicht verständlichen Bildern steht die Botschaft am Anfang. Die Frage lautet hier: Warum verstehe ich das Bild so schnell? Ziel ist, den *Code* zu verstehen, mit dem die Botschaft verfasst ist.

Ein Beispiel

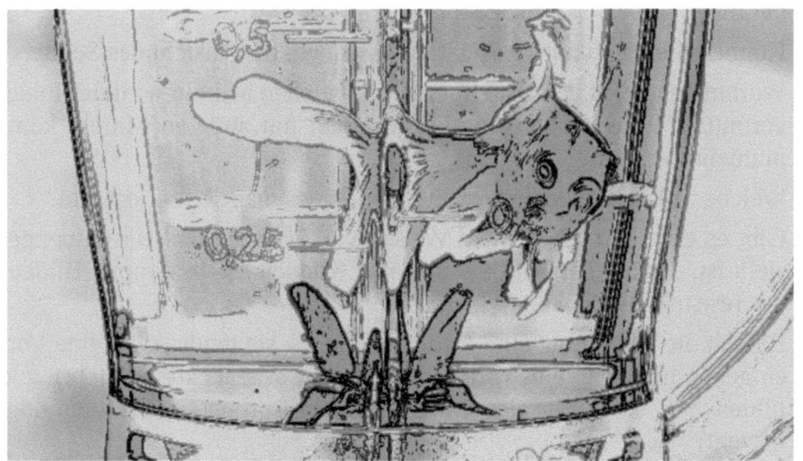

Abb. 8: Marco Evaristti. Ausschnitt aus der Installation Helena *(2000) / Goldfisch in einem Mixer. Illustration FB.*

Ausgehend von Marco Evaristtis Arbeit *Helena* (Abb. 8) werden wir einige der oben genannten Konzepte durch eine praktische Anwendung klären. *Helena* kann als *Installation* beschrieben werden. Bevor wir Evaristtis Arbeit diskutieren, gibt es eine kurze Beschreibung der Installation als Kunstform.

Eine Installation ist eine Kunstform, die mit einer Kombination verschiedener Elemente und Modalitäten arbeitet, z.B. Objekte, Video, Text, Licht und Ton, Körper, die im Ausstellungsraum arrangiert werden. Oft wird dabei Wert auf die Interaktion zwischen dem Betrachter und dem Kunstwerk gelegt. Oft sind *Readymades* dabei, eine Bezeichnung, die vom Künstler Marcel Duchamp ca. 1913 für Alltagsdinge erfunden wurde, die aus ihrem normalen Zusammenhang genommen und Teil eines Kunstwerks werden. Natürlich haben in der Installation alle behandelten bildnerischen Mittel ihre Bedeutung, aber in der Installation müssen sie in hohem Maße im Kontext ihrer ursprünglichen Funktion gesehen werden.

Oft ist der Körper (und das gilt nicht nur für Installationen) beteiligt. Der sensorische und phänomenologische Aspekt wird im Kapitel 20 näher behandelt. Vielleicht fühlen wir uns angewidert, etwas, das wir berühren wollen bzw. nicht wollen. Wir können Klaustrophobie spüren, wenn wir durch einen langen schmalen Korridor geführt werden usw. Bei der Installation von Evaristti gehen der kulturelle und gesellschaftliche Kontext, semiotische und phänomenologische Aspekte Hand in Hand mit den bildnerischen Mitteln. Im Folgenden werden daher nicht alle möglichen Perspektiven der Arbeit untersucht. Es geht beispielhaft um die semiotischen Aspekte.

Es stehen zehn Mixer auf einem Tisch. Jedem Mixer enthält Wasser und einen lebenden Goldfisch. Das ist kurz gesagt die denotative Ebene (Barthes). Die Tatsache, dass diese Objekte überhaupt Zeichen sind (dass sie für mehr als sich selbst stehen), liegt daran, dass sie auf etwas mehr als Mixer, Wasser und Fisch hinweisen, weil sie in einem Kunstkontext gezeigt werden. Mixer und Fisch haben eine andere Funktion, als das Zerstückeln von Nahrungsmitteln und das entspannende Betrachten schwimmender Fische. Der Kontext lässt eine zusätzliche Bedeutung erwarten. Außerdem ist es möglich, vom Betrachter zum Akteur zu werden, indem man die Starttaste am Mixer drückt. Aufgrund von Einwänden von Tierschutzverbänden wurde das im Lauf der Ausstellung verboten. Die Mixer wurden von der Stromversorgung getrennt.

Jetzt können wir also damit beginnen, nach Bedeutungen zu suchen – das ist die *konnotative Ebene*.

Mixer sind dazu da, Lebensmittel zu hacken und fein zu verteilen. Im Zusammenhang mit dem lebenden Goldfisch können beide als *indexikalische Zeichen* gelesen werden. Auf eine mögliche Zerstörung des Goldfisches kann geschlossen werden. Nach Keller handelt es sich um ein Symptom. Zwischen der Funktionsweise eines Mixers und dem möglichen Tod des Fisches besteht ein kausaler Zusammenhang.

Mit dem Modell von Roman Jakobson kann man die *Botschaft* der Installation (die auf Ähnlichkeit und Unterschied basiert) so interpretieren, dass die Elemente in einem neuen Kontext ausgestellt werden, wobei sie sich als Ganzes von dem unterscheiden, was zu erwarten wäre. Man kann die Ähnlichkeiten metaphorisch lesen, weil sich aus der Zusammenstellung von *Mixer/Aquarium* und *Haustier/Essen* neue Bedeutungen ergeben. Wenn man die Person dazu nimmt, die der Installation gegenübersteht, sie kann von einer ästhetischen Genießerin zu einer Henkerin werden, indem sie klinisch sauber einfach einen Knopf drückt. Die Zeichen ändern ihren Charakter und erhalten in dieser Kombination von Evaristti eine neue Bedeutung. Der Mixer, der normalerweise für bereits ›gestorbene‹ Lebensmittel verwendet wird, wird plötzlich zu einer ›Mörder- oder Schlächtermaschine‹. Es ist Sache des Besuchers, den Knopf zu drücken. Was im Frühjahr 2006 im Kunstraum Dornbirn auch tatsächlich passierte.

Mit dem *Austauschtest* kann man überlegen, wie sich die Bedeutung und damit die Botschaft der Installation ändern würde, wenn andere Zeichen bzw. Gegenstände verwendet würden. Man kann dabei sagen, dass alles, was einen Unterschied in der Aussage bedeutet, eine spezifische Deutung ermöglicht.

Evaristti hätte viele verschiedene Instrumente zum Töten und viele verschiedene Arten von Lebewesen auswählen können. Hier lässt sich das *Paradigma-* und *Syntagmaproblem* diskutieren. Wenn wir uns das Paradigma »Werkzeuge zum Töten« ansehen, ist fast alles möglich, sogar ein Eisstock. Evaristti hat aus all diesen Optionen ein Küchengerät ausgewählt. Auf diese Weise hat er die Sache von den Bereichen Krieg (Waffen), Recht (elektrischer Stuhl usw.), Kriminalität (Messer, Keulen, Schlagring usw.) weg in eine Ausstellung verlegt. Für seine Ausstellung hat er mit den Mixern Geräte verwendet, mit denen normalerweise nicht getötet wird. Das Thema ›Mord‹ taucht in einem Kontext auf, in dem sich die meisten von uns täglich Lebensmittel zubereiten, bei denen es sich meist um Teile toter Tiere und Pflanzen handelt.

Evaristti hat aus dem Paradigma der Maschinen des ›täglichen Lebens‹ Mixer ausgewählt. Er hätte aus dem gleichen Paradigma auch ein Auto wählen können, aber das wäre ein »normales« Szenario: Wir hören fast jeden Tag von Verkehrstoten. Die Küche, an die uns die Mixer erinnern, ist normalerweise kein Ort für Mord. Es ist lange her, dass in der Küche geschlachtet wurde, und es ist ein Ort, an dem wir uns alle täglich befinden.

Aus dem Paradigma ›Metzger-Küchengeräte‹ hätte auch ein Messer oder ein Fleischklopfer ausgewählt werden können. Der Mixer ist jedoch der schnellste und sauberste. Es gibt keine Zeit des Bedauerns, wie wenn man mit einem Messer da steht. Man zögert nur, bevor man die Taste drückt. Einmal gedrückt, gibt es kein Zurück mehr. Aus dem Paradigma *Mixer* hat Evaristti eine gewöhnliche, neutrale Maschine einer verbreiteten Marke gewählt. Die Aufmerksamkeit sollte nicht auf dem Mixer als spezieller Mixer liegen, sondern auf seiner *Funktion* als Mixer und seiner durch den Goldfisch ausgelösten Umdeutung zu einem Aquarium.

Aus dem Paradigma *Fisch* hat er einen Aquarienfisch gewählt, und aus diesen mit dem Goldfisch den archetypischen Aquarienfisch schlechthin. Wiederum, weil nicht beabsichtigt ist, etwas über einen bestimmten Fisch zu erzählen, sondern über Aquarienfische als eine Kategorie von Tieren, die wir als Haustiere halten: die wir nicht essen oder töten, sondern zum Vergnügen haben.

Somit zeigt sich, dass das *Syntagma* Goldfisch / Mixer mit Bedacht ausgewählt und aus umfangreichen Paradigmen kombiniert ist. Zumindest kann es so interpretiert werden. Andere Syntagmen, z.B. Axt / Henne würde höchstwahrscheinlich andere Interpretationen auslösen.

In Sinne der Metakognition – vgl. das Modell von ENViL – kann man auch untersuchen, welche Aspekte keine Bedeutung oder eine geringe Bedeutung haben. Wie ist es mit der Beleuchtung? Welchen Einfluss hat die Farbe der Stromkabel? Wie ändert sich die Bedeutung, wenn er statt zehn Mixern weniger oder mehr nimmt? Wie ist es mit der Tischhöhe? usw.

Durch Verschiebung von Kontextes und Kombination werden die ikonischen Zeichen – Mixer und Goldfisch – *indexikalische* und beziehen sich plötzlich auf einen möglichen Tod und einen selbst sogar als möglichen Henker.

Für ein *symbolisches Zeichen* ist die Botschaft, oder besser Aussage, offen für verschiedenste Interpretationen: geistige oder körperliche Selbstzerstörung, das Klimaproblem (wir selbst drücken den Klimaknopf, der uns zerstört), das Bild der Gesellschaft allgemein, Kommentar zur Tierquälerei, ethische und moralische Fragen und Dilemmata usw. Die Situation »Betrachter als möglicher Akteur« regt an, über menschliches Verhalten nachzudenken. Was geht in einer Person vor, die über die Möglichkeit nachdenkt, den Knopf zu drücken? Wird sie vom Wissen um die Gepflogenheiten in einem Kunstmuseum oder durch ethische Überlegungen davon abgehalten? Das erinnert an psychologische Experimente zum moralischen Verhalten.

Punctum kann, wie gesagt, alles sein, was uns dazu bringt, innezuhalten, am Bild hängen zu bleiben und uns in es zu vertiefen: Wir haben einen solchen Mixer zu Hause, die Farbe des Mixerknopfes, die Faszination für den Goldfisch. Man könnte auch sagen, dass der Mixer zu einem *markierten* Zeichen wird, wenn seine Funktion von der Zubereitung von Essen zum Töten wechselt. Der Mixer verwandelt sich in ein Goldfischaquarium und die *Position des Betrachters* vom Koch zum Tierhalter und erneut zum potenziellen Schlachter. Eine solche Markierung kann jemandem ein Punctum-Erlebnis bieten.

Hoffentlich ist der Leser mit einigen der hier vorgestellten Interpretationen nicht einverstanden. Vielleicht denkt er, dass wir persönliche Assoziationen verallgemeinern. Warum haben sie dieses oder jenes übersehen? Man kann das auch so und so sehen. Warum haben sie den Titel *Helena* übergangen, der ja auch etwas bedeuten könnte? Warum haben sie die öffentliche Diskussion über diese Arbeit vernachlässigt, die die Deutung beeinflusst? Warum haben sie nicht Evaristtis eigene Bemerkungen über seine Absichten mit einbezogen? Warum soll das Ganze überhaupt interpretiert werden – reicht es nicht, es einfach nur zu erleben?

All dies sind relevante Fragen, die uns zum nächsten Thema führen: Ist Bedeutung etwas Festes, das im Werk liegt, oder ist es etwas, das wir ihm zuschreiben? In jedem Fall können wir feststellen, dass eine visuelle Äußerung niemals gänzlich von jeglicher Bedeutung befreit werden kann. Es bleibt immer etwas hinzuzufügen, zu erarbeiten, zu diskutieren usw. Dieses Problem behandeln wir in Teil 5, in dem wir uns auf den Empfänger und die Beziehung zwischen diesem und der Botschaft konzentrieren.

Studienfragen

- Untersuchen Sie Marco Evaristtis Arbeit *Helena* mit Hilfe der Zeichenarten von Rudi Keller. Wie verändert sich Ihr Verständnis? Diskutieren Sie in der Gruppe, die Stärken und Schwächen des *instrumentellen* Zeichenbegriffs.
- Fragen Sie im Praktikum einen Lehrer, ob es Bilder gibt, die die Schüler nur schwer verstehen. Fragen Sie auch, woran das liegt. Analysieren sie die Bilder mit einigen der oben genannten Begriffe. Bitten Sie darum, mit den Schülern auf eine Weise arbeiten zu dürfen, die Ihre Kenntnisse der Semiotik einschließt. Hilft das weiter?

Pädagogische Überlegungen

Als Lehrer muss man entscheiden, wie man mit Bildern und der Bedeutung visueller Phänomene arbeiten will. Dies kann unterschiedlich sein, je nachdem, welche Kategorien von Bildern man thematisiert und was man erreichen möchte. Das klassische Kommunikationsmodell (Sender – Nachricht – Empfänger) kann ein hervorragendes Mittel dafür sein, zu klären, wie man seine Aktivitäten und Diskussionen mit den Schülern angehen will.

Sender, Botschaft, Empfänger

In dem Beispiel mit dem Verkehrszeichen am Anfang des Kapitels kann man zunächst die Bedeutung und die Funktion diskutieren. Es kann gefährlich werden, wenn man die Zeichen aufgrund moderner Rezeptionstheorien falsch versteht. Im Unterricht kann man Alternativen diskutieren. Die Schüler können Verkehrszeichen spielerisch so umgestalten, dass sie nur noch schwer oder gar nicht mehr zu verstehen sind.

Man kann den Schwerpunkt auch auf die historischen, kulturellen und gesellschaftlichen Aspekte legen: ein Bild so zu verstehen, wie es seinerzeit gedacht und verstanden wurde, z.B. die spezielle Symbolsprache, die mit religiösen Motiven in der Renaissance verbunden waren (Panofskys Methode). Oder ein Bild als Reflexion oder Kritik seiner Entstehungszeit zu betrachten, z.B. Pop Art als Spiegel des Aufstiegs der Konsumgesellschaft in den 1960er Jahren. Oder man kann eine biografische Methode verwenden, bei der man das Bild anhand der Persönlichkeit des Senders, des mentalen Habitus, der Erziehung, der politischen Einstellungen oder dergleichen erklärt. Klassisch ist das Beispiel, die Malweise und die Inhalte der Gemälde von Van Gogh mit Hinweisen auf seinen mentalen Zustand zu erklären. In all diesen Beispielen geht man von einem senderorientierten Ansatz aus.

Studienfragen

- Suchen Sie Bilder, bei denen der Schlüssel zum Verständnis ausschließlich im Senderaspekt liegt. Erklären Sie, welche Methode man verwenden kann, und geben Sie Beispiele für mögliche Interpretationen.
- Suchen Sie Bücher mit einem biografischen Ansatz – es können Kunstbücher oder Bücher über Illustratoren oder Designer sein.
- Bewerten Sie den pädagogischen Wert von Bildern, deren Bedeutung stark an den Autor gebunden ist.

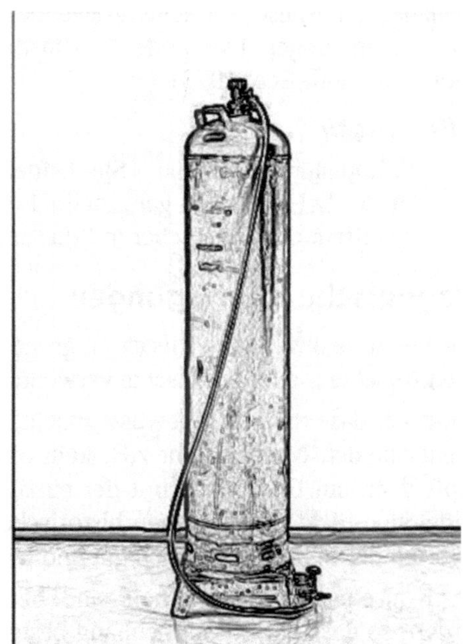

Abb. 9: Christian Lemmerz. Kamikaze 1995.

Wenn wir die *formale Analyse* (Form, Oberfläche, Farbe, Linie, Komposition usw.) auf abstrakte Bilder anwenden, versuchen wir uns dem zu nähern, was im Hinblick auf die Erzeugung von Spannungen, Stimmungen, Emotionen usw. im Bild funktioniert. In diesem Fall betrachten wir das Bild (die Mitteilung) selbst, ohne an die Absichten des Senders oder die historischen Umstände zum Zeitpunkt der Produktion zu denken.

Die *klassische Semiotik* betrachtet, wie gesagt, den Text oder das Bild an sich. Ein Beispiel: Christian Lemmerzs Installation *Kamikaze* (1995) besteht zunächst aus drei Elementen: einem Gasbrenner, einer Gasflasche und einem Gasschlauch (Abb. 9). Die Art und Weise, wie diese Zeichen kombiniert werden, kann zu folgender Interpretation (Bedeutungsbildung) führen: Wenn der Gasbrenner angezündet wird, explodiert die Gasflasche – ein selbstzerstörerischer Kreislauf, der durch den Titel gestützt wird. Dies kann zu Interpretationen auf verschiedenen Ebenen führen, von Beziehungsproblemen bis zur globalen Erwärmung. Und hier nähern wir uns dem dritten Teil des Kommunikationsmodells: dem Empfänger.

Dieser Ansatz legt den Schwerpunkt darauf, Bilder bzw. deren Deutung als offenen Prozess zu verstehen. Bedeutungen entstehen und entwickeln sich in Gesprächen, sozialen Umgebungen und subjektiven Einstellungen. Ein Bild wird dabei für alles Mögliche verwendet, z.B. eine Diskussion oder eine Meditation anzuregen. Der moderne Kunstbegriff geht von einer offenen Interpretation aus (vgl. Eco, 1973).

Studienfragen

- Gruppenarbeit: Suchen Sie Bilder oder künstliche visuelle Phänomene, bei denen es ganz beim Empfänger liegt, eine Bedeutung zu schaffen. Gibt es Bücher mit diesem Schwerpunkt?

Pädagogische Überlegungen

Keine Methode bzw. keine Ansatz ist grundsätzlich besser als die anderen. Oft werden Aspekte mehrerer Ansätze verwendet.

Wichtig ist, dass man sich bewusst macht, was man tun will und wofür man sich entscheidet. Man beginnt z.B. kein offenes Gespräch über ein Bild und trumpft dann am Ende doch mit der einzig richtigen Deutung auf. Man entscheidet sich nicht erst für einen historischen Ansatz und akzeptiert dann alle Antworten der Schüler als gleich gut und gültig.

Also: Konsequenz und Klarheit sind bei den getroffenen Entscheidungen gefordert, so dass ein Zusammenhang besteht zwischen den behandelten Bildkategorien, dem angesprochenen Inhalt und der Art und Weise, wie man mit dem Stoff umgeht.

Studienfragen für Kapitel 13 als ganzes

Die Entscheidung, ob man vom Sender, der Botschaft oder dem Empfänger ausgeht, beeinflusst das jeweilige Verständnis. Sie haben oben versucht, verschiedene theoretischen Ansätze aus dem Kapitel auf konkrete Beispiele anzuwenden. Versuchen Sie auch, anders herum zu denken: Welche Mängel haben Sie bei den jeweiligen Ansätzen festgestellt?

KAPITEL 14
MEDIEN, WERKZEUGE, ZWECKE

In diesem Kapitel betrachten wir Bilder und andere visuelle Phänomene als Medien bzw. Werkzeuge, mit denen bestimmte Zwecke und Ziele verfolgt werden. Damit lässt sich ein *Medienblick* entwickeln, mit dem die Möglichkeiten und Grenzen visueller Medien sichtbar werden. Im Alltag werden unter Medien meist die digitalen Medien verstanden. Hier verwenden wir den Begriff im Sinne der Medienwissenschaft in einer weiteren Bedeutung.

> »Was Kultur ist, liegt nicht offen zutage, ihre Triebkräfte wirken im Verborgenen, was ihre wesentlichen Strukturen sind, ist strittig. Kulturelle Kompetenz heißt, möglichst viele kulturelle Kontexte zu kennen und nachzeichnen zu können. Kultur- und medientheoretische Modelle helfen, die überwältigende Vielfalt zu gliedern. Zur kulturellen Kompetenz gehört auch, möglichst viele der gängigen Stereotype zu kennen; dies ist nur auf dem Hintergrund einer breiten Kenntnis von Medienprodukten möglich« (Winkler, 2008: 264).

Dieses Kapitel ist vor allem von Hartmut Winklers Buch »Basiswissen Medien« (Winkler, 2008) angeregt. Wir hoffen, mit unseren Beispielen Interesse dafür zu wecken, Bilder und andere visuelle Phänomene aus der Medienperspektive zu beobachten und zu untersuchen.

Bilder und visuelle Phänomene ›funktionieren‹ im Alltag meist störungsfrei und automatisch auf der Grundlage des impliziten Vorwissens, in das hinein wir sozialisiert sind. Wir üben das Bilder-Sehen schon seit frühester Kindheit. Im Gegensatz zum Lesen-und-Schreiben-Lernen können wir uns an die Anfänge des Lernens nicht mehr erinnern. Wie andere Medien auch sind Bilder im Gebrauch meist unsichtbar, d.h. wir nutzen sie automatisch ohne nachzudenken. Leicht verständliche Bilder bestimmen den visuellen Alltag (vgl. in Kapitel 13 den Abschnitt zur semiotischen Arbeit). Viele Kunstpädagogen verstehen deshalb gar nicht, was es an alltäglichen Bildern zu lernen gibt.

Aus unserer Sicht ist es eine zentrale Aufgabe des Unterrichts im Fach Kunst, implizites visuelles Wissen zu explizieren, und zwar aus zwei Gründen. Einmal geht es quasi aus »erkenntnistheoretischer« Sicht darum zu verstehen, warum für uns die Welt so ist, wie sie ist. So verstehen wir uns und andere besser. Dieses Verständnis hilft beim Umgang mit Bildern, speziell beim Kommunizieren mit ihnen und anderen visuellen Phänomenen im privaten, öffentlichen und beruflichen Bereich. Man lernt, das eigene Verhalten und Handeln zu beobachten und gegebenenfalls zu ändern.

Dazu ist es hilfreich, möglichst viele unterschiedliche Bilder und visuelle Phänomene zu beobachten und unter pragmatischen Gesichtspunkten zu betrachten: wofür werden sie verwendet und was soll mit ihnen erreicht werden? Sie sind Medien und Werkzeuge, die für unterschiedliche Zwecke verwendet werden.

Wer sich die Welt mit dem Medienblick anschaut, sieht sie in einem neuen Licht und entdeckt bisher weniger bekannte und beachtete Aspekte. Marshall McLuhan hat das 1964 mit seinem auf den ersten Blick befremdlichen Slogan *Das Medium ist die Botschaft* gemacht. Er hat z.B. beobachtet, dass das Fernsehen ohne Ansehen der Inhalte das abendliche Familienleben verändert hat. Man sitzt sich nicht mehr an einen Tisch gegenüber, sondern nebeneinander und schaut gemeinsam in die Zimmerecke, in der das Fernsehgerät steht.

Medien sind Werkzeuge. Sie helfen, Probleme zu lösen, schaffen dabei aber oft auch neue. Die TV-Fernbedienung war zunächst für Bettlägrige oder Gehbehinderte gedacht. Mit ihr ist dann aber schnell das bequeme Zappen vom Sofa aus entstanden. Mit sekundengenauer Erfassung des Umschaltens lässt sich erkennen, welche Inhalte Zuschauer halten und welche sie zum Weiterschalten bringen. Die Ergebnisse haben dazu geführt, dass leere, ereignisarme Bilder und lange Einstellungen möglichst vermieden werden. Man hat nämlich herausgefunden, dass die Zuschauer sonst weiter schalten. Die Fernbedienung hat also Aufbau und visuelle Gestaltung von Fernsehsendungen verändert.

Ein anderes Beispiel ist die ›Verflachung‹ von Logos. Offenbar waren Firmen wie Microsoft zunächst stolz darauf, Logos programmieren zu können, die räumlich wirkten. Die Nutzung von Mobiltelefonen für den Zugang zum Internet seit den 2010er hat eine Vereinfachung notwendig gemacht (Abb. 1).

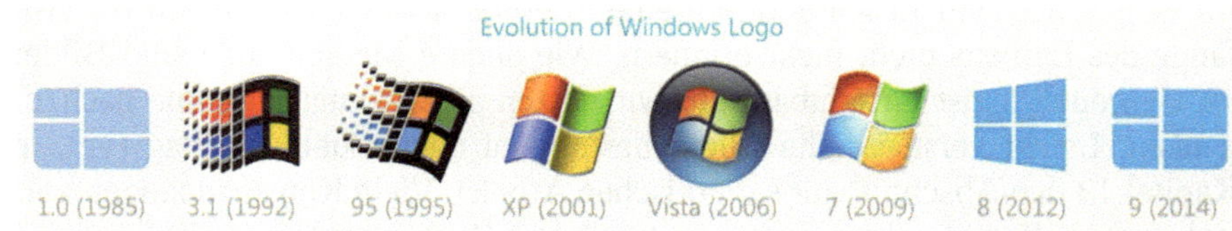

Abb. 1: Die Entwicklung der digitalen Endgeräte beeinflusst das Design des Windows Logo.

Erweiterung des Menschen

McLuhan hat Medien als Erweiterungen des Menschen – *Extensions of Man* – beschrieben (McLuhan, 1968): der Hammer erweitert die Faust, die Kleidung die Haut, die Brille die Augen, das Telefon Stimme und Ohr … Für Bilder und visuelle Phänomene lassen sich mit dieser Sichtweise interessante Zusammenhänge herstellen.

Fernseh-, Überwachungs- und Satellitenkameras, kombiniert mit elektronischer Übertragung erweitern die Möglichkeiten der *Augen* enorm. Wir können in Europa fast in Echtzeit ein Tennismatch in Australien verfolgen. Mit Ultraschallaufnahmen werden ungeborene Kinder sichtbar, Röntgenbilder zeigen dem Zahnarzt den inneren Zustand von Zähnen, mit Kameras wird der Darm untersucht und Vorgänge in Atomkraftwerken kontrolliert, ohne dass man sich radioaktiver Strahlung aussetzen muss. Für Wetterbeobachtungen reichen kleine Kameras in Satelliten. Wenn man jemandem mit dem Smartphone ein Bild schickt, ist das quasi die Erweiterung des Zeigefingers.

Mit Highspeedkameras, Zeitraffer und Zeitlupe werden Vorgänge sichtbar, die für das menschliche Sehen zu schnell oder zu langsam ablaufen. Pläne und Illustrationen erweitern das *Vorstellungsvermögen*. Bilder regen die *Phantasie* an und helfen beim Einstieg in Tagträume. Abstrakte Zusammenhänge oder Zahlen nehmen in Diagrammen Gestalt an. Vorstellungen und Träume lassen sich visualisieren. Bilder unterstützen das *Gedächtnis*. Landkarten bieten einen Überblick über Räume, Mindmaps über Wissensbereiche und Probleme. Mit Hilfe von Bildern beweist die Polizei die Übertretung von Geschwindigkeitsbeschränkungen. …

Bildgebrauch

Im traditionellen Kunstunterricht stehen das Kunstwerk bzw. das Bild als solche im Zentrum. Die Schüler werden dazu angehalten, ›gute‹ Bilder zu erfinden, zu gestalten und zu realisieren. Die Kunstbetrachtung versucht, den besonderen Wert und damit die besondere Bedeutung von Kunstwerken herauszuarbeiten, und daraus folgend, das Werk angemessen zu verstehen und zu erleben. Auch bei Bildern aus dem sogenannten Alltag interessiert man sich vorrangig für deren Inhalt und Bedeutung, allerdings so gut wie immer mit einem kritischen Blick. Der Idealtypus der bildnerischen Praxis wie der Reflexion ist das autonome Werk, das losgelöst von seiner früheren Funktion ein Kunsterlebnis auslöst.

Die Umstände der Entstehung und Verwendung der Bilder interessieren vor allem im Hinblick darauf, wie das Werk als solches zu deuten ist. Ob und wie es seinerzeit seinen Sinn und Zweck erfüllt hat, interessiert im traditionellen Kunstunterricht weniger. Der mediale Blick lenkt dagegen das Interesse auf das Problem, das mit einem Bild gelöst werden soll. Welchen Zweck hat das Bild? Welche Zwecke und Ziele werden allgemein mit Bildern verfolgt?

Was passieren kann, wenn man Bilder unter diesen Aspekten betrachtet, zeigt sich am Beispiel der gemalten Selbstporträts von Albrecht Dürer. Sie wurden lange als Ausdruck eines neuen Selbstbewusstseins des Künstlers in der Renaissance gedeutet. Doch neuere Forschungen gehen davon aus, dass es Musterstücke waren, die potentiellen Kunden zeigen sollten, was der Meister konnte. (vgl. Dropczynski, Nümann, & Zumbansen, 2014)

Im Kapitel 9 findet sich eine Liste mit Funktionen und Zwecken, die mit Bildern und anderen visuellen Phänomen verfolgt werden. Fachdidaktisch und bildwissenschaftlich interessant ist dabei, welche spezifischen medialen Eigenschaften von Bildern und anderen visuellen Phänomenen diese für den jeweiligen Zweck geeignet machen.

Viele Bilder und visuelle Phänomene werden in modernen Gesellschaften zur Unterhaltung oder Dekoration hergestellt und verwendet. Actionfilme bieten Erlebnisse. Hier reagiert der Körper auf die Kombination von Bildern und Geräuschen ähnlich wie bei Achterbahnfahrten. Poster führen in Tagträume, die visuellen Oberflächen von Computerspielen stimulieren die Reaktionen der Spieler.

Speichern, Übertragen, Prozessieren

Der Medientheoretiker Friedrich Kittler unterscheidet, ausgehend von Überlegungen zum Computer drei grundsätzliche Medienfunktionen, nämlich Speichern, Übertragen und Prozessieren.

Speichern. Fotografien speichern die Spuren, die die Lichtimpulse einer Projektion während der Belichtung auf der lichtempfindlichen Fläche hinterlassen. Auch Gemälde oder Bildnisse können ebenso wie Museumsbauten als Speicher verstanden werden. Speichermedien lassen sich unterscheiden nach dem Aufwand bei der Herstellung der Information und den Folgekosten für den Unterhalt. Für die Herstellung eines großen Altargemäldes braucht es Spezialisten mit jahrelanger Ausbildung und mehr oder weniger teure Materialien. Noch teurer ist die museale Aufbewahrung: Die Baukosten für die *Pinakothek der Moderne* in München (Fertigstellung 2002) beliefen sich auf 120 Millionen Euro. Dazu kommen die jährlichen Betriebs- und die nicht zu unterschätzenden Restaurierungskosten. Im Vergleich dazu sind digitale Bildspeicher nahezu kostenlos. Die hohen Kosten von Museen erzwingen eine normative Auswahl: Nur das Meisterwerk rechtfertigt den hohen Aufwand.

Übertragen. Das klassische Beispiel für die mediale Übertragung ist die Post, die Briefe von einem Ort an den anderen transportiert. Mit dem Internet hat die Übertragung in vielen Bereichen das Speichern abgelöst. Streamingdienste machen den Besitz oder das Ausleihen von DVDs überflüssig. Die Daten werden bei Bedarf vom Server abgerufen.

Manche Bilder, wie etwa Wandgemälde, lassen sich nicht übertragen. Im Mittelalter mussten Fuhrleute deshalb vor Antritt ihrer Etappe das Christophorusbild an einer Kirche aufsuchen, um für eine sichere Fahrt zu beten. Mit dem Aufkommen der Druckgrafik hat sich das dann geändert. Reisende konnten jetzt ihr Christophorusbild bei sich tragen. Die Kirche hat damit ein Stück weit die Kontrolle über die Gläubigen und deren religiöse Praxis verloren.

Prozessieren. Mit Medien lassen sich auch Phänomene verändern oder herstellen. Uns ist das geläufig von der digitalen Bildbearbeitung, von CAD oder Animation. Auch die Bilder von Computerspielen sind das Ergebnis von Prozessen, die im Rechner ablaufen. Mit diesem Blick gewinnt man aber auch einen neuen Blick auf das bildnerische Denken, auch prozessieren wir beim Entwerfen und Skizzieren mit dem Medium Bleistiftzeichnung.

Medienvergleich

Medien sind Werkzeuge. Steht eines nicht zur Verfügung, kann es durch ein anderes ersetzt werden. Dabei werden Qualitätsunterschiede deutlich. Erst in Vergleichen zeigen sich ihre spezifischen Eigenschaften, d.h. Grenzen und Möglichkeiten. Im praktischen Unterricht sind Medientransformationen hier hilfreich. Sie lassen sich schnell und einfach mit dem ENViL-Situationenkreis anregen (Abb. S. 211). Dabei sind zwei Fragen interessant: Welche Probleme helfen Medien zu lösen? Welche Probleme schaffen sie? Der Vergleich von Medien- und Kulturtechniken unterstützt die Ausbildung von Medienbewusstsein. Dazu sollten immer mehr und möglichst unterschiedliche Medien betrachtet und untersucht werden.

Bild und Sprache

Wenn es um Bilder und ihre Wirkung in der Kommunikation besonders in der Werbung geht, hört man oft den Satz »Ein Bild sagt mehr als tausend Worte«. Man kann ihn auch umdrehen zu »Ein Wort löst mehr als tausend Bilder/Vorstellungen aus«. Die Aussage des zweiten Satzes spielt Antoine de Saint-Exupéry – wie in Kapitel 12 erwähnt – beispielhaft durch in seiner Erzählung *Der kleine Prinz*. Der fordert den notgelandeten Piloten auf, ein Schaf zu zeichnen, ist aber mit allen Zeichnungen unzufrieden. Erst als der Pilot eine Kiste zeichnet mit der Bemerkung »Das Schaf, das du willst, ist dort drin« ist der kleine Prinz zufrieden. Die Kiste ist quasi der sprachliche Begriff, der bei jedem Hörer bzw. Leser eine andere Vorstellung hervorrufen kann.

Zum ersten Satz gibt es ein Beispiel bei Kress und van Leeuwen (2006: 23ff). Sie diskutieren hier eine Seite ohne Text aus dem Bilderbuch für Kleinkinder »Draußen im Freien« von Dick Bruna (1988). In der Mitte ist formatfüllend ein abstrahierter Baum mit einem Vogel zu sehen, in den vier Ecken sind kleine Bilder mit einem Flugzeug, einer Birne, einer Katze und einer Wiederholung des Hauptmotivs zu sehen (Abb. 3). Wenn Eltern mit ihrem Kind dieses Bild anschauen, entstehen grundsätzlich unzählige verschiedene Texte, sogar in ganz verschiedenen Sprachen. Es ›sagt‹ mehr als tausend Worte, allerdings nicht irgendwelche. Die vier Motive begrenzen den Inhalt der Geschichten. Vielleicht geht es ums Fliegen, um den Baum und seine Früchte und Blätter oder um die Bedrohung des Vogels durch die Katze.

In dem einen Fall bestimmt der Begriff die möglichen Bilder, im anderen das Bild die möglichen Begriffe.

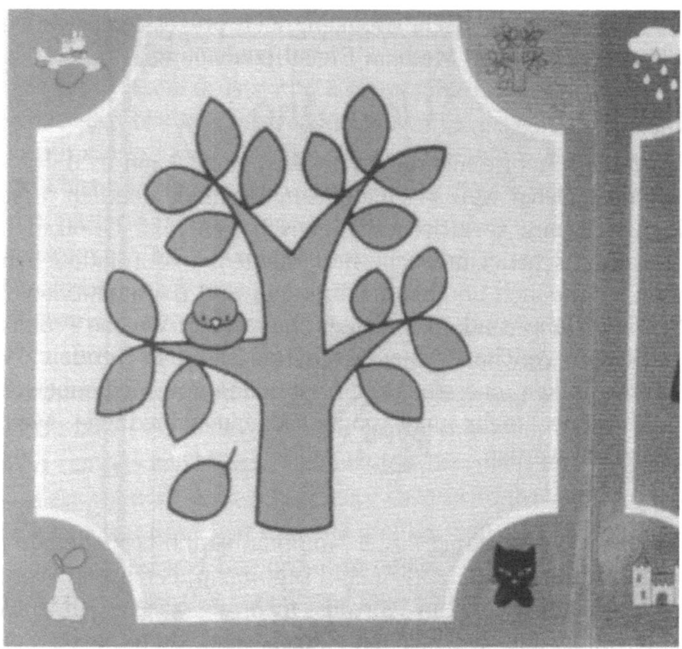

Abb. 2: Vogel im Baum (Bruna 1988)

Medien und Macht

Der Zugang zu Medien und ihren Inhalten ist eine Frage der Macht. Neue Medien und Technologien verändern in der Regel Machtverhältnisse. Wir haben das schon im Zusammenhang mit den Christophorus-Bildern gesehen. Dafür waren zwei neue Technologien notwendig, Papier und Druck. Der Buchdruck hat dann das weitgehende mittelalterliche Wissensmonopol der Kirche in Frage gestellt. Andererseits haben Papier und gedruckte Formulare erst die neuzeitliche Bürokartie ermöglicht. Lesen und dann Schreiben haben sich als allgemeine Kulturtechniken etabliert. Neben Latein haben sich neue Schriftsprachen entwickelt und damit nicht zuletzt die Idee des Nationalismus. Auch die moderne Schule ist eine Folge dieses neuen Mediums (vgl. dazu Giesecke, 2006)

Mit den digitalen Technologien und Medien erleben wir derzeit neue Machtverschiebungen. Der Kunstwissenschaftler Ullrich beschreibt sie als ›Bildersozialismus‹ (Ullrich, 2017). Mittel zu Herstellung und Vertrieb von Bildern sind allen mehr oder weniger leicht zugänglich. Preiswerte Kameras und Internet ermöglichen es, Bilder billig herzustellen und global zu präsentieren.

Das betrifft nicht nur die Apparate sondern auch die Software. Die Kameras und die Bildbearbeitungsprogramme beinhalten technisches ›Knowhow‹, für das noch vor wenigen Jahren eine aufwändige Berufsausbildung notwendig war. Die Kontrolle des gerade aufgenommenen Bildes in Echtzeit ermöglicht es, schnell formale und technische Kompetenzen der Bildherstellung zu erwerben. Heute gelingen schon Kindern Bilder mit einer Qualität, die für eine Veröffentlichung auf sozialen Medien ausreicht. Ähnliches gilt für die Gestaltung von Bild-Text-Botschaften mit kostenlosen Textverarbeitungsprogrammen. Die Produktion visueller Botschaften ist zu einer Kulturtechnik geworden. Das hat in einigen Bereichen zu einer Deprofessionalisierung geführt, etwa wenn Sachbearbeiter ihre Drucksachen selbst gestalten oder Hobbyfotografen ihre Bilder über Stockfotoagenturen vertreiben.

Was für die Produktionsseite gilt, gilt auch für die Rezeption. Mit einem Internetzugang steht jederzeit und überall eine unüberschaubare Menge an Bildern und Filmen zur Verfügung. Auf der anderen Seite gewinnen die Betreiber der Internetplattformen an Macht und Einfluss auf den einzelnen User, auf Gesellschaft und Politik.

Bilder als Medien

Sichtbarkeit

Bilder, als Medien betrachtet, zeichnen sich durch Sichtbarkeit aus. Das ist im Zusammenhang mit der Kunstpädagogik nicht banal. Im *Gemeinsamen Europäischen Referenzrahmen für Visual Literacy – Prototyp* werden auch » … die Wahrnehmung von Phänomenen der sichtbaren Welt sowie bildliche Vorstellungen/innere Bilder« als Bilder verstanden (Wagner & Schönau, 2016:115). Dagegen sind Medien »grundsätzlich und immer intersubjektiv. Sie haben ihren Ort im Raum zwischen den Subjekten« (Winkler, 2008:33).

Bilder sehen, d.h. das Erkennen von realistisch dargestellten Motiven, geht schnell und ähnlich automatisch wie das Sehen an sich. Man braucht sie nicht lesen. »*Bilder sind schnelle Schüsse ins Gehirn.* Um ein Bild mittlerer Komplexität aufzunehmen, sind nur eine bis zwei Sekunden erforderlich« (Kroeber-Riel, 1993:53). Wie wir uns nicht dagegen wehren können, einen einfachen Satz in unserer Muttersprache zu verstehen, können wir uns nicht dagegen wehren, ein fotografiertes Motiv zu erkennen. Diese Eigenschaft von Bildern nutzt man dazu, Aufmerksamkeit und Interesse zu stimulieren.

Die Sichtbarkeit ist abhängig von der technischen und formalen Qualität der Darstellung (Schärfe, Kontraste) und von der Umgebung (Beleuchtung, Ort). Eine wichtige Rolle spielt dabei die Größe. Ein barockes Deckengemälde können gleichzeitig mehrere hundert Leute sehen, eine Briefmarke höchstens zwei gleichzeitig anschauen. Um die Mona Lisa von Leonardo im Original zu sehen, muss man in den Louvre kommen, der pro Jahr etwa 10 Millionen Besucher zählt. Auf Wikipedia ist das Bild jederzeit und weltweit in recht hoher Auflösung zu sehen.

Bei Bildern hat man in der Regel einen Überblick. Die Informationen sind gleichzeitig vorhanden. Der einzeln Betrachter kann seine eigenen ›Wege‹ durch das Bild gehen und dabei unterschiedliche Informationen entnehmen. Prototypisch dafür ist die Landkarte, aus der man die verschiedensten Informationen über mögliche Wege gewinnen kann. Texte erfordern beim Lesen das Einhalten einer Reihenfolge.

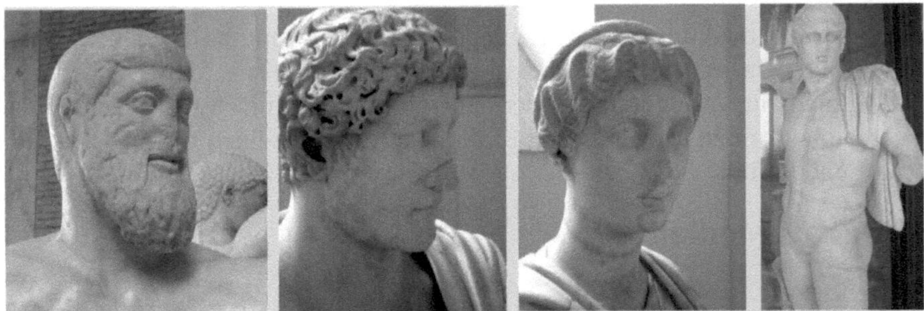

Abb. 3: Statuen der römischen Antike wurden 'bestraft' durch das Abschlagen von Körperteilen.

Repräsentation

Bilder sind ›mächtig#. Das zeigt ein einfaches Experiment: Man mache eine Fotokopie eines Fotos seiner Mutter und steche diesem Bild mit der Spitze eines Bleistifts die Augen aus! Den meisten Leuten stellen sich schon bei der Schilderung dieser Tat die Haare auf. Bilderstürmer beseitigen Bilder nicht einfach, vielmehr verstümmeln sie diese, um deren Machtlosigkeit zu demonstrieren. Den meisten Statuen der römischen Antike wurden etwa die Nasen und Geschlechtsteile abgeschlagen (Abb. 3). Bei Bilderstürmen in der Reformation wurden in Reliefs oder bei Statuen oft die Köpfe abgeschlagen. Wahlplakate werden von politischen Gegnern beschmiert, aber nicht beseitigt. Noch im Allgemeinen Landrecht für die preußischen Staaten von 1794 heißt es »Wenn jemand, der des Hochverraths schuldig befunden wird, sich der körperlichen Strafe durch die Flucht entzogen hat, oder vor Vollstreckung des Urteils gestorben ist: so soll [...] auch die Execution der verwirkten Leibesstrafe an seinem Bildnisse vollzogen werden« (II. Teyl, 20. Titel §99).

Lean foreward – lean back Medien

Die Medienwissenschaftlerin Helen Katz meint, dass Medien helfen, zwei Grundbedürfnisse zu erfüllen: Sie informieren und sie unterhalten. Wir verwenden sie, um z.B. die neuesten Nachrichten zu erfahren, aber auch, um unsere Freizeit mit Unterhaltungsprogrammen zu füllen, die uns aus unserer alltäglichen, eintönigen Routine herausholen. Mit der Unterscheidung Lean-Foreward und Lean-Back-Medien beschreibt Katz die Art und Weise, wie sich Nutzer gegenüber einem Medium verhalten. Einfach ausgedrückt, bei Lean-Forward-Medien geben sich die Empfänger Mühe und lehnen sich nach vorne. Bei Lean-Back-Medien hingegen lehnen sich die Zuschauer zurück und nehmen die Informationen passiv auf. Texte sind eher Lean-Forward-Medien, Bilder eher Lean-Back-Medien, Fernsehen Lean-Back-, Computerspiele und Kunstwerke Lean-Foreward-Medien.

Pädagogische Überlegungen

McLuhan schreibt: » ... der Inhalt eines Mediums ist mit dem saftigen Stück Fleisch vergleichbar, das der Einbrecher mit sich führt, um die Aufmerksamkeit des Wachhundes abzulenken« (McLuhan, 1970: 27). Die bloße Fokussierung auf Inhalt und Bedeutung von Bildern und anderen Phänomenen kann leicht dazu führen, die soziale, kulturelle und gesellschaftliche Bedeutung eines Mediums als solches zu übersehen. Der Blick auf Bilder und visuelle Phänomene als Medien trägt hier zu einer größeren Bewusstheit bei, gerade weil es ein recht abstrakter und theoretischer Blick ist.

Der mediale Blick kann im Unterricht immer wieder und ohne großen Aufwand geschult werden, etwa mit Fragen nach dem Zweck der Bilder, nach alternativen Möglichkeiten, wenn das jeweilige Medium nicht zur Verfügung steht, nach anderen Verwendungsmöglichkeiten

Studienfragen

- Suchen Sie in der Gruppe nach weiteren Beispielen für »Erweiterungen des Menschen« mit Hilfe visueller Medien.
- Nehmen Sie die Liste mit den Bildfunktionen in Kapitel 9 und schätzen Sie den Umfang ihres täglichen Bildgebrauchs ein. Übertragen Sie diese Schätzung in Prozenten auf die Liste. Vergleichen Sie Ihre Ergebnisse mit jenen anderer aus Ihrer Gruppe.
- Diskutieren Sie den Unterschied zwischen einer Liveübertragung und einer Aufzeichnung.

- Untersuchen Sie ein zufällig ausgewähltes Bild oder visuelles Phänomen. Beschreiben Sie seine Funktion und diskutieren Sie, welche mediale Eigenschaften es dafür geeignet macht. Überlegen Sie sich nun, mit welchen anderen Medien man ähnliche Zwecke verfolgen könnte. [Stellen Sie sich vor, es gäbe keine Verkehrszeichen.] Diskutieren Sie die dabei gegebenenfalls auftretenden Probleme.
- Diskutieren Sie Auswirkungen von Streaming-Diensten auf das Familienleben.
- Beschreiben Sie in Stichpunkten, welche Auswirkungen die Kosten für die Herstellung und den Unterhalt medialer Speicher auf deren Inhalte haben. Belegen Sie Ihre Beobachtungen an ausgewählten Beispielen.
- Vergleichen und diskutieren Sie in der Gruppe die Entwicklungen, die die Erfindung des Buchdrucks und die Einführung der digitalen Medien auf die Produktion und Verbreitung von Bildern zur Folge hatten.
- Überlegen Sie, welche Probleme soziale Medien mit Hilfe von Bildern und anderen visuellen Phänomenen lösen (helfen) und welche neuen Probleme sich in diesem Bereich ergeben.

KAPITEL 15
QUANTITATIVE PERSPEKTIVE

In diesem Kapitel stellen wir mit der quantitativen Herangehensweise an Bilder und andere visuelle Phänomene eine bisher im Fach Kunst kaum oder gar nicht gebräuchliche Methode vor. Der Text folgt weitgehend dem Aufsatz »Bilder zählen« von Billmayer (2018a).

Bilder zählen

Derzeit übersteigt die Anzahl der Mobilfunkanschlüsse die Erdbevölkerung. Statistisch gesehen gibt es damit wesentlich mehr Fotokameras als Menschen. Täglich werden mehrere Milliarden Bilder auf sozialen Medien und anderen Internetplattformen gepostet. Bis vor kurzem waren im Vergleich zu heute Bilder Mangelware. Ihre Herstellung war zeit- und kostenaufwändig und erforderte in der Regel eine jahrelange Ausbildung zum Experten. Entsprechend sorgfältig wurden Bilder einerseits geplant und ausgeführt und andererseits lange und genau angeschaut. Daran hat das Aufkommen der Drucktechniken zunächst nicht viel geändert. Vervielfältigung und Vertrieb organisierten spezialisierte Betriebe wie Druckereien und Verlage, sie bildeten einen Filter und begrenzten das Angebot. Das galt auch noch für die Zeit, in der sich die Kunstpädagogik entwickelt und etabliert hat. Doch die Menge der Bilder stellt das Fach Kunst vor das Problem der Auswahl: Welche Bilder sind im Unterricht zu thematisieren. Wie ein Blick in Schulbücher und Zeitschriften für das Fach Kunst zeigt, verlässt man sich auf die Auswahl, die Museen und Kunstsystem treffen und behandelt vor allem Kunstwerke. Wer die ganze visuelle Kultur in den Fokus nimmt, kann darauf aber nicht so leicht zurückgreifen.

Im Rahmen der Kunstpädagogik ist ein reiches Methodenrepertoire zur Analyse und Interpretation von Bildern der Kunst entwickelt worden. Diese Bilder gelten als (Meister-)Werke mit besonderen ästhetischen, kulturellen und geistigen Qualitäten. Entsprechende Aufmerksamkeit und Sorgfalt wird ihnen bei der Betrachtung entgegengebracht. Methoden der Kunstvermittlung kümmern sich in der Regel um Werke, also um einzelne Bilder oder kleine Bildergruppen. Viele Methoden stammen noch aus den relativ bilderarmen Anfängen der Kunsterziehung. Einen guten historischen Überblick über die Methoden bietet Helga Buchschartner (Buchschartner, 1998). Die ›vielen Bilder‹ werden in der Kunstpädagogik kaum beachtet (Billmayer, 2009).

Mit der großen Menge an Bildern hat sich das Nutzungsverhalten geändert. Die meisten bekommen nur wenig Zeit und Aufmerksamkeit. Wir haben gelernt, schnell und oberflächlich zu schauen. Ältere Leute erleben diesen Lernzuwachs, wenn sie sich Action-Filme von früher anschauen und dabei feststellen, wie langsam die Einstellungen wechseln. Die Tatsache, dass wir die Bilder in einer höheren Frequenz nutzen, bedeutet nicht, dass sie deshalb weniger wirken. Wenn etwa Produktverpackungen für Männer vorwiegend mit technoiden und solche für Frauen mit floralen Motiven gekennzeichnet werden, dann verfestigen sich damit gängige Rollenbildern von Männern und Frauen. Die dadurch nur oberflächliche Betrachtung der vielen Bilder macht es schwierig, eine kritische Haltung einzunehmen. Dafür reicht einfach die Zeit nicht.

Gerade auch deshalb ist es die Aufgabe des Faches Kunst, sich darum zu kümmern. Wir schlagen vor, die vorherrschende qualitative Methode der Bildanalyse durch quantitative Verfahren zu ergänzen. Beide Methoden gehören zusammen. Die Auswahl des Untersuchungsmaterials für quantitative Untersuchungen ist von Erkenntnisinteressen bestimmt, die von qualitativen Bewertungen geprägt sind. Auch die Aspekte bzw. Merkmale, die anschließend statistisch erfasst werden, werden zunächst mehr oder weniger intuitiv aus dem Durchschauen des Materials gewonnen. Die Ergebnisse der quantitativen Analyse verlangen dann nach einer qualitativen Analyse. Warum schaut die visuelle Welt so aus, wie sie ausschaut? Welche Folgen hat das für das Verständnis der Welt?

Aus didaktischer Sicht geht es neben den Ergebnissen der Untersuchungen auch darum, ein allgemeines Bewusstsein für Bilder zu wecken, neugierig zu machen und die Fähigkeit zu fördern, über Funktionen und Wirkungen von Bildern nachzudenken. Dabei geht es um den Inhalt ebenso wie um die Gestaltung – vgl. dazu Kapitel 16. Durch die Sichtung vieler Bilder bekommen wir einen Eindruck von den in der visuellen Welt geltenden Regeln und Stereotypen. Das Zählen und Vergleichen von ausgewählten Merkmalen führt zu einer neuen Art der Achtsamkeit. Die Schüler entwickeln nicht zuletzt ein Gespür dafür, welchen Regeln verschiedene Medien und Genres folgen.

Es gibt leicht verständliche Literatur zum Thema Statistik (z.B. Brosius). Eine Zusammenarbeit mit dem Fach Mathematik oder Psychologie bietet sich an.

Quantitative Bildanalyse

Die quantitative Bildanalyse hat sich innerhalb der Kommunikationswissenschaft aus der (quantitativen) Medieninhaltsanalyse entwickelt. Ursprünglich ging es um die Presse und deren (sprachliche) Inhalte. Mit dem Aufkommen der digitalen Medien hat sich das Betätigungsfeld der Kommunikationswissenschaft erweitert, sodass heute auch Radio, Fernsehen usw. zum Aufgabenfeld gerechnet werden. So gibt es zunehmend Forschung zu Bildern und anderen visuellen Phänomen. In der Visuellen Kommunikationsforschung ist die quantitative Bildinhaltsanalyse die häufigste Methode. Katharina Lobinger gibt einen Überblick über die verschiedenen Forschungsansätze und -methoden (Lobinger, 2012: 227 ff). Die Bildinhaltsanalyse reduziert die Komplexität von Mitteilungen und arbeitet zentrale Muster des jeweiligen Mediums heraus. »Angesichts der großen Anzahl von Bildern in medialen Angeboten sind für gewisse Fragestellungen, wie zum Beispiel bei Fragen nach Strukturen, visuellen Tendenzen oder Visualisierungsformen im Zeitverlauf, quantitative Inhaltsanalysen unbedingt erforderlich« (Lobinger, 2012: 227).

Möglichkeiten und Grenzen

Die Methoden der quantitativen Forschung haben sich im Rahmen der empirischen Sozialforschung entwickelt. Es geht darum, systematisch Daten zu gewinnen. So erfahren wir etwas über die Welt, etwas darüber, »was der Fall ist«. Um zu verstehen, warum etwas so ist, wie es ist, braucht es qualitative Forschungen. Diese ergibt sich oft aus den Ergebnissen von quantitativer Forschung. Wer Nassrasierer für Männer und Frauen untersucht, stellt Unterschiede in der Farbe und der Form fest. Die Unterschiede provozieren entsprechende Interpretationen zur Konzeption von weiblich und männlich in unserer Kultur.

> »Generell gilt, dass die Inhaltsanalyse nicht belegen kann, wie Betrachteinnen (sic) und Betrachter verstehen oder bewerten, was sie sehen. Die Inhaltsanalyse kann aber zeigen, welchen Inhalten hohe Priorität eingeräumt wird und welchen nicht. Sie kann aufdecken, welche Agenden in den Medien ablaufen und mit welchen visuellen Strategien diese vorgezeigt werden. Vorsichtiger ausgedrückt, zeigt die Bildinhaltsanalyse Muster in der Mediendarstellung, vorausgesetzt man akzeptiert die Gültigkeit der Kategorien, die im Forschungsprozess definiert wurden« (Lobinger, 2012: 228).

Wie wird untersucht?

Eine Inhaltsanalyse beginnt mit einer mehr oder weniger präzisen Vorstellung von der Welt; zB. mit der Hypothese ›Rasierer für Männer unterscheiden sich formal von solchen für Frauen‹ bzw. Erwartungen ›Produkte für Kinder werden mit spezifischen Formen und Farben markiert‹. Daraus werden dann die Merkmale gewonnen, die jeweils beobachtet und gezählt werden; hier also Formen und Farben. Genau genommen beginnt die quantitative Erhebung mit einer qualitativen Untersuchung bzw. Vermutung. Es wird beobachtet, wie Ereignisse, Menschen, Situationen, Produkte, Botschaften, Natur, Landschaften, Tiere usw. dargestellt werden. Daran anschließend wird gefragt, wo, wie häufig, wie prominent die entsprechenden Motive vorkommen. Es geht nicht um einzelne Bilder oder Produkte, sondern um wiederkehrende Muster. Die Inhalte werden in einzelne Kategorien unterteilt.

Es wird danach gefragt, wie präsent unterschiedliche Bilder sind, das betrifft die Häufigkeit, die Größe oder auch die Reihenfolge bzw. den Ort, an dem die Bilder gezeigt werden, z.B. wie häufig werden Männer und Frauen in verschiedenen Zeitschriften dargestellt.

Eine Pädagogik, die nicht nur für visuelle Medien im Besonderen, sondern für visuelle Kultur im Allgemeinen zuständig ist, wendet die Methode auch auf andere visuelle Phänomene an, z.B. auf Produkte, visuelle Ereignisse (Veranstaltungen) oder Architektur. Es kann interessant sein, die Anzahl der Stufen bei Hauseingängen oder den Flächenanteil der Fenster in Mauern zu untersuchen.

Was wird untersucht?

Grundsätzlich gibt es im Rahmen des Fachs Kunst verschiedene Möglichkeiten, die Sache anzugehen. Man kann z.B. ein kulturelles Konzept auswählen und schauen, wie sich dieses in Bildern und anderen Formen visueller Gestaltung niederschlägt. Solche Konzepte sind z.B. Kindheit, Jugend, Erwachsensein und Alter, aber auch Frische, Sport, Freiheit, Gebirge, Natur, Gesundheit, Liebe, Freiheit, Ausgeglichenheit, Glück, Familie ... Man kann sich aber auch eine Bild- oder Produktsorte vornehmen wie Titelseiten, Logos, Autoscheinwerfer, Toilettenschilder, Schulbuchbilder ... und hier verschiedene Muster erkennen.

Bilder als solche

Das Zählen beginnt schon mit der schieren Anzahl, ohne den Inhalt zu beachten. Wie viele Bilder sind durchschnittlich auf den Seiten von Jugendzeitschriften? So brachte Bravo GiRL! Nr. 23 vom 24. Oktober 2012 insgesamt 553 Bilder, Bravo Sport Nr. 19. vom 30. August 2012 405 Bilder. Im Schnitt waren das 7,1 bzw. 7,4 Bilder pro Seite. Mobil, die Kundenzeitschrift der Deutschen Bahn, brachte es im selben Zeitraum auf durchschnittlich 1,4 Bilder pro Seite. Auch die Bilder in Schulbüchern lassen sich zählen. Wie Pettersson an vielen Stellen gezeigt hat, hat die Anzahl der Bilder im historischen Vergleich in der zweiten Hälfte des 20. Jahrhunderts stark zugenommen. Bei gleichbleibender Seitenanzahl! Das betrifft sowohl die Anzahl als auch die Fläche, die die Bilder einnehmen (z.B. Pettersson, 2010; Billmayer & Blohm, 2012).

Motive stehen im Zentrum quantitativer Bildinhaltsanalysen. Dabei gibt es, vereinfacht gesehen, zwei Möglichkeiten, an die Sache heranzugehen. Ausgangsbasis bilden entweder Produkte oder Bilder aus einem bestimmten Sektor. Man schaut sich etwa Reiseführer oder Körperpflegemittel daraufhin an, welche Motive vorkommen. Oder man geht von bestimmten Konzepten bzw. Werten (Ullrich, 2017) aus und untersucht, wo diese vorkommen, z.B. in Reiseführern oder Körperpflegemitteln. Mögliche Fragen sind: Wie viele Autos sind in Reiseführern für Europäische Hauptstädte abgebildet? Wie häufig finden sich Blumen und blumenartige Muster auf Körperpflegemitteln für Frauen? Welche Motive werben in Anzeigen für männlich konnotierte Produkte? Wie zeigt sich Natur in den Anzeigen verschiedener Zeitschriften? Mit welchen Motiven wird auf Produktverpackungen kommuniziert, dass der Genuss des Inhalts entspannend wirkt? Welche Kleidung tragen Mädchen und Buben in Sprachbüchern? Wie ist die Verteilung der Haarfarbe oder der Haarlänge? Welche Motive zeigen Bilder in Zeitungen und Zeitschriften, Reiseführern und Reisekatalogen, die von Afrika südlich der Sahara handeln?

Modalitäten

Inhalte können in Bildern immer auch anders dargestellt und präsentiert werden. Weil das so ist und wir das wissen, interpretieren wir die Art und Weise, wie Bilder gemacht sind. Die Gestaltung verstehen wir als eine Folge von Entscheidungen, so wird sie zu einem wichtigen Zeichen und Hinweis darauf, wie wir die jeweilige Botschaft verstehen bzw. das Bild nutzen sollen. So ordnen wir etwa Äußerungen entsprechenden Genres zu. Die Gestaltung bestimmt unsere Erwartungen und damit die Art, wie wir Äußerungen verstehen. In der Regel erkennen wir mit einem Blick, ob es sich bei einem Bild um ein journalistisches Bild oder um Reklame handelt.

Auch die visuelle Gestaltung lässt sich quantitativ untersuchen. Wie bei der Inhaltsanalyse werden dabei verschiedene Merkmale gezählt und zueinander in Beziehung gesetzt. Hier folgt eine Auswahl, sie lässt sich leicht mit der Liste der Wirkmittel von Kapitel 16 erweitern.

- Technik (Fotografie, Zeichnung, Malerei, CAD, Diagramm …)
- Ikonizitätsgrad (realistisch, abstrakt)
- Farben
- Format
- »normale« Bilder – Freisteller
- Ebenen, Überschneidungen
- Kamera- bzw. Betrachter-Standpunkt
- Einstellung (Detailaufnahme bis Totale)
- Rahmenbrecher (Zeitschriften, Boulevardpresse, Produktverpackungen, Comics …)
- Grad der Inszenierung (Sach-, Prosa-, Poesiebilder) (Bergström, 2001: 95ff)
- Schriftarten

- Schriftschnitte (kursiv, normal, fett)
- Zeilenlaufweite (Anzahl der Zeichen pro Zeile)

Anna Kirchweger hat im Rahmen eines Seminars Verpackungen von Spülmitteln untersucht und einen Zusammenhang zwischen der Anzahl von Bildebenen (Überschneidungen) und Farben einerseits und dem Preis von Spülmitteln andererseits festgestellt: Markenprodukte hatten mehr Ebenen und Farben als ihre billigeren Konkurrenten. Die teuren Marken gehen dagegen sparsamer mit Glanzpunkten um.

BRAVO GiRL! (2012-23) hat gut sechsmal so viele Freisteller wie BRAVO Sport (2012-19). Der Grund: Es werden seitenweise Styling-Tipps angeboten und dabei einzelne Produkte ohne Hintergrund abgebildet. Dafür hat BRAVO Sport mit 67:47 mehr Rahmenbrecher als BRAVO GiRL!. Sportler werden dynamisch in Szene gesetzt (Abb. 1; s.a. Billmayer, 2013b).

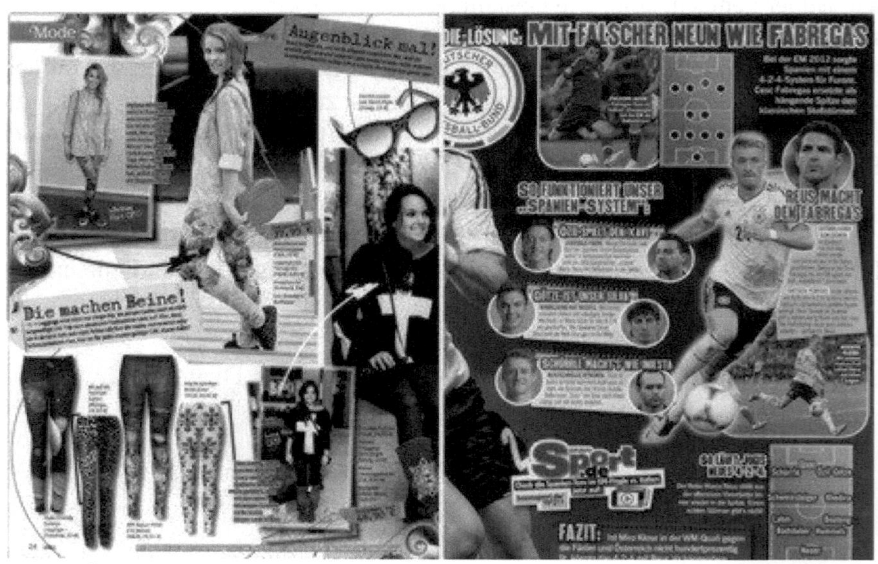

Abb. 1: Überschneidungen, Freisteller und Rahmenbrecher.. Je eine Seite aus BRAVO GIRL! und BRAVO Sport aus dem Jahr 2012.

Beispiel: Der visuelle Code der Österreicher

In ihrer Diplomarbeit mit dem Titel »Der visuelle Code der Österreicher« hat Maria Pecho 2009 die Bilder der Mediendatenbank der offiziellen österreichischen Tourismuswerbung (Österreich-Werbung) quantitativ analysiert. Aus den Ergebnissen werden hier nur einige vorgestellt.

In der Datenbank der Österreich-Werbung werden Stockfotos für die Presse angeboten. Das Interesse der Untersuchung galt den Menschen. Das Untersuchungsmaterial war daher auf die 190 Bilder beschränkt, auf denen Menschen dargestellt waren. Erwartungsgemäß waren 85% der Bilder Außenaufnahmen: Österreich wirbt vor allem mit seinen Landschaften. Interessante Ergebnisse brachte die Untersuchung der Verteilung der Geschlechter: Bei den ›Österreichern‹ machen die Männer ca. 3/4 und die Frauen ca. 1/4 aus. Bei den Touristen dreht sich das Verhältnis um, über 80% sind weiblich und knapp 20% männlich. Interessant auch die Altersverteilung (Abb. 2): 35% der abgebildeten Österreicher sind demnach über 70 Jahre alt. Weibliche Personen sind nur bei den Kindern und bei den 21- bis 30-Jährigen in der Mehrheit. Überspitzt gesagt bedeutet das, der typische Österreicher in der Österreich-Werbung ist männlich und älter als 70 Jahre.

Die Bilddatenbank ist heute umfangreicher. Wenn eine Schülergruppe zusammenarbeitet, sind die Bilder dennoch in angemessener Zeit auszuwerten.

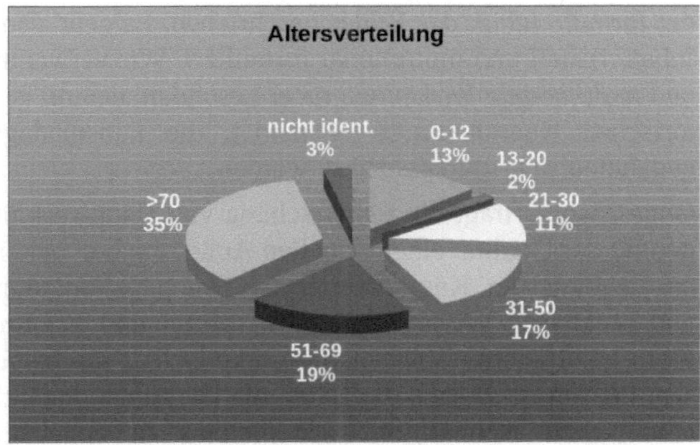

Abb. 2: 35% der abgebildeten Personen sind über 70 Jahre alt.

Studienfragen

Bilder auf Produktverpackungen

- Variante I. Untersuchen Sie quantitativ eine Produktgruppe (Mineralwasser, Duschgel, Tierfutter, Tee …) hinsichtlich verschiedener Kriterien, z.B. vorherrschende Farbe, Schriftarten, Motive, Namen, Darstellungsweise … Diskutieren Sie die Ergebnisse in der Gruppe.
- Variante II. Untersuchen Sie quantitativ ein ausgewähltes kulturelles Konzept, z.B. ›billig-preiswert-teuer‹, Kindheit, Entspannung, Gesundheit, Tradition, Herkunft (Italien, Österreich, Frankreich …), Natur, Freiheit … Wo wird das gewählte Konzept eingesetzt? Wie wird es visuell dargestellt?

KAPITEL 16
VISUELLE UND MULTIMODALE WIRKMITTEL

Der Ausdruck ›Wirkmittel‹ ist im Zusammenhang visueller Gestaltung oder Kommunikation im Deutschen unüblich. Er stammt aus Jørn Ingemann Knudsens Buch *Virkemidler i reklamer, film og kunstbilleder* von 2010. Er ist umfassender als der im Deutschen gängige Begriff ›Gestaltungsmittel‹, weil er etwa auch Umstände miteinbezieht, die nicht gestaltet sind.

Die Frage nach den visuellen Wirkmitteln in Bildern und visuellen Phänomenen war einer der Eckpfeiler der Kunstpädagogik. Der Bereich wurde oft als die Formsprache des Bildes, *die bildnerischen, ästhetischen Qualitäten* oder der *formale Inhalt* des Bildes beschrieben. Es geht also darum, *wie* man einen Inhalt visuell und multimodal formuliert. Wir verwenden den Begriff *visuelle* und *multimodale Wirkmittel,* da er besonders neutral ist und die speziellen historischen Konnotationen vermeidet, die kunstpädagogisch mit den oben genannten Begriffen assoziiert werden.

Ohne Zweifel trägt die Beherrschung von Handwerk und Techniken zur Steigerung der Qualität einer visuellen Äußerung bei, bei einem Video ebenso wie bei Grafikdesign, Keramik oder Zeichnung. Je umfangreicher das theoretische und praktische Wissen über diese Mittel und Erfahrungen mit ihnen sind, desto qualifizierter kann man gestalterische Entscheidungen treffen. Mit diesem Wissen ist es auch einfacher, die Wirkung von Bildern und visuellen Phänomenen zu erkennen, zu beschreiben und zu verstehen.

In verschiedenen Gattungen, Ausdrucksformen bzw. Modalitäten werden häufig eigene Fachbegriffe verwendet. Bei Videoprojekten spricht man z.B. von narrativen Strukturen, Szenografie und Schnittrhythmus. Bei einer Skulptur aus Ton, Stein oder Holz verwendet man Begriffe wie Auflagefläche, Oberflächenstruktur, Bearbeitungsgrade, Verlauf. Natürlich gibt es allgemeinere Fachbegriffe, z.B. Farbverhältnisse, Komposition, Erzählung. Es gibt aber keinen für alle Bereiche tauglichen Werkzeugkasten, in den man unabhängig davon greifen kann, womit man arbeitet.

Es gibt auch keine Liste darüber, was in einer visuellen Präsentation funktioniert und was nicht. Was gestern funktioniert hat, kann heute daneben gehen. Die Stilgeschichte der Kunst spiegelt einen langen Kampf wider um das gute Bild und seine besonderen (ästhetischen) Eigenschaften. Die Entwicklung von der Forderung, dass ein Gemälde figurativ, gegenständlich und schön sein und besondere handwerkliche und technische Fähigkeiten enthalten sollte, zum abstrakten Bild, das schnell, ›schlampig‹ und ohne handwerkliche Sorgfalt gemalt wurde, war ein großer Sprung. Heute hängen in den Kunstmuseen die Abstrakten neben den Malern der Romantik. Und beiden Stilen wird künstlerischer Wert zugeschrieben, aber zu ihren jeweiligen Bedingungen. Auch in der Geschichte der Reklame oder des Spielfilms ändern sich die Mittel im Lauf der Zeit.

Einige Beispiele: In der Malerei gibt es Farbkontraste, z.B. Komplementär- oder Hell-Dunkel-Kontraste. Es ist keine Qualität an sich, wenn sie in einem Bild vorkommen. Qualität hängt von Absicht und Zweck ab. Ein Grau-in-Grau-Bild ist fast einfarbig und kann gerade deshalb eine besondere Wirkung haben. Bei Videos geht es um Schnittrhythmen, aber ob sie schnell, langsam, gemischt oder gar nicht geschnitten sind, sagt nichts über die Qualität des Films selbst aus. Gleiches gilt für Kompositionsprinzipien: Es gibt keine Gewissheit dafür, dass ein Bild dadurch besser wird, dass eine Figur im goldenen Schnitt steht oder es als Dreiecks-Komposition aufgebaut ist. Mit anderen Worten, die Begriffe, mit denen visuelle und multimodale Wirkmitteln bezeichnet werden, sind Fachbegriffe und keine Rezepte. Sie helfen beim Denken, Analysieren und Entscheiden und erleichtern die Kommunikation, wenn es um Zusammenarbeit oder Begründungen für Gestaltungen geht.

Das zweidimensionale Bild

Das Folgende stammt direkt aus dem Inhaltsverzeichnis von Jørn Ingemann Knudsen (2010). Es beinhaltet recht umfangreich die Darstellungsmittel des flachen Bildes. Das ebene oder feste Bild deckt alle Bildformen ab, die sich nicht bewegen, also Zeichnung, Grafik, Malerei, Collage, Fotografie, Grafikdesign in Print- und digitalen Medien usw.

Komposition

- Offene Komposition
- Geschlossene Komposition
- Hierarchische Komposition
- Additive Komposition
- Komposition im Gleichgewicht
- Komposition im Ungleichgewicht

1. Flächenaufbau

- Mittelachsen
- Mittige Komposition
- Optisches Zentrum

- Symmetrische Komposition
- Diagonalen
- diagonale Komposition
- Komposition in Leserichtung
- Linksgerichtete Komposition
- Komposition auf der Grundlage der Goldenen Regel
    - Goldenes Rechteck
    - Goldener Schnitt
- Geometrische Figurenkomposition
- Rechtsgerichtete Komposition
- Gesamtkomposition

2. Perspektive und Raumdarstellung

- Linearperspektive
- Andere perspektivische Darstellungsmittel
- Überlappung
- Repoussoir
- Atmosphärische Perspektive
- Simultanperspektive
- Fokussierung
- Farbperspektive
- Schattenperspektive

3. Layout

- Illustrationen
- Textelemente
- Einstiegspunkt
- Visuelle Identität
- Logo

Bildwinkel

- Normale Perspektive
- Verschobene Perspektive

Standpunkt

- Begrenzter Standpunkt
- Erweiterter Standpunkt

Bewegung

- Statische Bewegung
- Dynamische Bewegung
- Rhythmische Bewegung

Licht und Schatten

- Licht
- Schatten
- Kontrast zwischen Licht und Schatten
- Hell-Dunkel-Malerei

Farben

- Hell-Dunkel-Kontrast
- Warum-Kalt-Kontrast
- Komplementär-Kontrast
- Qualitätskontrast
- Quantitätskontrast
- Farbsymbolik

Körpersprache

- Gesichtsausdruck und Blickrichtung
- Körperhaltung und Gestik
- Körperkontakt und räumliches Verhalten
- Aussehen

Bewegtbilder

Das Folgende stammt ebenfalls direkt aus dem Inhaltsverzeichnis von Knudsen (2010). Es beinhaltet recht umfangreich die Darstellungsmittel, die bei Bewegtbildern eine Rolle spielen.

Komposition

Technische Struktur

Erzählstruktur

- Erzählermodell
- Wellenmodell
- Drei-Akter-Modell
- Fünf-Akter-Modell

- Entwicklungsmodell
- Aktantmodell
- AIDA-Modell

Rhetorische Mittel des Films

- Identifikation und Sympathie
- Plot und Konflikte
- Hinweise
- Einstieg und Ausgang
- Cliffhanger
- Wissensstand
- Zeitbedingungen

Kamera

Schnitt

Unsichtbarer und sichtbarer Schnitt

- Kontinuitätsschnitt
- Montageschnitt

Montage in Filmen mit Kontinuitätsschnitt

- Cut In
- Schuss-Gegenschuss
- Parallelmontage

Bildwechsel

Bewegungs- und Schnittrhythmus

- Bewegungsrhythmus
- Schnittrhythmus

Skulptur

Skulptur, Installation und Architektur werden als drei verschiedene Kategorien räumlicher visueller Phänomene unterschieden. In der Praxis gibt es fließende Übergänge, insbesondere zwischen Skulptur und Installation.

Unter Skulptur wird ein bearbeitetes und / oder zusammengesetztes Material verstanden, mit dem ein drei-dimensionales Bild gestaltet wird. Es gibt eine Reihe von Fachbegriffen, die für alle Arten von Skulpturen verwendet werden können. Das Folgende basiert hauptsächlich auf Grethe Ørskov (1967).

Elemente der Skulptur

Volumen

- Ideale Volumina: Kugel, Würfel und gleichseitige Pyramide. Von diesen werden unendlich viele Volumina gebildet: Zylinder, Halbkugel usw.

Massivität und Hohlraum

- Wirkliche Massivität
- Scheinbare Massivität

Licht und Schatten

- Licht und Schatten als skulpturale Elemente

Materialeigenschaften

Farbe

- Farbe des Materials, Färbung, tatsächliche Malerei (Fassung)

Textur

- Homogen: Materialien, bei denen die einzelnen Materialpartikel nicht zu unterscheiden sind (Bronze, Glas, Kunststoff, feuchter Ton usw.)
- Heterogen: Die einzelnen Materialpartikel können materiell identifiziert werden (Granit, Gips, Porenbeton, Ton usw.)
- Maserung: Die Struktur der Jahresringe des Holzes teilweise als Verlauf in Oberflächen, teilweise als Verlauf, der sich in das Material fortsetzt
- Andere Materialeigenschaften: Konsistenz / Härte, Gewicht / Dichte, Haltbarkeit so wie eine mehr oder weniger taktile Attraktivität

Oberflächenstruktur

- Texturen, die etwas darstellen (Stofffalten, Haut, Häute, Gras, Blätter), und solche, die nichts spezifisches darstellen (verknotet, gerillt, gewellt)

Geformte Verläufe

- Verläufe und Richtungen: Verlaufsunterstützend und -bremsend

Taktile Attraktivität

- Berührung als Teil der Skulpturerfahrung oder der Erfahrung, wie sich das Material anfühlt

Standfläche

- Große/kleine Standfläche
- Hängende Skulptur

Organisation

- Teilen, Stapeln, Biegen, Platzieren
- Ausdehnung
- Zusammenhalt
- Schlaff / gedehnt

Achse der Skulptur

- Vertikal
- Horizontal
- Schräg

Rhythmus

- Durch Verläufe und deren Unterbrechungen, Teilung und Proportionen (sanft, gewalttätig, ruhig, unruhig, gleitend, abgehackt)

Sprachliche Gestaltungsmittel

Das Folgende stammt wiederum direkt aus dem Inhaltsverzeichnis von Knudsen (2010). Es sind Wirkmittel, die in multimodalen Produktionen auftreten können, in denen Bilder, Schrift und Sprache vorkommen.

Schrift

- Ausdruck und Inhalt der Schrift
- Sprachgebrauch
- Wirkung
- Zusammenspiel von Bild und Schrift

Sprechen

Sprechformen

- Monolog
- Dialog

Verbale, extraverbale und nonverbale Sprache

- Verbale Sprache
- Nonverbale Sprache

Monolog- und Dialogtypen

- Realistischer Monolog und Dialog
- Formeller Monolog und Dialog
- Naturalistischer Monolog und Dialog

Funktionen von Monolog und Dialog

Zusammenspiel zwischen verbaler, extraverbaler und nonverbaler Sprache

Auditive Gestaltungsmittel

Das Folgende stammt wiederum direkt aus dem Inhaltsverzeichnis von Knudsen (2010) und befasst sich mit den auditiven Wirkmitteln in multimodalen Produktionen.

Klangkategorien

- Diegetischer Sound
- Nicht diegetischer Sound

Klang und Charakter der Musik

Sound und Musikarten

- Realistischer Sound / realistische Musik
- Formalistischer Sound /formalistische Musik.

Funktionen von Sound und Musik

- Verankerungssound
- parafrasierender Sound
- Kontrapunktischer Sound
- Qualitätsübertragungssound
- Sound-Logo
- Stille

Darstellungskonzept

Das Darstellungskonzept handelt von der Art und Weise, wie der Inhalt präsentiert wird.

> »Das Wort Konzept kann sowohl (schriftlicher) ›Entwurf‹ oder ›Plan‹ bedeuten – als auch ›Wahrnehmung‹ oder ›Auffassung‹. Der Begriff des Darstellungskonzepts muss als Plan, Gedanke oder Idee verstan-

den werden, die die Grundlage für das Design (= Produktion) einer Nachricht durch einen Absender bilden, z.B. ein Bild.

Ein Darstellungskonzept besteht aus mehr oder weniger deutlichen Hinweisen, die die Gefühle, Erfahrungen und das Verständnis des Empfängers in eine bestimmte Richtung lenken. In vielen Fällen ist sich der Sender bewusst, wie sich ein Darstellungskonzept konkret im Bild zeigt. Dies gilt beispielsweise immer in der Werbung. In anderen Fällen wird das Konzept erst im Lauf des Gestaltungsprozesses erstellt – ohne dass der Absender notwendigerweise bewusste Entscheidungen darüber trifft. Dies gilt zum Beispiel für viele Kunstgemälde« (Knudsen, 2010: 165).

Antithetische Darstellung

- Formmäßige Antithese
- Inhaltsmäßige Antithese
- Andere Arten von Antithesen.

Intertextuelle Darstellung

Humoristische, ironische und sarkastische Darstellung

- Humoristische Darstellung
- Ironische Darstellung
- Sarkastische Darstellung.

Metaphorische, symbolische und allegorische Darstellung

- Metaphorisches Darstellungskonzept
- Symbolisches Darstellungskonzept
- Allegorisches Darstellungskonzept

Einige visuelle Phänomene erfordern die Verwendung bestimmter Aspekte. Wir geben unten einige Beispiele.

Design

Im Design sind die zentralen Begriffe:

- Bedarf
- Funktion
- Ergonomie
- Umwelt
- Produktionsbedingungen und -möglichkeiten

Natürlich haben sie auch mit *Geschmack, Mode, Identität, Geschichte und sozialen Bedingungen* zu tun (Clement et al., 1999: 5-8).

Die Architektur

Zentrale Begriffe, die sich besonders auf die Architektur beziehen:

- Raum (konkret) und Zwischenraum
- Raum und Klang
- Raum und Licht
- Raum und Bewegung
- Konstruktion
- Fassade
- Struktur
- Verbindungen
- Übergänge
- Gitter
- Größenordnungen
- Silhouette
- Materialien
- Ornament

Gleichzeitig sind z.B. Macht, Stil und Faszination ebenfalls zentrale Elemente der Architektur (Albrechtsen & Reddersen, 1999).

Ausführung

Bei der Darstellung von Wirkmitteln wird häufig der Einfluss der Ausführung auf die Wirkung von Bildern und visuellen Phänomenen übersehen.

- Perfektionsgrad
- Grad der Sauberkeit
- Grad der Ordentlichkeit
- Zeitaufwand
- technischer Aufwand, den das jeweilige Material erfordert
- Produktionskosten
- Präsentation
- Größe (Altarbild – Miniatur)

Umgebung, Kontext

- öffentlich – privat
- kultureller bzw. sozialer Status des Ortes

Pädagogische Überlegungen

Gestalten heißt entscheiden

Wie wir im Kapitel 13 über die Semiotik gesehen haben, bildet die Auswahl aus Möglichkeiten die Grundlage von Bedeutungen. Das Wissen, dass hinter Äußerungen Entscheidungen stehen, ist eine wichtige Voraussetzung für deren Deutung und Verständnis. Niemand kommt auf die Idee, von der einheitlichen Berufskleidung eines Supermarkts auf den Geschmack des Kassierers zu schließen, der sie berufsbedingt trägt. Entscheidungen setzen Wahlmöglichkeiten voraus. Diese betreffen den Inhalt – bei Bildern das Motiv – und die Form. Häufig wird im Fach Kunst zu einer Aufgabe *eine* Lösung, also eine Arbeit erwartet. Alternativen werden ebenso selten gefordert wie die Dokumentation des Gestaltungsverlaufs.

Die Schüler treffen ihre Entscheidungen aus dem Bauch heraus, Begründungen werden selten gefordert. Die obige Liste der Wirkmittel eignet sich als Checkliste für bildnerische Gestaltungen. Lehrer wie Schüler haben damit ein Werkzeug zur Hand, um bei einzelnen formalen Aspekten Alternativen zu entwickeln. Bei der traditionellen handwerklichen Arbeitsweise entwickelt man die Alternativen ›im Kopf‹, also in der Vorstellung. Vorstellungen beruhen auf Erfahrungen, die Kinder und Jugendlichen weniger haben als Erwachsene. Mit digitalen Medien lassen sich schnell und einfach sichtbare Alternativen realisieren, über die man auch mit anderen diskutieren kann. Außerdem ist das Arbeiten mit Alternativen in der Welt außerhalb der Schule üblich. Architekten wie Grafiker bieten ihren Kunden verschiedene Entwürfe an. Künstler variieren ihr Thema oft ein Leben lang. Es bietet sich an, im Unterricht für jede gestellte Aufgabe mehrere Lösungen zu fordern. Wer schnell arbeitet, macht mehr Lösungen. Damit ist auch das Problem, dass die einen eher fertig sind als die anderen ein für alle Mal aus der Welt.

Studienfragen

- Verwenden Sie die Liste mit den Wirkmittel, um den Austauschtest (Kapitel 13, S. 252) – auf die formale Gestaltung von ausgewählten Bildern aus Medien und Kunst(geschichte) anzuwenden.
- Wählen Sie eines der obigen Wirkmittel und sammeln Sie möglichst unterschiedliche Beispiele, in denen es eine herausragende Rolle spielt. Welche Wirkungen werden in den einzelnen Beispiele erzielt?

KAPITEL 17
DIDAKTISCHE IMPLIKATIONEN ZUM THEMA *SHOPPING* ALS BEISPIEL FÜR EIN UNTERRICHTSTHEMA

Dieser Teil des Buches hat sich mit vielen Faktoren befasst, die in Bildern und visuellen Phänomenen eine Rolle spielen. Natürlich wird es ein komplexes und fast unüberschaubares Unternehmen, wenn all diese Faktoren in einem Thema oder einer Lehreinheit berücksichtigt werden sollen. Trotzdem können alle Bilder und visuellen Phänomene mittels der beschriebenen Perspektiven behandelt werden.

Im Unterricht muss die Lehrerin die Perspektiven auswählen, die sie hervorheben oder mit denen sie arbeiten möchte. Professionell geschieht dies auf der Grundlage begründeter Entscheidungen: Worauf liegt beim jeweiligen Unterrichtsprojekt der Schwerpunkt? Welche Kompetenzen sollen die Schüler entwickeln usw.? Über einen längeren Zeitraum gesehen stellt sich die Frage, ob viele relevante Aspekte behandelt werden oder man sich tendenziell immer mit dem selben befasst, etwa den Wirkmitteln bei Bildern.

Erfahrungsgemäß hängt vieles von dem, was man sieht, davon ab, wie man in die Welt blickt, welche Interessen man hat. Wenn man jedes Mal mit der gleichen Perspektive auf bestimmte Bildkategorien schaut, bekommt man auch immer die gleichen Ergebnisse.

Wenn man Bilder der Kunst im Hinblick auf ihre besonderen visuellen Wirkmittel (sprich: sogenannte ästhetische Qualitäten) und ihr tiefes Erfahrungspotential untersucht, werden diese oft bestätigt: »Jetzt genau hinschauen! Kannst du sehen, wie der Künstler die rote Oberfläche gegen die grüne Mäanderlinie verwendet – und wie sie den ganzen Körper erbeben lässt … « usw. In vielen englischen Fernsehprogrammen über ältere Kunst flüstert der Moderator fast atemlos vor Bewunderung, während er hingerissen abwechselnd auf das Werk und in die Kamera schaut: »Kannst du es sehen? Ich kann!« Dabei löst ein Superlativ den anderen ab.

Andererseits wird diese Perspektive selten auf die Analyse von Werbung oder Medienbildern angewendet. Da kommt in der Regel der kritische Blick zum Einsatz: »Siehst du, wie uns die Werbung mit ihren sexuellen Konnotationen verführt …« usw. Eine solche ›verführerische Perspektive‹ auf die Bilder der Kunst könnte vielleicht Aufschluss darüber geben, wie man unter dem Deckmantel religiöser und mythologischer Motive mit dem nackten Körper Erotik und Sexualität in die Bilder geschmuggelt hat. Ein ›Machtblick‹ auf die prunkvollen niederländischen Stillleben aus der Barockzeit könnte auf die Repräsentation des neuen kaufmännischen Reichtums in der Oberschicht hinweisen. Davon zeugt auch die herausragende technische Ausführung der Bilder.

Shopping als Thema im Fach Kunst

Zum Abschluss dieses Teils des Buches zeigen wir beispielhaft, wie einige der genannten Perspektiven angewendet werden können. Hier in Bezug auf das Thema: Shopping. [Dieser Text wurde mit geringfügigen Änderungen bereits in *Billedpædagogiske Tidsskrift* (Arvedsen & Mathiesen, 2014: 4-9) veröffentlicht.]

Wir gehen alle in Geschäfte. Wir kaufen Lebensmittel in Supermärkten. Shoppen, verstanden als eine unterhaltsame Beschäftigung, ist eine verbreitete Aktivität. Das Thema ›Einkaufen‹ hat im Unterricht viele interdisziplinäre und fachübergreifende Dimensionen: Konsum- und Kulturmuster, Geschmack und Stil, soziale und wirtschaftliche Unterschiede in der Gesellschaft und weltweit, Ladenstrukturen im Einzelhandel, in Einkaufszentren, in lokalen Geschäften, Ladenketten usw.

Fachgebiete, die dieses Feld betreffen, sind z.B. Geschichte, Sozialkunde/ Politik, Geografie, Konsumentenerziehung, Wirtschaft, Soziologie, Anthropologie, Ethik und natürlich das Fach Kunst.

Wir haben alle eine bestimmte Einstellung zu Geschäften. In einigen kaufen wir lieber ein als in anderen. Dies mag am Warenangebot und Preisniveau liegen, aber auch am Erlebniswert. Finden wir den Laden attraktiv, einladend, bietet er aufregende visuelle Überraschungen, ist er übersichtlich oder überladen?

Das Ladenerlebnis beginnt als visuelles Erlebnis mit Werbung, Schaufenstern und Einrichtung. Wir können Shopping und Läden als *visuelle Phänomene* betrachten. *Visuelle Phänomene* umfassen alles, worauf wir uns durch das Sehen beziehen, z.B. Bilder, Objekte, Landschaften, Lichter, Häuser, Plätze, öffentliche und private Räume.

Shopping kann auch als *visuelles Ereignis* betrachtet werden.

> »Visuelle Ereignisse bezeichnen das komplexe Zusammenspiel zwischen dem Betrachter und dem Betrachteten. Visuelle Ereignisse sind immer geografisch, historisch, sozial und kulturell angesiedelt und beinhalten immer bestimmte Sichtweisen (Blicke). Die Arbeit mit visuellen Ereignissen im Unterricht beinhaltet die Beachtung von Fragen wie: Wer schaut auf was? Wann? Wie? und Warum?" (Arvedsen & Illeris, 2011).

Gerhard Schulze würde Shopping als Episode bezeichnen (Schulze, 2003: 352). Sie ist für den, der etwas erlebt bzw. ein Erlebnis erzählt, ein zeitlicher Ausschnitt mit Bedeutung. Dies ergibt sich aus Wiederholungen, Mustern und Ähnlichkeiten mit derartigen Zeitabschnitten.

Shopping hat in marktwirtschaftlichen Gesellschaften wie in Europa eine wichtige soziale Funktion. Wir befriedigen dabei durch den Einkauf nicht nur materielle Bedürfnisse. Indem wir andere Menschen treffen, verwandeln wir uns hier von Arbeitern oder Angestellten in Personen, die im sozialen Raum öffentlich agieren. Wir teilen anderen mit, wer wir sind, indem wir Kleidung, Autos, Kinderwagen, Häuser, Handys usw. kaufen. Diese Identitätskommunikation spielt sich in hohem Maße beim Shoppen ab. Der Laden und das Einkaufszentrum sind auch eine soziale Bühne, die jeder betreten kann, vom Power-Shopper mit seinen Armen voller Markenartikeltüten bis zum Verkäufer der Straßenzeitung vor dem Laden. Die meisten Leute neigen wohl auch dazu, sich im Lichte ihres Konsums zu sehen und zu verstehen. Shopping ist für viele ein wichtiges (visuelles) Ereignis.

Shoppen ist ein komplexes Ereignis, bei dem es darum geht, wie wir unsere Identität entwickeln und konstruieren: Wer wir sind, wer und was wir sein wollen, zu welchem Umfeld wir gehören oder gehören wollen, zu welcher sozialen und kulturellen Gruppe wir gehören und von ihr bestätigt werden wollen. In welchen Geschäften kaufen wir ein? Welche Artikel wählen wir? Wie verhalten wir uns dabei?

> »In der Differenz zwischen unseren und den Produkten der anderen gewinnen wir Sicherheit über unsere Identität und gleichzeitig die Möglichkeit, diese zu konstruieren, immer wieder zu verändern und dann den anderen mitzuteilen. [...]
>
> »Damit ist das Angebot die Manifestation von Werten, Wünschen und Einstellungen aller Mitglieder der Gesellschaft und damit manifestiert sich hier der Zeitgeist [...]. Weil Konsumenten entscheiden (müssen), werden ihnen notgedrungen die eigenen Vorstellungen, Wünsche, Sehnsüchte, Ängste und so weiter bewusst. Das Nebeneinander des Angebots führt zu Selbsterkenntnis und zum Verstehen von Kultur.« (Billmayer, 2011)

Shopping ist ein visuelles Phänomen und ein visuelles Ereignis. Beide sind in der Praxis miteinander verwoben. Während sich Shopping als visuelles Phänomen auf das Konkrete, das Material bzw. das Produkt konzentriert, liegt der Fokus im visuellen Ereignis auf Shopping als aktiver und sozialer Handlung.

Im Folgenden verwenden wir eine Reihe der in diesem Teil des Buches vorgestellten Begriffe und Perspektiven, um verschiedene Aspekte des Themas deutlich zu machen. Sie sind als mögliche Ansätze gedacht, die ausgewählt, zusammengestellt und hervorgehoben werden können; je nachdem, aus welchem Blickwinkel man als Lehrer das Thema behandeln möchte.

Visuelle Kategorie

In der Regel kann ein konkretes visuelles Phänomen einer *visuellen Kategorie* zugeordnet werden. *Visuelle Kategorien* haben aufgrund ihrer Funktion einige gemeinsame Merkmale, d.h. sie ähneln sich mehr oder weniger.

So sind Läden fast überall auf der Welt als solche erkennbar. Sie sind ein Ort, an dem man Waren bzw. Dienstleistungen kaufen kann. Oft gibt es ein Schaufenster und draußen ein Schild, das etwas darüber mitteilt, was verkauft wird. Es gibt den Eingang, die Präsentation der Waren im Raum und die Theke bzw. Kasse. Man sucht sich Waren aus, möglicherweise mit Hilfe eines Angestellten, und zahlt an der Kasse. Interessant sind in diesem Zusammenhang die Ähnlichkeiten bzw. Unterschiede zu anderen Kategorien etwa zu Friseursalons, Schwimmbädern, Gaststätten, Banken usw.

Genre

Das Einkaufen unterliegt Konventionen, die sich im Lauf der Geschichte von der Begegnung auf dem Markt mit höflichen Fragen über Familie und Wohlbefinden, über das Geschäft als Treffpunkt im Wohnort bis zur zunehmenden Selbstbedienung im Supermarkt herausgebildet haben. Man könnte in diesem Sinne von Einkaufsgenres sprechen. Der Einkauf bei einem Textildiscounter unterscheidet sich von dem in einer Boutique. Dabei geht es nicht nur um finanzielle Aspekte, sondern auch darum, wo man sich zu Hause fühlt, d.h. zu welchen ›Einkaufsgemeinschaften‹ man gehören will und zu welchen nicht? Andere Situationen zum Vergleich: Autokauf, Flohmarkt, Wohltätigkeitsbazar usw.

Multimodalität

Das Visuelle existiert nicht für sich alleine. Geschäfte sind eine Bühne für vielfältige Erlebnisse. Geschäfte unterscheiden sich in Sound, Musik, Geruch, Werbung, Bodenbelag oder Warendichte. Man kann sagen, dass Sound, Geruch und Raumerfahrung ihre eigenen Modalitäten haben, um dem Kunden ein Erlebnis zu bieten. Wenn diese Modalitäten zusammenspielen und die Zielgruppe ansprechen, kann sich der Kunde gut aufgehoben fühlen.

Stil

Als Stil bezeichnen wir erkennbare gemeinsame visuelle Merkmale, die verschiedene visuelle Phänomene miteinander verbinden. Der Begriff stammt aus der Kunstgeschichte des 19. Jahrhunderts. Damals hat man mit diesem Konzept die Entwicklung der Kunst beschrieben, geordnet und erklärt. Heutzutage spielt der Begriff eher in der Mode und in der Lebensweise eine Rolle. In der Konsumkultur wird der persönliche Stil des Einzelnen ebenso betont wie im Bereich von Corporate Identity von Firmen und Marken. (s.a. Kapitel 11 zu Genre und Stil).

Faszination / Verführung

Was reizt unsere Neugier? Was fesselt die Aufmerksamkeit? Was vermittelt ein Gefühl von Schönheit, intensiver Tiefe oder Spaß? Faszination und Verführung können sowohl über den Inhalt als auch über das Design, die Gestaltung ausgelöst werden (Duncum, 2011). In unserem Fall können das Aussehen und die Einrichtung der Geschäfte für Freude sorgen, und der Gedanke, die ausgestellten Gegenstände zu berühren und vielleicht zu besitzen, treibt uns weiter in den Laden hinein. In unserer Geschäftskultur sind Genre, Stil und Verführung eng miteinander verwoben. (s.a. Kapitel 10)

Geschäfte – Stil, Genre und Verführung

Beim Stil eines Ladens geht es um die Auswahl des Looks: Beschilderung, Schaufenster, Einrichtung, Farbschema, Lichtverhältnisse. Der Stil hat zwei Funktionen:

1. Erkennbarkeit bzw. Identifikation: Die Tatsache, dass wir die Kategorie und möglicherweise das Preisniveau eines Laden schnell identifizieren können. Was wird verkauft, und was kostet es?

2. Selektion des Zielpublikums: Wen soll das Erscheinungsbild ansprechen? Passt es zum Geschmack, zum ästhetischen Modell des Zielpublikums? Man kann damit von einer Parallele zum Genre sprechen, das eine Art lose Kundengemeinschaft um bestimmte Geschäfte bildet, etwa um einen bestimmten Discounter oder einen Bioladen. Dies kann wiederum zur Identitätsbildung des Einzelnen beitragen. Die Konsumforscherin Helene Karmasin unterscheidet verschiedene Lebensstile: »den elitären Stil, den bürgerlichen Stil, den kleinbürgerlichen Stil, den unteren Stil der Notwendigkeit« (Karmasin, 1998: 95).

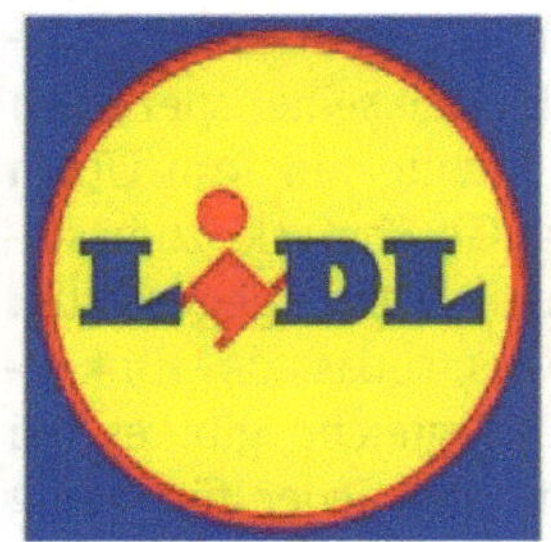

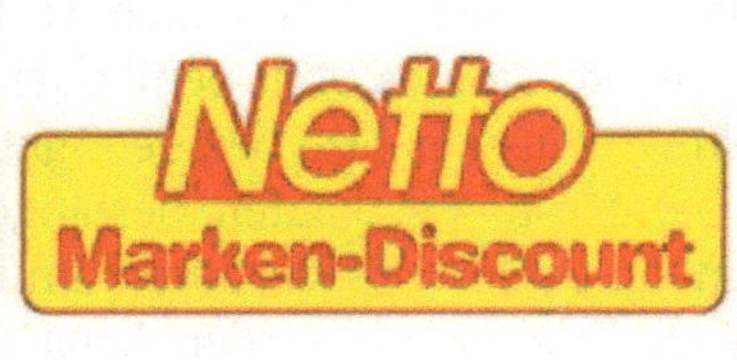

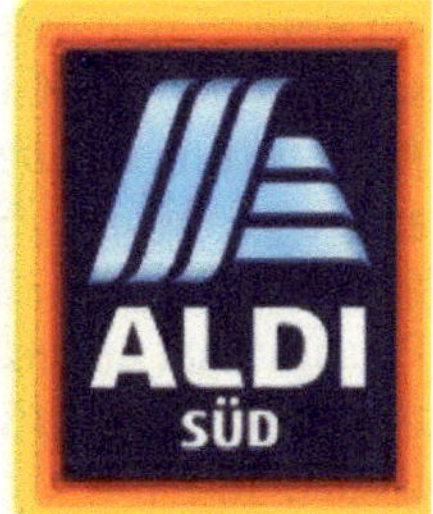

Abb. 1: Logos von Lebensmitteldiscountern

Geschäftskategorien können wie Gaststätten anhand ihres Aussehens oder Stils identifiziert werden. Discounterlogos (Abb. 1) sind in klaren und deutlichen Signalfarben gehalten. Eine neue Entwicklung kündigt möglicherweise das Logo von Aldi Süd aus dem Jahr 2017. Das A im Zentrum ist abstrakt und erscheint durch die Farbverläufe räumlich. Es kommt ›edler‹ daher als die meisten Supermärkte, die keine Discounter sind.

Man darf sich dabei nicht täuschen lassen. Für das gleiche Geld bekommt man eine Ladeneinrichtung, die gemütlicher und exklusiver aussieht. Dasselbe gilt für das Layout der Flyer. Das Layout kostet nicht weniger, nur weil es ›billig‹ aussieht. Bei Discountern soll niemand abgeschreckt werden. Bei ihnen ist Platz für alle. Niemand soll das Gefühl haben, der Laden sei zu teuer.

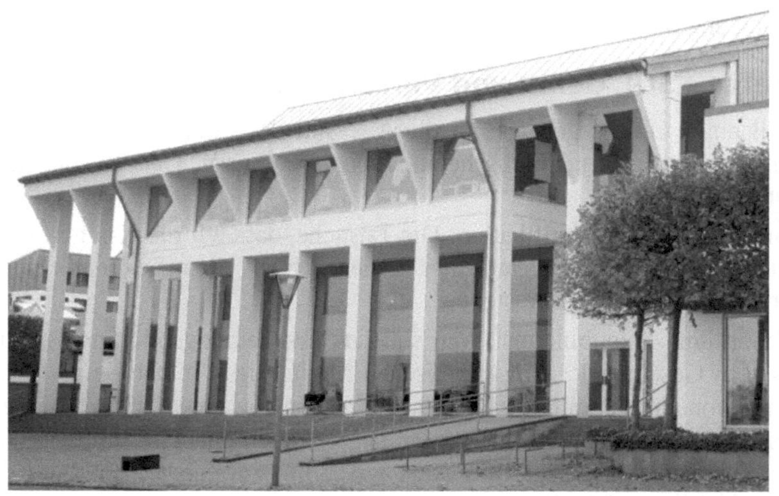

Abb. 2: Das exklusive Möbelgeschäft Paustian in Kopenhagen verzichtet auf ein Schild an der Fassade

Das exklusive Möbelunternehmen Paustian im Nordhafen von Kopenhagen hat kein Schild an der Fassade (Abb. 2). Leute, die hier einkaufen wollen, wissen, wo sich das Geschäft befindet. Sie erkennen das Haus an seiner speziellen Architektur. Kenner wissen, dass es vom berühmten Architekten Jørn Utzon entworfen wurde. So trägt Paustian dazu bei, den ›guten Geschmack‹ zu bestätigen, und Leute, die bei Paustian einkaufen, bestätigen sich darin gegenseitig. Paustian hat außerdem ein exklusives Restaurant im Haus, sodass das Einkaufen Teil eines größeren Erlebnisses werden kann. Das gleiche gibt es bei IKEA, nur mit einem anderen Preisniveau. Hier kann sich jeder für wenig Geld satt essen.

Wenn wir uns Farbpaletten im Allgemeinen ansehen, gibt es bestimmte Geschäftskategorien, die wir schnell identifizieren. Naturkostläden und Reformhäuser werden fast immer in gedämpften Erdtönen und/oder ruhigen Grüntönen mit Hinweisen auf Natur gehalten.

Über den Stil erkennen wir die Geschäftskategorie und das Preisniveau. Das fängt schon mit den Schaufenstern an: Wenige Artikel, keine oder kleine Preisschilder, gedämpfte, warme Farben, ein hohes Maß an konsequenter Inszenierung (Erzählungen) der Artikel sind oft Anzeichen für ein teures Geschäft mit wohlhabenden Kunden als Zielgruppe. Eine dichte Menge von Waren sowie verschiedene Arten der Beschilderung lassen dagegen auf niedrige Preise schließen.

Diese Beispiele geben einen kleinen Einblick, was und wie man Geschäfte und Einkaufszentren verstehen kann.

Shopping als visuelles Ereignis

(Lesen Sie diesen Abschnitt gegebenenfalls nochmal, nachdem Sie Teil 4 gelesen haben, in dem die hier beschriebenen Bedingungen behandelt werden.)

Der Kunde

Als Kunde nimmt man traditionell eine einzige oder mehrere verschiedene Verhaltensweisen ein. Diese sind von den (Genre-)Konventionen der Situation im Geschäft bestimmt: Man kann sich z.B. nur umschauen, dh. sich orientieren, ohne unbedingt zu kaufen. Wenn ein Angestellter fragt, was man will, sagt man gewöhnlich: »Ich möchte nur ein bisschen schauen«. In Westeuropa ist es eine akzeptierte Konvention, dass der Angestellte einen alleine herumlaufen lässt. In anderen Ländern erwartet uns von Beginn des Besuchs an ein aufmerksamer Service. Die Konventionen für das Verhalten von Kunden und Angestellten sind kulturabhängig.

In einigen Verhaltensweisen sind Änderungen im Gange: Normalerweise setzt man sich beim Einkaufen im Laden nicht. Jetzt laden manche Buchhandlungen dazu ein, sich zu setzen und eine Tasse Kaffee zu trinken, während man dabei die Bücher durchblättert. In den Wasch-Cafés gibt es ein Café und eine Second-Hand-Bibliothek. In China macht man zu IKEA einen Ausflug. Man lässt sich nieder, unterhält sich oder macht ein Nickerchen in einem der Betten.

Die Waren

Man kann einen sozialwissenschaftlichen Fokus anlegen, bei dem man die Ware auf ihrem Lebensweg betrachtet: *Design-Produktion-Transport-Präsentation-Verkauf-Verbrauch-Recycling*. Dabei geht es aus Sicht der Visuellen Kultur immer in erster Linie um visuelle und symbolische Fragen. Jeder dieser

Aspekte ist für das Leben in einer marktorientierten Gesellschaft von entscheidender Bedeutung, und jeder Aspekt ist für den Unterricht interessant. Wenn man sich die Waren genauer anschaut, stellen sich auch verschiedene politische Fragen. Sollte im Designprozess auf Transport, Materialverbrauch, Verkauf oder Recycling Rücksicht genommen werden?

Die Ware wird natürlich wegen des Bedarfs und/oder der Verführung verkauft, also über Aussehen, Verpackung, mit dem Artikel verknüpfte Erzählungen usw. Die Ausdifferenzierung von Produkten wird heute vor allem über Erzählungen betrieben. Sie platzieren das Produkt in bestimmte Kontexte. Eine solche Erzählung verschweigt oft einfache materielle Bedingungen, die mit der Herstellung des Produkts verbunden sind, z.B. dass es sich um ein Industrieprodukt handelt. Milchprodukte werden meist mit einer romantischen Vorstellung von Landwirtschaft präsentiert.

Kontext – Umgebung und Situation

Der Kontext kann sich auf die konkrete Umgebung beziehen: Architektur, Stadtteil, Einrichtung des Einkaufszentrums usw., aber auch auf die kulturellen Erwartungen und die Werte und Einstellungen, die man als Verbraucher hat. Hier einige Beispiele für die Bedeutung der konkreten Umgebung:

IKEA hat seine Geschäfte so eingerichtet, dass man gezwungen ist, sich durch den gesamten Geschäftsbereich zu bewegen, um zu den Kassen zu gelangen. Wenn man in den 2. Stock kommt, muss man durch das ganze Stockwerk gehen, um in den 1. Stock zu gelangen, man kann nicht direkt in den Kassenraum kommen. Man muss durch den 1. Stock gehen, wo sich das Muster wiederholt. Wenn man versucht, gegen die auf den Böden gemalten Pfeile zu gehen, stößt man immer mit anderen Kunden zusammen. Die meisten von uns finden das ziemlich nervig, aber man kann davon ausgehen, dass es sich um ein Kalkül handelt, das IKEA verfolgt und das funktioniert. Es landen auf dem Weg ja oft Kleinigkeiten im Einkaufskorb, selbst wenn man sich vornimmt, ein knallharter Verbraucher zu sein. 1:0 für IKEA!

Einkaufszentren schließen sich architektonisch von der Umgebung ab. Sie sind von außen gesehen sozusagen rundum ›Rückseite‹. Sie öffnen sich nur bei den wenigen Eingängen. Wir sollen uns nicht für die Umgebung interessieren, in die wir mit Zug oder Auto gefahren sind. Das Zentrum simuliert unter einem Dach ein traditionelles Stadtzentrum, indem man viele Stunden verbringen kann.

Visuelle Kompetenzen

Für die Beschäftigung mit Geschäften und Shopping im Fach Kunst gibt es mehrere gute Gründe:

- Alle, Kinder und Erwachsene aus allen sozialen Schichten, haben (gemeinsame) visuelle und kulturelle Erfahrungen mit Geschäften und Einkaufszentren. Viele gehen kompetent damit um, haben aber gleichzeitig keine Ahnung, welche Strategien hier gelten. Sie haben keine Sprache für das, was hier an Zeichenprozessen abläuft.
- Fähigkeiten werden entwickelt zu: Bildsprache, ästhetische Überlegungen, Verführung, Inszenierung, die durch Genre und Stil zum Ausdruck kommen.
- Dekodierungs- und Handlungsfähigkeiten, d.h. semiotische Fähigkeiten werden entwickelt.
- Visuelle Alltagserfahrungen werden artikuliert und beurteilt, was zu einem neugierigen und qualifizierten Blick auf die vielen Bilder und visuellen Phänomene der visuellen Kultur beiträgt.
- Das Nachdenken über Kristallisationspunkte unserer (Konsum)Kultur und das Verhalten dort, kann zu einer größeren Toleranz gegenüber Geschmack, Entscheidungen und Werten anderer führen. Es wird anerkannt, dass man immer einer bestimmten sozialen, kulturellen und wirtschaftlichen Gemeinschaft angehört und dass es viele andere Untergemeinschaften gibt, die andere Werte und Geschmackspräferenzen haben.

Studienfragen

- Fotografieren Sie ein Geschäft, eine öffentliche und eine kulturelle Einrichtung. Nehmen Sie alle drei Gebäude als eine Art symbolischer Geschäfte wahr, die das Publikum optisch ansprechen. Welche Ähnlichkeiten und Unterschiede können Sie feststellen?
- Vergleichen Sie Werbeprospekte bzw. Internetauftritte verschiedener Lebensmittelgeschäfte untereinander. Wo sehen Sie Ähnlichkeiten, wo Unterschiede? Verwenden Sie dabei gegebenenfalls die Liste mit den Wirkmitteln aus Kapitel 16. Wie unterscheiden sich Discounter von ›normalen‹ Lebensmittelgeschäften?
- Suchen Sie dann Ähnlichkeiten bei Verpackungen aus einer Produktgruppe.
- Sammeln Sie möglichst viele Verpackungen einer Produktgruppe, z.B. Tees, Mineralwässer oder Duschgels. Untersuchen Sie diese im Hinblick auf Lebensentwürfe, Hoffnungen oder Ängste, die dabei angesprochen werden.

TEIL 4
REZIPIENT – EMPFÄNGER / TEILNEHMER

In Teil 4 geht es weiterhin um fachliche Fragen. Hier liegt der Schwerpunkt auf dem Rezipienten. Hier werden Begriffe und Theorien über den Blick, den Körper und das Verstehen von Bildern und visuellen Phänomenen als soziale Prozesse betrachtet, bei denen Bedeutungen generiert werden in Verhandlungen, Debatten und kommunikativem Austausch.

KAPITEL 18
NEUERE / POSTSTRUKTURALISTISCHE SEMIOTIK

Früher lag der Fokus in der Kommunikationstheorie auf der Fähigkeit des Absenders, eine effektive Nachricht zu generieren. Eine der Wurzeln der Semiotik ist die Textwissenschaft, und so ist verständlich, dass ihr Interesse der Nachricht selbst galt. Das hat sich in den letzten Jahrzehnten geändert. Aktuelle Theorien interessieren sich für den Empfänger und das Verhältnis zwischen ihm und der Nachricht. Was in leicht unterschiedlicher Weise als *Rezeptionstheorie, poststrukturalistische Semiotik* und *relationale Ästhetik* in Erscheinung tritt. Peirce, der in Kapitel 13 über die Bedeutungsbildung erwähnt wird und als klassischer Semiotiker gelten kann, hat jedoch auch schon darauf hingewiesen, dass Bedeutung keine feste Größe ist. Auch in der Zeichentheorie von Keller wird deutlich, dass die ›Bedeutung‹ in den Augen des Empfängers liegt. Etymologisch kommt Bedeutung von ›Hinzufügung‹ einer Deutung, ist also ursprünglich ein aktiver Vorgang, ein Prozess. Äußerungen werden immer in einer bestimmten Situation, einem Kontext wahrgenommen und rezipiert. »Äußerung, Verwendungssituation oder Kontext sind in radikaler Weise konkret: sie haben eine exakte Stelle in Raum und Zeit und sie sind als solche nicht wiederholbar. (Während die Zeichen, und der Wortlaut der Äußerung, in anderen Situationen selbstverständlich wiederholt werden können)« (Winkler 2021:196).

Die klassische Semiotik hing eng mit dem Strukturalismus in den 1960er und 1970er-Jahren zusammen. Dieser geht davon aus, dass sich hinter den Erscheinungen, den Oberflächen, jeweils charakteristische Strukturen befinden, bzw. finden lassen. Zusammenhängende Zeichen sind Codes, die aufgedeckt werden können. Texte oder Bilder sind solche Oberflächen. Indem wir ›dahinter steigen‹ und untersuchen, was sich unter der Oberfläche befindet, erreichen wir den ›wahren‹ Kern – entschlüsseln wir die Nachricht. Wenn gesellschaftliche Verhältnisse untersucht werden, sind es die verborgenen Strukturen und Gesetzmäßigkeiten, die hinter der unmittelbaren Oberfläche liegen. Eine marxistisch inspirierte strukturalistische Wirtschaftstheorie könnte hinter der glitzernden Oberfläche der Konsumgesellschaft die Forderungen des Kapitalismus nach Akkumulation, Produktionssteigerung und Profit sehen.

Viele von uns haben in der Schule Werbung analysiert, wobei man hinter die falsche und irreführende Oberfläche schaute und ›offenbarte‹, dass das Produkt nicht aufgrund seiner Eigenschaften verkauft wird, sondern z.B. wegen versteckter sexueller Signale. Der Hals der Schnapsflasche landet anmutig auf dem Schoß der schönen, leicht gekleideten Frau, so dass Männer diesen Schnaps unbewusst mit sexuellem Verlangen in Verbindung bringen und angeregt werden, ihn zu kaufen. Der Kunstpädagoge und Germanist Hermann K. Ehmer hat schon zu Beginn der 1970er-Jahre in seinem berühmten Doornkaat-Aufsatz auf dahinter liegende Ideen etwa von Deutschtum und Religion hingewiesen; indem er einen Zusammenhang zwischen einer Schnapsreklame und einem Rokokoaltar herstellte (Ehmer, 1970, 1971). Indem diese Beziehung durch eine strukturalistische Analyse auf semiotischer Basis aufgedeckt wird, wird man sich dessen bewusst und kann den Wirkungen entgegenwirken. Das Semiotische besteht darin, die Nachricht durch eine Analyse der Bedeutung und Wechselbeziehung der Zeichen zu entschlüsseln. Es ist jedoch problematisch, genau *eine feste* Bedeutung hinter der Erscheinungsform anzunehmen. Streng genommen ist es nicht möglich festzustellen, ob es stimmt, dass das Zeichen bzw. die Form für das steht, was man herausgefunden hat. Dies ist das Grundproblem des Strukturalismus:

> »Die meisten Strukturalisten wollten postulieren, dass ihre Erkenntnis der Struktur eine rationale oder objektive Grundlage hat. Sie wollten objektive Aussagen über die maßgebliche Struktur machen – das Unbewusste, die universelle Grammatik, die wirtschaftlichen und materiellen Bedingungen usw. […]
>
> Wenn Ansichten nicht von den objektiven Sachverhalten der Welt bestimmt werden, sondern von zugrunde liegenden Strukturen, und wenn die Beschreibungen, die von diesen Strukturen gemacht werden können, auch in Sprache gebildet werden, in welchem Sinne können diese Beschreibungen dann eine Darstellung der Realität der Strukturen geben? […] Diese Erkenntnis legt […] nahe, die strukturalistische Binärform aufzugeben: Oberflächensprache versus maßgebliche innere Sprache. Genauer gesagt, da nicht zu leugnen ist, dass wir auf Anschauungen zurückgreifen, verliert die Idee einer ›zugrunde liegenden Struktur‹ – einer verborgenen Kraft hinter der Sprache – ihre Überzeugungskraft« (Gergen, 1997: 49). (*Übersetzung aus dem Dänischen von FB*)

Man kann fragen: Wem gehört die Interpretation bzw. Bedeutungsbildung? Ist es der Sender, z.B. die Ansichten und Absichten des Künstlers, des Architekten, des Grafikers? Ist es der Kunsthistoriker, der Museumspädagoge, der Lehrer? Ist es der Betrachter: der Museumsbesucher, der Illustriertenleser, der Schüler, der Student? Wie im Kapitel 13 im Abschnitt zur semiotischen Arbeit (S. 242) diskutiert, gibt es hier verschiedene Machtverhältnisse und Kulturen. In der Kunst muss sich der Betrachter um das Verständnis kümmern. In der Grundschule bemüht sich der Lehrer darum, dass möglichst alle Schüler mitkommen. An der Universität liegt die Verantwortung für das Verstehen seines Faches bei den Studenten.

Diese Fragen wirft u.a. *die poststrukturalistische Semiotik* auf. Zeichen und Codes können keine festen Bedeutungen zugeordnet werden, man kann nicht oder selten zu einer endgültigen Interpretation oder Wahrheit in Bild oder Text gelangen. Bedeutungen sind nicht etwas Definitives, das im Bild zu sehen ist, sondern etwas, das durch ›Verhandlung‹ entsteht. Man verhandelt, worum es in dem Bild gehen kann, und die Bedeutung kann in viele Richtungen geändert, entwickelt und verschoben werden. Wo verhandelt wird, da geht es immer auch um Einfluss und Vorteil, also um Macht.

Bal & Bryson bezeichnen diesen Umstand als *ongoing semiosis*. *Semiosis* kann als *Bedeutungszuschreibung* und Oberbegriff für *kontinuierliche oder unendliche Bedeutungszuschreibung* übersetzt werden (Bal & Bryson, 1991: 177). Dies besagt, dass Bedeutung oder Sinn im Verlauf der Rezeption entsteht und sich entwickelt. Die Bedeutung entsteht im Untersuchungs- bzw. Interpretationsprozess. Sie liegt nicht ›innerhalb‹ des visuellen Phänomens. Diese Bedeutungszuweisung hat keinen festen Endpunkt bzw. wird nicht ein für alle Mal abgeschlossen, sondern kann sich im sozialen Prozess ändern und entwickeln, wenn visuelle Äußerungen untersucht werden.

Deuten und Verwenden von Zeichen, besser: von semiotischen Ressourcen, sind abhängig vom Einzelnen, von der Sichtweise und vom Kontext. Der Einzelne bringt sein kulturelles Gepäck mit, was im Grunde zu einer *Polysemie* führt:

> »Dies führt zur zweiten Frage, der Polysemie. Da Interpreten und Betrachter in Bezug auf Bilder ihr eigenes kulturelles Gepäck mitbringen, kann von einer festen, vorgegebenen oder eindeutigen Bedeutung keine Rede sein [...] Der Kampf um die Bedeutung wird in der sozialen Arena geführt, in der es um Macht geht« (Bal & Bryson, 1991: 207, eigene Übersetzung, noch mal übersetzt von FB aus dem Dänischen).

Eine autoritative Bedeutungszuschreibung ist somit eine soziale und keine bildmäßige Frage. Wie in Kapitel 6 besprochen, sind guter Geschmack, Schönheit und Bedeutung davon bestimmt, wer die kulturelle Macht hat, sich durchzusetzen, und nicht von spezifischen Merkmalen der betreffenden Objekte. Was uns als die ultimative Wahrheit oder *Meisterinterpretation* eines Bildes begegnet, ist eine Interpretation, die von bestimmten Personen in einer bestimmten Situation erstellt wurde, z.B. von einem Kunsthistoriker, der eine Künstlerbiographie oder einen Katalogtext schreibt.

Vor diesem Hintergrund weisen Bal & Bryson darauf hin, dass es fruchtbar sein kann, eine visuelle Aussage als ein visuelles Ereignis zu betrachten, das

»[…] in dem einzigartigen Zusammenspiel zwischen der Optik oder dem Code, den der Betrachter bzw. Produzent anwendet, dem Kontext und dem Bild entsteht« (Illeris, 2002: 253). Statt es als ein Zeichen zu verstehen, dem feste Bedeutungen entnommen werden können. Deuten und Verwenden von Zeichen und Codes sind daher vom Einzelnen, von der Sichtweise und vom Kontext abhängig. Dass dabei die Erörterung nicht völlig beliebig und ohne Maß und Ziel ist, liegt daran, dass wir oft Teil derselben (visuellen) Kultur sind und daher in gewissem Maße dieselben Referenzen und Erfahrungen haben. Auf der Grundlage der kulturellen Gemeinschaft in Interaktion mit unserem persönlichen und sozialen Hintergrund und unseren Erfahrungen ist es interessant, Bedeutungen zu diskutieren und zu entwickeln, wie in den Beispielen im Kapitel 13 über Bedeutungsbildung gezeigt.

Studienfragen

- Suchen Sie Beispiele für Phänomene, die als kulturabhängig verstanden werden, z.B.:
    - Farben
    - Handzeichen
    - Mimik
    - …
- Suchen Sie Beispiele für Phänomene, die global und historisch kulturunabhängig verstanden werden können!

KAPITEL 19
BLICK UND OPTIK

Die Theorie des Blicks basiert auf der einfachen Formel: Was gesehen wird, hängt von den Augen ab, die sehen. Und die Augen sind Teil des konkreten Körpers und des konkreten Nervensystems einer Person, die von Erfahrungen, Interessen, Ängsten, Hoffnungen, Erwartungen etc. geprägt ist. Wir haben weiter oben in den Kapiteln über sozialen Konstruktivismus und visuelle Kultur Fragen rund um den Blick angesprochen.

> »Beim *Blick* geht es darum, wie wir Bilder betrachten, und um den Kontext, in dem und von dem aus wir sie betrachten. Es geht um unsere vorgegebene Neigung, Dinge auf eine bestimmte Art und Weise zu sehen. Das heißt, mit welchem Vorverständnis wir dem Bild begegnen und welche Beziehung wir zu den Bildern herstellen. In den Kunstmuseen neigen wir dazu, uns viel Zeit zu nehmen und die Bilder meditativ zu betrachten. Außerhalb des Museums ist ein Großteil unseres hektischen Alltags mit Bildern gesättigt, die wir auf viele verschiedene Arten wahrnehmen. Egal, ob wir in einem Vergnügungspark sind, ein Videospiel spielen, ein Auto fahren, am Flughafen oder im Urlaub sind, wir sind oft gezwungen, einen kurzen Blick (glance) zu werfen, anstatt zu schauen bzw. zu betrachten (gaze). Wir sehen (die Welt) auch unterschiedlich, je nach Geschlecht, ethnischer Zugehörigkeit, Nationalität, Klasse, Alter usw.« (Duncum, 2011: 22).

Es wird oft nicht genau zwischen Blick und Optik unterschieden. In diesem Buch verwenden wir den Begriff *Blick* so, wie er im obigen Zitat verstanden wird. Das heißt, der Blick ist die Art, wie wir etwas anschauen, ohne darüber nachzudenken. Unser Blick hängt davon ab, wer wir sind, einerseits langfristig, das betrifft unsere Herkunft, Umwelt, soziale Beziehungen, Erfahrungen usw. Ebenso aber auch kurzfristig: Man erlebt eben einen Liebesfilm unterschiedlich, je nachdem, ob man Liebeskummer hat oder frisch verliebt ist. Im Urlaub sieht man neue Orte oft mit einem neugierigen und forschenden Blick an. Man schaut sich alles genau an, Gebäude, Parks, Natur usw. Der tägliche Weg zur Arbeit oder zur Uni ist Routine, man geht seinen Weg, ohne sich sonderlich mit seiner Wahrnehmung beschäftigen zu müssen. Die Routine ermöglicht es uns, unseren Gedanken nachzugehen.

Unter *Optik* wird der bewusst gewählte Blick verstanden, d.h. ihr liegt eine Reflexion zugrunde.

Alle Perspektiven bzw. Sichtweisen, die bisher im Buch erwähnt wurden, können als *Optiken* auf Bilder und visuelle Phänomene bezeichnet werden. Das heißt, bewusst gewählte Betrachtungs- oder Untersuchungsperspektiven, um entsprechende Probleme zu klären. Die bewusste und reflektierte Wahl der Optik hilft dabei, andere Aspekte eines visuellen Problems zu sehen, als wenn man ihm mit dem ›natürlichen‹ Blick begegnet.

Selbst einfache Alltagssituationen sind immer komplex, z.B. Nachrichten im Fernsehen ansehen: Ein Fernsehzuschauer sieht ein Objekt (den Fernsehbildschirm), das eine Darstellung (die Sendung) in einem räumlichen Kontext (dem Zimmer) wiedergibt. Das erscheint, allgemein betrachtet, als eine recht einfache, banale Situation; aber konkret, d.h. im Einzelfall werden Nachrichten in unterschiedlichen Umgebungen, mit unterschiedlichen Personen, auf unterschiedlichen Kanälen, mit unterschiedlichen Arten von Geräten und Bildschirmen und mit unterschiedlichen Formen der Aufmerksamkeit gesehen. Oft beeinflusst ein Faktor die anderen: Wenn ich z.B. mit der Familie in unserem Wohnzimmer Nachrichten sehe und ein Familienmitglied die Frisur des Sprechers laut kommentiert, bestimmt dieser soziale Kontext plötzlich den Blick auf den Sprecher, wobei die Nachricht, die er gerade spricht, leicht ins Hintertreffen geraten kann. Wenn ich dasselbe Programm alleine sehe, bin ich wahrscheinlich weniger abgelenkt und konzentriere mich daher mehr auf den Inhalt des Programms, aber auch dann ist mein Fernsehen immer noch Teil einer komplexeren Situation, einschließlich meiner Körperhaltung, meiner Gedanken, Assoziationen und Erinnerungen, Geräusche um mich herum usw. Manchmal habe ich sogar erlebt, dass der ›Blick‹ des Fernsehers das Ereignis dominiert – was passieren kann, wenn mich beispielsweise der Sprecher auf eine Weise anspricht, die sich sehr persönlich anfühlt (Arvedsen & Illeris, 2011).

> »Berger (1972) hat als erster den Begriff ›männlicher Blick‹ verwendet, der in der westlichen Kunst und Werbung vorkommt, wo Männer Frauen betrachten, während Frauen sich selbst als (von Männern) betrachtet sehen. Die Männer auf dem Bild, die schauen, sind Vertreter für den mutmaßlich männlichen Betrachter des Bildes. Im Kino ›lernen‹ wir, auf besondere Weise zu schauen, dadurch dass geschlechtsspezifische ›Reaktionsschnitte‹ eingesetzt werden (Mulvey, 1989). Filmausschnitte mit Frauen werden mit solchen mit Männern gemischt, die Frauen anschauen, oder solche mit Frauen, die Männer ansehen, so dass das jeweils andere Geschlecht zum Objekt wird oder als Versuchung erlebt wird (der heterosexuelle Blick). Sie werden als Eigentum und damit als ›entmündigt‹ betrachtet. Ein entsprechender homosexueller Blick kann für das gleiche Geschlecht genauso entmündigend sein« (Duncum, 2011: 22).

Um mit dem Nachrichtenbeispiel weiter zu machen [der folgende Abschnitt basiert weitgehend auf Arvedsen & Illeris (2011)]: Wenn ich die Nachrichten auf dem Bildschirm sehe, kann ich die Sprecherin zum Gegenstand meines Blicks machen und unverblümt auf ihre Frisur starren, ihre schicke Jacke kommentieren oder meine Abneigung gegen ihre Art zu sprechen äußern. Wenn ich dagegen einer Person physisch im Raum gegenüberstehe, ist die Situation anders. Jetzt bin ich Teil eines kommunikativen visuellen Ereignisses. Ich muss beim Sehen und Gesehenwerden andere soziale Regeln beachten und befolgen. Wenn ich jemanden in meiner Umgebung anschaue, kann ich das liebevoll, herablassend, distanzierend usw. tun, je nachdem, wie ich versuche, mich und die andere Person in der Situation zu verorten. Auf diese Weise können wir von einem relationalen Ereignis sprechen, bei dem es auch um Fragen der Macht und Dominanz gehen kann: Wer hat das Recht, wen und wie anzusehen? Welche Art von Blick ist sozial akzeptabel, wenn man andere ansieht, und wie wirkt er? Wer senkt in welchen Situationen den Blick? Auch Gesten, Mimik, Körpersprache usw. sind wichtige Elemente in relationalen visuellen Ereignissen, ebenso der Ausdruck von Emotionen, Interesse, Freude, Wut usw. Es ist z.B. auch unhöflich, im Supermarkt neugierig in die Einkaufswägen fremder Leute zu starren.

In den letzten 15 bis 20 Jahren wurden traditionelle Blickpositionen, z.B. stereotype männliche und weibliche Positionen, von vielen Seiten etwa in der Forschung zur visuellen Kultur oder der visuellen Anthropologie innerhalb der dominierenden Kultur untersucht.

Im Bereich der *Visual Culture Studies* hat Irit Rogoff eine Vorgehensweise vorgeschlagen, die sie ›das neugierige Auge‹ nennt. Der neugierige Blick ist eine Optik, die sich auf direkte, persönliche und neugierige Weise auf visuelle Ereignisse einlässt:

> »Als Voraussetzung für Neugierde verspürt man eine gewisse Unruhe beim Auftreten von Phänomenen außerhalb des bekannten Horizonts, bei etwas, das man noch nicht verstanden oder artikuliert hat, beim Genuss des Verbotenen oder Verborgenen oder Nicht-Gedachten, und eine Zuversicht, etwas zu finden, was man gekannt oder verstanden hat« (Rogoff, 1998: 18).

In der Anthropologie hat sich die visuelle Ethnographie als eine Methode etabliert, mit Kulturen oder Gesellschaften (innerhalb oder außerhalb der eigenen Kultur der Forscher) durch gegenseitige Nutzung visueller Medien wie Fotografie, Film oder künstlerischer Produktion zu kommunizieren. Anstatt andere Kulturen durch einen objektivierenden Blick zu ›dokumentieren‹, verschwimmen die Grenzen zwischen Forscher und Forschungsgegenstand. Es wird quasi ein dritter Raum um visuelle Produktionen etabliert (Pink, 2006, 2007).

Ein Beispiel ist die spanische Anthropologin Ana Martínez Pérez, die zusammen mit A Buen Común, einer interdisziplinären Gruppe von Sozialwissenschaftlern und Filmemachern, in Zusammenarbeit mit Sozialarbeitern in einer der ärmsten Gegenden der Stadt Córdoba einen Film produziert hat. Als Ergebnis einer langjährigen Zusammenarbeit wurde der Film mit seinen vielen verschiedenen visuellen ›Stimmen‹ von Bürgern und Sozialarbeitern zu einer visuellen Aussage über die emotionale und körperliche Erfahrung, ›ausgeschlossen‹ zu werden (Pérez, 2007).

In der heutigen visuellen Kultur werden viele traditionelle Blickpositionen in Frage gestellt, oft auf überraschende Weise. In der Kunst wurden sozial engagierte, sogenannte relationale Kooperationsprojekte lanciert als Alternativen zur Idee des Kunstwerks als Objekt visueller Faszination (Bourriaud, 2002; Illeris, 2005). Außerhalb der Kunstwelt ist eine Entwicklung im Gange, in der die traditionelle feste Beziehung zwischen Bildern als Objekte und dem Betrachter als Subjekt zu komplexen und veränderlichen Positionen geworden ist (Sturken & Cartwright, 2001). Ein Beispiel ist die stereotype Darstellung des Geschlechts, die heute häufig durch eine umgekehrte Positionierung oder Parodie ersetzt wird, bei der sich Männer und Frauen gegenseitig in einer Art Macht- und bzw. oder Erotikspiel in Frage stellen, das auch den Betrachter und den Kontext einschließt (Eriksson & Göthlund, 2004).

Darüber hinaus wird eine zunehmende Anzahl von Bildern als Teile komplexer visueller Erzählungen konstruiert, die aus einer Reihe miteinander zusammenhängender Bilder, Orte, Charaktere und Objekte bestehen und in denen Geschichten Realität und Fiktion in einer Art realitätsbasierter Fantasiewelt mischen. Ein Beispiel für diese Art von visuellem Phänomen sind die hochgradig inszenierten und durchgeplanten Reality-Shows im Fernsehen, in denen gewöhnliche Menschen in eine scheinbar reale Welt eintreten, nur um ›sich selbst‹ zu spielen. Das geschieht im Rahmen von Productplacement, psychologischem Machtspiel und gut organisiertem Streben nach Skandalen, ohne Rücksicht auf die Kosten. Das Anschauen solcher Programme fordert die traditionelle Position des Zuschauers heraus, weil die fiktive Welt mit einer Realität vermischt und so die Trennung zwischen privat und öffentlich, Fiktion und Realität in Frage gestellt wird.

Studienfragen

- Finden Sie Beispiele für einen weiblichen Blick auf Männer und Frauen. Entwerfen Sie Darstellungen Ihres eigenen und des anderen Geschlechts. Vielleicht finden Sie dabei mehrere verschiedene ›Trennlinien‹.

- Zur Diskussion: Die Machtverhältnisse in einer Gesellschaft zeigen sich in der Art und Weise, wie sich verschiedene Gruppen gegenseitig darstellen. Ein Beispiel ist die Darstellung von Afroamerikanern in *Tim und Struppi*. Wenn man dies vermeiden möchte, sollte man keine Personen aus anderen sozialen Gruppen als aus jenen darstellen, denen man selbst angehört? Welche Probleme sollen damit gelöst bzw. vermieden werden? Welche (neuen) Probleme ergeben sich aus den Lösungen?

KAPITEL 20
DER KÖRPER UND DIE SINNE: WAHRNEHMUNG UND PHÄNOMENOLOGIE

In einem großen Teil der vorherigen Kapitel ging es darum, wie wir kognitiv und reflexiv mit Bildern und visuellen Phänomenen umgehen können. Im letzten Kapitel haben wir zwischen *Optik* als bewusste Perspektive und *Blick* als die Art und Weise unterschieden, wie wir schauen, wenn wir ›nicht darüber nachdenken‹. Wie bereits erwähnt, ist der Blick sozial und kulturell bedingt. Dazu kommt, dass der Aufbau des Auges gewisse physikalisch-biologische Bedingungen für unser Sehen bewirkt. Dies ist der Wahrnehmungsprozess:

»Die Wahrnehmung umfasst die physiologische und prädisponierte Wahrnehmungsbereitschaft des biologischen Körpers« (Buhl & Flensborg, 2011: 143).

Im Gegensatz zu Beutetieren sind unsere Augen wie bei Raubtieren nach vorne gerichtet, was eine recht genaue Abstandswahrnehmung und räumliches Sehen ermöglicht, indem wir bei kurzen Entfernungen ein wenig um die Dinge herumschauen. Menschen, die auf einem Auge spät erblindet sind, neigen dazu, Dinge umzuwerfen, die sie anfassen wollen, da der Mangel an räumlichem Sehen zu Fehleinschätzungen führt. Es dauert einige Zeit, bis das Gehirn lernt, dies zu korrigieren. Wir Menschen sehen in Farbe, viele Tiere nur in Grauwerten. Wir verarbeiten visuelle Eindrücke aus zwei Augen. Eine Fliege oder ein anderes Insekt sieht mit vielen Augen oder mit gespaltenen Augen. Viele Tiere und Fische sehen unter Wasser scharf. Unser Auge ist dazu nicht geeignet. Es ist schwierig genau zu benennen, was unsere Art, die Welt zu sehen und zu erleben, tatsächlich bedeutet.

Zum Aufbau des Auges kommt die Art hinzu, wie Seheindrücke verarbeitet werden. Es handelt sich hier um einen komplexen Interpretationsvorgang. Wie das abläuft, kann hier nur kurz dargestellt werden: Licht reizt die Nervenzellen auf der Netzhaut. Es sind pro Auge etwa 125 Mio. Jeweils auf einer Fläche in der Größe einer Briefmarke. Im menschlichen Auge gibt es vier Arten: Die Stäbchen (ca. 120 Mio.) zeichnen sich durch hohe Empfindlichkeit aus, sie sind für das Nachtsehen zuständig und liefern nur Hell-Dunkel-Werte. Das ist der Grund, warum wir nachts nur Grauwerte wahrnehmen. Für das Farbsehen sind drei verschiedene Arten von Zapfen (ca. 6 Mio.) zuständig, die Blau-, Grün- und Rotzapfen. Sie reagieren jeweils auf verschiedene Wellenlängen des Lichts. Das Licht, das auf die Netzhaut fällt, wird ›reduziert‹ auf lediglich vier unterschiedliche Signalarten. Die Sinneszellen melden an das Gehirn jeweils die Reizung und deren Intensität. Daraus und aus dem ›Wissen‹, wo die einzelnen Zellen sitzen, erzeugt das Gehirn unsere sichtbare Welt. Schätzungsweise 200 Milliarden Neuronen haben im Gehirn mit dem Sehen zu tun (Roth, 1997: 124). Für das Verständnis des Sehens bleibt festzuhalten, dass schon die ›normale Wahrnehmung‹ ein hoch komplexer Interpretationsvorgang ist. Dies wird uns immer dann bewusst, wenn wir uns täuschen. Vor allem vor diesem Hintergrund sind die so genannten optischen Täuschungen interessant. Eine umfangreiche Sammlung zum Experimentieren mit ›Sehphänomenen und Optischen Täuschungen‹ bietet Michael Bach unter https://michaelbach.de/ot/index.html.

Die Sinne sind: Sehen, Hören, Schmecken, Riechen und das ›Körperliche‹. Letzteres kann beschrieben werden als:

- das Haptische oder Taktile: das Berührungsmäßige
- das Kinästhetische: die Wahrnehmung von Bewegungen, Position, Gewicht und Kraft des Körpers durch Sinneseindrücke von Muskeln, Sehnen und Gelenken.

Wir können es nicht vermeiden, mit dem Körper und den Sinnen zu erleben, und wir tun dies, bevor die Reflexion oder bewusste Entscheidungen einsetzen. Wir können uns in verschiedenen Situationen körperlich angezogen oder abgestoßen fühlen. Wir können eine Berührung oder Oberfläche als angenehm, unangenehm oder gefährlich empfinden, sowohl wenn sie direkt ist, als auch wenn sie durch eine Darstellung hervorgerufen wird. Wenn wir Angst vor Spinnen haben, kann die Angst geweckt werden, auch wenn es sich um einen Film handelt, wie in *Arachnophobia* (1990). Der Körper reagiert, obwohl wir wissen, dass die Spinnen nicht real sind. Auf Szenen in einem Action-Film reagieren viele Zuschauer ähnlich wie auf eine Fahrt mit der Achterbahn. Dass Darstellungen sensorische Reaktionen hervorrufen können, wird häufig in Werbung und Unterhaltung eingesetzt.

Wir können uns nicht gegen Riechen, Schmecken oder Hören entscheiden, wenn diese Sinne bei einem Erlebnis beteiligt sind. Beim Sehen oder Tasten ist das anders, wir können die Augen schließen, wegschauen oder eine Berührung vermeiden. Der Körper reagiert auch auf viele Arten von Einflüssen: Kleine Räume können Klaustrophobie, große Plätze Platzangst auslösen, große Höhen Angst, zu fallen oder in die Tiefe gezogen zu werden.

Es gibt gleitende Übergänge. Studien haben gezeigt, dass die meisten von uns lieber an den Seiten entlang gehen als quer über einen großen offenen Platz. Ebenso sitzen wir nicht gerne mitten in einem großen offenen Raum. Es gibt in so gut wie allen Städten Beispiele für Plätze, auf denen sich nur wenige niederlassen, und solche, meist kleinere, an denen die Leute gerne länger bleiben. Darüber hinaus haben wir lieber etwas Schützendes im Rücken, z.B. eine Hausfassade, einen Zaun oder Büsche, wenn wir auf einem Platz sitzen. Auch mögen wir es körperlich nicht, eine sehr lange Hausfassade ohne Unterbrechungen und Sprünge entlang zu gehen, wohler fühlen wir uns bei einem Gebäude mit einer abwechslungsreichen Fassade. Die Ursachen für solche Phänomene untersucht u.a. die Verhaltensbiologie (Eibl-Eibesfeldt, 1986). In jedem Fall handelt es sich um eine physische Erfahrung (Flensborg & Møller, 1993).

Wo man – wie bei Rockkonzerten, Demonstrationen, Sportveranstaltungen oder auch der päpstlichen Generalaudienz am Petersplatz in Rom – etwas mit einer großen Gruppe von Menschen gemeinsam macht, kann man stark berührt werden. Sich gegen dieses Gemeinschaftsgefühl zu wehren, ist schwer. Ein Umstand, mit dem Demagogen und Populisten, wie vor allem die Nazis, gespielt und ›Massenhysterie‹ erzeugt haben.

In der Bildpädagogik, der kritisch konstruktiven Erlebnispädagogik, haben u.a. Kristian Pedersen und Hans Jörg Hohr mit einem Verständnis von Ästhetik gearbeitet, das auf drei Erlebnisformen basiert, von denen wir eine hier ansprechen:

> »Die grundlegende und umfassendste Form der Erfahrung will ich *Gefühl* nennen. Es bezeichnet eine vorbewusste und vorsymbolische Form der Erfahrung, in der Sinneswahrnehmung und Emotion entstehen und sich in sensomotorischen Operationen und Aktivitäten ausdrücken. Es ist die Form der Erfahrung, die wir mit Tieren teilen und die in den ersten Lebensjahren dominiert, bis das kleine Kind beginnt, mit Symbolen zu arbeiten« (Hohr & Pedersen, 1996: 16).

Die Autoren verstehen unter Gefühl etwas anderes als das, was wir üblicherweise im Alltag darunter verstehen:

> »Das Gefühl hat einen dynamischen und einen kognitiven Aspekt. Ich nenne den dynamischen *Emotion*, den kognitiven *Empfindung* oder Sinneswahrnehmung, die die vorsymbolische Intelligenz- und Wissensform bezeichnet. […] Der Mensch *fühlt die Welt in Interaktion* mit ihr. Da es auf dieser Ebene keine kognitive Unterscheidung zwischen Subjekt und Objekt gibt, repräsentiert das Gefühl eine Individuum-in-der-Welt-Erfahrung« (ebd.: 18).

Hohr & Pedersen weisen ferner darauf hin, dass das *Gefühl* eine kulturelle Kategorie ist. Es ist das Ergebnis der Sozialisation. In unserer Interpretation ist das kleine Kind prädisponiert, d.h. es hat die Bereitschaft wahrzunehmen und zu empfinden, aber die Interaktion findet in einem sozial bedingten und strukturierten Raum statt.

Wichtig ist dabei, dass Gefühl und Wahrnehmung eine vorreflexive Schicht aufweisen, die vom menschlichen Körper und seinen Sinnen abhängig ist und die auch im Erwachsenenalter weiterhin eine Rolle spielt.

Studienfragen

- Überlegen Sie, wie es Ihnen in verschiedenen Räumen geht.
- Beschreiben Sie die Gefühle, die Sie in verschiedenen Räumen haben.
- Was zeichnet die Räume jeweils aus? Farben, Größe, Höhe …
- Untersuchen Sie Räume, die so konstruiert sind, dass sie bestimmte Gefühle oder Erfahrungen auslösen? Freizeitparks, Restaurants, Kirchen, Ladengeschäfte …

Maurice Merleau-Ponty und die Phänomenologie

Ähnliche Gedanken finden wir beim französischen Philosophen Maurice Merleau-Ponty (1908-1961).

> »In der *Phänomenologie der Wahrnehmung* führt Merleau-Ponty die ›klassischen‹ Auslegungen der Wahrnehmung an – entweder empirisch oder rationalistisch. Sie werden kritisiert, und an ihre Stelle wird der lebende Körper und seine Kommunikation mit der Welt gesetzt, die durch eine kausale Denkweise nicht erschöpfend geleistet werden kann. Diese verwandelt den lebenden Körper in ein Objekt, das die Grundlage von Prozessen ist. Merleau-Ponty beschreibt den Austausch des lebenden Körpers mit der Welt mit Worten wie Dialog, Kommunikation, Verankerung, Fragen usw. Anstatt nach kausalen Zusammenhängen zu suchen, fragt er nach der Bedeutung« (Rasmussen, u.a.: 7).

Der Körper hat ein Wissen von der Welt, ohne sie verstehen oder interpretieren zu müssen.

> »Der Körper versteht die Welt, ohne eine Welt der Repräsentationen durchlaufen oder sich einer symbolischen Funktion unterwerfen zu müssen […] Es besteht Übereinstimmung zwischen dem, was ich sehe, und dem, was zwischen meiner Absicht und der Ausführung gegeben ist. Der Leib ist in der Welt verwurzelt. Wenn ich meine Hand auf mein Knie lege, gibt es dieses nicht als Idee oder Vorstellung, sondern als Teil meines lebenden Körpers« (Rasmussen, u.a.: 10-11).

Wir haben es also mit einer Schicht in uns zu tun, die sozusagen für uns arbeitet, ob wir es wollen oder nicht. Unser Körper und unsere Sinne sind ein Teil von uns, der sich immer durchsetzt und eine Bedeutung für die Art und Weise hat, wie wir Bilder und visuelle Phänomene erleben, und wie wir uns auf visuelle Ereignisse einlassen. Dies wird nachstehend ausführlicher erörtert.

Der Körper und die Sinne im Kontext der Bildpädagogik

In einem bildpädagogischen Kontext sind unsere sinnliche Wahrnehmung und unsere körperliche Beteiligung eine Voraussetzung, ein Teil der Arbeit mit Bildern und visuellen Phänomenen. Die Herausforderung besteht pädagogisch darin, zu vermeiden, in den sehr subjektiv orientierten (reformpädagogischen) Graben zu fallen, in dem man bloß feststellt, dass man fühlt, empfindet und erlebt, und es sich dabei um ein einzigartiges, individuelles Phänomen handelt.

Man kann bewusst sinnenorientiert arbeiten. Dabei konzentriert man sich darauf, sinnliche Erfahrungen wahrzunehmen und zu artikulieren, z.. werden Sehen, Geräusche, Berührungen und Bewegungen untersucht (Buhl & Flensborg, 2011: 116). Man kann ganz praktisch die Größe von architektonischen Räumen, ihre Oberflächen und Proportionen oder Klangerlebnisse in ihnen usw. untersuchen.

Buhl & Flensborg (2011) unterscheiden mit der Wahrnehmungstheorie des Psychologen James J. Gibson zwischen sinnlicher Wahrnehmung und Perzeption. Entsprechend den Sinnen gibt es fünf Aufmerksamkeitsbereiche oder sensorische Modalitäten: »Zuhören, Berühren (Bewegung in Bezug auf), Geruch, Geschmack und Sehen. Es gibt verschiedene Stimuli für diese Aufmerksamkeitsweisen, und man gewinnt jeweils spezifische Formen von Informationen« (Buhl & Flensburg, 2011: 145). Ein Aufmerksamkeitsbereich kann orientieren, untersuchen, korrigieren usw. Dies sind Funktionen, die ›in Betrieb genommen‹ werden können:

> »Sinnliche Wahrnehmung wird als passive Rezeption von Reizen angesehen, während ein perzeptueller Bereich für Reaktionen und Lernen empfänglich ist. Empfindungen von einer Modalität (z.B. dem Gehörsinn) können mit Empfindungen einer anderen Modalität (z.B. dem Sehsinn) kombiniert werden; sie können organisiert, verschmolzen, ergänzt oder unterschieden werden, aber es können keine neuen sinnlichen Empfindungen gelernt werden« (ebd.).

Dies bedeutet, dass wir pädagogisch mit der Wahrnehmung als etwas arbeiten können, das zwischen den Sinnen und der Reflexion liegt. Eine Raumerfahrung ist eine Wahrnehmung, die auf Empfindungen basiert. Wenn wir darüber reflektieren, werden wir uns bewusst, worum es in der Erfahrung geht. Als Lehrer kann man also bewusst entscheiden, ob man es bei der unausgesprochenen Erfahrung belässt oder bewusster und reflektierter mit der visuellen Erfahrung arbeitet.

Als Beispiel bringen wir hier zwei Vorschläge, wie man mit Wahrnehmung und sinnlichen Modalitäten im Bereich der Architektur Räume als solche untersuchen kann:

Raumerfahrung – Beispiel

Im Folgenden werfen wir einen Blick auf die Räume, in denen wir uns bewegen, sowohl auf Innenräume wie auf Außen- oder Zwischenräume, etwa Plätze oder Straßen. Raumerfahrung ist ein starker Faktor, der aber oft übersehen wird. Die meisten Menschen können sich an extreme Raumerlebnisse erinnern, z.B. wie es ist in ein Erdloch zu kriechen oder in einem niedrigen Keller zu stehen, und im Gegensatz dazu einen Raum mit hohen Decken zu betreten etwa eine Bahnhofshalle. Der Unterschied zwischen einer engen Gasse und einem großen Platz in einer Stadt ist ebenfalls spürbar. Die Räume, in denen wir uns täglich aufhalten, beeinflussen unsere Handlungen und Stimmungen, in die wir geraten. Die Gestaltung von Schulräumen ist daher entscheidend für die Handlungsfähigkeit von Lehrern und Schülern.

Architektonische Außenräume können an verschiedenen Orten erkundet werden.

Wohngebiete

- Vorgärten (z.B. Dekorationen, Wegführung, Pflanzen, Materialien, Möbel …)
- Eingänge (z.B. abweisend – einladend; Elemente wie Säulen, Treppen, Türgriffe, Lampen …)
- Farben (z.B. Häuser, Fenster, Briefkästen …)
- Zäune (z.B. Konstruktion, Farben, Materialien …)

Plätze

- städtische Funktionen (z.B. Verkehr, Handel, Unterhaltung, Essen und Trinken, Erholen, Flanieren, Öffentlichkeit, Sehen und Gesehenwerden …)
- städtische Räume (z.B. Einfallstraßen, Fußgängerzonen, Einkaufszentren, Parks …)
- Bahnhofsvorplatz (z.B. Gestaltung, Möblierung, Hinweisschilder, Werbung, Verhalten der Passanten, Fahrradfahrer, Autofahrer, Handel …)
- Kartierung, Gehwege (z.B. öffentlich bzw. privat, Trampelpfade, Flächennutzung …)

- Denkmalschutz (z.B. Umgestaltung, Umnutzung, Nachbarschaft des Denkmals …)
- »Wem gehört die Stadt?« (z.B. Firmenschilder, Graffiti, unbequeme Stadtmöblierung, Orte der Jugendkultur, Spielplätze …)

(Flensborg & Møller 1993; Buhl & Flensborg 2011).

Als Spiegelbild der Umgebung kann man untersuchen, wie sich Gemeinschaftsstrukturen und Gartenarchitektur wiederholen:

Friedhof

- Durchgänge und Schwellenerfahrungen
- Reflexion von Stadt und Gesellschaft
- Der Park und das Paradies (Mathiesen, 2017).

Und naheliegend, direkt vor dem Klassenzimmer, befindet sich der Schulhof mit seinen verschiedenen Szenen für soziale Organisationen:

Schulhof

- Der Raum und der Körper (z.B. Bewegungen auf dem Platz, Cluster, wer steht wo? …)
- Allein und gemeinsam (z.B. Größe der Gruppen, Bewegungen einzelner Personen …)
- Abstand und Nähe (Flensburg, 2003).

Indem man Raumerlebnisse benennt, kann man verschiedene Wahrnehmungsbereiche kombinieren (s.o. Buhl & Flensburg, 2011), in denen die sensorischen Modalitäten Zuhören, Berühren (Bewegung in Bezug auf), Geruch, Geschmack und Sehen in verschiedenen Kombinationen ein ›Sein in der Welt‹-Erlebnis ermöglichen können, das mit Hilfe der verwendeten Begriffe für die reflexive Verarbeitung vorbereitet wird (Hohr & Pedersen, 1996).

In einer Einführungsübung geht es darum, sich einiger Möglichkeiten bewusst zu werden, die der Raum bietet. In der Praxis suchen sich die Schüler in kleinen Gruppen einen Raum, den sie interessant finden – alternativ können ihnen verschiedene Räume eventuell durch Los zugewiesen werden. Ein Grundriss wird gezeichnet und auffallende Elemente werden eingezeichnet, z.B. Grenzen, Durchgänge, Möblierungen, auffällige Zeichen, Gerüche, Geräusche, vertikale und horizontale Elemente … Wie lassen sich die Elemente beschreiben, die das Raumerlebnis ausmachen? Welche semantischen Bedeutungen lassen sich mit verschiedenen Raumphänomenen verbinden? Welche Zonen des Raumes werden als angenehm oder einladend bzw. unangenehm oder abweisend empfunden? Warum?

Der verstärkte Fokus auf Sicherheit (Security) hat eine Reihe von greifbaren *Übergangserlebnissen* in unserem täglichen Leben geschaffen –, wenn man etwa beim Betreten eines Museums, eines Flughafens oder eines Einkaufszentrums durch die Röntgenkontrolle geht und anschließend eine Transformation vom Verdacht zum Freispruch durchmacht. Das Entstehen von Einkaufszentren hat dazu geführt, dass die Räume zwischen den Geschäften privat sind und die Eigentümer dort jederzeit von ihrem Hausrecht Gebrauch machen können. Damit verschwindet eine früher wichtige politische Funktion des städtischen Raumes: Dort, wo man seine Meinung öffentlich äußern könnte, sind kaum mehr Leute anzutreffen: denn sie sind beim Einkaufen in den sogenannten Zentren am Stadtrand.

Die räumlichen Metaphern bieten in der Schule eine Verbindung zwischen mehreren Fächern, als interdisziplinäre Möglichkeiten zur Zusammenarbeit zu Raum und Raumerfahrung. In Fächern wie Geometrie, Akustik, Sprachen mit unterschiedlichen Genres, die sich im Raum entfalten, und in Musik und Sport können die Schüler die Möglichkeiten des Raumes nutzen, sie können sie auch untersuchen: Welche Geräusche treten auf, welche Körperhaltungen und Bewegungen werden angeregt? In der Geografie interessiert man sich etwa für die Nutzung von Räumen.

Studienfragen

- Suchen Sie einen Platz in einem Gebäude oder an einem Ort, der Ihnen ein besonderes Erlebnis bietet. Zeichnen Sie einen Grundriss dieses Ortes und überlegen Sie, wie Sie Ihre Eindrücke mit einfachen Zeichen notieren können. Gelingt es Ihnen damit besser, Ihre Raumerfahrung einer anderen Person zu erklären?
- Führen Sie an Ihrer Schule ein interdisziplinäres Projekt durch. Die Schüler suchen einen Platz in der Schule, der einen besonderen Eindruck auf sie hinterlässt. Sie fotografieren den Ort aus verschiedenen Blickwinkeln und zeichnen einen einfachen Grundriss. Auf dem Grundriss zeichnen sie dann die wichtigsten Elemente wie Gehwege, Barrieren, Schallquellen und Gerüche sowie einige der semantischen Bedeutungen wie Durchgänge oder Treppen ein.

  Es ist wichtig, die Begriffe im Voraus einzuführen, sowohl mündlich als auch als visuelle Übungen oder mit körperlichen Bewegungen im Raum.

  Die Schüler können dann typische Bewegungen im Raum ausführen und ihnen eine Wendung geben, indem sie das Tempo und die Anzahl der Personen ändern, die die Bewegung ausführen, Musik machen oder die Bewegung als Stop-Motion-Film reproduzieren.

KAPITEL 21
BEISPIEL: ›ZUHAUSE‹ ALS EINE VISUELLE, SOZIALE UND MULTIMODALE SITUATION

Wenn wir eine visuelle Situation als Ereignis /Episode betrachten, werden wir zu *Teilnehmern*. Wir bestimmen oder nehmen wenigstens Einfluss darauf, was wir betrachten. Wenn dabei mehrere anwesend sind, wirkt sich dies auch auf das Gesamterlebnis oder Ereignis aus. Das ist so beim Einkaufen oder beim Besuch einer Ausstellung, wo die anderen Besucher bzw. Kunden unsere Aufmerksamkeit und unser Schauen beeinflussen. Ein weiteres Beispiel ist der Fasching, hier gibt es keine Trennung zwischen Darsteller und Publikum, die Maskierten sind Akteure und gleichzeitig Beobachter. Wer nicht maskiert ist, erscheint als Voyeur, weil er die stillschweigende Übereinkunft der Gegenseitigkeit ignoriert. Wir verwenden die Begriffe *Ereignis*, *Erfahrung* und *Situation* in diesem Kapitel etwas austauschbar. Der Begriff *visuelles Ereignis* (visual event) stammt, wie erwähnt, von Baal & Brysons (1991) Theorie der unendlichen Bedeutungszuschreibung.

Die Verwendung der Begriffe *Erlebnis* und *Situation* helfen, die Gedankengänge in diesem Kapitels deutlich zu machen. Die Situation betrifft dabei den objektiven Wirklichkeitsausschnitt, das Erlebnis benennt die subjektive Verarbeitung des Wahrnehmungsangebots, das die Situation (an)bietet. Die Situation und ihre Verarbeitung beinhalten viele Aspekte und Modalitäten. Es ist praktisch unmöglich, eine Erfahrung auf das rein Visuelle zu reduzieren, also die anderen Sinne, den physischen und sozialen Kontext und die sozialen Beziehungen auszublenden. Ein Ereignis wird zum Erlebnis auf der Grundlage von Eindrücken aller Sinne, der Präsenz des Körpers im Raum und in der Situation, der spezifischen Umgebung, des Blicks oder der Blicke, die man verwendet, der sozialen und relationalen Situation, in der man sich befindet. So gesehen ist es sinnvoll, bei der Untersuchung eines visuellen Ereignisses verschiedene Disziplinen zu berücksichtigen, z.B. Psychologie, Sozialpsychologie, Soziologie, Anthropologie, Semiotik, Phänomenologie usw. Die klassische Anthropologie kann an Verhalten, Rituale, materielle Bedingungen usw. anknüpfen. Die visuell-kulturelle Sichtweise achtet auf die Erfahrung und die Aushandlung der Bedeutung in Bezug auf das Visuelle / Multimodale in der Erfahrung.

Der Begriff *visuelle Ereignisse* bzw. *Episoden* meint somit die gesamte Situation, wie sie in der Interaktion zwischen dem Betrachter, dem visuellen Phänomen, dem Kontext und dem Blick auftritt, mit dem gesehen wird. Visuelle Ereignisse bzw. Episoden sind, wie gesagt, immer geografisch, historisch, sozial und kulturell lokalisiert und beinhalten immer eine bestimmte Interaktion oder Positionierung zwischen Betrachter, betrachtetem Phänomen, Kontext und Blick.

Studienfragen

- Stellen Sie sich eine Situation vor, in der Sie ein visuelles Phänomen bewusst erlebt haben. Wie könnten Sie dieses Interesse in eine praktische bildnerische Arbeit umsetzen?
- Wann haben Sie das letzte Mal an einem visuellen Ereignis teilgenommen?
- Stellen Sie eine Gruppe zusammen, die ein visuelles Ereignisses organisiert. Die Gruppe muss in der Lage sein, die aktiven und praktischen Möglichkeiten der Teilnehmer einzubeziehen.

Eine Zimmersuche kann vom Suchen bis zum Einzug als visuelles Gesamtereignis betrachtet werden. Dabei geht es darum, Lage, Aussehen, Funktion, Zustand usw. des Zimmers im Verhältnis zum Preis zu bedenken. Wo will ich wohnen und warum? Postleitzahl und soziale Schicht können dabei eine Rolle spielen. Soll ich ein Appartement oder ein Zimmer in der Wohngemeinschaft nehmen? Soll das Zimmer praktisch und wartungsarm sein oder älter mit Stuckdecken? Ist es hier gemütlich? Gehöre ich hier her? Wer wohnt in der Umgebung? Wie möchte ich von meiner sozialen Umgebung gesehen werden? Als sparsam, cool, traditionsverbunden …?

Bei der Besichtigung versucht man, neutral und kritisch zu schauen und nicht begeistert zu wirken. Um nicht durchblicken zu lassen, dass man das Zimmer bzw. die Wohnung um jeden Preis haben möchte, vermeidet man einen begehrlichen Blick. Dabei spielen verschiedene Sichtweisen, der Körper und die sinnlichen Erfahrungen eine Rolle, die man im konkreten Zimmer macht. Man diskutiert mit Freunden und Bekannten, die einen unvoreingenommenen und kritischen Blick auf das Zimmer oder Appartement werfen sollen.

Hier kommt ein Vorschlag, wie man im Unterricht das Thema ›Zuhause‹ behandeln kann. Der Unterricht wurde mit Lehramtsstudierenden durchgeführt. Dabei haben wir viele der oben beschriebenen Aspekte thematisiert und mit einer Kombination aus Erkundung und Hineinversetzen in die Rolle einer betroffenen Person gearbeitet, damit man sich dabei der Interaktionen und Schwierigkeiten bewusst wird, was es bedeutet, zwischen einem Haus als solchem und sich selbst, seinen Interessen und Geschmackspräferenzen zu unterscheiden.

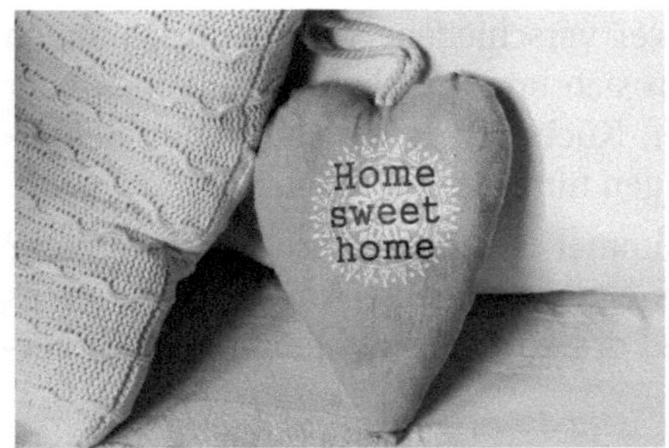

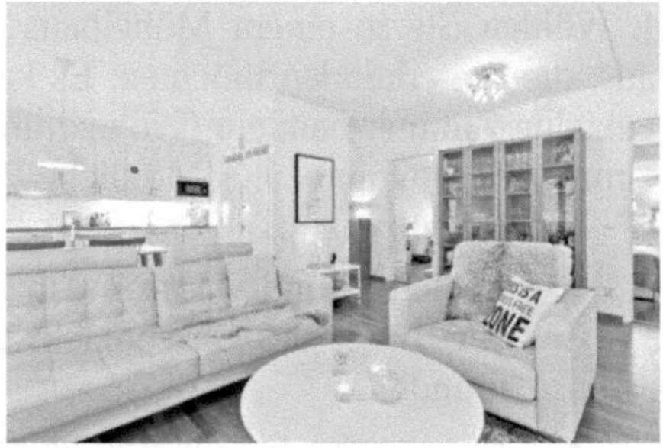

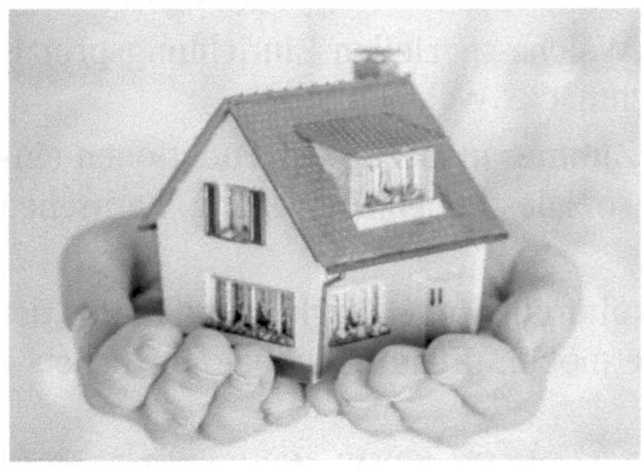

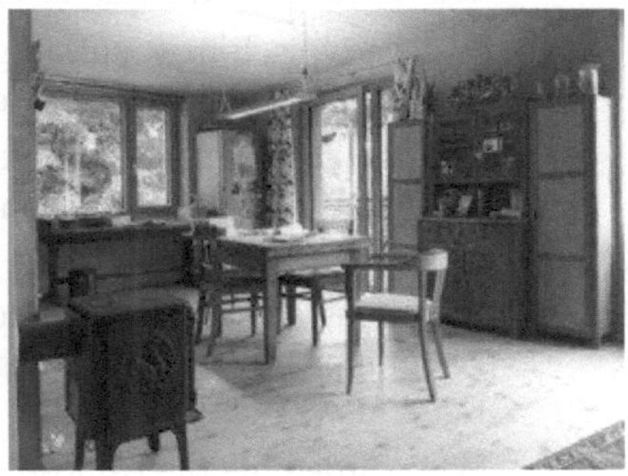

Aufgaben

Aufgaben zur Einführung

- Suchen Sie Definitionen zu den Begriffen Heim, Wohnung und Wohnen.
- Suchen Sie zwei Bilder in Möbelkatalogen, die verschiedene Zimmer zeigen. Eines, das Sie gemütlich und attraktiv finden, und eines, auf das das Gegenteil zutrifft. Beschreiben Sie die Unterschiede!
- Nehmen Sie zehn bis zwanzig Abbildungen, die jeweils verschiedene Wohn-, Schlaf- oder Kinderzimmer zeigen. Ordnen Sie diese zwischen den Polen gemütlich – attraktiv und ungemütlich – unattraktiv. Diskutieren Sie Ihre Entscheidungen mit anderen.
- Sehen Sie sich einen Auszug aus einer Einrichtungs-Show an. Notieren Sie die Aussagen der Lifestyle-Experten. Was beobachten und interpretieren sie und wie?

Untersuchung und Dokumentationsvideo

Vorbemerkung: Wohnungen und Häuser sind persönliche und damit heikle Untersuchungsgegenstände. – Nicht alle Räume sind allen Gästen zugänglich. Deshalb bieten wir hier zwei alternative Aufgaben an.

I. Wählen Sie in einem Möbelhaus zwei verschiedene Mustereinrichtungen aus, die Sie erkunden möchten. Es kann sich um komplette Wohnungen oder einzelne Zimmer handeln (Wohnzimmer, Küche, Bad, Arbeitszimmer, Schlafzimmer, Hobbyraum, ...). Mögliche Fragen für die Untersuchung:

- Ist die Wohnung bzw. das Zimmer gemütlich bzw. ungemütlich? Inwiefern und warum? Gibt es eine allgemeine Antwort oder ist es eine Frage des Geschmacks und des sozialen und kulturellen Hintergrunds?
- Wie würden Sie die Räume charakterisieren bzw. präsentieren?
- Was ist typisch bzw. auffällig? Welche speziellen Einrichtungsprinzipien zeigen sich? Welchen Geschmack? Welchen Stil?
- Wie ist die Wohnung bzw. das Zimmer in Bezug auf Funktionen eingerichtet? Essen, Entspannung, soziales Leben, Bewegung, Fernsehen usw.
- Woran lassen sich soziale und kulturelle Zugehörigkeit und Status der Zielgruppe erkennen? Designermöbel, Standardmöbel / Küchen / Bäder usw.
- Wie würden Sie die Atmosphäre beschreiben? Wie fühlt es sich an, in dieser Wohnung / diesem Zimmer zu leben?
- Welche Rolle spielt bei der Wohnung das Thema Nachhaltigkeit?

II. Wählen Sie zwei verschiedene Wohnungen, die Sie erkunden möchten. Sie können sich auf einige Zimmertypen konzentrieren (Wohnzimmer, Küche, Bad, Arbeitszimmer, Schlafzimmer, Hobbyraum, ...), wählen Sie jedoch in beiden Häusern dieselben Raumkategorien. Mögliche Fragen für die Untersuchung:

- Ist das Haus gemütlich bzw. ungemütlich? Inwiefern und warum? Gibt es eine allgemeine Antwort oder ist es eine Frage des Geschmacks und des sozialen und kulturellen Hintergrunds?
- Wie würden Sie das Haus bzw. die Räume charakterisieren bzw. präsentierten?
- Was ist typisch bzw. auffällig? Welche Einrichtungsprinzipien, welcher Geschmack, welcher Stil lassen sich benennen?
- Wie ist das Haus in Bezug auf Funktionen eingerichtet? Essen, Entspannung, soziales Leben, Bewegung, Fernsehen usw.
- Woran lassen sich soziale und kulturelle Zugehörigkeit und Status der Bewohner erkennen? Designermöbel, Standardmöbel / Küchen / Bäder usw.

- Wie ist die Geschichte der Wohnung? Wie lange leben die Bewohner schon dort?
- Wie würden Sie die Atmosphäre beschreiben? Wie fühlt es sich an, in diesem Haus zu leben?
- Welche Rolle spielt das Thema Nachhaltigkeit?

Die Einbeziehung der Bewohner ist wichtig, um etwas über ihre Sichtweise zu erfahren, warum sie so wohnen und sich so eingerichtet haben. Welche Überlegungen hinsichtlich ihrer Einrichtung spielen eine Rolle?

Verwenden Sie in Ihrer Untersuchung Videos, Fotos, Skizzen, Interviews mit anderen (Kunden, Bewohnern, Benutzern) und Notizen. Die Untersuchung und der Vergleich werden als Dokumentationsvideo präsentiert, das Video, Foto, Sprechen / Voice-Over und Text enthält.

In »Wie macht man einen Dokumentarfilm« (Kjærland & Blankholm, 2001) werden vier Untergenres unterschieden:

- Klassischer Dokumentarfilm
- Beobachtende Erzählform
- Poetischer Dokumentarfilm
- Persönliche Erzählform

Welche(s) Subgenre(s) machen bzw. macht Ihren Film aus? Welches der vier Genres ist dominant? Gibt es mehrere, die parallel im Spiel sind, oder haben Sie Genre-Breaks gemacht und Elemente aus anderen Filmgenres verwendet?

Pädagogisch

Wie würden Sie einen ähnlichen Unterricht in einer bestimmten Klassenstufe halten und welche Ziele würden Sie sich dafür setzen?

Ausgehend von Studien zur visuellen Kultur, visueller Anthropologie und modernen visuellen Kulturen wird die Pädagogik in zweierlei Hinsicht gesehen:

1. den Studierenden oder Schülern zu helfen, die Dynamik »traditioneller« visueller Ereignisse zu verstehen und
2. aktiv mit der Konstruktion alternativer Formen visueller Begebenheiten zu experimentieren, z.B. durch die Verwendung unterschiedlicher Blicke und durch gemeinsame Projekte, die von der visuellen Anthropologie inspiriert sind, oder durch die aktive Inszenierung visueller Situationen, die die Einstellungen der Betrachter aktiv herausfordern.

KAPITEL 22
BEISPIEL: FUSSBALL ALS THEMA IM BILDUNTERRICHT

Das Beispiel wurde so ähnlich vorgestellt in Arvedsen (2011 + 2012).

Dieses Beispiel gibt eine Vorstellung davon, wie ein Unterricht gestaltet werden könnte, der Aspekte aus den Teilen 3 und 4 dieses Buches berücksichtigt.

Egal woran man arbeitet und wie, es handelt sich genau genommen immer um ein visuelles Ereignis: Produktion und Rezeption von Bildern laufen in der Zeit ab. Wir verstehen sie wie das Leben überhaupt als Sequenzen mit mehr oder weniger deutlichem Beginn und Ende. Einen Film im Kino zu sehen, unterscheidet sich vom Streamen eines Films in der eigenen Wohnung oder im öffentlichen Verkehr, dieses wiederum vom Fernsehschauen. Der Besuch eines Museums unterscheidet sich vom Anschauen eines Bildbandes.

Wenn das *visuelle Ereignis* in einigen Unteraufgaben besonders hervorgehoben wird, dann um die pädagogische Absicht in Bezug auf diesen speziellen Aspekt zu betonen. Unserer Erfahrung nach ist es wichtig, Aufgaben so deutlich und klar wie möglich zu formulieren, damit die Schüler möglichst genau wissen, worum es geht und was es dabei für sie zu tun gibt. Vor allem wenn viele von ihnen über Jahre damit beschäftigt waren, Bilder zu machen, die ›nur‹ schön oder persönlich zu sein brauchten.

Die Ziele dieses Unterrichts sind vielfältig und hängen miteinander zusammen:

- Themen, Inhalte, Bilder und visuelle Phänomene zu thematisieren, die auf der allgemeinen visuellen Kultur im Alltag basieren
- die mit dem Thema zusammenhängenden Medien, Genres und Stile zu nutzen und auszuloten
- unterschiedliche Blicke zu verwenden
- konzeptuelle zeitgenössische Kunst als Plattform für eine Diskussion und Problematisierung des Themas zu nutzen
- den Schülern die Reflexion über visuelle Ereignisse und Erfahrungen aus ihrem Alltag zu ermöglichen.

Das Thema Fußball, um das es im Folgenden geht, wurde im Frühjahr 2011 mit einer Gruppe von Kunstlehrerstudenten umgesetzt. Wir haben mehrmals mit diesem Thema gearbeitet, aber das hier gezeigte Bildmaterial stammt von einem Team aus dem Jahr 2011.

Einführung

Fußball ist in weiten Teilen der Welt die Sportart, die am meisten Aufmerksamkeit genießt. Jeder weiß (im Großen und Ganzen), worum es dabei geht.

Ein Fußballspiel soll als ein visuelles Ereignis thematisiert werden, das unter anderem beinhaltet:

- Werbung für das Spiel mit Anzeigen und Berichterstattung in verschiedenen Medien und Plattformen wie Broschüren, Magazinen, Zeitungen, Plakaten, Websites, Fernsehen …
- Eine visuelle und multimodale Inszenierung:
    - Stadiondesign /-architektur, Großbildschirme (wie und was sie zeigen), Dekorationen, Stadionlautsprecher
    - Zuschauerverhalten und -aufenthalt (Fans auf verschiedenen Tribünen)
    - Fans: Kleidung, Verhalten, Auftreten und Rituale
    - Maskottchen der Clubs
- Spielbeginn: Präsentation der Mannschaften bzw. Spieler
- Spiel selbst als (audio)visuelles Drama
- Erscheinungsbild des Vereins (Corporate Design): Spielerdress, Vereinslogos, Gadgets, Wimpel
- Starkult und Idole

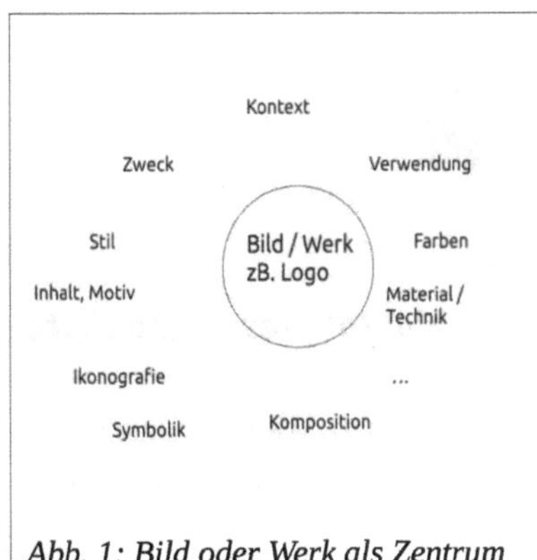

Abb. 1: Bild oder Werk als Zentrum des Kunstunterrichts

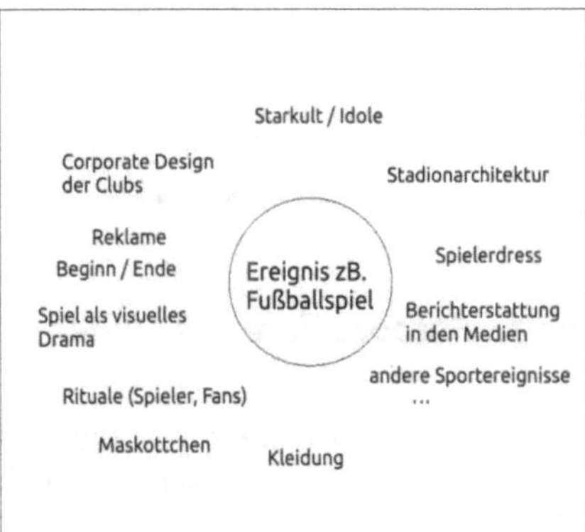

Abb. 2: Ein visuelles Ereignis als Kristallisationspunkt für den Unterricht.

Warum ein Thema wie Fußball?

Die Schüler erleben so den Unterricht im Fach Kunst anders und arbeiten anders mit Bildern, als sie es sich traditioneller Weise vorstellen (Abb. 1). Hier sind nicht visuelle Gestaltungen oder Rituale zentral, sondern ein Ereignis, um das herum der Unterricht organisiert wird (Abb. 2).

Außerdem ist Fußball ein Thema, das nicht zuletzt Buben attraktiv finden. Im traditionellen Unterricht im Fach Kunst stammen die Themen oft aus dem psychologischen oder emotionellen Bereich, mit Themen wie Freundschaft, Träume, Mobbing oder meine Familie. Ein Thema wie Fußball kann die Buben motivieren und den Mädchen zeigen, womit man sich im Unterricht auch beschäftigen kann.

Unterrichtsverlauf und Aufgaben

Die Unterrichtseinheit bestand aus fünf Aufgaben. Im Folgenden werden diese und Beispiele von Arbeiten der Studierenden vorgestellt.

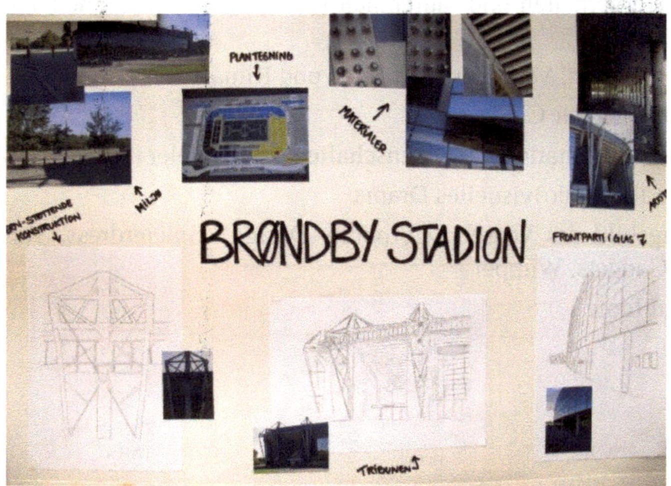

Abb. 3: Architekturblick

Aufgabe 1. Fotografiere und/oder filme dein lokales Fußballstadion.

Überlege, mit welchen Blick du fotografierst oder filmst. Welche Geschichte willst du erzählen? Welchen Aspekt/welche Aspekte willst du zeigen? Beispielsweise:

- ein Architekturfotograf, der versuchen soll, das Stadion als modernes Gebäude darzustellen
- eine Künstlerin auf der Jagd nach besonderen Blickwinkeln, einer besonderen Ästhetik, z.B. der Ästhetik des Verfalls …
- ein Dokumentarfilmer/-fotograf, der das Stadion aufnehmen soll

- eine Anthropologin, die versuchen soll, von dem ›merkwürdigen‹ und ›fremdartigen‹ Leben zu erzählen, das sich hier abspielt, und von Menschen (Spieler, Trainer, Zuschauer usw.), die dieses Stadion verwenden (Vgl. etwa den österreichischen Dokumentarfilm »Das Fest des Huhnes«, 1992)
- ein Ingenieur, der das Stadion auf eventuelle Fehler und Mängel untersuchen soll
- eine Zuschauerin, die ihre Erlebnisse anderen Fans auf youtube mitteilen will.
- eine Frau aus der Oberschicht, die sich verlaufen hat
- deine eigene Wahl.

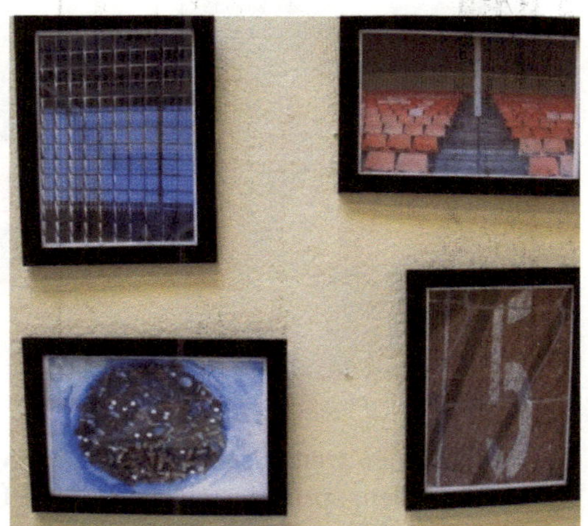

Abb. 4: Künstlerischer Blick

Im ersten Beispiel (Abb. 3) wurde ein Architekturblick gewählt. Die Fotos sind auf einem großen Karton montiert. Sie zeigen Materialien, Strukturen usw. Dann haben die Studenten Architekturzeichnungen gemacht, die selbstverständlich auf ihren Fotos beruhen, aber so tun, als seien es die Originalzeichnungen, nach denen das Gebäude geplant und gebaut wurde.

Beim zweiten Beispiel geht es um einen Kunstblick (Abb.4), einen ästhetischer Blick der klassischen Moderne, der sich auf Linien-, Symmetrie-, Muster- und Strukturformationen konzentriert. Die Fotografien sind schwarz gerahmt und so aufgehängt, dass sie ein Quadrat ergeben.

Aufgabe 2. Torjubel (goal celebrations)

Torjubel sind Elemente von Fußballspielen und für Spieler wie Zuschauer wichtig. Der Torjubel mit seiner Choreografie kann als Genre beschrieben werden: Es gibt definierte Regeln für die Dauer des Rituals. Er muss in irgendeiner Form ein Ausbruch von Energie sein, dabei darf meist nicht auf Kosten der Gegner triumphiert werden. Zum Beispiel ist es nicht mehr erlaubt, das Trikot auszuziehen. Dafür wird man verwarnt. Die Schiedsrichter reagieren auch, wenn die Szene zu lang dauert. Die Schiedsrichter sind also Teil des Genredesigns. Das Ritual muss die Fans faszinieren, spektakulär sein und die Freude mit den Fans teilen.

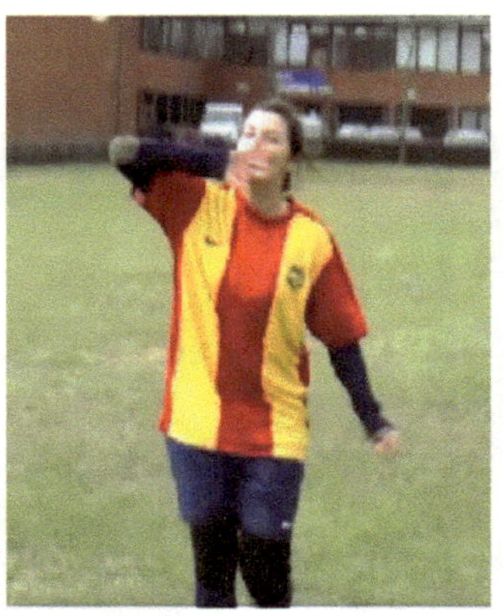

Abb. 5: Ehering küssen.

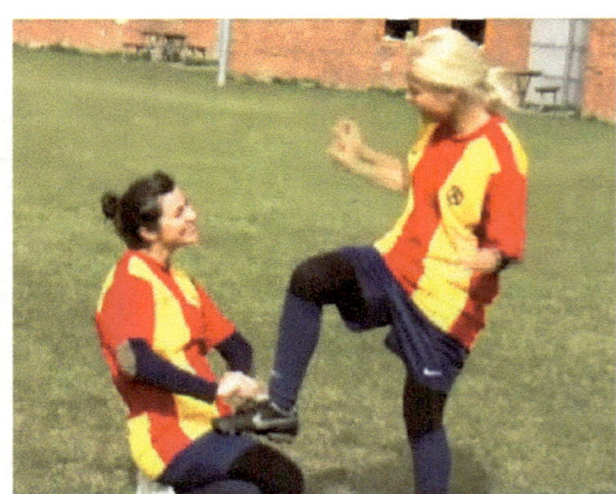

Abb. 6: Dem Torschützen den Torschuh putzen.

Die Stile können weit auseinander gehen: der Torschütze kann allein über das Spielfeld rennen, springen und athletische Übungen machen bis hin zu einer koordinierten Choreografie, bei der die ganze Mannschaft involviert ist. Der Jubel kann sich direkt an das Publikum wenden: auf den Zaun klettern, den Zuschauern zurufen usw. Er kann freudig und glückstrahlend sein. Er kann eher aggressiv und gehässig auftreten: ärgerliches Schreien, so tun als würde man jemanden niederschlagen, gegen die Eckfahne kicken usw.

- Untersuche einige dieser Rituale
- führe eines der Rituale auf und filme es als Instruktionsvideo (für ein Fitnesscenter)
- entwickelt nun eure eigene Performance und filmt sie auf die selbe Weise.

Bei dieser Aufgabe liegt der Schwerpunkt auf der Darstellung der *visuellen Begebenheit*. Dazu sollten sich die Studenten viele verschiedener Torjubel anschauen, einen auswählen und diesen dann in einem Video nachspielen und so körperlich erleben, worum es bei einem Torjubel geht.

Die Beispiele zeigen Videostills der selbst entwickelten Rituale. In dem einen Beispiel küsst der Spieler seinen Ehering (Abb. 5), im anderen putzt einer dem anderen den Torschuh (Abb. 6).

Aufgabe 3. Ich zusammen mit meinem Fußballidol als Malerei

Hier wird die Verehrung des Fußballidols zu einer privaten Sache: die Bilder sind für die eigene Zimmerwand bestimmt. Die weiblichen Studenten nahmen die Herausforderung ganz selbstverständlich an und malten sich selbst zusammen mit z.B. Beckham, Messi oder Ronaldo. Die Malereiaufgabe entwickelte sich konzeptuell, wie bei einem Barockporträt kamen Attribute dazu. Es ging um die Frage der Inszenierung der Doppelporträts: Komposition und Anordnung, Zeichen und Signale und nicht zuletzt die Stilarten, an denen man sich orientieren wollte.

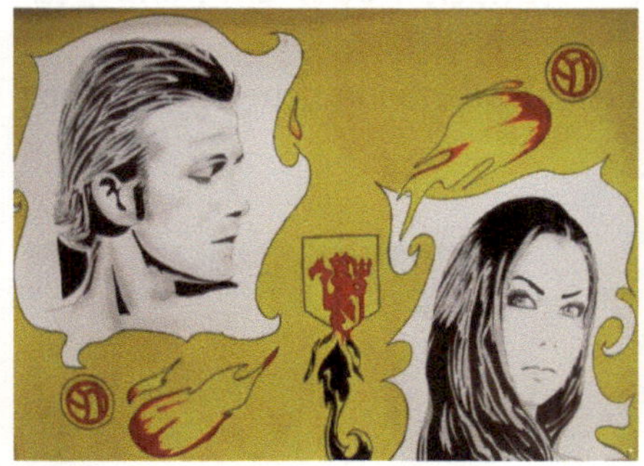

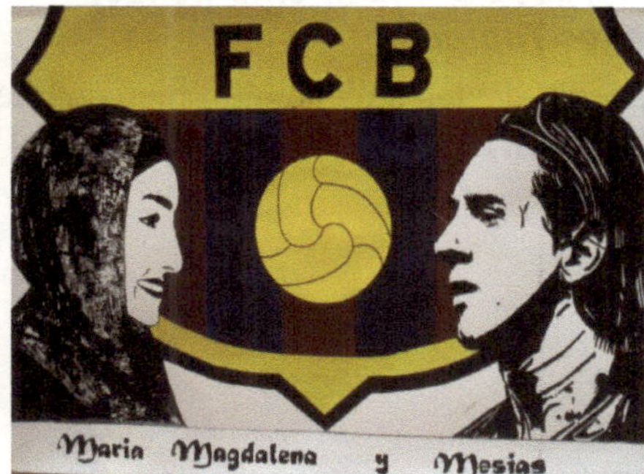

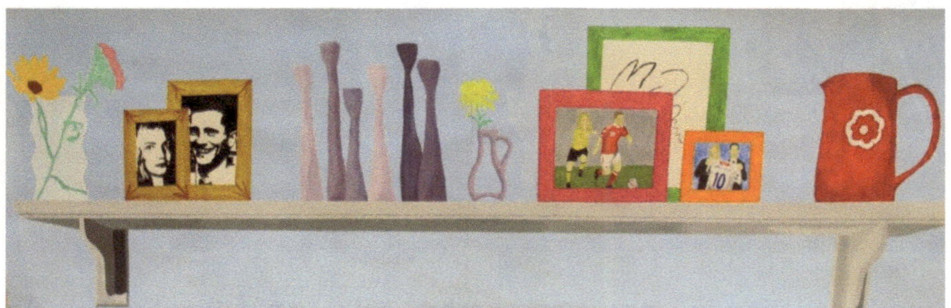

Aufgabe 4. Entwirf ein neues Logo und ein neues Trikot für einen Club

Es kann dein eigener Klub, der deiner Kinder, ein lokaler, ein nationaler oder internationale Klub sein.

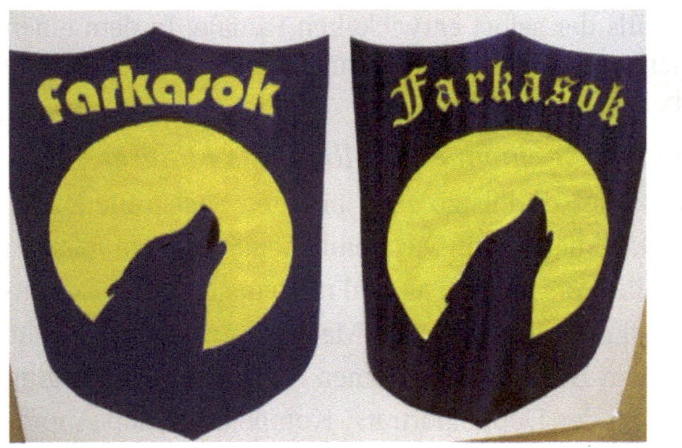

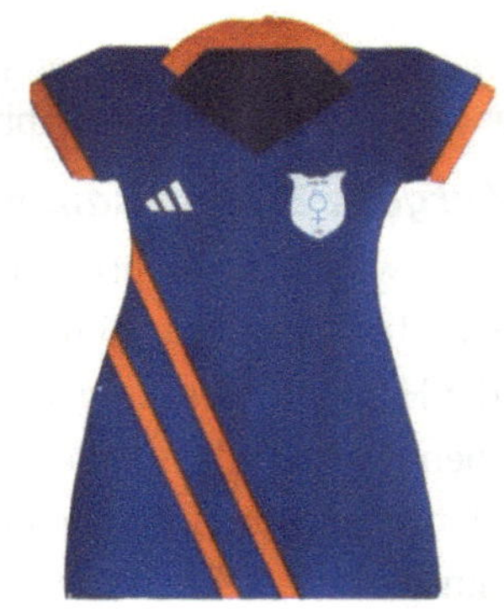

Aufgabe 5. Mach eine konzeptuelle Installation oder ein konzeptuelles Tableau.

Die Studenten sollen zu Problemen, die Fußball oder Sport betreffen, Stellung beziehen bzw. diese diskutieren.

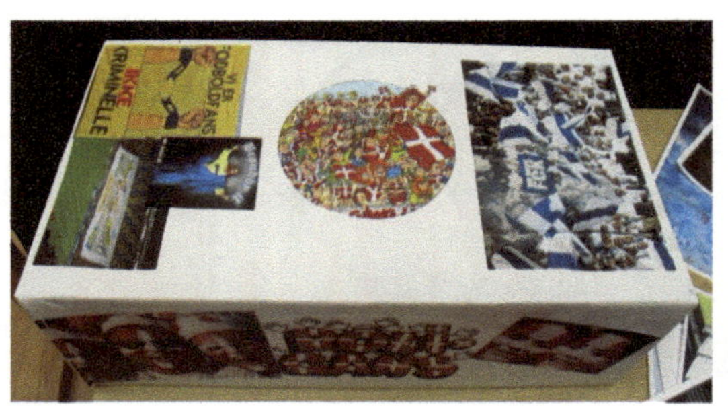

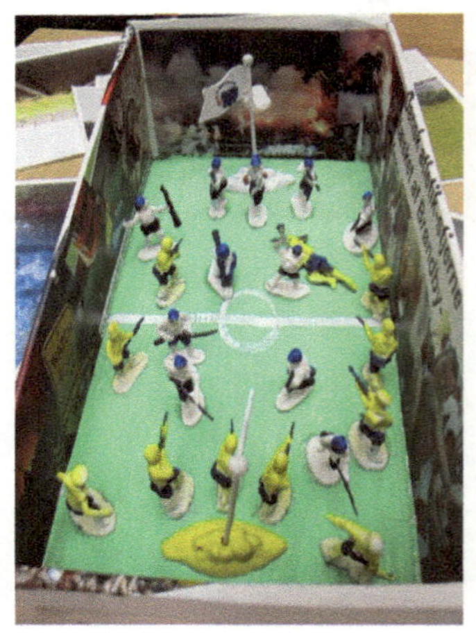

Eine Installation in einer Pappschachtel zeigt von außen Fußball als etwas Positives. Öffnet man die Schachtel, sieht man ein Spiel zwischen FC Brøndby und FC København (die zwei Erbfeinde im dänischen Fußball) dargestellt als Krieg. Die Soldaten sind in den Vereinsfarben bemalt.

TEIL 5 BILDPÄDAGOGIK – FOKUS AUF SCHÜLER UND LERNEN

In diesem Teil liegt der Fokus auf dem Schüler mit Kapitelüberschriften wie Entwicklung der Kinderzeichnung, Lernen und Kompetenzen, Motivation, Differenzierung, Fortschritt, Bildgespräch als professionelles und pädagogisches Werkzeug, Museumspädagogik usw.

KAPITEL 23 BILDNERISCHE ENTWICKLUNG / VERWENDUNG VON BILDERN BEI KINDERN

Hier geben wir nur einen groben Überblick über die Entwicklung der Kinderzeichnung. Wer sich genauer dafür interessiert, findet dazu reichlich Literatur.

Die Diskussionen über die bildnerische Entwicklung von Kindern und den Gebrauch, den Kinder von Bildern machen, folgen weitgehend der historischen Entwicklung in der Bilddidaktik. Von der Fokussierung auf das Kind als einzigartiges Wesen, das sich und seine inneren Bedürfnisse ausdrückt, und der damit zusammenhängenden Sicht auf die Entwicklung der Kinderzeichnung als Folge einer Reihe natürlicher biologischer bzw. psychologischer Entwicklungsstadien bis hin zur Idee der Teilnahme an einer visuellen Kultur, die das Kind erwerben und nutzen möchte.

Theorien zur bildlichen Entwicklung von Kindern

In der ersten Hälfte des 20. Jahrhunderts wurden umfangreiche Studien zu Kinderbildern und zur Entwicklung der Kinderzeichnung durchgeführt (Pedersen, 1997). 1947 erschien das Buch *Creative and mental Growth* (Lowenfeld & Brittain; auf Deutsch 1960 unter dem Titel *Vom Wesen schöpferischen Gestaltens,* auf Dänisch 1971). Es beschreibt auf der Grundlage dieser Studien u.a. die Entwicklung der Kinderzeichnung als eine Reihe von Stadien, die das Kind durchläuft. Die Stadien beginnen mit den Kritzeleien des Kleinkindes und enden mit naturalistischen Darstellungen eines Motivs im Alter von 14 bis 15 Jahren. Die Stufen wurden als natürlich und unvermeidlich angesehen. Die Aufgabe des Lehrers bestand darin, den Phasen entsprechend zu unterrichten, d.h. Materialien und Ideen zur Verfügung zu stellen, die der jeweiligen Phase entsprechen.

Hier folgt eine Zusammenfassung der Phaseneinteilung von Lowenfeld & Brittain:

Kritzelphase (ca. 1-3 Jahre)

- *Unkontrolliertes Kritzeln*: Interesse an der Ausführung der Bewegung und an Veränderungen in der Umgebung. Verstreute Striche, Flecken, Punkte.
- *Kontrolliertes Kritzeln*:

- *Schwingkritzeln*: Regelmäßige Schwing-Bewegungen – vom Arm- über Handgelenk bis hin zu den Fingern.
- *Kreiskritzeln*: Kreisbewegungen, aber auch Punkte, Spiralen, gerade Linien, Quadrate, Dreiecke, Kreuze (ohne dass das Kind ihnen Bedeutung beimisst).
- *Sinnunterlegtes bzw. Benanntes Kritzeln*: Das Kind benennt Figuren ohne Rücksicht auf Ähnlichkeit.

Vorschemaphase und erste gegenständliche Zeichnungen

Die Zeichnung soll einen Inhalt haben, d.h. einen Teil der Realität symbolisieren oder repräsentieren.

- *Menschendarstellung*: Kopffüßler – Kopf als Kreis mit angebrachten Beinen und Armen, er wird mit Rumpf, Fingern, Gesichtszügen usw. weiter entwickelt.
- *Farbverwendung*: vor allem subjektiv – nicht naturalistisch.
- *Raum*: Hohlräume, Bedeutungsproportionen – das, was um das Kind herum ist.

Schemaphase (ca. 7-9 Jahre)

Motive von großer Stabilität, nicht naturalistisch, nur geringfügiger Ausdruck individueller Merkmale (daher die Bezeichnung ›Schemaphase‹).

- *Menschendarstellung*: Körper kommen in den Zeichnungen häufig vor, der Kopf mit Gesichtszügen und Haaren, Füße, Finger usw. Die Details sind oft ›unnatürlich‹ (Körper quadratisch, dreieckig, rund), die Proportionen verzerrt.
- *Farbverwendung*: Lokalfarben, feststehende Farbe für dasselbe Objekt (Himmel = blau, Gras = grün).
- *Raum*: Standlinienbilder (der untere Bildrand ist die Grundlinie), aufgeklappte Perspektive, Streifen- oder Linienbild, Röntgenbilder, Simultanperspektive.

Beginn des Realismus (ca. 9-11 Jahre)

Keine scharfe Trennung von der Schemaphase, sondern eine Entwicklung hin zu mehr Naturalismus und Detailreichtum. Kinder zeichnen zunehmend das, was sie sehen, anstelle dessen, was sie wissen.

- *Menschendarstellung*: Körper sind lebensechter, Arme und Beine sind besser mit dem Körper verbunden, die Proportionen werden präziser, Experimente mit unterschiedlichen Positionen, Sinn für Details, Geschlechtsmerkmale von Kleidung und Konturen.

- *Farbverwendung*: nuancierter, feinere Unterschiede, Bewusstsein für Nuancen, Farbmischexperimente.
- *Raum*: Überschneidungen, Schrägbilder, Größenperspektive.

Pseudonaturalismus (ca. 11-13 Jahre)

Große individuelle Unterschiede, kritischere Haltung auch den eigenen Bildern gegenüber, Fokus auf Produkt weniger auf Prozess. Kein bewusst naturalistischer Stil. Grundsätzlich werden Darstellungen gemieden, die zeigen, dass man es ›nicht richtig‹ kann. So ›verschwinden‹ z.B. Hände hinter dem Rücken.

- *Menschendarstellung*: bei den einen eine naturgetreue, aber flache Darstellung. Bei anderen Schattierungen, Verkürzungen, Überschneidungen, Bewegungen, abwechslungsreiche und komplizierte Haltungen, Profil- und En-Face-Darstellungen.
- *Farbverwendung*: Unterscheidung zwischen Licht und Schatten, nehmen Farbe als solche wahr.
- *Raum*: schräge Perspektive, Abkürzungen, selten perfekt.

Pubertät (ca. 14-17 Jahre)

Starke selbstkritische Haltung kann dazu führen, dass man sich nicht mehr bildlich ausdrückt. Schüler werden experimentierfreudiger, spielen mit Stil und Darstellungsweisen, arbeiten abstrakt, skizzenhaft, kleine Skizzen, detaillierte Studien, manchmal lockerere, lebendigere Linien, Ansammlung von Wörtern und Symbolen um die Figuren.

- *Menschendarstellung*: Aufmerksamkeit für das Gesicht als Ausdruck für Psyche, Individualität und Gemütszustand der dargestellten Person.
- *Farbverwendung*: Kontraste, Harmonie.
- *Raum*: wenn sie ihn darstellen, dann ›richtig‹, d.h. zentralperspektivisch.

In der ersten Hälfte des 20. Jahrhunderts wurden nicht Kinderbilder im weitesten Sinne untersucht, sondern Kinder*zeichnungen,* eventuell auch farbige. Das waren Zeichnungen, die der realen Welt ähneln, sie darstellen sollten, da das Ideal ein Naturalismus war. Das heißt, man untersuchte die Bildkultur, die im 19. Jahrhundert vorherrschte, und zog daraus die Konsequenzen für die Pädagogik. Also: Ein Bild ist eine (farbige) Zeichnung, die so aussehen soll wie das, was sie vorstellt. So schuf man sich eine Theorie der *natürlichen* Entwicklung der Kinderzeichnung auf der Grundlage der in der Kultur geltenden Bildformen. Es gibt z.B. so gut wie keine Untersuchungen zu ornamentalen Zeichnungen.

Wenn man heute bildnerische Arbeiten von Kindern untersucht, stellt man allerdings fest, dass die Entwicklungsstadien nicht ganz falsch sind. Wie bereits erwähnt, setzt dies jedoch voraus, dass Bilder als naturalistische Farbzeichnungen definiert werden. In Bezug auf die genannten Parameter gibt es wahrnehmungsbezogene, motorische und kognitive Grenzen dafür, was Kinder mit einem Bleistift oder einem Buntstift in den verschiedenen Altersstufen darstellen können: Darstellung von Menschen, Verwendung von Farbe und Raumdarstellung. Die Mehrzahl der Bilder, die heute für Kinder gemacht werden, sind darstellende Bilder bzw. direkte Abbilder, hauptsächlich als Fotos und Videos, in Form von Kinderfilmen und -fernsehen, Familien- und Urlaubsfotos, Selfies usw. und in Form von Zeigebilderbüchern für die ganz kleinen Kinder und Bilderbüchern und Comics für die etwas größeren.

Kinder zeichnen häufig aus der Vorstellung. Das ist oft ein spielerisches Verhalten, manchmal wollen sie damit auch etwas erklären oder mitteilen. Oft sind Bilder auch als Geschenke für Freunde und Verwandte gedacht. Deshalb zeichnen Kinder so ähnlich, wie sie entsprechend ihren jeweiligen Wahrnehmungs-, Motorik- und kognitiven Fähigkeiten können.

Wie gesagt, diese Theorien über die Bildentwicklung von Kindern spiegeln keine anderen Ausdrucksformen wider als das 2-dimensionale Zeichnen mit einem Zeichenwerkzeug. Wie würde die Bildentwicklung des Kindes aussehen, wenn der Ausgangspunkt die räumliche Form wäre? Wenn sie z.B. nicht mit Papier und Bleistift, sondern z.B. mit Ton oder Legosteinen arbeiten? Oder mit Kleber, Schere und Papier aufwachsen, also mit Flächen und nicht mit Linien?

Außerdem ist auf lange Sicht ungewiss, was die Digitalisierung mit sich bringt. Viele Kinder sind heute schon im Alter von 2-3 Jahren mit Digitalkameras und Video vertraut und nehmen Bilder und Filme auf. Was bedeutet das für die Bildentwicklung des Kindes? Es lässt sich zumindest sagen, dass die *Auswahlkompetenz* wichtiger wird als die Entwicklung technischer Zeichenfähigkeiten.

Darüber hinaus kann man diese Stufen im Unterricht leicht ›forcieren‹, z.B. indem man Merkmale und Proportionen des Gesichts unterrichtet, wenn es um Porträtzeichnungen geht, auch wenn die Theorie meint, dass das Kind noch nicht so weit ist.

Verwendung von Bildern durch Kinder

Wenn man etwas von Kinderbildern verstehen möchte, ist es ratsam nach deren Funktionen zu fragen: Wofür konkret verwenden Kinder Bilder? Und als Lehrer kann man sich fragen, wofür man bildnerisches Arbeiten in einem bestimmten Unterrichtsprozess verwenden möchte. Wie bereits beschrieben, ist das Bildermachen in der einen oder anderen Form ein Kommunikationsakt, mit sich selbst oder mit der sozialen Umgebung. In vielen Situationen möchte sich das Kind mit Hilfe von Bildern verständlich machen. Hierzu braucht es Bilder, die für andere verständlich sind. Es braucht eine Bildsprache, so wie es die gesprochene Sprache braucht. Manchmal kommen Versuche, die Bildersprache zu entwickeln, in Kinderbildern vor – man probiert und übt. In anderen Fällen geht es um eine Mitteilung an sich selbst oder andere. Manchmal bieten Bilder die Möglichkeit, Gefühle und Gedanken auszudrücken, die das Kind nicht verbalisieren kann, Einstellungen und Interessen zu äußern und / oder zu versuchen, Identifikation und soziale Gemeinschaften zu schaffen oder zu stärken; so wie Kinder gemeinsam spielen, zeichnen sie oft auch gemeinsam an ihren Bildern.

Ingelise Flensborg (2002) hat den folgenden sehr nützlichen Überblick gegeben, der auf die vielen möglichen Funktionen hinweist, die Kinderbilder haben können:

- »Sich bewusst werden,
- Zusammenhänge entdecken,
- diese Zusammenhänge mit sich selbst in Beziehung setzen, indem man sie gestaltet,
- die Beobachtung zu schärfen und sinnliches Wissen entwickeln,
- neue Invarianten entdecken – neue Ansichten der Wirklichkeit gewinnen,
- mögliche Handlungsmuster finden (was ist und was sein könnte),
- Beziehungen und Identifikation aufbauen,
- Magie üben,
- sinnliche Eindrücke wie Stimmungen und Emotionen ausdrücken,
- neue sinnliche Strukturen schaffen, die zu neuen Erfahrungen, Fantasien und Wahrnehmungen führen können,
- die kulturellen Formen, die das Kind umgeben, ausprobieren / durchspielen,
- ein Erlebnis in ein Bild fassen, wobei es festgehalten und ästhetisiert wird,
- eine Wahrnehmung objektivieren, damit sie von anderen betrachtet werden kann,
- kommunizieren – u.a. Interessen und Meinungen,
- soziale Fähigkeiten demonstrieren,
- ein neues visuelles Ereignis erstellen,

- eine Geschichte mit Bildern erzählen,
- Unterscheidungsvermögen entwickeln, die Fähigkeit, Unterschiede zu erkennen, die einen Unterschied machen,
- kommunizieren durch Spielen mit Visitenkarten, Schatzkarten, Geschenken usw. « (Flensborg, 2002: 191).

Studienfragen

- Suchen Sie eigene Zeichnungen aus Ihrer Kindheit. Erinnern Sie sich, womit sie beim Machen zu kämpfen hatten und was die Zeichnungen für Sie bedeuteten?
- Erinnern Sie sich, bei welchen Gelegenheiten Sie gezeichnet haben; Weihnachten, Muttertag, in den Ferien, mit anderen Kindern, im Kindergarten …
- Wo sind die Zeichnungen jetzt?
- Was unterstützt und was behindert die Lust der Kinder, sich in Bildern auszudrücken?
- Wie kann man mit Kindern über ihre Bilder sprechen?
- Geben Sie sich gegenseitig kleine Aufgaben, zur Auseinandersetzung mit den von Flensborg genannten Funktionen.

KAPITEL 24
MIT BILDERN UMGEHEN

›Arbeitsbesprechung‹ und ›Bildanalyse‹ sind zwei wichtige Konzepte in der Bildpädagogik. Beide hängen zusammen. Bei der Bildanalyse liegt der Schwerpunkt auf dem *Verständnis* von visuellen Äußerungen, bei der Arbeitsbesprechung auf deren *Gestaltung*. Bei der Analyse fragt man, welche Bedeutungen sich aus der konkreten Wahl der bildnerischen Mittel und der jeweiligen Motive ergeben können bzw. gewinnen lassen. Bei der Arbeitsbesprechung geht es darum, ob die gewählten Mittel für die Zwecke und Absichten adäquat sind und wie sie möglicherweise zu optimieren sind. In beiden Fällen geht es um das Konstruieren von Bedeutungen (*meaning making*). In den aktuellen *Vereinfachten gemeinsamen Zielen für die Folkeskole* (2017) heißt es dazu:

> »Die Arbeitsbesprechung ist ein wichtiges Instrument für den Lehrer, um einen Einblick in das zu erhalten, was die Schüler gerade ausdrücken. Ebenso stellt das Gespräch über Bilder eine erste Möglichkeit für die Schüler dar, eine Fachsprache zu erwerben. Ein wichtiger pädagogischer Aspekt ist dabei, dass die Schüler lernen, sich etwas klar zu machen und ihre eigenen Absichten auszudrücken sowie ihren Mitschülern zuzuhören, die ihre Absichten ausdrücken. Dieser Prozess beinhaltet das Hin-und-her-wechseln zwischen intuitiven und analytischen Denkweisen. Es ist wichtig, dass es in einer respektvollen und aufmerksamen Atmosphäre stattfindet.« (emu.dk)

Unter Arbeitsbesprechung verstehen wir alle Formen von Gespräch, Analyse, Bewertung, Reaktion, Rückmeldung, Dialog, Anleitung, Kommunikation zwischen Lehrer und Schüler bzw. zwischen den Schülern untereinander in Bezug auf ein Bild vor, während und nach einer Bildproduktion, wenn es sich um selbst gemachte Bilder handelt, aber auch in Bezug auf eine Beschäftigung mit den Bildern anderer.

Die Besprechung hat fachliche und pädagogische Anteile.

Der fachliche Aspekt

Der fachliche Aspekt bezieht sich auf die fachlichen Probleme und Fragen, die im Zusammenhang mit Bildern sowohl bei der Produktion als auch bei der Rezeption auftreten. Worum geht es, warum schaut das Bild so und nicht anders aus, was sind die Absichten, wie wird gedacht und gehandelt usw.? Hier ist es wichtig, dass die in der Arbeitsbesprechung behandelten Probleme den Zielen entsprechen, die in der Aufgabe genannt wurden. Allzu oft wird ein Gespräch über die Arbeit der Schüler zu einem oberflächlichen Gerede, in dem der Lehrer Lob austeilt und sich danach erkundigt, ob die Arbeit Spaß gemacht hat. Dies ist natürlich auch ein wichtiger Aspekt, aber die Schüler verlieren Motivation und Ziele aus den Augen, wenn man als Lehrer nicht an den anfänglichen Vorgaben und Zielen festhält und sich im Gespräch nicht darauf bezieht (s. Kapitel 30 zur Motivation). Sinnvoll sind Arbeitsbesprechungen zu Beginn der Unterrichtsstunde. Hier kann der Lehrer anhand von Beispielen von Schülerarbeiten Probleme und vor allem Lösungen präsentieren. Dazu braucht es Vorbereitung. Allerdings geht das auch während des Unterrichts.

Bei der Arbeitsbesprechung werden grundsätzlich zwei Themenkomplexe thematisiert, einerseits die visuellen Mittel und andererseits Material, Technik und Werkzeuge bzw. Apparate.

Visuelle Mittel: Visuelle Mittel fassen alle Entscheidungen zusammen, die mit einer bestimmten visuellen Gestaltung zusammenhängen. Diese betreffen das *was* und das *wie*, also Inhalt und Motiv, Genre, Größe, Bildausschnitt bzw. Bildeinstellung, Bildaufbau, Format, Farben, Darstellungsart (realistisch – abstrahierend) usw. Dabei haben auch Aspekte der Technik und des Materials einen Einfluss auf die visuelle Wirkung. Bei der Interpretation von Bildern und anderen visuellen Phänomen berücksichtigen Betrachter auch den Verarbeitungsgrad, die handwerkliche und technische Qualität, den nötigen Aufwand und auch den Wert des Materials. Auch diese Aspekte sind deshalb gegebenenfalls Gegenstand der Besprechung.

Material, Technik und Werkzeuge bzw. Apparate. Bei einer Bleistiftzeichnung kommt es darauf an, über Härtegrad und Dicke der Mine und die Papierqualität ebenso Bescheid zu wissen wie über die technischen Möglichkeiten von Hell-Dunkel-Abstufungen und Raumillusionen. Dazu kommt noch der Einsatz verschiedener Hilfsmittel, wie Lineal, Winkelmesser oder Zirkel. Bei der Fotografie geht es um die Handhabung der Kamera, Wissen um Kontraste, den Einsatz von Licht und von Schärfe und Unschärfe.

In Arbeitsbesprechungen diskutieren und begründen Schüler ihre Ideen und Absichten. Sie entwickeln dabei an konkreten Beispielen ihre Fachsprache. Die visuelle Seite der medialen Kommunikation ist mit den billigen Apparaten und den einfach zu bedienenden Programmen zu einer Kulturtechnik geworden, die in den meisten Berufen vorausgesetzt wird. »Arbeitnehmer müssen vielseitig qualifiziert, wortgewandt und ›selbststeuernd‹ sein ... [Sie] diskutieren ihre Arbeit als Mitglieder von ›Qualitätszirkeln‹ und beratenden Ausschüssen. Dies erfordert, dass die Arbeitnehmer nicht nur in der Lage sind, ihre Arbeit zu tun, sondern auch, dass sie in der Lage sind, über ihre Arbeit und deren Effektivität zu sprechen und nachzudenken« (Kress & Leeuwen, 2006: 34, eigene Übersetzung). Man muss gestalterische Entscheidungen diskutieren und gegebenenfalls vertreten können. Fachsprache ist zudem eine wichtige Grundlage für das eigene Nachdenken und visuelle Handeln. Als Lehrer sollte man zudem darauf achten, hier ein grundlegendes Medienbewusstsein zu schaffen (vgl. Kapitel 14 zu Medien, Werkzeuge, Zwecken). Einfache Fragen erweisen sich hier als wirkungsvoll:

- Was würde man machen, wenn man keine visuellen Mittel zur Verfügung hätte?
- Welche Alternativen zu den verwendeten Techniken und Materialien gibt es? Welche sind besser, welche weniger gut für die jeweiligen Zwecke geeignet?
- Wie würden sich die Wirkung und damit auch mögliche Bedeutungen mit einer anderen Technik und in einem anderen Genre ändern?
- Welche Grenzen ergeben sich aus den gewählten Mitteln und Materialien?
- Welche andere Funktionen kann das Bild oder das visuelle Phänomen noch erfüllen? Welche Missverständnisse sind gegebenenfalls möglich?
- Wie steht es mit dem Aufwand, z.B. Arbeitszeit, finanzielle bzw. ökologische Kosten, technische Herausforderungen?

Arbeitsbesprechungen finden sowohl während der Planung der bildnerischen Arbeit durch die Schüler als auch während der Arbeit und schließlich bei der Präsentation und Ausstellung der Ergebnisse statt. Es ist wichtig, dass die Schüler ihre bildnerischen Qualifikationen als Grundlage dafür verwenden können, sich vorzustellen, wie ihre Arbeit aussehen und wie sie wirken soll, in welches Genre sie sich gern einarbeiten möchten und welche Stilmerkmale sie an Bildern anderer schätzen, um diese eventuell selbst zu verwenden.

Der pädagogische Aspekt

Beim pädagogischen Aspekt geht es darum, *wie* die *Besprechung* angegangen wird.

Ein ziemlich häufiges Szenario sowohl in der Schule als auch in der Lehrerausbildung schaut so aus: Eine Klasse oder eine Gruppe muss am Ende eines Unterrichts über ihre Bilder sprechen und sie gegebenenfalls bewerten. Möglichst viele sollen dabei zu Wort kommen. Das geht gut mit den ersten sechs oder acht Arbeiten. Das Gespräch ist lebhaft, aber die Schüler werden allmählich müde und unaufmerksam. Oft endet es in einem krampfhaften Gespräch zwischen dem Lehrer und dem 17. Schüler. Der Rest der Klasse ist ausgestiegen. In der pädagogischen Literatur gibt es viele verschiedene Modelle für Formen der Bewertung, des Gesprächs und der Zusammenarbeit.

Hier führen wir einige Beispiele an, die wir im Unterricht mit Studenten verwendet haben:

Kooperative Lernstrukturen verschiedener Art, die die Schüler / Studenten aktivieren.

- *Aquarium*: Zwei oder drei beginnen ein Gespräch über ein Bild. Der Rest der Klasse hört zu. Wenn sich das Gespräch zwischen den Startern totläuft, können andere mit Kommentaren und Fragen beitragen, die vom ersten Gespräch inspiriert sind.
- *Fragen bzw. Kommentare*: Ausgerüstet mit Post-It-Blöcken versieht jeder Schüler die Arbeiten der anderen mit einer Frage oder einem Kommentar als Grundlage für ein anschließendes Gespräch. Vielleicht nicht mit der ganze Gruppe, aber mit einigen, damit jeder dran kommt. Nicht jede Äußerung muss von allen gehört werden.
- *Was habe ich gelernt?* Jeder Schüler schreibt zu seiner Arbeit in einem Satz, was er dabei gelernt hat. Wenn die Arbeiten in den Gängen der Schule ausgestellt werden, wird damit auch für Lehrer anderer Fächer und Außenstehende sichtbar, dass und was im Fach Kunst gelernt wird.
- *Reaktionsgruppen*: Eine Gruppe befasst sich mit der Arbeit einer anderen Gruppe und umgekehrt . Sie präsentieren sich die Ergebnisse gegenseitig. Die Produzenten antworten erst nach Abschluss der Präsentation. Auf diese Weise zeigt sich, ob und inwieweit die in einer Arbeit verfolgten Absichten von den Betrachtern verstanden werden.
- *Zeit begrenzen*: Bei Bildbesprechungen die Zeit begrenzen. Es steht eine bestimmte Anzahl von Minuten für jeweils eine Arbeit zur Verfügung. Die Zeitvorgabe wird strikt eingehalten, sowohl wenn längere Zeit keine Redebeiträge kommen, als auch, wenn die Diskussion interessant zu werden scheint. Es wird lediglich der letzte Satz beendet.
- *Bildbesprechung am Ende einer (Doppel)stunde*: zehn Minuten vor dem Ende der Stunde räumen die Schüler den Zeichensaal auf. In den verbleibenden Minuten wird jeweils die Arbeit eines Schülers besprochen. So kommt im Laufe des Schuljahres jeder wenigstens einmal dran. Der Schüler sucht die Arbeit selbst aus seiner Mappe aus. Es kann eine fertige oder unfertige Arbeit sein.
- *Selbstevaluierung*: Schüler beantworten zu ihrer Arbeit jeweils mit kurzer Begründung folgende Fragen (vgl. dazu Lindström, 2008): Was ist dir besonders gut gelungen? Womit bist du nicht zufrieden? Was würdest du anders machen, wenn du mehr Zeit hättest? Was würdest du anders machen, wenn dir jemand helfen dürfte? Die Antwor-

ten werden jeweils mit den Arbeiten in der Klasse im Rahmen einer kleinen Ausstellung präsentiert. Bei zweidimensionalen Arbeiten können die Antworten direkt auf eine Fotokopie des Bildes geschrieben werden.

- *Einkreisung wichtiger Fragen*: Die Schüler präsentieren ihre Ergebnisse einander in Gruppen, die z.B. drei Projekte vertreten. Es wird ein Wortführer und ein Berichterstatter gewählt, deren Aufgabe es ist, ein oder mehrere allgemeine Probleme zu finden, die in allen drei Projekten auftreten (dies kann beispielsweise eine Erweiterung der festgelegten Lernziele sein, es können jedoch auch andere Probleme auftreten). Der Berichterstatter schreibt diese Fragen auf. Wortführer und Referent jeder Gruppe führen anschließend im Plenum eine Diskussion. Ziel ist es, die Produktion von Wissen zu erkennen, das auch im Unterricht stattfindet, und Möglichkeiten zur Eigenverantwortung zu schaffen.

Studienfragen

- Machen Sie zu zweit eine Arbeitsbesprechung und lassen Sie eine dritte Person notieren, wie nach Absichten gefragt wurde und was dabei passiert ist.

KAPITEL 25
PERSÖNLICHE ENTWICKLUNG

Während des gesamten 20. Jahrhunderts ging man davon aus, dass die Fächer *Zeichnen, Gestalten* und *Bildende Kunst* zur Bildung der Persönlichkeit beitragen bzw. sich auf die Entwicklung der Persönlichkeit auswirken können. Bildung bzw. Entwicklung hängen mit unterschiedlichen pädagogischen Auffassung zusammen. Mit der Persönlichkeitsbildung denkt man an den Bürger in einer Zivilgesellschaft. Mit dem Zeichenunterricht wollte man die Bevölkerung dazu sozialisieren, die Wirklichkeit nüchtern und ausgewogen zu betrachten und zu verstehen. Dabei ging es darum, eine Einstellung gegenüber der Gesellschaft zu fördern, die die ausgeprägten Klassengegensätze aus der Zeit vor dem Ersten Weltkrieg ignoriert. Mit der Gestaltungspädagogik wollte man dagegen einen Raum schaffen für die Entwicklung von dem, was man für eine authentische und natürliche Persönlichkeit hielt (Illeris, 2003: 26f). Dieses Ziel gilt in den allermeisten europäischen Lehrplänen für Kunstpädagogik auch heute noch als besonders wichtig (Kirchner & Haanstra 2016; Kirchner u.a. 2016).

Während Bildung ein *politisches* Projekt in der Tradition der Aufklärung und des Aufbaus moderner Demokratien ist, ist Entwicklung ein *psychologisches* Projekt, bei dem man sich vorstellt, dass die Persönlichkeit unter den richtigen Umständen ihr natürliches Potenzial verwirklichen kann. Die beiden Ideen werden auf verschiedene Weisen verfolgt. Die Reformpädagogik versucht, die inhärenten Potenziale des Kindes als Voraussetzung für eine optimale Bildung zu bewahren. Die Bildungsvorstellungen vom sozialen Individuum mit demokratischer Einstellung gehen davon aus, dass man diese durch die Respektierung der Persönlichkeit des Kindes erreichen kann.

Schließlich kann man die persönliche Entwicklung auch unter Aspekten der Kommunikation sehen.

Ein weiterer Aspekt der persönlichen Entwicklung stammt aus der *Kunsttherapie.* Sie liegt außerhalb des allgemeinen Verantwortungsbereichs des Lehrers, inspiriert aber viele Lehrer und veranlasst sie zuweilen dazu, die Zeichnungen der Schüler recht breit zu interpretieren. Kunsttherapie basiert wie andere Therapieformen auf einer Vereinbarung über die Behandlung und gehört als solche in einen anderen Rahmen als der normale Unterricht. Aber die bildliche Darstellung bringt oft Probleme ans Licht, die der Schüler nicht in Worte gefasst hat. Es ist eine der Stärken der Visualisierung, dass sie ihre besondere Modalität hat. Im Allgemeinen findet das Lernen statt, wenn man aus einer Modalität in eine andere übersetzt (Kress & Selander, 2012: 28), und es ist richtig, mit dem Kind über sein Bild zu sprechen, genauso wie man mit ihm über andere Bilder spricht, natürlich mit Respekt vor den Grenzen des Kindes.

Wenn wir davon ausgehen, dass alles Lernen und Entwickeln im Zusammenspiel mit anderen stattfindet (Buhl & Flensborg, 2011), dann erfolgt jede Entwicklung auch durch Kommunikation, entweder zwischen verschiedenen Personen oder mit einer Verschiebung in Raum und Zeit, wie es durch die verschiedenen Medien geschieht. Diese Kommunikation ist immer multimodal. Wenn das Kind Verhalten und Tätigkeiten nachahmt, spielen die visuellen Anteile ein wichtige Rolle. Auch die Beschäftigung mit und das Gestalten von Bildern beeinflusst das Lernen. Gelernt wird in verschiedenen Formen; wichtig ist dabei, dass es reale oder imaginäre Betrachter der Bilder gibt und dass das Kind häufig darüber nachdenkt, wie die Bilder aufgenommen werden können. Auf diese Weise übt sich das Kind in Selbstdarstellungen (Drotner, 1999), in denen es darüber nachdenkt, wie es von anderen wahrgenommen werden möchte und wie es dies erreichen kann. Dieser Teil der Entwicklung einer persönlichen und sozialen Identität erstreckt sich in einem weiten Bereich von den Übungen im Zeichnen von Prinzessinnen und Superhelden über Fotos in sozialen Medien bis hin zu visuellen Darstellungen in anderen Schulfächern oder auch der Einrichtung von Zimmern.

Allerdings werden solche Ziele in den verschiedensten Teilbereichen der Kultur verfolgt; z.B. lässt sich Shopping ebenso wie etwa touristisches Reisen als eine Arbeit an der persönlichen Entwicklung beschreiben. Shopping meint das Durchstreifen von verschiedenen Läden und deren Angebote und nicht unbedingt Kaufen und Konsumieren. Dabei sind wir in der Regel mit anderen unterwegs und suchen oft Antworten auf zentrale Fragen wie z.B.: Wer bin ich, bzw. möchte ich sein, bzw. möchte ich werden? Welche Wahrnehmungsangebote möchte ich meinen Sinnen bieten? Was erwarte ich mir von diesen Wahrnehmungen? Wer oder was würde ich werden, wenn ich mich für dieses oder jenes Produkt, diese oder jene Dienstleistung entscheide? Wie sollen mich die anderen sehen? Zu welchem Milieu möchte ich gehören, bzw. nicht gehören? Wie stehe ich in den Augen anderer da? (Billmayer, 2011, 2015a, 2015b).

Studienfragen

- Stellen Sie sich vor, Sie müssen für die Eltern einer dritten Klasse einen Vortrag zu Bildung in den Fächern Kunst, Deutsch und Mathematik halten. Wenn Sie zu dritt sind, können Sie jeweils ein Fach nehmen. Sie haben jeweils eine Minute zur Verfügung, das Wesentliche zu nennen. Notieren Sie die wichtigsten Stichpunkte.
- Formulieren Sie drei mögliche Fragen der Eltern. Aus welchen Positionen werden die Eltern Ihrer Meinung nach sprechen?

- Worauf berufen Sie sich, auf das Unterrichtsgesetz, den Lehrplan, auf Ihre berufliche Einstellung als Lehrer und / oder auf Ihre Position als Mitbürger?

KAPITEL 26
SICH VERTIEFEN / FLOW

Flow ist wie *ästhetische Lernprozesse* ein Konzept, das häufig für fachspezifisch gehalten wird. Im Folgenden werden wesentliche Aspekte der Flow-Theorie behandelt. *Flow* hat im Prinzip nicht mehr mit dem Fach Kunst zu tun als mit anderen Fächer. Allerdings gehen viele Fachvertreter davon aus, dass er im Fach Kunst stärker auftritt als in den anderen. Sie fordern auch, dass besonders im bildnerischen Arbeiten eine Atmosphäre vorhanden sein sollte, die den Flow fördert. Wie aus der folgenden Diskussion hervorgeht, ist es vielleicht Zufall, dass Flow und Bildende Kunst gut zusammenpassen, aber es ist nicht die Hauptaufgabe des Fachs Kunst, dafür zu sorgen, dass die Schüler in den Flow kommen. Man kann versuchen, Arbeitssituationen zu fördern, in denen man vermutet, dass *Flow* auftreten kann, wenn man das als Lehrer wünscht. Dies ist jedoch keine Voraussetzung für einen guten Unterricht, und es ist tatsächlich schwierig, einen solchen Unterricht zu planen, da es sich ja um einen innerer Zustand handelt, der bei verschiedenen Beteiligten in unterschiedlichen Situationen auftreten kann.

Eine weitere Annahme besagt, dass Flow enger mit praktischen Aktivitäten verbunden ist, also mit Arbeiten, bei denen Hände und Körper direkt involviert sind, z.B. Zeichnen, Malen oder Tonarbeiten, als für Arbeiten mit digitalen Medien wie Fotografie, Video, digitaler Bildverarbeitung und -bearbeitung. Es gibt keine Beweise dafür, dass diese Annahme richtig ist. Unsere Erfahrungen mit Studierenden zeigen, dass Flow bei allen Arten von Arbeiten mit Bildern und visuellen Phänomenen auftreten kann.

Weil Flow nicht für das Fach Kunst spezifisch ist, sondern auch in allen Fächern vorkommen kann, könnte dieses Kapitel im Prinzip in allen Fachdidaktiken stehen. Viele Leute machen die Erfahrung, Zeit und Ort zu vergessen, wenn sie an offenen, problemlösenden und / oder kreativen Aufgaben arbeiten. Kristian Pedersen und Hans Jörg Hohr (1996: Kapitel 7) analysierten das Phänomen und bauten darauf eine Theorie ästhetischer Lernprozesse auf. Sie brachten es mit nicht-diskursiven oder nicht-sprachlichen erlebnismäßigen Prozessen in Zusammenhang, die Energie aus unbewussten Schichten beziehen. Ingelise Flensborg und Birgitte Holm beschreiben im Buch *Temaer i billedpædagogik* (2005: 12), wie ein *ansprechendes* Thema die Schüler motivieren kann, sich auf Aufgaben einzulassen, deren Lösung sie noch nicht beherrschen. Die Professoren Martin E.P. Seligman und Mihaly Csikszentmihalyi aus den USA beschäftigen sich seit den 1980er Jahren mit positiver Psychologie, dabei verlagern sie ihr Interesse von der Beschreibung von Problemen hin zur Erforschung von Faktoren, die das Erleben von Glück stärken. In Dänemark haben Hans H. Knoop und Frans Ø. Andersen von der DPU mit positiver Psychologie weiter gearbeitet. Knoop schreibt:

> »Menschliches Glück kann so verstanden werden, dass es drei Hauptformen umfasst, die als das schöne Leben, das engagierte Leben und das sinnvolle Leben bezeichnet werden, wobei der Flow-Zustand dem engagierten zugeordnet wird, während das schöne und sinnvolle abgesehen davon, dass sie als solche glücklich machen können, als wichtige Voraussetzungen für Flow und Engagement gelten können« (Knoop, 2005: 491).

Über Flow schreibt Knoop:

> »In Übereinstimmung mit Csikszentmihalyi (1990) habe ich früher beschrieben, wie die Phänomenologie des Flow-Zustands tiefer gehend konstituiert wird dadurch:
>
> - dass man ganz bei der Sache und konzentriert ist; dass man eine Art Ekstase erlebt, indem man sich über die Realitäten des Alltags erhebt;
> - dass man große innere Klarheit erlebt, indem man weiß, was zu tun ist und inwieweit es gelingt;
> - dass man weiß, dass es möglich ist, die Aufgabe zu lösen, weil die eigene Kompetenz der Anforderung entspricht;
> - dass man eine Reinheit erlebt, indem man sich keine Sorgen um sich selbst macht und gleichzeitig Erfahrungen macht, über seine Grenzen hinauszuwachsen;
> - dass man eine Art Zeitlosigkeit erlebt, weil man vollständig im Hier und Jetzt ist und Stunden als Minuten erlebt;
> - dass man innere Motivation erlebt, indem die Aktivität an sich zum Ziel und zur Belohnung wird« (ebd.: 482).

Das ist eine Beschreibung des Flow-Zustands bei Erwachsenen. Wenn wir uns die Schulrealität der Kinder anschauen, hat das *Spielen* viele Ähnlichkeiten mit der Beschreibung des Flow-Zustands, aber auch Lernsituationen können Möglichkeiten zum Vertiefen schaffen. Der Lehrer kann versuchen, die Bedingungen zu schaffen, die im folgenden Zitat beschrieben werden.

> »Generell zeigen Untersuchungen, dass die Wahrscheinlichkeit für Flow steigt, wenn ein bestimmter Kontext dadurch gekennzeichnet ist,

- dass eine Person gute Möglichkeiten hat, eigenständige Initiativen zu ergreifen und ein hohes Maß an interner Kontrolle aufrechtzuerhalten;
- dass es konkrete, kraftgebende Ziele gibt; dass es überschaubare, unbürokratische Regeln gibt;
- dass es ein hohes Maß an Flexibilität und damit gute Möglichkeiten gibt, Anforderungen an Kompetenzen anzupassen;
- dass es laufend klare, nicht demütigende Informationen darüber gibt, wie gut man es schafft; und
- dass störende Faktoren beseitigt werden können, so dass es ohne Unterbrechung möglich ist, sich zu konzentrieren« (ebd.: 481).

Bei emu.dk (der Lernplattform des Bildungsministeriums) wird die Flowtheorie wie folgt operationalisiert:

»Faktoren, die den Flow-Zustand fördern

- Formulierung klarer, konkreter und realistischer Ziele.
- Feedback: Laufende und relevante Rückmeldungen zu den Leistungen.
- Angemessenes Gleichgewicht zwischen Fähigkeiten und Wissen einerseits und Herausforderungen andererseits.
- Abstellen von Ablenkungen.
- Handhabbare, verständliche und genaue Regeln für die Aktivität / Aufgabe.
- Daran denken, dass ein zu enger Rahmen den Flow behindern kann.«

Wenn man an der Entwicklung von Neuem arbeitet, kann das straffe Kompetenzmanagement zu einem Hindernis werden. Außerdem müssen die Schüler auch auf eine Welt vorbereitet sein, die von Unvorhersehbarkeit geprägt ist.

Studienfragen

- Stellen Sie sich selbst eine Aufgabe, die Sie ausreichend fordert und interessiert, und nehmen Sie sich vier bis sechs Stunden Zeit für ungestörtes Arbeiten an der Aufgabe.
- Formulieren Sie für einen Kommilitonen eine Aufgabe ähnlicher Art. Finden Sie heraus, was für den Betreffenden eine spannende und angemessene Herausforderung darstellt.
- Formulieren Sie eine Aufgabe für eine Klasse, ebenfalls zu denselben Bedingungen. Wie lange sollten die Schüler an der Aufgabe arbeiten?

KAPITEL 27
FORTSCHRITT UND DIFFERENZIERUNG

In diesem Kapitel geht es darum, wie sich Fortschritte im Lernen im Fach Kunst beschreiben und feststellen lassen und wie Schüler entsprechend ihrer Fortschritte gefördert werden können.

Fortschritte

Im folgenden Abschnitt orientieren wir uns vor allem an den Ergebnissen von ENViL (Wagner, Schönau 2016: 126ff).

Die Frage »Was hast du gelernt?« fragt nach Fortschritten in Wissen, Können und Einstellungen. Für erfolgreiches Lernen und Unterrichten braucht es Maßstäbe, die diese Fortschritte sichtbar machen. Dazu bieten die Kompetenzbeschreibungen in den Lehrplänen hilfreiche Angebote. Sie beschreiben in der Regel verschiedene Niveaus. Wer ein Kompetenzniveau erreicht hat, ist fähig, bestimmte Herausforderungen zu bewältigen. Lernen geschieht einerseits durch Üben und andererseits durch neue Herausforderungen. *Üben* zielt auf Routine und Beherrschung von Fähigkeiten, *Herausforderungen* auf den Erwerb neuen Wissens und Könnens. Schulisches Lernen ist in der Wahrnehmung der Lehrer, Schüler und Eltern eher vom Erwerb neuen Wissens und Könnens geprägt; dabei wird das Neue erst durch Üben gefestigt.

Kompetenzbeschreibungen benennen zunächst, was zu den Aufgaben und damit indirekt zu den Zuständigkeiten eines Faches gehört. Sie zeigen, wohin die Reise des Lernens und des Unterrichtens geht. Sie zeigen, was die Gesellschaft vom Einzelnen erwartet. Mit ihnen lassen sich individuelle Lernfortschritte ebenso überprüfen wie Erfolge des Unterrichts, das betrifft die Selbsteinschätzung der Schüler ebenso wie die Beurteilung des Unterrichts durch den Lehrer.

In der deutschen Kunstpädagogik ist die Orientierung an Kompetenzen umstritten. Die Kritik richtet sich vor allem grundsätzlich gegen die Steuerung des Unterrichts durch Kompetenzen, einzelne konkrete Kompetenzbeschreibungen werden, so weit wir das sehen, nicht in Frage gestellt (vgl. z.B. Krautz, 2010; Maset, 2017). Aus unserer Sicht ist angesichts der mit der Schulpflicht verbundenen Freiheitsberaubung die Beschreibung der Kompetenzziele eine ethische Forderung. Die Kompetenzen sind dabei so zu beschreiben, dass Eltern und zumindest ältere Schüler verstehen, was damit gemeint ist und warum der Besuch des Unterrichts verpflichtend ist (Billmayer, 2018b). Nebenbei ist mit der Beschreibung von Kompetenzen auch eine sachliche Diskussion über Sinn und Zweck des Faches möglich. Kompetenzniveauskalen erleichtern die Beobachtungen von Lernen und Unterricht.

> »Eine Diagnose mit Hilfe von solchen Skalen ermöglicht es auch, die gemachten Beobachtungen für die weitere Planung durch die Lernenden wie durch die Lehrenden zu nutzen. Eine Einschätzung z.B. durch einen Lehrer zeigt, inwiefern der bisherige Unterricht den beabsichtigten Lernzuwachs ermöglicht hat. Sie gibt aber auch dem Lernenden Hinweise, an welchen Stellen das weitere Lernen ansetzen sollte. So wird es für den Lernenden möglich, sein eigenes Niveau zu einem bestimmten Zeitpunkt im Hinblick auf einen Maßstab selbst einzuschätzen; und für Lehrende, die Erwartungen an die Lernenden begründet zu formulieren, die Leistungen nachvollziehbar zu evaluieren, entsprechende Diagnosen zu erstellen. Da mit Lernstandserhebungen auch eine Rückmeldung an den Lehrenden gegeben ist (Wo liegen meine Schüler?), bilden diese ein wichtiges Instrument für die Unterrichtsplanung« (Wagner, Schönau 2016: 126).

Bei der Formulierung der Kompetenzniveaus orientierte sich ENViL an den Empfehlungen des ›Gemeinsamen Europäischen Referenzrahmens für Sprachen‹. Bei der Beschreibung der Niveaus im Bereich der Visual Literacy ergibt sich dabei das Problem, dass es hier weder einen ›Muttersprachler‹ noch einen richtigen ›Anfänger‹ gibt. Ähnlich wie die Muttersprache erwerben Kinder den Umgang mit der visuellen Welt in der sozialen und medialen Umwelt. Die rezeptive Bildkompetenz ist schon im Kindergartenalter recht ausgeprägt (Dorner, 2021).

ENViL unterscheidet zwischen drei Stufen: elementar, mittleres Niveau und kompetent. Mit der elementaren Stufe wird die Basis »zur Teilhabe an der Gesellschaft (etwa beruflich oder in der Kultur) beschrieben sowie die Basis einer umfassenden, die kulturelle Dimension einschließenden Persönlichkeitsentwicklung. Die dritte Niveaustufe (kompetent) dagegen charakterisiert den umfassend visuell gebildeten, europäischen *Bürger* ...« (Wagner, Schönau 2016: 127), also nicht den Profi.

Es lassen sich bei den Kompetenzen drei verschiedene Aspekte unterscheiden:

- Die *Aufgabe*, das *Problem*. Hier gibt es unterschiedliche Komplexitäts- bzw. Schwierigkeitsgrade. Das kann die Inhalte, die Kontexte und die Funktionen ebenso betreffen, wie die Komplexität der Gestaltung und die Frage, wie anspruchsvoll oder einfach Materialien und Techniken zu bewältigen sind.
- Weiters lassen sich die *Prozess*qualitäten beim Lösen der Probleme unterscheiden, vor allem der Grad der Selbständigkeit (z.B. angeleitet versus selbständig, unsicher versus sicher bzw. versiert) und der Pro-

blemlösungsprozess (z.B. gerichtet, vertraute Verfahren, begrenztes Repertoire versus flexibel, beweglich, offen, forschend; oberflächlich versus intensiv).

- Man kann sich aber auch das *Ergebnis* hinsichtlich Inhalt und Form anschauen (z.B. reproduktiv, schematisch versus neu, innovativ, originell; hohe versus geringe Binnendifferenzierung/ Detailliertheit).

Studienfragen

Vergleichen Sie Kompetenzbeschreibungen zu einem bestimmten Bereich in einigen aktuellen Lehrplänen. Versuchen Sie gemeinsam herauszufinden, welche möglichen Kompetenzen, die einen Profi auszeichnen, von Schülern *nicht* erwartet werden.

KAPITEL 28
KREATIVITÄT, FANTASIE, INNOVATION

Eine Besonderheit des Faches Kunst ist, dass die Schüler in der Regel auf der Grundlage ihres Wissens, ihrer Ideen und ihrer Fähigkeiten selbst neue Bilder und visuelle Phänomene und Ereignisse entwerfen und gestalten (müssen). Dieser Abschnitt basiert hauptsächlich auf Lars Geer Hammershøjs Überlegungen zu Kreativität, Fantasie und Innovation (Hammershøj, 2012a).

Phantasie

Wenn man etwas gestalten soll, das es noch nicht gibt, hat man es mit einer Domäne namens Phantasie zu tun. In der Tradition des Faches gibt es verschiedene Herangehensweisen an das Bild. Bei der Beobachtung und Nachahmung der sichtbaren Welt spielen der Seheindruck sowie Form und Struktur eine bestimmende Rolle. Bei der Bilderfindung sind dagegen Phantasie und Imagination für die Gestaltung der Bilder ausschlaggebend. Die Imagination also das Vorstellungsvermögen basiert auf dem Gedächtnis und wird durch Beobachtung gestärkt. Die Phantasie geht von der Imagination aus und erweiterte diese aber über das aktuelle Wissen hinaus. Die Fähigkeit, die bekannte Realität zu überwinden und hinter sich zu lassen, macht die Phantasie zum wichtigsten Werkzeug bei Problemlösungen, bei denen es darum geht, sich neue Möglichkeiten vorzustellen, die der jeweiligen Anforderung entsprechen. Beim Spielen verwendet man die Phantasie, um die bekannte Realität zu erweitern und sich die physischen Bedingungen einer anderen Wirklichkeit auszudenken.

Kreativität

Der Ideenhistoriker Lars Geer Hammershøj (Hammershøj, 2012a) definiert Kreativität als das Gewinnen neuer relevanter Ideen. Er beschreibt, wie kreatives Neudenken mehrere Phasen durchläuft, von der *Präparation,* einer Phase, die durch Frustration oder Inspiration bestimmt ist, über die *Inkubation,* in der mentale Kräfte, die außerhalb der Kontrolle des Einzelnen liegen, weiter daran arbeiten, die Antwort zu finden. Dann folgt die *Illuminationsphase,* in der man die Idee klar sehen und verwirklichen kann, und schließlich kommt die *Verifikationsphase,* in der man entscheidet, ob und wie die Idee zum Vorhaben passt. Phantasie ist am kreativen Denken beteiligt. Aber sie taucht auch bei anderen Gelegenheiten auf, z.B. wenn wir unseren Tagträumen nachgehen oder uns beim Hören von Musik oder beim Lesen von Geschichten Bilder oder ganze Szenerien vorstellen.

Der kreative Prozess beinhaltet *Kräfte*. Die *Kräfte* stehen außerhalb des Individuums ähnlich wie die Schwerkraft als eine Art Bedingung für das Psychische. Ein kreativer Prozess greift auf die Kräfte der Überschreitung, der Entscheidung und der Vorstellungskraft zurück. Bei der *Kraft der Überschreitung* geht man über den üblichen Rahmen oder die üblichen Denkweisen hinaus und stürzt sich in etwas Neues. Mit der *Entscheidungskraft* wird beurteilt, ob die (vage oder klar formulierten) Absichten erfüllt wurden (Hammershøj, 2012b). Die *Vorstellungskraft* schafft eine Synthese (Hammershøj, 2012a: 80) zwischen dem Alten und dem Neuen oder zwischen verschiedenen Bedeutungssystemen wie Spiel und Sprache oder Musik und visuellen Vorstellungen.

Innovation

Kreativität ist für Hammershøj, wie bereits erwähnt, eine Folge mentaler Kräfte, während die Innovation, die häufig mit Kreativität in Verbindung gebracht wird, als Kompetenz beschrieben wird, wo man im innovativen Prozess seine Erfahrung und sein kreatives Neudenken mit dem Ziel verbindet, ein neues Produkt oder eine neue soziale Situation zu schaffen, die für andere Menschen nützlich ist oder ein erkanntes Problem löst.

Innovation ist eine soziale Bewertung fachlicher Praxis, dabei kommt es darauf an, was man erreichen will. Man kann bei der Gestaltung etwa von Problemen anderer ausgehen, die man mit Hilfe visueller Mittel zu beheben versucht. Dabei kann es sich um Fragen der Dekoration, Orientierung, Kommunikation oder Langeweile handeln. Für die Lösung der Probleme können sowohl Phantasie wie Kreativität notwendig sein.

Sind Kinder von Haus aus einfallsreich, kreativ und innovativ?

Nicht zuletzt die Reformpädagogik ist davon ausgegangen, dass Kinder eine besondere Kreativität und Vorstellungskraft besitzen, die Erwachsene leicht behindern können. Dieser Idee bzw. Befürchtung hat viele Kunstpädagogen immer noch fest im Griff.

Diese Vorstellung hat auch zu der Idee von der *kompensatorischen Funktion* geführt: Kinder, die in den sogenannten wissenschaftlichen Fächern nicht gut abschneiden, können im Fach Kunst Erfolg haben und Selbstwertgefühl gewinnen. Hier – so die Annahme – ist jeder gleichermaßen kreativ und einfallsreich und die Ergebnisse sind weder vom sozialen Hintergrund noch von den Fähigkeiten im Allgemeinen bestimmt. Meistens zeigt sich jedoch, dass die vom Elternhaus her mit zusätzlicher Förderung motivierten Schüler nicht nur in den ›Buchfächern‹, sondern auch in den sogenannten praktischen musischen Fächer überdurchschnittlich gut abschneiden.

Phantasie und Kreativität sind als potenzielles menschliches Merkmal vorhanden, aber ihre Entfaltung ist direkt proportional zum Reichtum an Erfahrungen und Erlebnissen. Ein einfaches Beispiel: Ein Kind, das mit seinen Eltern viele und abwechslungsreiche Reisen unternommen hat, kann sich auf fantasievolle Weise seine ›Traumreise‹ zusammenstellen, indem es frühere Erfahrungen kombiniert: morgens tauchen, nachmittags Ski fahren, viel Eis, griechische Souvlaki-Spieße und Burger essen, im Dschungel wohnen oder in einem Iglu, das auch ein Fünf-Sterne-Hotel mit riesigem Pool und Rutsche ist. Eine ähnliche Rolle spielen Erzählungen und mediale Erlebnisse wie Lesen, Bilder, Filme, Fernsehen oder Videospiele.

Ein Automechaniker hat bessere Voraussetzungen, kreative Lösungen für eine Reparatur zu finden als ein Kunstlehrer, weil er über Wissen und viel Erfahrung verfügt, auf die er aufbauen kann.

Es ist daher wichtig, dass die Schüler Kenntnisse und Erfahrungen in dem Bereich sammeln, in dem und für den unterrichtet wird. Sowohl mit dem inhaltlichen Aspekt als auch mit den visuellen und multimodalen Möglichkeiten, die sich in der visuellen Kultur ergeben. Je größer das Wissen, je mehr Erfahrungen und Erlebnisse, desto größer Phantasie und Kreativität. Einerseits ist das eine Frage der schieren Quantität, andererseits möglichst breiter und vielfältiger Variationen. Der norwegische Kunsthistoriker und Kurator Per Hovdenakk hat von seiner Zeit als Dramaturgie-Schüler bei Bert Brecht in Ostberlin erzählt. Sie bekamen dort während der Ausbildung den Auftrag wenigstens zwei kulturelle Ereignisse pro Tag zu besuchen. Am Tag darauf berichteten sie davon und diskutieren darüber. Innerhalb eines halben Jahres hat er damals nach seinen Angaben um die 400 Veranstaltungen (Filme, Theaterstücke, Ausstellungen) besucht. Es geht nicht nur um die Qualität von Erfahrungen, sondern vor allem auch um die schiere Menge und die Vielfältigkeit.

Studienfragen

Entwerfen Sie ein bildpädagogisches Projekt für eine 5. Klasse, bei dem die Schüler auf der Grundlage ihrer Vorstellung ihre Fantasie einsetzen müssen, um ein Problem für Schüler der ersten Klasse zu lösen. Die Lösung muss mit visuellen Mitteln erreicht werden.

KAPITEL 29
MUSEUMSPÄDAGOGIK

In diesem Kapitel geht es vor allem um Kunstmuseen und größere Galerien mit Bildungsangeboten. Es werden aber auch andere Arten von Museen angesprochen. Es gibt ein breites Spektrum von Ausstellungsorten: Privatsammlungen, kommunale, regionale und staatliche Museen, Kunstvereine, regelmäßig wiederkehrende Ausstellungsereignisse (z.B. documenta), regionale und internationale Kunstmessen. Nicht nur in ausgewiesenen Kunstmuseen, sondern auch in Heimat- oder Diözesanmuseen werden Kunstwerke ausgestellt, nicht zuletzt bieten viele Kirchen ein breites Angebot an zwei- und dreidimensionalen Originalen.

Insgesamt geben die Ausstellungen einen Einblick in den kulturellen Wert ›Kunst‹. Sie bieten einen Überblick über aktuelle wie historische Kunst, Bilder und andere visuelle Phänomene sowie über deren Bedingungen. Kunstmuseen sind das Zentrum der Kunstwelt bzw. der Institution Kunst. so wie wir sie seit Ende des 18. Jahrhunderts kennen.

> »Das Museum vollendet die Kunst als ein institutionelles System, das den Kreislauf der Werke von der Her- bis zur Ausstellung ganz in sich aufnimmt. Was Künstler an der Akademie zu machen lernten, wurde dort nur temporär gezeigt, um sich dann zu verstreuen. Im Gegensatz dazu gibt das Museum den Werken einen dauerhaften Platz, indem es sie systematisch sammelt und speichert. Da sowohl Akademien als auch Museen unter staatlicher Obhut stehen, schließt sich hier ein Kreislauf der Kunstwerke vom Atelier bis zum Speicher in den Institutionen.
>
> Obwohl das Museum zuletzt hinzukommt, wird es zu der mächtigsten Behörde der Kunst. Nach seinem Modell wird bald Kunst gesammelt, gespeichert, ausgestellt und schließlich auch hergestellt. Die übrigen Institutionen und Rituale des Kunstbetriebs arbeiten, selbst wenn sie nicht unmittelbar mit dem Museum zusammenhängen, unter der stillschweigenden Voraussetzung, mit seinen Ordnungen und Regeln in Einklang zu stehen. Das Museum tritt nicht als Fremdkörper zum System der Kunst hinzu. Es hat seine Vorläufer in den Kunstsammlungen und Wunderkammern, in denen seit dem 16. Jahrhundert der Kunstbesitz des Adels gehortet wurde« (Heidenreich, 2009: 62f)

Aber auch andere Ausstellungen sind für das Fach Kunst relevant. Zum einen verwenden sie alle visuelle Präsentationstechniken, die man als solche studieren und von denen man sich inspirieren lassen kann, zum anderen können

Geschichte, Technik, Biologie, Religion usw. als visuelle Kulturen verstanden werden. Das wird etwa bei der Geschichte der Gestaltung von Tierparks deutlich. Im 19. und auch in der ersten Hälfte des 20. Jahrhunderts wurde die Architektur der Gebäude im Stil der Gegenden gestaltet, aus denen die Tiere stammten. Zeitgenössische Zooarchitektur simuliert dagegen Natürlichkeit.

Der Museumsbesuch. Kosten und Nutzen

Die meisten Lehrpläne empfehlen, Kunstwerke möglichst im Original zu betrachten. Damit ist mehr oder weniger ausdrücklich gemeint, dass möglichst ein Kunstmuseum besucht wird. Diese Empfehlung, die in manchen Lehrplänen wie eine Forderung klingt, wird in der Regel nicht ausdrücklich begründet. In der Tradition der europäischen Kunst und Kultur wird dem Original ein höherer Wert zugeschrieben als einer Kopie oder einer Reproduktion.

Wenn die Schule nicht gerade in einer großen Stadt liegt, kosten Museumsbesuche Geld und vor allem Zeit, nicht zuletzt auch bei der Vorbereitung. Wie bei allen didaktischen und methodischen Entscheidungen sind deren Kosten – in der Schule geht es hier vor allem um die Lern-Zeit – und Nutzen abzuwägen.

Abgesehen davon, dass schon die Fahrt zum Museum mit öffentlichen Verkehrsmitteln für viele Schülergruppen eine Herausforderung an die Disziplin ist, kann es schwierig sein, ein Werk mit der Gruppe zu betrachten und zu besprechen, weil:

- andere Werke, die im selben Saal hängen, die Blicke und die Aufmerksamkeit der Schüler mehr oder weniger stark ablenken.
- es schwierig ist, auf bestimmte Stellen des Bildes hinzuweisen, nicht zuletzt weil ein gebührender Abstand einzuhalten ist.
- es manche Museen nicht erlauben, vor den Bildern länger zu stehen und diese zu besprechen. (Die letzten documenta-Ausstellungen sind durch eine Monopolisierung der ›Vermittlung‹ aufgefallen. Es war etwa nicht möglich mit einer Gruppe Studierender Bilder zu betrachten und zu besprechen; es war etwa verboten, Referate zu halten.)
- Bildvergleiche nur mit den zufällig in der Nachbarschaft ausgestellten Bildern möglich sind.
- Zeichnen und Skizzieren nicht einfach zu bewerkstelligen sind.
- die Schülergruppe den üblichen Museumsbetrieb stört,der etwa leises Sprechen erfordert.

Analysen von Bildern sind im Klassenzimmer einfacher durchzuführen. Schüler wie Lehrer können zeigen, worüber sie sprechen, damit ist die notwendige Blickkontrolle besser möglich. Mit geringem Aufwand lassen sich Vergleichsbeispiele zeigen. In den Bildern lassen sich mit Skizzen Zusammenhänge herstellen.

Für die Betrachtung des Originals wird oft die bessere Sichtbarkeit angeführt, diese bezieht sich auf die Auflösung ebenso wie auf die Farbigkeit und den Eindruck der gestalteten Oberflächen. Diese Argumente haben bei zwei-dimensionalen Bildern an Überzeugungskraft eingebüßt. Mittlerweile gibt es anerkannte und berühmte Kunstwerke in hoher Auflösung im Internet frei zugänglich. Bei diesen Reproduktionen ist mehr zu erkennen als am Original unter musealen Bedingungen – wo Oberflächen nicht selten spiegeln. Auch von berühmten Skulpturen gibt es mittlerweile digitale ›Modelle‹, die verschiedenste Ansichten ermöglichen.

Bei der Projektion im Klassenraum gehen andererseits die Materialität und vor allem die Originalgröße verloren. Ob diese beiden Aspekte für den geplanten Unterricht unverzichtbar sind, muss im Einzelfall gegen die ›Kosten‹ abgewogen werden. Kleinere zwei-dimensionale Bilder können eventuell in Originalgröße ausgedruckt werden, bei größeren können gedruckte Details in Originalgröße eine Ahnung von der Größe des Bildes, dem Duktus der Malerei und der Oberfläche geben.

Von der Sichtbarkeit aus lässt sich die Forderung nach Betrachtung des Originals nicht mehr so leicht begründen, wie noch vor einigen Jahren. Die Frage, ob es sich bei einem Bild oder einem dreidimensionalen Objekt um ein Original, eine Kopie oder eine Projektion handelt, ist eine Frage des Besitzes. Damit hängt die Exklusivität von Kunst zusammen. Die Betonung des Originals ist genau genommen auch eine Frage der Macht. Der Betrachter muss sich zum Original auf den Weg machen wie der Gläubige, der ein Gnadenbild oder eine heilige Stätte besuchen will.

Museumsbesuche und die Betrachtung des Originals lassen sich also mit dem Argument der Sichtbarkeit nicht (mehr) begründen. Ein Museumsbesuch ist dann angebracht, wenn die Schüler die so genannte Aura eines Werkes erleben oder das Museum als wichtiges Medium der Kunstwelt untersuchen sollen. Für viele ist das Museum ein fremder Bereich visueller Kultur, an dem sich gerade deshalb (sub)kulturelle Regeln erkennen und beobachten lassen. Dazu mehr weiter unten in diesem Kapitel.

Museumspädagogik im Spannungsfeld zwischen Bildung und zielgerichtetem Lernen

»›Im Museum haben wir oft das Gefühl, alles bringen zu müssen, wenn wir neue Ausstellungen eröffnen, und deshalb wird oft zu viel behandelt. Wir haben mit den Lehrern darüber gesprochen, die Sache

> umzudrehen. Nicht die Unterrichtsvorhaben der Lehrer sollen sich einer bestimmten Ausstellung anpassen, sondern die Themen des Museums und die Museumspädagogen sich an den Anforderungen der Schule orientieren. Wir treffen uns zunächst mit dem Lehrer und reden über sein Unterrichtsvorhaben und darüber an welchen Themen er arbeitet, und erst dann überlegen wir, wie die Werke in den Ausstellungen und der Sammlung des Museums ihn unterstützen können. Wie können die Ausstellungen, Methoden und ästhetischen Lernprozesse des Museums in der Schule berücksichtigt werden. Dann geht es wahrscheinlich nicht um eine Ausstellung als ganze, sondern nur um ausgewählte Werke und um einige der Methoden, mit denen wir arbeiten. Wir haben uns darauf geeinigt, dies beim nächsten Mal zu tun, und es wird eine spannende Sache‹, sagt Tine Seligmann vom Museum für zeitgenössische Kunst« (Praksismanual, 2016: 12).

Dieses Zitat nennt einige zentrale Probleme bei der Zusammenarbeit zwischen Schule und Museum. Schulen und Museen haben unterschiedliche Agenden. Die der Schulen sind vom Unterrichtsgesetz und den jeweiligen Lehrplänen bestimmt. Museen verfolgen dagegen andere Ziele. Oft bietet eine Kunstausstellung deshalb einen Kontrast zu oder eine Erweiterung der schulischen Vorstellungen und Ziele. Wie können Schüler ihre Erfahrungen und Praktiken mit dem in Zusammenhang bringen, was sie in einem Museum erleben?

Einige Museen beschäftigen sich mit Lehrplänen bzw. Zielen der Schule und versuchen, das allgemeine Vorverständnis der Schüler zu berücksichtigen. Das Problem hierbei ist, dass Museen bis zum Besuch von Seiten der Schule selten detaillierte Informationen über den konkreten Unterricht bekommen. Andere Museen agieren von dem Standpunkt aus, dass sich ihre Agenda von der der Schule unterscheidet.

Manche Lehrer befassen sich vor dem Besuch genau damit, was eine Ausstellung zu bieten hat. Vielleicht kontaktieren sie den Museumspädagogen, eventuell telefonisch und vereinbaren, wie der Besuch so gestaltet werden kann, dass er zum Unterricht passt. Dabei geht es auch darum, wie der Lehrer selbst den Besuch mit seinen Schülern vorbereiten kann.

Andere betrachten einen Museumsbesuch als eigenständige Veranstaltung, die sich ohne allzu große Didaktisierung durchführen lässt. Wieder andere haben eine Vorstellung davon, wie der Besuch genutzt werden kann, aber sie wissen nicht, wann und wie sie sich mit dem Museumspädagogen auf den Inhalt des Besuchs einigen sollen. Sie halten sich eventuell zurück, weil der Museumspädagoge der Experte ist und sich der Schullehrer nicht einmischen soll.

Es gibt alle möglichen Übergangsformen zwischen einem genau geplanten Besuch, bei dem die Schüler wissen, was sie lernen können, und ungeplanten und überraschenden Lernmöglichkeiten im Museum.

Die große Frage ist, wer die Verantwortung übernimmt, wenn verschiedene Agenden im Beziehungsdreieck *vorher-während-nachher* aufeinandertreffen. Unter normalen Umständen weiß der Lehrer genau, wo sich die Schüler in ihrem Lernprozess befinden. Daher ist es seine Aufgabe durch Vor- und Nachbereitung die richtigen Bedingungen dafür schaffen, dass den Schülern eine Verbindung zwischen dem Museumsbesuch mit dem laufenden Unterricht gelingt. Gleichzeitig sind sich viele Lehrer unsicher, wie sie mit dem Museumspädagogen zusammenarbeiten sollen, den sie als eine Person erleben, die über besondere Kenntnisse verfügt und daher auch Fragen zum Programm und zu den Exponaten im Allgemeinen hat, von denen der Lehrer nichts weiß und die er nicht beeinflussen kann. In dieser Situation ist es wichtig, dass der Museumspädagoge als Gastgeber und als derjenige, der die Potenziale des Museums kennt, die Initiative ergreifen kann, um mit dem Lehrer zu vereinbaren, wer was macht.

Das Potenzial von Museen

Die folgende Diskussion ist auch für den Unterricht im Fach Kunst selbst relevant. Dazu gibt es Hinweise in anderen Kapiteln und Abschnitten des Buches, z.B. zu Semiotik, poststrukturalistischer Semiotik, Phänomenologie, Faszination und Verführung, Bildbesprechung und mehr.

Aus museumspädagogischer Sicht ist die Frage eines offenen bzw. eher geschlossenen Zugangs von zentraler Bedeutung.

Mit Hilfe der leeren Felder im Modell zum „Interpretationspotential von Objekten und Phänomenen" (Abb. 1) kann man überlegen, wo eine Ausstellung zu platzieren ist – in der Regel handelt es sich um mehr als einen Bereich.

Vielleicht konzentriert sich der Kurator in seiner Ausstellungsgestaltung auf evidentes Wissen, während es dem Museumspädagogen um die Einbeziehung der Erfahrungen der Schüler geht. Es geht dann darum, die verschiedenen Ansätze zusammen zu bringen. Dahinter steckt eine weitere Problematik, das Selbstverständnis eines Museums: Soll das Publikum mit gestärktem Selbstbewusstsein nach Hause gehen oder sollen seine Einstellungen verändert werden? Bei der Begegnung zwischen Schule und Museum ist es auch wichtig, wie die Aufgaben bzw. Absichten beider zusammenspielen. Dabei ist es eine theoretisch interessante Frage, wer von beiden sich durchsetzt, welche Einrichtung stärker ist. Dient die Schule dem Museum oder das Museum der Schule?

		Formen des Wissens	
	subjektives Wissen	Einfühlung und soziologische Phantasie	evidentes Wissen
Methoden: Ausstellung mit eigenen Erfahrungen verknüpfen			
Vergangenheit – Gegenwart – Zukunft verknüpfen			
systematisches Wissen verstehen, anwenden und transferieren			

Abb. 1: Das Interpretationspotential von Objekten und Phänomenen – ein Versuch, zwischen verschiedenen Zugängen zu einer Ausstellung zu unterscheiden. Soziologische Phantasie bedeutet, eigene Erfahrungen mit gesellschaftlichem Wissen zu verbinden. Subjektives Wissen bedeutet, dass man seine eigenen Erfahrungen einbezieht, und evidentes Wissen bedeutet das Wissen, das derzeit allgemein akzeptiert wird.

Das Modell zeigt das Kontinuum an Möglichkeiten, die ein Besuch bietet. Die klassische Museumsführung für Erwachsene ist oft eher am geschlossenen Ende (*evidentes Wissen*) angesiedelt. Der Führer stellt die Kunstwerke aus der Sicht der Kunstgeschichte meist in einer One-Way-Kommunikation vor. Er interpretiert sie oft mit Verweisen auf andere Künstler, auf die Biografie des Künstlers und andere seiner Werke. Die moderne Museumspädagogik für Kinder geht hier anders vor. Sie setzt nicht auf ein ganz bestimmtes Ergebnis, sie lässt vieles offen. Die Schüler werden durch Dialog, Übungen, körperliches Einfühlen, eigenes bildnerisches Gestalten usw. aufgefordert, eigene Fragen zu stellen, die Kunstwerke auf sich zu beziehen und sich ihnen gegenüber performativ zu verhalten.

Andere eher naturwissenschaftlich ausgerichtete Museen verwenden spielerische, experimentelle und forschende Ansätze für das naturwissenschaftliche

Wissen. Dabei sind die Methoden offen, während der Wissensinhalt eher feststeht.

Der offene Ansatz kommt häufig bei zeitgenössischer Kunst zum Einsatz, bei der Besucher durch offene Deutung die Möglichkeit zur Partizipation bekommen. Dies ist eine besondere Herausforderung sowohl für Museumspädagogen wie Lehrer im Hinblick darauf, den Unterricht in Gang zu bringen und einen Rahmen zu geschaffen, in dem die Schüler ihre eigenen Interpretationen formulieren können. Das Internet ist voll von mehr oder weniger konventionellen Methoden, sich mit historischer wie zeitgenössischer Kunst zu beschäftigen. Es gibt hier reflexive, phänomenologische, aber auch persönlich-subjektive und performative Vorschläge. Selbst wenn man dabei ein Werk nicht so versteht, dass man sagen kann, was es bedeutet, lernt man es kennen und macht es sich bewusst. Die Rolle des Lehrers vor einem Museumsbesuch kann darin bestehen, zu vermitteln, dass es nicht auf alles eine endgültige Antwort gibt und Kunstwerke keine Bilderrätsel sind, die gelöst werden können, sobald man den richtigen Code hat. Generell bieten zeitgenössische Kunstwerke oft eine sinnliche Annäherung an Bedeutungs- und Interpretationsmöglichkeiten, die von den Assoziationen des Einzelnen oder der Gruppe abhängen und zu interdisziplinären Einsichten und Erkenntnissen führen können.

Gleichzeitig wird die übliche Art und Weise von Erleben und Verstehen in Frage gestellt. Dies kann dann wieder auf die Kunstgeschichte oder die persönliche Situation bezogen werden. Das mag locker und unverbindlich klingen, aber die Assoziationen der Schüler enthalten immer einen ernsthaften Kern. Sie befassen sich häufig mit relevanten aktuellen Problemen wie Umwelt, Ressourcen oder Rassismus. Zeitgenössische Kunst ähnelt Kippbildern, die mehrere aufeinanderfolgende Einsichten liefern. Die Aufgabe der Pädagogen – gleich ob sie aus dem Museum oder der Schule kommen – besteht darin, die Schüler dazu zu bringen, innezuhalten und sich mit dem zu befassen, was sie sehen und erleben. Der Lehrer im Fach Kunst kann sich mit dem Lehrer für Mathematik oder Sozialkunde zusammentun, um verschiedene fachliche Assoziationsreihen anzuregen. Man kann möglicherweise die Schüler dazu auffordern, ihren gesamten fachlichen Horizont zu erkunden. Solch ein fachlicher Ansatz wird mehr Fragen als Antworten produzieren. Wenn die Lehrer in einem Team die Möglichkeiten nutzen können, werden die Kunstwerke zu Denkmodellen, die in vertrauten Bereichen neue Blickwinkel eröffnen.

Studienfragen

- Besuchen Sie drei Museen – ein Kunstmuseum, ein kulturhistorisches Museum und ein technisch/ naturwissenschaftliches Museum. In welche Position wird man als Besucher versetzt? Verwenden Sie Metaphern wie Entdecker, Mitglied einer Community, Sammler, Kritiker,

Rebell usw. Schreiben Sie eine kurze Geschichte auf der Grundlage Ihrer Metapher.

- Suchen Sie in Ihrer Rolle als Praktikant an einer Schule eine Ausstellung, die zu Ihrem Unterricht passt. Entwerfen Sie eine E-Mail an das Museum als Vorbereitung für einen Besuch.

Museumspädagogik – Medienpädagogik

Der moderne Kunstbegriff entwickelt sich seit der zweiten Hälfte des 18. Jahrhunderts. Wesentlich dafür, dass etwas als Kunst betrachtet wird, ist das so genannte Kunsterlebnis. Beide, Kunst und Kunsterlebnis sind vor allem durch und mit dem Kunstmuseum entstanden. Neben den großen internationalen Kunstereignissen wie der Biennale von Venedig oder der documenta in Kassel prägen Kunstmuseen immer noch die bildende Kunst. Kunst wird mittlerweile nicht mehr als eine Eigenschaft der Werke verstanden, sondern als das, was die *Kunstwelt* (Danto) als Kunst akzeptiert und als solche auf seine spezifische Art und Weise behandelt. Der Wert von Kunstwerken liegt dabei in irgendwie gearteten so genannten kulturellen bzw. ideellen Qualitäten. Dass es sich bei der bildenden Kunst durch die Betonung des Originals auch um künstliche Verknappung handelt, wird meist ausgeblendet. Kulturelle Werte werden – sozial-konstruktivistisch gesehen – laufend durch Kommunikation ausgehandelt. Das Museum ist neben den Biennalen und den Kunstmessen das zentrale Medium des Sozialsystems Kunst (Luhmann). Was hier gezeigt wird, bildet die Basis der systemimmanenten Kommunikation. Es ist die Aufgabe von Kunstausstellungen mit einer entsprechenden visuellen Rhetorik, den Status der Kunst aufzubauen und immer wieder neu zu sichern.

Wenn wir das Fach Kunst von der visuellen Kultur aus denken, dann sind für den Unterricht nicht nur die Exponate, sondern auch das Museum als Institution interessant. Wer nur die Inhalte also die Kunstwerke thematisiert, übersieht etwas Wesentliches. Auch für Museen gilt, was McLuhan allgemein über von Medien geschrieben hat: »Denn der ›Inhalt‹ eines Mediums ist mit dem saftigen Stück Fleisch zu vergleichen, das ein Einbrecher mit sich führt, um die Aufmerksamkeit des Wachhundes abzulenken« (McLuhan, 1970: 27).

Dekontextualisierung. Die Diskussion über die Dekontextualisierung betrifft Bilder und andere visuelle Phänomene, die nicht wie Kunst seit etwa der Mitte des 19. Jahrhunderts für eine Präsentation im Museum hergestellt wurden. Bei historischer Kunst, aber auch bei Bildern und Objekten aus dem Bereich der Volkskunst und des Designs schafft das Museum durch die Herauslösung aus ihren ursprünglichen Orten und Funktionen neue Sichtweisen. Im Museum werden sie in einer störungsfreien Umgebung als Werke an sich mit überzeitlichem Bedeutungsanspruch gezeigt und betrachtet, oft liegt dabei der Schwerpunkt auf ihren formalen Qualitäten. Es ist auch möglich ursprünglich zeitlich und räumliche getrennte Werke nebeneinander zu sehen und zu genießen. Damit dies gelingt, müssen ursprünglicher Zweck und ursprüngliche Funktion möglichst unbeachtet bleiben.

Zur Kompensation für den Verlust des Kontextes werden unterschiedliche Strategien eingesetzt. Diese reichen von einer radikal ästhetischen Inszenierung bis hin zu Simulationen und Modellen, die die Zusammenhänge nachstellen. Vor oder nach einem Museumsbesuch kann man als Ausgleich für diesen Verlust eventuell ein Kunstwerk in seinem ursprünglichen Zusammenhang anschauen, etwa im öffentlichen Raum als Kunst am Bau oder in einer Kirche.

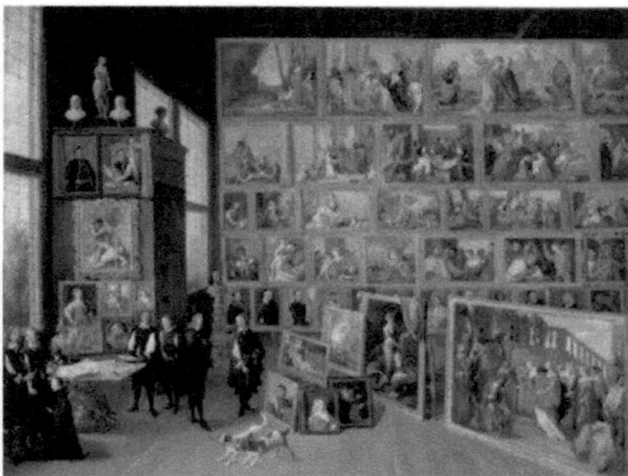

Abb. 2: Erzherzog Leopold Wilhelm in seiner Galerie. Die Gemälde hängen dicht an dicht.

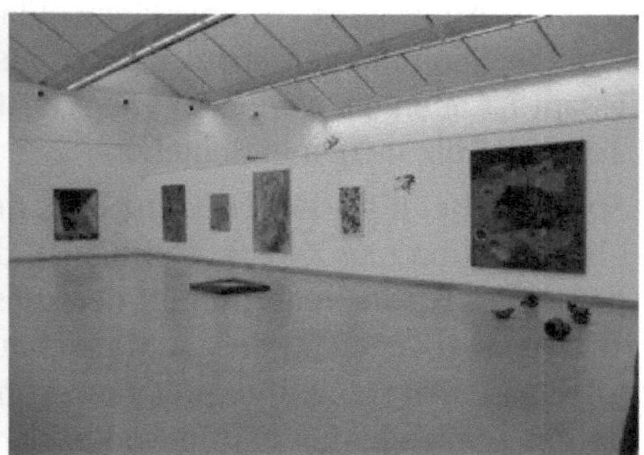

Abb. 3: Konstmuseum Göteborg - viel Raum zwischen den Exponaten.

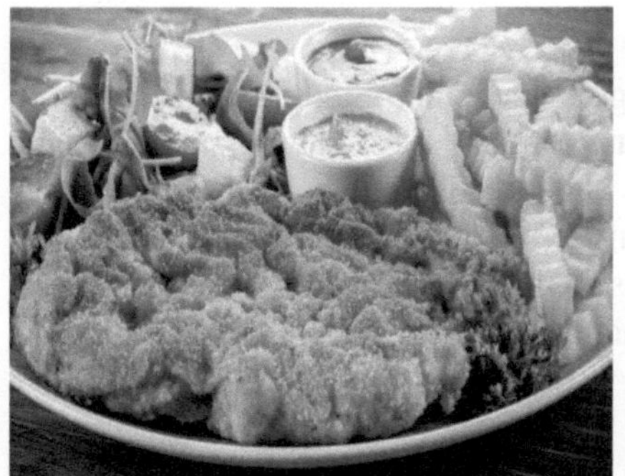

Abb. 4: Schnitzelteller bis zum Rand voll.

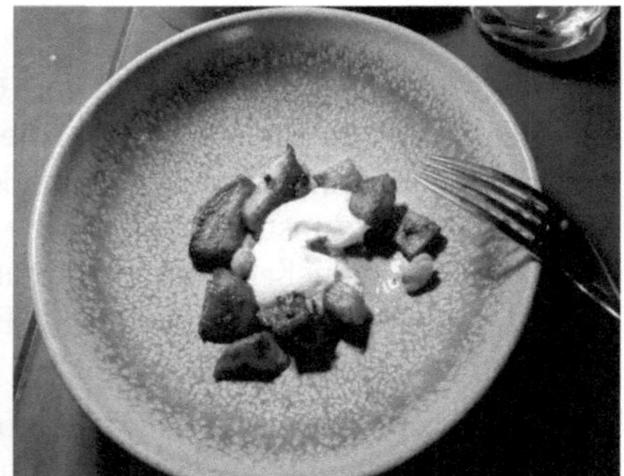

Abb. 5: Gourmetteller - viel leerer Raum.

Ausstellung: Was wird gezeigt und was nicht? Aus welchen Zeitperioden stammen die Exponate? Woher kommen die Exponate? Wem gehören sie? Wie viele Männer, Frauen und Kinder werden dargestellt? Welchen Genres gehören die Bilder an? Woher kommen die Künstler? Welche Exponate tauchen im Museumsshop auf?

Ausstellungsgestaltung: Die Art und Weise, wie Bilder und Skulpturen in Kunstmuseen präsentiert werden, beeinflusst die Wahrnehmung durch das Publikum. Welche Bilder hängen wo? Nach welchen formalen Ordnungskriterien – Unterkante, Oberkante, Mittelachse – sind die Bilder gehängt? Wie ist die Lichtführung? Wie groß sind die Abstände zwischen den Exponaten? Aktuelle Kunst wird in der Regel mit größeren Zwischenräumen präsentiert als historische (Abb. 2-3). Welche Rahmen werden verwendet? Wie ist das Verhältnis zwischen den Flächen der Rahmen und der Bilder? Vergleiche mit anderen Orten, an denen Objekte präsentiert werden, bieten sich an: Modegeschäfte, Autosalons, Blumenläden, Flagshipstores, Heimatmuseen. Wie werden die Sammlungen auf den Internetseiten des Museums präsentiert? Interessant ist auch ein Vergleich wie Kunstwerke in Ausstellungen und Essen auf Tellern (Abb. 4-5) angerichtet.

Sprache: Bei historischer Kunst fehlt dem Publikum vor allem das Wissen um Ort, Funktion und Zweck. Bei Kunst, die mehr oder weniger für das Museum produziert wurde, fehlt ihm oft der kunstinterne Hintergrund. Mit erläuternden Texten wird versucht, diesen Mangel auszugleichen. Hier gibt es Hintergrundinformationen sowie Interpretations- und Wahrnehmungsempfehlungen. Dabei ist der Sprachduktus häufig von widersprüchlichen Äußerungen bestimmt in der Art von »das Unsagbare wird ausgesprochen«. Ähnlich wie in Texten von Mystikern wird dadurch Tiefe erzeugt. Alix Rule und David Levine haben 2012 ihre Untersuchung zum *International Art English* veröffentlicht (Rule & Levine, 2012).

Standort: Kunstmuseen liegen in der Regel eher in den Stadtzentren. Neubauten werden oft an Stellen gebaut, die aus städteplanerischen Gründen nicht mehr auf dem freien Immobilienmarkt angeboten werden. In der Nachbarschaft sind häufig Institutionen, Läden und Büros, die ein hohes gesellschaftliches Ansehen genießen oder vom Status des Museums ein solches beziehen wollen, Galerien, Antiquitätenläden, Buchhandlungen aber auch Steuer- und Rechtsanwaltskanzleien usw.

Architektur: Museen sind auffällig und groß. Seit vielen Jahren werden sie selbst als Kunstwerke gesehen. Die Entwürfe gehen aus großen meist internationalen Wettbewerben hervor. Sie folgen – ähnlich wie Sportstadien – den Anforderungen des internationalen Stils und sind Elemente des Stadt- bzw. Regionalmarketings. Auf dem Weg in die Ausstellungsräume sind mehrere Schwellen zu überwinden. Die verwendeten Materialien sind meist teuer und pflegeaufwändig. Bei einem Museumsbesuch können Schüler sich mit unterschiedlichen architektonischen Elementen befassen und sie dokumentieren:

Bodenbeläge, Türbeschläge, Beleuchtung, Toiletten, Schriften, Farbe … Mögliche Vergleiche: Konzertsaal, Theater, Kino, Boutique … .

Drumherum: Interessant sind die Angebote der Gastronomie und des Museumsladen. Was wird zum Essen und Trinken angeboten? Wie werden die Speisen arrangiert? Wie groß sind die Portionen? Welche Reproduktionen, Bücher, Spiele, Gadgets und Schmuckstücke gibt es im Shop?

Verhalten: An der Art der Bewegung lassen sich in Museen Angestellte leicht von Besuchern unterscheiden. In Kunstmuseen verhalten sich Besucher meist ruhig, gehen langsam und sprechen leise. Dieses Verhalten ist für die angemessene Form der Betrachtung ausschlaggebend. Museen sind wie etwa auch Konzertsäle oder Theater Orte, an denen Besucher nicht nur die Kunstwerke wahrnehmen, sondern auch die anderen Besucher beobachten in dem Bewusstsein, dass diese auch sie beobachten (vgl. Billmayer, 2021c). Wir betrachten nicht nur die Kunstwerke, wir sehen gleichzeitig auch, wie andere diese betrachten. Schüler können das Verhalten anderer Besucher beobachten und dokumentieren: Wie lange bleiben die Leute im Durchschnitt in einem Raum? Welche Werke werden mehr, welche weniger beachtet? Sind die Besucher alleine, zu zweit oder in Gruppen unterwegs? Wie alt sind die anderen Besucher?

Studienfragen

- Wählen Sie Fotografien von Gemälden mit Rahmen aus und bestimmen Sie das Verhältnis der Fläche des Rahmens zur Bildfläche.
- Vergleichen Sie das gastronomische Angebot verschiedener Arten von Museen.

KAPITEL 30
HERAUSFORDERUNG MOTIVATION

Schwierigkeiten beim Unterrichten im Fach Kunst können viele Ursachen und Erscheinungsformen haben. Die Schüler können persönliche oder soziale Lern- und Motivationsprobleme haben, mit denen sie auch in anderen Fächern kämpfen. Dabei geht es also um ein allgemeines pädagogisches bzw. psychologisches Problem. In diesem Kapitel werden einige der Fallstricke beschrieben, die dazu beitragen können, Schüler zu demotivieren.

Dieses Kapitel behandelt die spezifischen Faktoren im Fach Kunst. Da es zu diesem Problembereich bekanntlich praktisch keine Forschung gibt, beruhen unsere Anmerkungen auf Erfahrungen aus unserer eigenen Vergangenheit als Schullehrer, Reaktionen der Lehramtsstudenten im Fach Kunst und aus Praktikumsbesuchen bei Studierenden sowie auf einem allgemeinen Wissen über die Diskurse und Themen, die im Fach Kunst eine Rolle spielen. Erfahrungen, Analysen und Empfehlungen gibt es im Sammelband »Schwierige Schülerinnen und Schüler im Kunstunterricht« (Billmayer, 2013).

Folgende Faktoren können einen gelingenden Unterricht erschweren:

1. Es wird auf der Grundlage einer Ästhetik und eines Geschmacks unterrichtet, die beide auf künstlerischen Stilen und Techniken basieren, die in der klassischen Moderne eine tragende Rolle gespielt haben. Diese sind weit entfernt vom visuellen Erfahrungsbereich der Schüler und der visuellen Kultur, in der sie leben.
2. Daraus folgt: die impliziten oder expliziten Geschmacksurteile und -bezüge, auf denen der Unterricht aufbaut, basieren häufig auf westlich orientierten bürgerlichen Normen für guten Geschmack und Kultur. Diese sind besonders im Bereich der Kunst präsent: Stichpunkte sind klassische Bildung und Kunstvermittlung. Diese Geschmacksnormen und -vorlieben können daher von Kindern mit einem anderen sozialen und bzw. oder kulturellen Hintergrund als recht fremd empfunden werden. Sie verstehen nicht, was der Lehrer von ihnen verlangt, deshalb fällt es ihnen schwer, die richtigen Antworten zu finden.
3. Es werden keine klaren Anforderungen und Ziele formuliert. Wie man oft hört aus Angst, diese könnten Kreativität und persönlichen Ausdruck beeinträchtigen. Dadurch bleibt das, was gelernt werden soll, im Vagen. Damit löst sich die Grundlage für die Motivation für qualifizierte Bildbesprechungen und Bewertungen im Nebel auf.

4. Themen: Oft wird das gestellte Thema bzw. das Motiv als unwichtig angesehen. Es geht darum, ein paar Bilder zu machen.
5. Geschlechterfragen: Im Spektrum der Arbeitsanlässe, den Aufgaben für bildnerisches Arbeiten und Bildanalysen, überwiegen häufig Themen, Darstellungsformen und Techniken, die auf die eine oder andere Weise Mädchen stärker ansprechen als Buben. Bildende Kunst wird zu einem Mädchenfach. Eine schwedische Untersuchung zum Fach ›Bild‹ aus dem Jahr 2003 fasst das so zusammen: »Mädchen sind motivierter und erzielen bessere Ergebnisse als Buben. *Bild* ist das Fach, bei dem [im Vergleich mit allen anderen Schulfächern, FB] der Geschlechterunterschied zugunsten der Mädchen am größten ist« (Marner, Örtegren, & Segerholm, 2005: 9). Eine weitere Untersuchung von Marner und Örtegren zum Fach ›Bild‹ in der schwedischen Pflichtschule kommt 2015 zu dem Ergebnis, dass Buben im Schnitt schlechtere Ergebnisse (Noten) erreichen als Mädchen und Schüler mit ausländischem Hintergrund schlechtere als schwedische. (Skolverket, 2015: 93)

Diese Punkte werden im Folgenden in einem historischen und diskurskritischen Kontext behandelt.

Mangelnde Klarheit und Eindeutigkeit – Probleme der Reformpädagogik

Probleme können sein, dass

- der Lehrer keine ausreichend klaren und eindeutigen Aufgaben stellt,
- während der praktischen Arbeit keine klare und eindeutige Anleitung gibt und
- in seiner Bewertung und Bildbesprechung mit den Schülern nicht klar und deutlich ist.

Dies beruht höchstwahrscheinlich auf dem nach wie vor vorhandenen Einfluss der Reformpädagogik (Arvedsen, 2000; Pedersen, 1994).

Dabei spielen die folgenden, in der Praxis häufig miteinander verflochtenen Ansätze nach wie vor eine Rolle, wenn auch oft implizit:

Kreativität wird als eine Eigenschaft bzw. Kompetenz angesehen, die das Kind von Natur aus hat und die nicht unterdrückt werden darf. Eine übermäßige Einmischung durch den Lehrer behindert die Kreativität der Schüler. Der Lehrer ist als Erwachsener nicht mehr so kreativ. Einerseits haben die Forderungen der buchbasierten Schule und die Forderung der Gesellschaft nach Konformität und Rationalität seine Kreativität geschwächt, und andererseits ist er als Erwachsener so tief in einem klassischen Verständnis von Kunst und Kultur verwurzelt, dass er das Kind bewusst oder unbewusst damit infiziert. Daher muss sich der Lehrer aus dessen kreativen Prozess heraushalten.

Die natürliche (d.h. biologische bzw. psychologische) *bildnerische Entwicklung des Kindes* leitet dieses durch eine Reihe von Phasen seines Bildausdrucks, wie es z.B. Lowenfeld & Brittain (1979) ausgedrückt haben. »Die Entwicklung des Gestaltungs- und Darstellungsvermögens« des Schülers nimmt in dem seit 1980 immer wieder aufgelegten Buch »Grundlagen des Kunstunterrichts« mit fünfzig Druckseiten eine prominente Stelle ein (Eid, Langer, & Ruprecht, 2002: 106ff). Der Lehrer darf nicht störend und dadurch hemmend eingreifen. Von der Seitenlinie aus muss er das Kind entsprechend seiner gegenwärtigen und zukünftigen Entwicklungsstufe sensibel ermutigen und inspirieren.

Bildnerisches Gestalten als psychologisches Werkzeug: Bilder handeln von Emotionen und Erlebnissen und werden als persönlicher Reinigungs- und Entwicklungsprozess verwendet. Das Kind drückt innere Zustände aus, die mündlich oder schriftlich schwer zu formulieren sind, und verarbeitet sie dadurch. Man darf visuelle oder inhaltliche Aspekte nicht diskutieren, man kann schließlich den ›Abdruck‹ innerer emotionaler Zustände nicht in Frage stellen.

Wenn einer oder mehrere dieser Aspekte die Planung des Unterrichts erheblich beeinflussen, führt dies in der Regel zu einem Mangel an Klarheit und Eindeutigkeit für die Schüler. Einige genießen natürlich die Freistunde, in der keine Anforderungen gestellt werden, andere empfingen das Fach als bedeutungslos und verlieren die Motivation: Alles ist ja gleich gültig oder gleich gut! Die oben erwähnte schwedische Studie kommt zu dem Schluss: »Die Schüler halten das Fach für unterhaltsam und interessant, aber für nicht so wichtig« (Marner, Örtegren, & Segerholm, 2005: 9).

Fokus auf Kunst und künstlerische Techniken – Probleme der Kunstpädagogik

Die Kehrseite der reformpädagogischen Münze ist die formalistische und technikbasierte Herangehensweise an das Fach, wie sie im *kunstpädagogischen* Diskurs (Arvedsen, 2000; Pedersen, 1994) zum Ausdruck kommt: Formaler Kunstunterricht (Education to Art) oder in der amerikanischen Ausgabe als Discipline Based Art Education (DBAE):

> »Discipline-based art education (DBAE) is an educational program formulated […] in the early 1980s. DBAE supports a diminished emphasis on studio instruction, and instead promotes education across four disciplines within the arts: aesthetics, art criticism, art history and

> art production. It does retain a strong tie to studio instruction with an emphasis on technique« (Wikipedia.org; 5.6.2022).

Hierbei geht es darum, Ausdrucksweisen zu erwerben, die auf einem speziellen von der klassischen oder frühen Moderne beeinflussten Verständnis der Bildsprache (sprich: Kunstsprache) als universeller Sprache basiert. Sie beruht auf formalen Prinzipien wie der Farbtheorie (Itten, Goethe), den Kompositionsprinzipien (Goldener Schnitt, Vordergrund/Mittelgrund/Hintergrund, Symmetrie usw.), dem Spiel zwischen Fläche und Linie usw. bei zweidimensionalen Bildern. Entsprechende Prinzipien gibt es für Skulptur, Grafik, Fotografie usw. Darüber hinaus gibt es eine Reihe von Techniken und Methoden, die sich innerhalb der klassischen Kunstformen entwickelt haben: Zeichnen, Malen, Skulptur, Grafik und möglicherweise Video und digitale Medien. Die Idee dabei ist: Wenn man sich diese bildsprachlichen Richtlinien sowie handwerklichen Techniken und Methoden angeeignet hat, verfügt man über einen fertigen Werkzeugkasten zum Analysieren und Produzieren von Bildern.

Die meisten Einrichtungen für die Ausbildung von Lehrern für das Fach Kunst, die wir in Europa besucht haben, beruhen auf dieser Aufteilung in klassische Werkstätten. Die Studenten durchlaufen die Werkstätten und erwerben in den verschiedenen Bereichen handwerkliches Können und machen hier gestalterische Erfahrungen. Die praktizierte Meisterlehre besteht also darin, dass man zunächst in Materialien und Techniken denkt, um dann in der zweiten Runde darüber nachzudenken, worum es in der Bildarbeit geht. Im schulischen Alltag heißt es dann oft: »Jetzt haben wir in letzter Zeit ziemlich viel gemalt, also sollten wir jetzt mal lieber wieder einmal plastisch bzw. dreidimensional arbeiten.«

In Bezug auf die Motivation kommt es zu dem Problem, das wir oben im Punkt 1 skizziert haben. Die Studenten und in Folge dann deren Schüler werden mit einer Technik nach der anderen und einem Material nach dem anderen konfrontiert, die weit von den Bildern und visuellen Phänomenen entfernt sind, die sie in der heutigen Gesellschaft umgeben und mit denen sie faktisch Erfahrung haben. Der Unterricht im Fach Kunst wird museal, zu einer Art Denkmalpflege für Techniken und Materialien früherer Zeiten.

Sollen Bilder von etwas handeln?

Oft ist es für den Lehrer weniger interessant, worum es in den Bildern im Unterricht geht. Es geht darum, Bilder zu machen: um den kreativen Prozess wie in der Reformpädagogik, um spezielle ästhetische Lernprozesse oder darum Techniken und Materialien wie im Kunstunterricht zu erlernen.

Motiv, Inhalt bzw. Thema sind dabei eher unwichtig. Sie sind nichts weiter als eine Gelegenheit, Bilder zu machen. Es wird nichts Neues zum Thema bzw.

Inhalt der Bilder gelernt. Es wird davon ausgegangen, dass der Schüler eine Darstellung auf der Basis des Wissens machen kann, über das er schon verfügt. Man untersucht in der Regel den Inhalt nicht so wie in anderen Schulfächern.

Oft fehlen Anregungen dazu, wie das gewählte Motiv oder Thema bildlich bearbeitet werden soll. Das heißt, wie das betreffende Thema in verschiedenen Bildkategorien und Genres behandelt wird, historisch und aktuell. Der Schüler bekommt so keinen Einblick, wie mit Motiv bzw. Thema in der visuellen Kultur umgegangen wird. Die Begründung ist oft reformpädagogisch, der Schüler würde dann nur kopieren und sich nicht selbst ausdrücken. Dazu kommt dann möglicherweise noch das Argument, dass viele der Bilder der Populärkultur klischeehaft, verdummend und manipulativ sind (ideologische Kritik), von denen man sich also nicht ernsthaft inspirieren lassen kann.

Die Tatsache, dass der inhaltlichen Seite von Aufgaben und Arbeitsanlässen wenig Bedeutung beigemessen wird, kann demotivierend wirken. Es spielt keine Rolle, worum es geht: »Der Lehrer möchte nur, dass ich ein paar Bilder produziere.«

Das inhaltliche Engagement, die Tatsache, dass man sich zu etwas Wichtigem und Bedeutendem äußert, und ein qualifiziertes Wissen darüber, worüber man sich äußert, fördern die Entwicklung von Ideen, bieten neue und andere Sichtweisen im Hinblick auf Inhalt und Ausdruck und qualifizieren so den gesamten bildlichen Ausdruck. Und stärken die Motivation!

Geschlechterproblematik

Das Fach wird, wie gesagt, oft als ein Fach für Gefühle angesehen. Bilder »sagen mehr als tausend Worte« und sind besonders gut darin, Emotionen, Sinnlichkeit und seelische Befindlichkeiten auszudrücken, und weniger gut darin, eindeutig und reflektierend zu sein.

Wie im Abschnitt über *modale Affordanz* (S. 232 ff.) beschrieben, kann man Bilder nicht darauf reduzieren, dass sie vom Zweideutigen, Poetischen oder Emotionalen handeln. Bilder können viel mehr als das. Das sollte sich im Unterricht widerspiegeln. Ein einfaches Beispiel: Ein Verkehrszeichen kommuniziert klar definiert, eindeutig, präzise und gezielt. Zumindest meint das der Polizist, wenn er bei Nichtbeachtung eine Geldstrafe verhängt.

Die einseitige Auffassung, Bilder seien zweideutig, poetisch und emotional, führt dazu, dass Aufgaben häufig aus dem Bereich von Problemen mit Beziehungen und Persönlichkeitsbildung gewählt werden: Freundschaft, Mobbing, meine Familie, meine Träume, mein Traumhaus, Selbstporträt/meine ›wahre‹ Identität. Tendenziell motivieren solche Themen eher Mädchen als Buben.

Viele Lehrer lehnen auch bewusst oder unbewusst die ›spontanen‹ Darstellungen der Buben von Krieg, Gewalt, Waffen, Sport, Autos usw. ab, ebenso die Ästhetik von Computerspielen und Comics. Buben möchten sich auch zu Beziehungsproblemen äußern, aber in Themen, die sie mehr ansprechen. Es gibt außerdem ein großes Übergewicht an Lehrerinnen im Fach. Alles in allem besteht also das Risiko, dass der Unterricht zu ›weiblichen‹ Bedingungen erfolgt und sich die Buben im Fach nicht zu Hause fühlen, was zu Motivationsversagen führt. In den Resultaten der Nationalen Evaluierung des Faches Bild in der schwedischen Grundschule von 2005 steht: »Die Mädchen sind motivierter als die Jungen und bekommen bessere Noten im Fach Bild« (Marner, Örtegren, & Segerholm, 2005: 141).

Studienfragen

- Überlegen Sie, wie Sie als Lehrer erfahren können, welche Bilder Ihre Schüler als relevant empfinden.
- Diskutieren Sie die Aussage: Die Schüler sollten im Unterricht nur mit solchen Formen von Bildern konfrontiert werden, die sie kennen und mögen?
- Wie können Sie allgemein für die inhaltliche Dimension argumentieren, die Sie für Ihren Unterricht wählen?

LITERATUR

Adhoc-Gruppe Kommunikation (1971). Visuelle Kommunikation - Zur gesellschaftlichen Begründung eines neuen Unterrichtsfaches. In H. K. Ehmer (Ed.), *Visuelle Kommunikation. Beiträge zur Kritik der Bewußtseinsindustrie* (367-373). Köln: DuMont Schauberg.

Adorno, Theodor. W., & Horkheimer, Max (1969). *Dialektik der Aufklärung.* Frankfurt a. M: S. Fischer.

Arvedsen, Karsten (2000). Undervisningsfaget (tegning, formning, billedkunst) og billedkunsten. *Kalejdoskop,* (26): 51-67.

Arvedsen, Karsten (2002). Billedkunstfaget og brugen af multimedier i spændingsfeltet mellem kunsten og den øvrige visuelle kultur. nI: Mie Buhl (red.) *Billeder og multimedier*. Frederiksberg: Dansklærerforeningen.

Arvedsen, Karsten (2003). *Om semiotik.* Upubliceret artikel.

Arvedsen, Karsten (2005). Hvad skal vi undervise i, når vi underviser med visuel kultur? *Billedpædagogisk Tidskrift,* (3): 7-11.

Arvedsen, Karsten (2011). Fußball als Thema in Bildender Kunst. In: *Fachblatt des BÖKWE* 2011 (3), S.2-6

Arvedsen, Karsten (2012). Betydning. *Billedpædagogisk Tidsskrift,* (3): 4-7.

Arvedsen, Karsten & Helene Illeris (2006). Mellem kunstblik og antroblik. *Billedpædagogisk Tidsskrift,* (3): 26-30.

Arvedsen, Karsten & Helene Illeris (2011). Visual phenomena and visual events – some reflections around the curriculum of visual culture pedagogy. *Synnyt/Origins: Finnish Studies in Art,* 2: 44-63.

Arvedsen, Karsten & Helene Illeris (red.) (2000). *Samtidskunst og undervisning – en antologi.* København: Center for Billedpædagogisk Forskning, DPU.

Arvedsen, Karsten. (2013). Probleme im Kunstunterricht – Kunstunterricht mit Problemen. In F. Billmayer (HG.), *Schwierige SchülerInnen im Kunstunterricht.* (13-29). Flensburg.

Aspelin, Kurt & Bengt A. Lundberg (red.) (1976). *Tecken och tydning – till konsternas semiotik.* Stockholm: PAN/Norstedt.

Bal, Mieke & Norman Bryson (1991). Semiotics and art history. *The Art Bulletin,* 73(2): 174-208.

Barnard, Malcolm (1998). *Art, design and visual culture: An introduction.* London: Palgrave.

Betzler, Emil (1949). *Neue Kunsterziehung.* Frankfurt a. M.: Hirschgraben-Verlag.

Billedpædagogisk Tidsskrift 1, 2017.

Billmayer, Franz (2005). Tunnelblick und Gipfelglück, in *BDK-Mitteilungen* 4/2005, S. 10 – 14. http://www.bilderlernen.at/2018/01/08/tunnelblick-und-gipfelglueck/ (14.12.2020)

Billmayer, Franz (2011). Shopping - Ein Angebot zur Entlastung der Kunstpädagogik. *Online-Zeitschrift Kunst Medien Bildung*. www.zkmb.de/index.-php?id=73.

Billmayer, Franz & Manfred Blohm (Hg.) (2012). *Bildkompetenzerwerb am Beispiel von Schulbüchern.* Flensburg: Flensburg University Press.

Billmayer, Franz (Hg.) (2013a). Schwierige SchülerInnen im Kunstunterricht. Flensburg: Flensburg University Press. Neuauflage 2018 im fabrico-verlag, Hannover.

Billmayer, Franz (2013b). Da schau her! Das beobachtet die Kunstpädagogik. In Engels, Sodinie; Preuss, Rudolf; Schnurr, Ansgar (Hg.) *Feldvermessung Kunstdidaktik* (119–127). München: kopaed.

Billmayer, Franz (2013c). Visuelle Veränderungen von Texten in Jugendzeitschriften. Beobachtungen anhand der Beispiele Bravo GiRL! und Bravo Sport. *Ide - Informationen Zur Deutschdidaktik* (Zeitschrift Für Den Deutschunterricht in Wissenschaft und Schule), 1, 65–74.

Billmayer, Franz (2015a). Der Supermarkt als Kulturschule. Die Dinge und ihre Bedeutung. In: Christine Heil (Hg.), *Kreative Störfälle – (Un-)gewöhnlicher Dingumgang in ästhetischen Bildungsprozessen* (115–128). Hannover: fabrico Verlag.

Billmayer, Franz (2015b). The Supermarket as a Place of Learning. In: Mira Kallio-Tavin & Jouko Pullinen (Eds.), *Conversations on Finnish Art Education* (216–228). Helsinki.

Billmayer, Franz (2016) Ästhetische Erfahrung und Nachhaltigkeit im Zeitalter der Kunden/Könige. *BDK-Mitteilungen* (3) 2016: 13-15.

Billmayer, Franz (2017). Multimodale Kommunikation – Herausforderung und Chance für die Bildnerische Erziehung. *Fachblatt des BÖKWE,* 2017 (1): 54-57.

Billmayer, F. (2018a). Bilder zählen. In: Anna Maria Loffredo, (Hg.), *Causa didacta. Professionalierung in der Kunst/Pädagogik als Streitfall.* München: kopaed.

Billmayer, Franz (2018b). Dem einen sein Uhl ist dem anderen sein Nachtigall. Bemerkungen zur Diskussion über Kompetenzen in der Kunstpädagogik. *BDK-Mitteilungen*, (2): 12-14.

Billmayer, Franz (2021a). Begrenzte Auswahl - Anmerkungen zum Fundus der Kunstgeschichte aus kunstpädagogischer Sicht. In: Johannes Kirschenmann & Frank Schulz (Hg.), *Begegnungen - Kunstpädagogische Perspektiven auf Kunst- und Bildgeschichte* (262–269). München: kopaed-Verlag.

Billmayer, Franz (2021b). Der schwedische Weg der Bildpädagogik. In: ders. (Hg.) *Wiedergelesen. Hermann K. Ehmers Analyse einer Doornkaatwerbung - 50 Jahre danach mit Original Text von 1970* (198–217). Hannover: fabrico Verlag.

Billmayer, Franz (2021c). Die Beobachtung der Beobachter bei der Beobachtung. In: A. Bernhofer, M. Losert, & H. Schaumberger (Eds.), Kooperation, Kollaboration und Netzwerke (Einwürfe, S. 71–78). Wien: LIT Verlag.

Blohm, Manfred, & Helga Kämpf-Jansen (2006). *Über ästhetische Forschung – Lektüre zu Texten von Helga Kampf-Jansen.* München: kopead-Verlag.

Bourriaud, Nicholas (2002). *Relational Aesthetics.* Dijon: Les Presses du Rèel.

Bramsen, Henrik (1994). *Ny dansk kunsthistorie – bind 3: Fra rokoko til guldalder.* Klampenborg: Fogtdal.

Buhl, Mie & Ingelise Flensborg (2011). *Visuel kulturpædagogik.* København: Hans Reitzels Forlag.

Buschkühle, Carl-Peter (2004). *Kunstpädagogen müssen Künstler sein. Zum Konzept künstlerischer Bildung.* Hamburg: Hamburg University Press. https://hup.sub.uni-hamburg.de/oa-pub/catalog/view/179/ebook/965; (5.6.2022)

Callow, Jon (2008). Show me – principles for assessing students' visual literacy. *The Reading Teacher,* 61(8): 616-626.

Christensen, Hans Dam (1999). Forskydningernes kunst. Betragtninger over kunsthistoriens objekt. I: Hans Dam Christensen, Anders Michelsen & Jacob Wamberg (red.) *Kunstteori – positioner i nutidig kunstdebat.* Valby: Borgen.

Christensen, Knud Erik, Henrik Marxen & Keld Sommer (2015). *Billedkunst – mål og midler.* Frederiksberg: Klim.

Christensen, Markan (1962). *Kunstorientering i skolen – formning og moderne kunst.* København: Gjellerup.

Colding, Torben Holck, Jan Danielsen, Erik Lassen & Vagn Poulsen (1979). *Dansk guldalderkunst, maleri og skulptur 1750-1850.* København: Politikens Forlag.

Demand, Christian. (2010). *Wie kommt die Ordnung in die Kunst?* Springe: zu Klampen.

Denstoredanske.dk (2013). Socialkonstruktivisme. denstoredanske.dk

Dorner, Birgit (2021). Hipp, Haribo und Kinderschokolade - rezeptive Bildkompetenz in der frühen KIndheit. In F. Billmayer (Hg.), *Wiedergelesen. Her-*

mann K. Ehmers Analyse einer Doornkaatwerbung – 50 Jahre danach mit Original Text von 1970 (134–148). Hannover: fabrico Verlag.

DR (2015). Kender du typen. Lifestyle-Programm gesendet auf DR1 am 23 september 2015.

DR (2016). Modtræk til DF-kampagne stormer frem på Facebook. dr.dk

Dropczynski, Katrin, Marcus Nümann, & Lars Zumbansen (2014). Dürers Selfie-Kampagne. Historische und aktuelle Porträtpraxis zwischen Markt, privater Selbstvergewisserung und öffentlicher (Re-)Präsentation. *Kunst+Unterricht*, 387–388.

Duedahl, Marie (2007). Ansigtspels – om øjenbryn. *Politiken*, 21.10.2007.

Duncum, Paul (2010). Seven principles for visual culture education. *Journal of the National Art Education Association*, 63(1): 6-10.

Duncum, Paul (2011). 7 principper for visuel kultur i billedundervisningen. *Billedpædagogisk Tidsskrift*, (4): 20-24.

Eco, U. (1973). *Das offene Kunstwerk*. Frankfurt a. M.: Suhrkamp.

Egholm, Liv (2014). *Videnskabsteori – perspektiver på organisationer og samfund*. København: Hans Reitzels Forlag.

Ehmer, Hermann K. (1970). Doornkaat-Werbung im Kunstunterricht (Zur Metasprache der Werbung – Versuch einer Interpretation.) *Kunst+Unterricht*, Sonderheft, (111-115).

Ehmer, Hermann K. (1971). Zur Metasprache der Werbung – Analyse einer DOORNKAAT-Reklame. In: Hermann K. Ehmer (Hg.). *Visuelle Kommunikation - Beiträge zur Kritik der Bewußtseinsindustrie*. Köln: DuMont Schauberg. (162-178).

Eibl-Eibelsfeldt, Irenäus (1986). *Die Biologie des menschlichen Verhaltens*. 2. Aufl. München: Piper Verlag.

Eid, Klaus, Michael Langer & Hakon Ruprecht (2002). *Grundlagen des Kunstunterrichts - eine Einführung in die kunstdidaktische Theorie und Praxis*. (6., durchgesehene Auflage). Paderborn: UTB Wissenschaft.

EMU Danmarks Læringsportal (2014). *Forenklede Fælles Mål i billedkunst*. Findet sich auf: emu.dk.

Eriksson, Yvonne & Göthlund, Anette (2004). *Möten med bilder – analys och tolkning av visuella uttryck*. Lund: Studentlitteratur.

European Network for Visual Literacy: Home. Findet sich auf: envil.eu

Flensborg, Ingelise (2003). Hjemløs geografi – om skabende rumlige relationer. *Unge Pædagoger*, 2003(7/8): 31-40.

Flensborg, Ingelise & Birgitte Holm Sørensen (2005). *Temaer i billedpædagogik.* København: Gads Forlag.

Flensborg, Ingelise & Kirsten Møller (1993). *Gesimser, karnapper og høje spir: Om børns bybevidsthed.* København: Gyldendal.

Fog, Ulla (2008). Sofaer i Nordvest. *Billedpædagogisk Tidsskrift,* (2): 22-24.

Fosie, Jacob (1753). *Tegne-ABC eller adskillige Streger at øve Synet for unge Mennesker af begge Kiøn.* Genoptrykt i Tegnehistoriske skrifter 2, ca. 1976.

Gergen, Kenneth J. (1997). *Virkelighed og relationer – tanker om sociale konstruktioner.* København: Dansk Psykologisk Forlag.

Gerner, Britt (2008). Hjemmebilleder. *Billedpædagogisk Tidsskrift,* (2): 18-21.

Giesecke, M. (2006). *Der Buchdruck in der frühen Neuzeit. Eine historische Fallstudie über die Durchsetzung neuer Informations- und Kommunikationstechnologien* (4. Aufl.) Frankfurt a.M.: Suhrkamp.

Gissel, Stig Toke (2011). *Mediedidaktik i teori og praksis.* København: Academica.

Gotfredsen, Lise (2005). *Billedets formsprog.* København: Gads Forlag.

Gräßle, Martina (2017). *Visual Literacy in der Bildnerischen Erziehung. Eine Untersuchung zu visuellen Kompetenzen in kunstpädagogischen Lehr-/Lernmitteln.* Diplomarbeit an der Universität Mozarteum Salzburg, Salzburg.

Gustafson, Trine (2015). Krathwohls taksonomi for affektiv læring. In: Kirsten Følich Brønd (red.) *Læringsmål og taksonomiske redskaber.* Frederikshavn: Dafolo.

Haagemann, Jannie & Stine Høholt (1999). Mod et nyt kunstnerisk verdenskort? De nye biennaler og den globale samtidskunst. In: Hans Dam Christensen, Anders Michelsen & Jacob Wamberg (red.) *Kunstteori – positioner i nutidig kunstdebat.* Valby: Borgen.

Haase, Otto (1951). *Musisches Leben.* Hannover.

Hartwig, Helmut (1971). Visuelle Kommunikation. Methodologische Bemerkungen zur Ableitung von Lernzielen aus dem sozialen Bereich „Freie Zeit." In: Hermann K. Ehmer (Hg.). *Visuelle Kommunikation - Beiträge zur Kritik der Bewußtseinsindustrie.* Köln: DuMont Schauberg (334–339).

Hartwig, Helmut (2012). *Visuelle Kommunikation im Kraftfeld des Zeitgeistes.* (http://kunst.uni-koeln.de/_kpp_daten/pdf/KPP26_Hartwig.pdf.)

Heiberg, Kasper (1975). *Den europæiske palet.* Berg.

Heidenreich, Stefan. (2009). *Was verspricht die Kunst?* (http://www.stefanheidenreich.de/2007/10/was-verspricht-die-kunst/)

Hockney, David (2012). Moritz von Uslar: *David Hockney: 99 Fragen an David Hockney*. In: *Die Zeit*. 31. Oktober 2012 (https://de.wikipedia.org/wiki/David_Hockney#cite_note-:4-10. 28.11.2021).

Hohr, Hans Jörg & Kristian Pedersen (1996). *Perspektiver på æstetiske læreprocesser*. Frederiksberg: Dansklærerforeningen.

Holck, Anna (1913). *Tegning efter gjenstande – haandbok for lærere og elever*. Oslo: Aschehoug.

Illeris, Helene (2000). Det relationelle møde med kunsten – overvejelser om børns møde med kunstværker i en undervisningssammenhæng. *Undervisningsministeriets Tidsskrift: Uddannelse*, (3): 3-5.

Illeris, Helene (2002). *Billede, pædagogik og magt – postmoderne optikker i det billedpædagogiske felt*. Frederiksberg: Samfundslitteratur.

Illeris, Helene (2002). *Billedet, pædagogikken og magten – positioner, genealogi og postmoderne optikker i det billedpædagogiske felt*. København: DPU.

Illeris, Helene (2003). American pictures – visuel kultur og postmoderne billedundervisning. *Unge Pædagoger*, 2003(7-8).

Illeris, Helene (2003). Det gode barn og det gode billede – om dannelse og magt i det billedpædagogiske felt. *Unge Pædagoger*, (5): 23-32.

Illeris, Helene (2005). Fra klassisk dannelse til visuel kultur. *Billedpædagogisk Tidsskrift*, (1): 2-5.

Illeris, Helene (2005). Young people and contemporary art. *The International Journal of Art and Design Education*, 24(3): 231-242.

Illeris, Helene (2007). Æstetiske læreprocesser – udfordringer i en senmoderne virkelighed. *Billedpædagogisk Tidsskrift*, (2): 24-29.

Illeris, Helene (2009). Beyonce eller Bollywood – visuelle kvalifikationer i komplekse visuelle verdener. In: Hans Dam Christensen & Helene Illeris (red.) *Visuel kultur – viden, liv, politik*. København: Multivers.

Jacobsen, Michael Hviid (2010). Dødens æstetik og symbolik, fra middelalderlig memento til postmoderne vanitas. *Omsorg: Nordisk tidsskrift for palliativ medisin*, (2): 53-58.

Jensen, Niels Marup (1999). Nye og brugte rammer: Billedteori og kunsthistorie i den visuelle kultur. In: Hans Dam Christensen, Anders Michelsen & Jacob Wamberg (red.) *Kunstteori – positioner i nutidig kunstdebat*. Valby: Borgen.

Jørgensen, Hanne (2008). Hjemme hos troldene. *Billedpædagogisk Tidsskrift*, (2): 6-8.

Jünger, Otto (1906). *Om børns morskabstegninger og tegneundervisning.* København: Gyldendalske boghandel/Nordisk Forlag.

Kähler, Carl F. (2012). *Det kompetente selv – en introduktion til Albert Banduras teori om selvkompetence og kontrol.* Frederiksberg: Frydenlund.

Kämpf-Jansen, Helga (2001). *Ästhetische Forschung. Wege durch Alltag, Kunst und Wissenschaft; zu einem innovativen Konzept ästhetischer Bildung.* Köln: Salon Verlag.

Karmasin, Helene (1998). *Produkte als Botschaften* (2. überarb. Aufl.). Wien/ Frankfurt: Ueberreuter.

Karmasin, Helene & Matthias Karmasin (2011). *Cultural Theory - Anwendungsfelder in Kommunikation, Marketing und Management.* Wien: facultas.wuv.

Kerschensteiner, Georg (1905). *Die Entwicklung der zeichnerischen Begabung - Neue Ergebnisse auf Grund neuer Untersuchungen.* München: Carl Gerber.

Kirchner, Constanze & Folkert Haanstra (2016). Expertenbefragung zu Lehrplänen in Europa – Methoden und erste Ergebnisse. In: Ernst Wagner & Diedrik Schönau (2016). *Common European framework of reference for visual literacy – prototype.* New York, NY: Waxmann (191-202).

Kirchner, Constanze, Tanya Gotta-Leger & Marlene Nockmann (2016). Lehrpläne zur Visual Literacy in Europa – Ergebnisse einer qualitativ-empirischen Expertenbefragung. In: Ernst Wagner & Diedrik Schönau (Hg.) (2016). *Common European framework of reference for visual literacy – prototype.* New York, NY: Waxmann (203-210).

Kjærland, Synnøve & Torben Blankholm (2001). *Fat om dokumentaren.* København: Det Danske Filminstitut.

Krautz, Jochen (2010). Kunst, Pädagogik, Verantwortung - zu den Grundfragen der Kunstpädagogik. In: Jochen Krautz (Hg.). *Kunst, Pädagogik, Verantwortung, zu den Grundfragen der Kunstpädagogik*, Oberhausen: ATHENA-Verl.

Kress, Gunter (2010). *Multimodality - Exploring contemporary methods of communication.* London: Routledge.

Kress, Gunter R., & Leeuwen, Theo van. (2006). *Reading images - the grammar of visual design* (2. ed). London [u.a.]: Routledge.

Kress, Gunther & Staffan Selander (2012). *Læringsdesign – i et multimodalt perspektiv?* Frederiksberg: Frydenlund.

Krogh, Ellen, Ane Qvortrup & Torben Spanget Christensen, (2016). *Almendidaktik og fagdidaktik.* Frederiksberg: Frydenlund.

Kulturkanonen: *Rum og oplevelser.* Findet man auf: kulturkanon.emu.dk

Laursen, Martin Holmgaard (2002). Wolfgang Klafkis nøgleproblemer – et didaktisk udgangspunkt. *Unge Pædagoger,* (6): 17-32.

Lehmann, Dr. Edv. (1909). Den danske tegneundervisning. In: Dr. Niels Bang (red.) *Vor Ungdom.* København: Gyldendalske boghandel/Nordisk Forlag.

Leksikon for opdragere (1953). Opslag om 'tegnelærerkursus, Statens', 'Tegneundervisning', 'Folkeskolen', 'skoles historie, Den danske'. In: *Leksikon for opdragere. Pædagogisk-psykologisk-social håndbog.* Hirtshals: J.H. Schultz Forlag.

Levinstein, Siegfried (1905). *Das KInd als Künstler. Kinderzeichnungen bis zum 14. Lebensjahr.* Leipzig: R. Voigländer Verlag.

Lichtwark, Alfred (1922). *Übungen in der Betrachtung von Kunstwerken.* Berlin: Bruno Cassirer.

Lindström, Lars (2008). Produkt- und Prozessbewertung schöpferischer Tätigkeit. In G. Peez (Hg..), *Beurteilen und Bewerten im Kunstunterricht* (144-159). Seelze-Velber: Klett, Kallmeyer.

Lowenfeld, Viktor (1960). *Vom Wesen schöpferischen Gestaltens.* Frankfurt am Main: Europäische Verlagsunion.

Lowenfeld, Viktor & W. Lambert Brittain (1974). *Kreativitet og vækst.* København: Gjellerup.

Luhmann, Niklas (1997). *Die Gesellschaft der Gesellschaft.* Frankfurt a.M.: Suhrkamp

Lundgaard, Poul (1978). *Tegneundervisning gennem 200 år.* Tegnehistorisk Studiesamling.

Marner, Anders, Hans Örtegren & Christina Segerholm (2005). *Nationella utvärderingen av grundskolan 2003 (NU-03) - Bild.* Stockholm: Skolverket.

Maset, Pierangelo (2017). Schwarze Pädagogik 4.0. Das Fach Kunst im Sog von Kompetenzorientierung und Digitalisierung. *BDK-Mitteilungen,* (1): 24-27.

Mathiesen, Frants (2007). Billedgenrer – hvilket billeder skal vi beskæftige os med i faget billedkunst? *Billedpædagogisk Tidsskrift,* 2007(1): 20-24.

Mathiesen, Frants & Marianne Boye (2008). Hjemme hos os. *Billedpædagogisk Tidsskrift,* (2): 25-28.

Mathiesen, Frants, Lise Tang & Birgitte Nymann Eriksen (2006). *Hvad lærer børn af æstetiske læreprocesser. Udviklingsprojekt 2005-2006.* København: CVU Storkøbenhavn.

Matthiesen, Oscar & Otto Wüstenberg (1901). Tegneundervisning i barneskolen. København: Gyldendalske boghandel/Nordisk Forlag.

May, Michael (1997). *Rum, geometri, diagram, skematisk intuition af arkitektonisk rum.* Odense: Kunsthallen Brandts Klædefabrik.

McLuhan, Marshall (1970). *Die magischen Kanäle - Understanding media.* Frankfurt am Main: Fischer Bücherei.

Mirzoeff, Nicholas (red.) (1998). *Visual culture Reader.* London/New York, NY: Routledge.

Möller, Heino R. (1971). Kunstunterricht und Visuelle Kommunikation - Sieben Arbeitsthesen zur Konzeption eines neuen Unterrichtsfaches. In H. K. Ehmer (Hg.), *Visuelle Kommunikation. Beiträge zur Kritik der Bewußtseinsindustrie* (363–366). Köln: DuMont Schauberg.

Mulvad, Ruth (2009). *Sprog i skole – læseudviklende undervisning i alle fag.* København: Alinea.

Nedergaard, Olaf & Hans A. Svane (1933). *Praktisk skolegerning til seminariebrug.* København: Gyldendal.

Nørregård-Nielsen, Hans Edvard (1988). *Dansk kunst.* København: Gyldendal.

Ørskov, Grethe (1998). *Om skulptur og skulpturoplevelse.* Valby: Borgen.

Otto, Gunter. (1969). *Kunst als Prozeß im Unterricht* (2. erweiterte Aufl.). Braunschweig: Westermann.

Otto, Gunter. (1974). *Didaktik der Ästhetischen Erziehung.* Braunschweig: Westermann.

Otto, Gunter., Axel Staudte & Günter Wienecke (1974). *Didaktik der ästhetischen Erziehung - Ansätze, Materialien, Verfahren.* Braunschweig: Westermann Verlag.

Pedersen, Kristian (1993). Den billedsproglige handling som æstetisk læreproces. In: Susanne V. Knudsen, (red.) *Æstetik og didaktik.* København: Danmarks Lærerhøjskole.

Pedersen, Kristian (1997a). *Teorier og temaer i børnebilledforskning.* Frederiksberg: Danskærerforeningens Forlag.

Pedersen, Kristian (1997b). Virksomhedsformer i tegning (1937-58), formning (1958-91) og billedkunst (1991). In: Karsten Schnack (red.) *Læseplansstudier.* København: Danmarks Lærerhøjskole.

Pedersen, Kristian (1999). *Bo's billedbog – en drengs billedmæssige socialisation.* København: Dansk Psykologisk Forlag.

Pedersen, Kristian (2004). *Rekonstruktion af fagdidaktikken.* København: DPU Forlag.

Peez, G. (2005a). *Einführung in die Kunstpädagogik* (2., überar. Auflage). Stuttgart: Kohlhammer.

Peez, G. (2005b). Kunstpädagogik jetzt - Eine aktuelle Bestandsaufnahme: Bild - Kunst - Subjekt. In: Kunibert Bering & Rolf Niehoff (Hg.), *Bilder – Eine Herausforderung für die Bildung.* (75-89). Oberhausen: Athena.

Pérez, Ana Martínez (2007). The rythm of our dreams – a proposal for an applied visual anthropology. In: Sarah Pink (red.) *Visual interventions: Applied visual anthropology.* New York, NY: Berghahn Books.

Pfennig, Reinhard (1959). *Bildende Kunst der Gegenwart. Analyse und Methode.* Oldenburg.

Pfennig, Reinhard (1964). *Gegenwart der Bildenden Kunst - Erziehung zum Bildnerischen Denken.* Oldenburg.

Pink, Sarah (2006). *The future of visual anthropology: Engaging the senses.* Abingdon: Routledge.

Pink, Sarah (red.) (2007). *Visual interventions – applied visual anthropology.* New York, NY: Berghahn Books.

Politiken 29.9.2016

Praehauser, Ludwig (1950). *Erfassen und Gestalten - Die Kunsterziehung als Pflege formender Kräfte*. Salzburg: Otto Müller.

Pullinen, Jouko & Antti Lokka (2013). Buben zeichnen Autos und Mädchen Pferde. Bildende Kunst oder visuelle Kultur. In Franz Billmayer (Hg.), *Schwierige SchülerInnen im Kunstunterricht* (200–207). Flensburg: Flensburg University Press.

Rasmussen, Torben Hangaard (upubliceret). *Hvad er fænomenologi? Nogle overvejelser,* S. 1-12. siehe: livsverden.dk/nonpub/Rasmussen.T.H.unpub.Hvad.er.faenomenologi.pdf (13.6.2022)

Rasmussen, Vilhelm (19910). *Samfundsskolen*. København: Gyldendal.

Read, Herbert (1943/1956). *Uppfostran genom konsten*. Stockholm: Natur och Kultur.

Reckwitz, Andreas (2000). *Die Transformation der Kulturtheorien. Zur Entwicklung eines Theorieprogramms.* Weilerswist: Velbrick Wissenschaft.

Richter, Hans-Günther (2003). *Eine Geschichte der ästhetischen Erziehung*. Niebüll: Videel.

Rogoff, Irit (1998). Studying visual culture. In: Nicholas Mirzoeff (red.) *The visual culture reader*. London: Routledge.

Rønsbo, Vibeke Nørgaard (2008). I pose og i sæk. *Billedpædagogisk Tidsskrift*, (2): 9-14.

Rosenberg, Rikke & Berit Anne Larsen (1998). Passager hos Walther Benjamin. *Passepartout*, 6(12): 123-147.

Roth, Gerhard (1997). *Das Gehirn und seine Wirklichkeit - kognitive Neurobiologie und ihre philosophischen Konsequenzen.* Frankfurt am Main: Suhrkamp.

Sällström, Per (1991). *Tecken och tydning: Till konsternas semiotik / texter valda av Kurt Aspelin och Bengt A. Lundberg.* Stockholm: PAN/Norstedt.

Schulze, Gerhard (2003). *Die Beste aller Welten - wohin bewegt sich die Gesellschaft im 21. Jahrhundert?* München [u.a.]: Hanser.

Seligmann, Tine & Frants Mathiesen (Hg.) (2004). *Mødesteder – formidling af samtidskunst.* Frederiksberg: Samfundslitteratur.

Seligmann, Tine, Dorthe Godsk Larsen & Claus Steenbech (Hg.) (2008). Nøddeknækker til samtidskunst. Undervisningsmateriale. Roskilde: Museet for samtidskunst.

Seligmann, Tine, Dorthe Godsk Larsen & Claus Steenbech (red.) (2008). *Nøddeknækker til samtidskunst. Undervisningsmateriale.* Roskilde: Museet for samtidskunst.

Skolverket. (2015). *Bild i grundskolan. En nationell ämnesutvärdering i årskurs 6 och 9.* (https://www.skolverket.se/getFile?file=3497).

Skov, Kirsten (2009). Visuelle kompetencer i fag og tværfaglighed – om undersøgelse, erkendelse og formidling. In: Kirsten Fink-Jensen & Anne Maj Nielsen (red.) *Æstetiske læreprocesser i teori og praksis.* Værløse: Billesø & Baltzer.

Sneum, Rikard (1975). Fra tegning til formning. *Årbog for Dansk Skolehistorie,* 1975: 7-30.

Sørensen, Asbjørn M. (2013). *Antikke skulpturer havde masser af farver.* Findet sich: videnskab.dk

Støttrup, Anna (2011). Jeg troede en kvist sad på et træ, undervisningsdifferentiering i billedkunst. In: Thomas Binderub (red.) *Undervisningsdifferentiering i fag.* Frederikshavn: Dafolo.

Stumbauer, Hans (1985). *Beiträge zur Geschichte des Zeichenunterrichtes in Österreich 1938 - 1982 - Chronik des Bundes österreichischer Kunst- und Werkerzieher 1956 - 1982.* Kerschbaum: Selbstverlag.

Stumbauer, H. (n.d.). *Beiträge zur Geschichte des Zeichenunterrichtes in Österreich 1772 - 1938 - Chronik des Vereines österreichischer Zeichenlehrer 1875 - 1938.* Rainbach: Selbstverlag.

Sturken, Marita & Lisa Cartwright (2001). *Practices of looking: An introduction to visual culture.* Oxford: Oxford University Press.

Troelsen, Anders (1999): Tre bidrag til billedforståelsen – Bal, Bryson og Barthes om tekst og billede. In: Hans Dam Christensen, Anders Michelsen & Jacob Wamberg (red.) *Kunstteori – positioner i nutidig kunstdebat*. Valby: Borgen.

TV2 Nyheder (2016). *Modstand mod DF-kampagne tager fart: Sådan ser vores Danmark ud*. Findet sich auf: nyheder.tv2.dk

Ullrich, W. (2009). Der fotografische Blick als Machtgeste. Zur Arbeit Andreas Gurskys. In: Franz Billmayer (Hg.), *Nachgefragt* München: kopaed (15-33).

Ullrich, W. (2016). Siegerkunst Neuer Adel, teure Lust. Berlin: Wagenbach.

Ullrich, W. (2017). Bildersozialismus. In Anna Maria Loffredo (Hg.), *Transit Kunst/Universität* (56–65). München: kopaed.

Ullrich, Wolfgang (2011). *An die Kunst glauben*. Berlin: Wagenbach.

Undervisningsministeriet (2009). *Fælles Mål – billedkunst: faghæfte 8*. Undervisningsministeriets håndbogsserie nr. 10 – 2009. København: Undervisningsministeriet.

Undervisningsministeriet (2014). *Billedkunst – Fælles Mål, læseplan og vejledning 2014*. Findet sich auf: emu.dk

Vacher, Mark (2008). Hvad er et hjem? *Billedpædagogisk Tidsskrift*, (2): 2-5.

Vilks, Lars (1987). *Konst & Konster*. Malmö: Wedgepress & Cheese.

Vilks, Lars (2001) *Gute Kunst: Qualität in der Kunst 2001*. (http://www.bilderlernen.at/2018/10/24/vilks-gute-kunst-2001/).

Vygotskij, Lev (1995). *Fantasi och kreativitet i barndomen*. Göteborg: Diadalos.

Wagner, Ernst & Diedrik Schönau (2016). *Common European framework of reference for visual literacy – Prototype*. New York, Ny: Waxmann.

Weber, Gert (1964). *Kunsterziehung gestern heute morgen auch*. Ravensburg: Otto Maier Verlag.

Wilson, Brent (2009). Franz Cizek, Zwangszusammenarbeit und das Ende der Kinderkunst - Der Vater der Kinderkunst und die Konstruktion eines modernen Mythos. *Fachblatt des BÖKWE*, (2009, Heft 2 + 3), 2–6; 4–7.

Winkler, Hartmut (2021). *Ähnlichkeit*. Berlin: Kulturverlag Kadmos.

BILDVERZEICHNIS

Einleitung

S. 13, smhi.se.

Kapitel 3

S. 39 - 41, eigene Fotos

S. 43, links: eigenes Foto, rechts: https://de.wikipedia.org/wiki/Postfuhramt#/media/Datei:Postfuhramt_(Berlin)_-msu-2021-4274-.jpg.

S. 50, links: Mike/Blake/Scanpix Denmark. rechts: http://clamorworld.com/foods-that-will-scare-you-images/.

S. 51, https://socks-studio.com/img/blog/Simon-Evans-02.jpg.

S. 57, oben: Zukunftsvision für Carlsbergbyen (Visualisierung von Utopian City_Scape.) unten: eigenes Foto.

S. 59, eigenes Bild.

S. 70, Schülerarbeiten (eigenes Foto).

S. 74, eigene Bildmontage.

Kapitel 4

S. 83, G.L. Lahde: Tegnebog for ungdommen, Haefte 1, 1800.

S. 84, Jacob Fosie: Tegne-ABC, 1753, Tegnekunstens förste Grunde, 1772.

S. 85, oben: Ch. V. Nielsen: Om Vigtigheden af en grundig elementær Tegenundervisning i Skolerne, især for den vordende Haandværker, 1872 (hier aus: Kalejdoskop – tidsskrift for pædagogik og læreruddannelsen, nr.26, 2000:56); unten: Oscar Mathiesen: Praktisk Tegnekursus 1900. (hier aus: Kalejdoskop – tidsskrift for pædagogik og læreruddannelsen, nr.26, 2000:58).

S.86, Ch. V. Nielsen: Om Vigtigheden af en grundig elementær Tegenundervisning i Skolerne, især for den vordende Haandværker, 1872 (hier aus: Kalejdoskop – tidsskrift for pædagogik og læreruddannelsen, nr.26, 2000:56).

S. 92, Markan Christensen: Kunstorientering i skolen. formning og moderne kunst, 1962. ©Markan Christensen/VSDA.dk.

S. 96, Christer Romilson & Gert Z. Nordström. Bilden, skolan och samhället, 1973: 88-89 (1. Auflage 1970).

S. 99, Undervisningsvejledning for folkeskolen, Billedkunst, 1991/4.

S. 100, Undervisningsvejledning for folkeskolen, Billedkunst, Faghæfte 8, 1995.

Kapitel 5

S. 109, eigenes Foto.

S. 111, Aus: Petra Maisak: Johann Wolfgang Goethe. Zeichnungen. Durchgesehene, verbesserte u. bibliographisch ergänzte Auflage. Stuttgart: Reclam 2001, Nr. 105. Mit Beschreibung und Würdigung S. 146f.

S.112, Aus: Hans Wahl, Anton Kippenberg: Goethe und seine Welt, Insel-Verlag, Leipzig 1932 S.143.

S. 117, Siegfried Levinstein »Das Kind als Künstler«, Leipzig 1905, S. 79 und Tafel 8.

S. 118, links: G. Kerschensteiner. Entwicklung der zeichnerischen Begabung. Tafel 103, S 337 »Darstellung eines Schneeballgefechtes«, rechts: Siegfried Levinstein »Das Kind als Künstler«, Leipzig 1905, S. 39.

S. 120, Übungen in der Betrachtung von Kunstwerken. Nach Versuchen mit einer Schulclasse herausgegeben von der Lehrervereinigung zur Pflege der künstlerischen Bildung (Lichtwark, 1922) o.S. (S.43).

S. 123, Rothe. Methodisches Skizzenbuch. II. Teil, S. 63 u. 62.

S. 124, eigene Fotos.

S. 125, H.F. Geist im Unterricht 1930.

S. 126, eigenes Foto.

S. 131, eigenes Foto.

S. 134, eigenes Foto.

Kapitel 6

S. 153, eigenes Bild nach Billedkunst: Faghaefte 8. Undervisningsministeriet 2009.

S. 155, eigenes Foto.

S. 165, Dias aus einem Vortrag von Ernst Wagner in Potsdam 2017.

Kapitel 8

S. 181; Fendt Traktoren.

S. 192, Plakat df.dk.

S. 193, Jacob Crawford.

S. 194, Jens Peder Engedal.

Kapitel 10

S. 218, KaterBegemot. https://upload.wikimedia.org/wikipedia/commons/e/ea/Welthauptstadt_germania_13.jpg.

S. 219, Eliza does. 2013. Quelle: https://commons.wikimedia.org/wiki/File:EdsnowdenHOPE.png.

S. 220, links: ALDI-Süd-Prospekt 9.9.2014, eigenes Foto, rechts: Styrelsen for Arbeijdsmarked og Rekruttering (2015).

S. 221, links: UCN, rechts: Voksenlærling-uddannelse.

Kapitel 11

S. 223, eigene Entwürfe.

S. 227, links: https://commons.wikimedia.org/wiki/File:Miltenberg_Riesen_Wirtshausschild.jpg, Autor: Maulaff https://commons.wikimedia.org/wiki/User:Maulaff, rechts: https://en.wikipedia.org/wiki/File:Pine_Bluff_McDonalds_1962_Sign.jpg. Autor: Bruce W. Stracener.

Kapitel 12

S.232, Bernbacher Plakate 2004, eigene Fotos.

S. 233, unten: eigenes Foto.

S. 234, links: https://da.wikipedia.org/wiki/Fil:Stork%C3%B8benhavn_byskilt.jpg. Autor EPO, rechts: https://da.wikipedia.org/wiki/Byskilt#/media/Fil:Lillerod.jpg. public domain. Beide Bilder sind bearbeitet.

S.235, Michelin 1940 (https://upload.wikimedia.org/wikipedia/commons/thumb/5/5b/Michelin_nr_66%2C_1940_Dijon.jpg/1772px-Michelin_nr_66%2C_1940_Dijon.jpg. (gemeinfrei).

Kapitel 13

S. 238, links: https://roaringelephant.org/wp-content/uploads/sites/5/2017/01/wrong-way-sign-1477308368HGu.jpg, rechts: https://en.wikipedia.org/wiki/File:South_Korea_road_sign_217.svg, Autor: Orianman.

S. 241, links. https://stickad-tröja.se//files/products_2016/2160/6001-360-new-women.jpg, Mitte: eigene Bearbeitung, rechts: Strickvorlage.

S. 246, links: Nach den amtlichen Vorgaben digital umgesetzt durch: Mediatus - Straßenverkehrs-Ordnung, DIN-Normen und Verkehrsblatt, gemeinfrei, https://commons.wikimedia.org/w/index.php?curid=61810796, rechts: Die Autorenschaft wurde nicht in einer maschinell lesbaren Form angegeben. Es wird angenommen, dass es sich um ein eigenes Werk handelt (basierend auf den Rechteinhaber-Angaben)., Gemeinfrei, https://commons.wikimedia.org/w/index.php?curid=6427551.

S. 253, https://upload.wikimedia.org/wikipedia/commons/0/07/Smelling_the_wine.jpg. J. Nathan Matias. Uploaded from http://flickr.com/photo/30875792@N00/1485641457 using Flickr upload bot.

S. 260, Marco Evaristti. Ausschnitt aus der Installation Helena (2000) / Goldfisch in einem Mixer. eigene Zeichnung nach Foto.

S. 265 eigene Zeichnung.

Kapitel 14

S. 268, https://blog.dashburst.com/wp-content/uploads/2013/04/fROI84y.gif

S. 272, Dick Bruna »Draußen im Freien« (1988) – hier aus Kress/vann Leeuwen 2006: 23).

S. 274, eigene Fotos.

Kapitel 15

S. 282, links: BRAVO GIRL, rechts: BRAVO Sport von 2012.

S. 283, Maria Pecho.

Kapitel 17

S. 299, von links nach rechts: https://upload.wikimedia.org/wikipedia/commons/1/1d/Lidl_logo.png (Autor Desenele); https://upload.wikimedia.org/wikipedia/commons/c/c5/Netto_logo.svg. (Autor unbekannt); https://simple.wikipedia.org/wiki/Aldi#/media/File:Aldi_S%C3%Bcd_2017_logo.svg. Author unknown. By Unknown author - Vektordaten: SVG-Daten aus der HTML-Seite www.aldi-sued.de entnommen, Public Domain, https://commons.wikimedia.org/w/index.php?curid=75364128.

S. 300, https://files.guidedanmark.org/files/382/215433_Paustian1.jpg?qfix. bearbeitet von FB.

Kapitel 21

S. 325, im Uhrzeigersinn von oben: Marco Verch (https://www.flickr.com/photos/149561324@N03/38282894644/); https://alleideen.com/wohnung-einrichten-wohnungsgestaltung/?image_id=90544; eigenes Foto; https://alleideen.com/wp-content/uploads/2016/09/kleine-wohnung-einrichten-einrichtungstipps.jpg.

Kapitel 22

S. 330, eigenes Foto

S. 331, eigenes Foto

S. 332, Studentenarbeiten.

S. 333, eigene Fotos von Studentenarbeiten.

S. 334, eigene Fotos.

Kapitel 29

S. 369, im Uhrzeigersinn: DAVID_TENIERS_EL_JOVEN_-_El_Archiduque_Leopoldo_Guillermo_en_su_Galería_de_Bruselas_(Kunsthistorisches_Museum_de_Viena,_1650-52._Óleo_sobre_lienzo,_123_x_163_cm).jpeg, eigenes Foto, eigenes Foto, eigenes Foto.

Autoren

Karsten Arvedsen *1955

Lehrer und cand. pæd. im Fach Billedkunst (Kunstpädagogik); 1982-1993 Lehrer an Schulen; 1993-1997 Lehrer für Kunstpädagogik an der Ubberup Hochschule; 1997-2016 Hochschullektor für Kunstpädagogik an der Professionshochschule UCC in der Lehrerausbildung.

Schwerpunkte in Forschung und Entwicklung sind konzeptionell begründete Theorien zur zeitgenössischen Kunst und visuellen Kultur in einem didaktischen Kontext. Er hat eine Reihe von Artikeln und Büchern veröffentlicht sowie Beiträge zu Anthologien verfasst und herausgegeben:

https://www.linkedin.com/in/karsten-arvedsen-9a5b13158/

https://karstenarvedsen.wixsite.com/my-site-1.

Frants Mathiesen *1952

1975 Examen in Kunstgeschichte; 1981 Lehrerexamen; 2002 Cand. Pæd. im Fach Billedkunst; 1981 – 1997 Lehrer in der Grundschule und in der Erwachsenenbildung; 1997 – 2020 Hochschullektor in der Lehrerausbildung für Kunstpädagogik im Bereich Museumspädagogik; 2015 – 2020 Redaktionsmitglied in der Zeitschrift „Billedpædagogisk Tidsskrift"; seit 2021 – Mitglied im Vorstand der Kunstwerkstätten in Ramløse; 2020 – Mitglied der Gribskov-Maler.

Er hat kunstpädagogische Artikel und Bücher für die Ausbildung von Lehrern und Erziehern sowie für andere Berufe geschrieben.

2013/2014 und 2018/2019 war er Vorsitzender der vom Bildungsministeriums eingerichteten Arbeitsgruppe für Kunstpädagogik zur Revision der Lehrerausbildung.

Franz Billmayer *1954

1973 – 1977 Studium Germanistik, Geschichte, Politik für Lehramt; 1977 – 1981 Studium der Bildhauerei und Kunsterziehung und an der Münchner Kunstakademie; 1985 – 1998 Lehrer an verschiedenen Gymnasien; 1998-2003 Professor für Kunst und ihre Didaktik (Schwerpunkt Bildhauerei) an der Universität Paderborn; 2003-2019 Professor für Bildnerische Erziehung an der Universität Mozarteum Salzburg; 2007 – 2018 Redaktionsleitung des Fachblatts des BÖKWE.

Veröffentlichungen zur Kunst- und Bildpädagogik;
betreibt https://www.bilderlernen.at/.